高等院校公共管理类专业系列教材

城市管理学

（第2版）

冯云廷 主编

Urban Management

清华大学出版社

北京

内 容 简 介

本书以城市竞争力管理为基础构建知识体系,从城市发展规律的角度系统地阐释了城市管理理论、发展战略、治理结构以及城市的经济、环境、社会、空间和现代化管理方面的内容。书中针对我国城市管理面临的现实需求给出城市问题的具体解决方案,更注重实用性和启发性。

本书可作为高等院校公共管理、城市和区域经济、城市和区域规划、公共政策、土地管理等专业本科生和研究生的教材,也可作为城市管理相关人员及广大期望从事城市管理人员的参考书。

本书提供课件,请扫描封底二维码获取。

图书在版编目(CIP)数据

城市管理学 / 冯云廷主编. —2 版. —北京:清华大学出版社,2023.11

高等院校公共管理类专业系列教材

ISBN 978-7-302-64823-9

Ⅰ.①城… Ⅱ.①冯… Ⅲ.①城市管理—高等学校—教材 Ⅳ.①F293

中国国家版本馆 CIP 数据核字(2023)第 206078 号

责任编辑:施 猛 王 欢
封面设计:常雪影
版式设计:孔祥峰
责任校对:马遥遥
责任印制:曹婉颖

出版发行:清华大学出版社
　　　　网　　　址:https://www.tup.com.cn,https://www.wqxuetang.com
　　　　地　　　址:北京清华大学学研大厦 A 座　　邮　　编:100084
　　　　社 总 机:010-83470000　　　　邮　　购:010-62786544
　　　　投稿与读者服务:010-62776969,c-service@tup.tsinghua.edu.cn
　　　　质 量 反 馈:010-62772015,zhiliang@tup.tsinghua.edu.cn
印 装 者:北京嘉实印刷有限公司
经　　销:全国新华书店
开　　本:185mm×260mm　　印　　张:23　　字　　数:589 千字
版　　次:2014 年 1 月第 1 版　　2023 年 11 月第 2 版　　印　　次:2023 年 11 月第 1 次印刷
定　　价:69.00 元

产品编号:092436-01

前言(第2版)

　　《城市管理学》出版已过去将近十年。这些年来,城市管理呈现出一些新的发展趋势,城市管理理论研究也有了一些新进展。首先,数字经济和信息技术对城市管理的影响越来越大,特别是大数据、云计算及物联网等新型技术的应用,使城市管理面临全新的机遇和挑战。学界对于相关问题进行了广泛研究,不仅探讨了城市管理的理念重塑和模式创新,也探索了新技术在城市管理中的具体应用。其次,城市治理体系建设,尤其是公共事务管理越来越受到重视。随着城市人口规模的扩大,新的城市公共需求种类不断增加,而多样化发展的城市公共需求对城市公共治理体系提出了更高的要求。因此,城市治理模式、公共空间管理和公共服务质量等问题日益提到城市管理议程上来。与此同时,相应的研究成果也大量涌现。最后,高质量的城市人居空间环境已成为人心所向。城市改善人居环境是以人民为中心的发展思想的具体实践,是现代城市发展到一定阶段的必然选择。研究表明,提升城市人居品质,逐步满足市民对美好生活的向往,城市才能真正走向内涵集约、宜居宜业、绿色低碳发展之路。

　　党的二十大报告提出:"健全主体功能区制度,优化国土空间发展格局。推进以人为核心的新型城镇化,加快农业转移人口市民化。以城市群、都市圈为依托构建大中小城市协调发展格局,推进以县城为重要载体的城镇化建设。坚持人民城市人民建、人民城市为人民,提高城市规划、建设、治理水平,加快转变超大特大城市发展方式,实施城市更新行动,加强城市基础设施建设,打造宜居、韧性、智慧城市。"在此背景下,针对城市管理的发展趋势及相关研究的新进展,笔者更新和改进了原版教材的内容,具体包括如下几个方面。

　　(1) 增加"智慧城市管理"一章,从数字城管到智慧城管,讨论了在新一代信息技术条件下城市管理形态的平台实现、关键技术、系统建模与实现路径。在"城市主导产业选择、产业结构调整及其转型"一章中,新增了"产业互联网规划与数字化转型"的内容,阐述了产业互联网的本质、构架、发展规划和转型方式等。

　　(2) 在"城市治理模式及其再造"一章中,增加"城市多元协同治理"的内容。城市治理是一项庞大而复杂的系统工程。传统上由政府主导的线性管理模式不能有效应对城市复杂系统的治理问题,城市治理模式面临全面的制度创新。因此,这部分内容讨论了城市多元协同治理的多元主体特征和现实逻辑、协同治理模式选择和创新机制的构建,初步分析了政府、营利性组织、社会组织、公民等各种利益相关者如何构建城市治理结构。

(3) 删除"城市水环境的改善与治理"一章,以"城市环境综合治理"为题,重写了本章内容。城市环境综合治理是应对城市环境问题的一种新理念、新方法、新模式。基于此,本章全面介绍了城市环境综合治理的一般机理、模式和由城市环境管理向综合治理转变的方式和路径。

(4) 为了突出人居空间环境在现代城市管理中的重要性,我们对"生态城市建设中的人居环境改善"一章进行了全面修改。同时,基于我国城市人居环境改善的现实需要,在"城市开发、更新改造与空间发展"一章中,增加了城市更新与旧城改造、特色小镇的规划与建设、城市公共空间的规划与建设等内容。此外,在"城市公共基础设施的空间组织"一章中,增加一节"城市邻避设施选址及其规划建设",这部分内容也与人居空间环境密切相关。

(5) 除了上述更新之外,笔者对原版内容的诸多方面都做了进一步修订。比如,城市竞争力管理的主体理论、公私合作治理模式及其应用、知识经济时代文化创意产业发展、生态城市建设中的人居环境改善、城市保障性住房供给、社区管理与城市人居空间营造、城市工业园区与产城融合、新城建设等,有些章节的修改幅度比较大。

总之,第2版更新和改进的基本目标,就是要尽可能地把握城市管理的发展趋势,充分展现城市管理学研究的新进展。需要进一步说明的是,从城市管理研究的方向看,城市管理与社会、生态、人文等学科的交叉研究将会逐步增加。城市管理正在从最初的以经济发展为主导,逐步转变为经济、生态、社会、人文并重。这种管理方向的转变,有助于解决城市管理中面临的一系列现实问题,以突破城市管理的某些瓶颈。因此,城市管理研究的学科交叉融合应该成为我们接下来关注的一个重点。

笔者在修订本书的过程中参阅了一些资料,在此向相关作者表示感谢。限于时间和水平,本书难免存在不妥之处,敬请广大读者指正。反馈邮箱:shim@tup.tsinghua.edu.cn。

编者
2023年2月

前言(第1版)

城市管理是一个崭新的研究领域。随着城市化进程的日益加快和自20世纪80年代以来世界范围内地方分权浪潮的兴起，城市管理越来越重要。城市管理是多行业和多角色参与的行为(Cheema，ed，1993)，它不仅应当关注城市的经济基础，还应当关注环境、公众参与、公共服务和公平等内容(Devas & Radkodi，2000)。城市管理所面临的挑战主要集中在解决城市中最重要的问题以及形成关于城市未来发展的战略上。本书可以帮助那些研习不同专业的学生对整个城市管理领域有一个全面的认识和深入的了解。

本书的适用范围

本书适用于本科生或研究生初级教程教学。本书的内容是为公共管理专业的本科学生设计的，因此，各章的内容大多数以文字表述为主，几乎不涉及高深的数学方法。不过，由于本书具有涉猎范围广泛并且特别强调本土化的特点，它还可以用于城市和区域经济、城市和区域规划、公共政策、土地管理、公共事业等专业的本科生和研究生课程教学。

内容与结构

"城市管理学"作为一门发展中的应用学科，其知识体系还不十分成熟，对于它的研究对象和学科范畴，存在不同的研究范式。本书以城市竞争力管理为基础构建学科的知识框架，认为城市竞争力与竞争优势、创新能力、治理结构及关键资源密切相关。因此，城市竞争力管理强调动员各方面的力量参与管理，坚持"以人为本"的管理理念，注重决策的科学性，推崇管理创新以及管理的集成化、柔性化和网络化。这一理念自始至终体现在全书的布局之中。

本书共八篇。第一篇介绍城市管理理论，讨论了我们建立的分析框架。第二篇阐述了城市发展战略，重点围绕城市竞争优势讨论战略规划、优势重组、城市品牌和形象设计等方面的内容。第三篇转向分析城市治理结构，重点阐述城市治理结构模式的变革、城市公共决策与政策的制定过程。第四、五、六、七篇是本书的分论，在这里，利用大量的篇幅详细地阐释了城市的经济、环境、社会和空间管理方面的内容。第八篇是本书的结尾，关注了城市管理现代化问题，内容包括智慧城市管理、网格化管理，以及城市管理的变革与创新。

本书摆脱了以往的一般性议论，更注重实用性和启发性。此外，在具体内容的安排上，也一改传统的"分堆分块"的布局手法，而按照主题展开阐释。例如，有关城市产业规划与管理问题，分别在城市经济管理和城市空间管理部分针对不同的研究对象进行讨论。

本书的特色

本书的特色体现在以下三个方面：一是围绕城市竞争力构建现代城市管理的理论框架。与传统的以政府为中心的城市管理理念不同，现代城市管理本质上是对城市竞争力的管理。本书的内容安排就是建立在这样的立场之上和框架之中的。二是从城市发展规律的角度看城市管理。有人说，城市管理学是研究"怎么办"(how)的学问，因此不必知道"是什么"(what)和"为什么"(why)。显然，这是一种谬误。试想对城市发展的内在机制——"what"和"why"都不甚明了，怎么可能找到城市管理的出路或解决问题的办法——"how"呢？本书将"what""why"和"how"结合起来，从分析城市发展的趋势、规律中，找寻城市问题的解决方案。三是体系上力求完整，但在内容上不求面面俱到，即在保证城市竞争力管理的理论框架完整的情况下，对于城市管理问题的处理遵循"实用性"的原则。各部分内容的确定，大多着眼于我国城市管理面临的现实需求。

教师手册

本书的编排有助于具有经济学知识背景的教师接受并理解内容。然而，对于其他专业背景的教师而言，由于书中广泛涉及金融学、公共管理学、社会学、城市规划、社会保障、经济地理、环境经济和信息管理等方面的内容，在讲授本书时可能需要做必要的知识更新和补充。当然，也可以采取更具灵活性的办法进行处理。

教学的目的是帮助学生学习城市管理的基本准则及其特殊化处理方式。教师应该花更多的精力和时间向学生说明如何将城市管理的基本原理运用到地方管理实践中和他们所生活的世界中。

限于篇幅，本书没有提供相关的案例和参考资料。在日常教学中，建议多进行案例分析。只有当城市管理理论能运用于解释实际事件与政策时，它才是有用且令人感兴趣的。同时，为了让学生能以全新的角度看待并更好地理解城市管理中出现的问题，多向学生推荐一些参考文献或提供一些辅导材料，也是一种有益的做法。

本书没有提供相应的复习研讨题目，这给授课教师留下了较大的自由处置空间。教师可以根据教学需要和学生面对的各种问题，有针对性地布置一些研究题目，可以把这些研究题目作为课后作业，也可以就此展开课堂讨论。

致学生

在课堂上，教师教不出真正的城市管理者。我国著名诗学大家顾随先生在谈及诗词时说到"三种功夫"：体认—体会—体验。体认是识，体会是悟，体验是行。对于城市管理的学习，也要用到此三种功夫。

在这三种功夫中，体认是第一步，即先要"识"——认知或学习。在这里，"学什么"是关键。那些笼而统之、泛泛而谈的套套逻辑，不过是花拳绣腿，自然派不上大用场。如果依此行事，难有所悟，更遑论践行，只能是纸上谈兵，得一个"讲"字。此外，广泛阅读也是"识"的重要途径。读书不能存有功利心——为取资格、得学位而读书。读书是一种心灵的活动，善于阅读才能开茅塞、得新知、增学问、养灵性。如果一个人只是抱着"义务"的意识去读书，便不能了解读书的艺术，只能说"读过"，不过只是增加谈资而已。现在，许多学生花大量精力在网上浏览，严格说来，这并不是读书，因为那些信息只是报告事情始末的读物，完全没有深思默想的价值。当然，网上也有城市管理方面的资源，但要抱着研究的态度去阅读，才能有所斩获。

第二步是"悟"，即体会。读书要读出味来。林语堂说过："读书先知味。"读书必须有所悟。城市管理既是知识，也是艺术，学习不可死嚼书本，食古不化，否则，你就容易被书本知识所禁锢，如同在一座围城里，逃不出去。所谓悟，也就是养成独立思考的习惯。你可以在网上下载别人的学习成果，但别忘了"消化"与"吸收"，否则，消化不良，效果适得其反。

第三步的"体验"更为关键，体验就是试着去实践。在大学校园里，怎么去体验呢？解决问题的办法就是多接触社会，多做社会调查。生活在城市中，城市管理问题俯拾皆是，你只要善于观察、追究，主动向他人请教，长年累月，就会积累一定的经验。另外，也可以利用课余时间，进行专题的社会调研。

博大精深的城市管理领域为那些有志于此的学子们提供了广阔的舞台，但愿"劳谦君子有终吉"！本书反馈邮箱：shim@tup.tsinghua.edu.cn。

编者
2013年10月

目　　录

第四篇　城市经济管理

第五篇　城市环境治理

第六篇　城市社会管理

第七篇　城市空间管理

第八篇　城市管理现代化

第一篇
城市管理理论

有关城市管理的思想可以追溯到很久远的年代，不过，形成系统的思想流派则是20世纪以后的事情了。本章首先简要回顾城市管理思想的演进过程；其次系统介绍现行的城市管理基础理论；最后分析城市管理理论的发展动向。

第一节　城市管理思想溯源

一、理想城市：城市管理思想滥觞

在很久远的年代，一些哲人、智者就对"城市"这一人类的理想居所作出了各种创造性想象与理性设计。美国学者刘易斯·芒福德从柏拉图的《理想国》、托马斯·莫尔的《乌托邦》以及20世纪初的"乌托邦文学"中，搜寻出24个乌托邦系谱，在其著作《乌托邦系谱》中总结了人类近几百年来对"理想的城市是什么样子"的思考，他发现不论是科学家还是文学家，他们对未来理想城市的设想都有着共同的理念——"把田园的宽裕带给城市，把城市的活力带给田园"，简而言之，就是"城乡融合"。

英国学者埃比尼泽·霍华德是现代城市科学史上的划时代人物，他在《明日的田园城市》中从城市最佳规模入手，创造性地提出建设一种集城市和乡村优点、摒弃两者缺点的新型城市——田园城市的设想。人们后来给"田园城市"下了一个简短的定义："田园城市是为安排健康的生活和工业而设计的城镇；其规模要能满足各种社会生活需求，但不能太大；被乡村带包围；全部土地归公众所有或者托人为社区代管。"[①]霍华德的构思将20世纪的城市规划和建设理论推向了科学化的新高度。

近代城市科学以对城市社区形态、结构的重新规划与设计为发端。城市科学的发展之所以迥异于古典城市管理经验的总结，也正是因为文艺复兴以后的工业化、城市化进程重新构建了近代城市社区的产业特质，也重组了近代城市的空间布局，重塑了城市发展的功能与目标。就近代城市科学体系自身演化来看，城市规划与空间形态设计确实构成了自工业革命至20世纪上半叶城市理论的主体，也是城市科学中最为发达的一部分。

从19世纪末到20世纪末期，西方国家对城市功能与空间结构进行了大量深入的研究。例如，在城市形态方面，19世纪末，西班牙人S. Y. 马塔提出了"带形城市"理论，打破了传统城市"块状"形态的固有模式。法国建筑大师勒·柯布西耶在其著于1922年的《明日的城市》和著于1933年的《阳光城》中，主张用高层低密度的办法来解决城市中心区的拥挤问题。20世纪30年代，美

---

① 埃比尼泽·霍华德. 明日的田园城市[M]. 北京：商务印书馆，2010：18.

国建筑师F. L. 赖特提出"广亩城市"设想，主张采用极低的密度来安排居住用地。在城市内部结构方面，法国的T. 嘎涅尔在20世纪初提出"工业城市"设想，第一次把现代城市的功能以用地的角度进行明确划分，并且使各种不同功能的用地通过道路交通网络有机地联系起来①。

在城市形体设计与管理方面，西特、艾纳尔、柯布西埃、伊·沙里宁等代表人物则用建筑师的眼光看待城市建设问题(包括建设中的经济和社会问题)，其最终目标是实现物质环境开发。正如挪威著名建筑论家诺·舒尔茨所指出的，"他们对城市的兴趣在于人造形式方面，而不是抽象组织"。他们信奉"物质形态决定论"(physical determinism)的指导思想和价值理想，注重乌托邦式的"最终境界"(end state)。

二、雅典宪章：向现代综合管理建设理论过渡的里程碑

1933年，现代建筑国际会议在希腊雅典通过《雅典宪章》，意味着城市科学在城市建筑学、规划学发展的基础上获得了新进展。《雅典宪章》的重要立论在于城市是市民的生活空间，所以城市规划要以市民为主体，也就是说要以"人"为规划的主体。城市是市民的生活活动空间，如果要实现市民生活活动的秩序化，就要对其生活活动的空间与设施进行综合性规划。这表明，《雅典宪章》已超越当时一般建筑、规划以空间形态为建设主体的城市理论，开始结合多学科考虑城市住宅、娱乐、交通、工业生产、文物保护等多方面的规划建设与管理。因此，它可以被看作城市科学开始由近代城市单一规划、设计理念向现代综合管理建设理论过渡的里程碑。概括而言，《雅典宪章》的基本精神突出表现为以下三点。

(1) 《雅典宪章》是站在市民的城市生活活动的立场来讨论城市规划的原理和原则，故主张满足市民心理及生理的欲求，与社会、经济、政治条件一样重要；同时，《雅典宪章》主张个人的利益必须与集团(社会)的利益相调和，无法调和时，个人要从属于集团，因此，城市规划必须以全体利益为出发点，不能因个人利益、欲求而损害全体利益。

(2) 文明的发展改变了人类的生活活动形态，同时，城市规划者亦以工业文明的尺度来考量城市规划的尺度。但事实上，人类无法摒弃本身所具有的尺度(面积、距离、时间等的尺度)，以致之间产生了矛盾，从而导致混乱。如今，城市的混乱是由在城市建设中以工业化的尺度为主考量城市文明发展而引起的。

(3) 《雅典宪章》对城市规划的出发点，主张以居住为原点，以此来考察居住环境与设施、居住与工作、居住与休闲之间的区位及联络的尺度。由此可看出，《雅典宪章》对市民基本的生活行为和居住功能的高度重视，也可以说《雅典宪章》是从生活方式、质量改善等更广阔的社会学角度来促进城市综合发展规划的。

显然，《雅典宪章》已超越当时一般的建筑、规划以空间形态为建设主体的城市理论，开始从多学科的结合上考虑城市住宅、娱乐、交通、工业生产、文物保护等多方面的规划建设与管理，它以人为本的原则和社会系统观念一直影响今天的城市规划乃至都市圈的发展战略设计，我们将《雅典宪章》评价为由近代城市单一的规划、设计理念向现代综合管理建设理论过渡的里程碑似不为过②。

---

① 叶南客，李芸. 战略与目标——城市管理系统与操作新论[M]. 南京：东南大学出版社，2001：35-39.
② 叶南客，李芸. 战略与目标——城市管理系统与操作新论[M]. 南京：东南大学出版社，2001：40-41.

三、管理科学：现代城市管理思想流派

城市科学在城市建筑学、规划学发展的基础上逐步壮大，在呈现综合化趋势的同时，现代管理科学也在20世纪30—50年代迅速成长并趋向实际应用，涌现出行为学、人际关系学、管理运筹学、组织结构理论、系统论、控制论等一大批管理科学理论，加之20世纪城市化浪潮在世界范围的迅速兴起，城市学者纷纷将自20世纪以来的城市规划、设计以及经济学理论与新兴的行为理论和管理科学相结合，深入研究现代城市快速发展中的各类具体问题，现代城市管理科学在20世纪五六十年代应运而生。

城市管理科学的发展在美国最为迅速，出现了各种不同的学术观点和理论学派。加州大学的城市社会学教授H.孔兹在《城市社会学理论和方法》一书中曾将之归纳为六大学派：管理方法学派——认为城市管理要以各种科学管理方法为管理工具，才能发挥管理的效能。管理经验学派——认为城市管理效果的好坏取决于管理者经验的多少。管理者经验愈多，管理效果愈好。行为学派——认为城市管理应着重人性的因素，激励管理人员和市民发挥潜力，乃是成功的要素。社会学派——认为城市是社会体系的一环，亦即城市社区是整个人类社会组织的重要部分，其管理制度与社会制度密不可分，故管理时应考虑城市与社会的关系。决策学派——认为城市管理的关键，在于管理者的决策，决策做得好，管理效果就好；决策做得差，管理效果就差。数量学派——认为城市管理可以用数学方法，将管理资料进行最佳处理①。这些城市管理学术成果，为现代城市管理学的发展提供了大量的科学理论依据。

第二节　城市管理的基础理论

城市管理是一个将管理的知识、手段和方法应用于城市事务的应用学科。城市事务本来就是一个覆盖面广、涉及范围宽的多学科交叉领域。因此，很多领域的人都从不同的角度致力于城市管理研究，试图通过已经形成的理论模式来解释城市管理的机理，运用各种研究方法和手段指导城市管理。

一、城市规划理论

城市规划理论是对城市基础设施的部署和建设，以及处理城市各项基础设施内部关系的理念与方法的总称。城市规划的目的是根据一定的社会发展目标对城市的物质要素进行空间和时间上的调整，以获取物质功效最大化。随着理论的发展，城市规划越来越重视满足人际关系的调整需求和促使市民生活幸福的因素，例如贫民区和富人区如何安排以及环境因素等。然而，这种调整仍是对空间和要素的调整，不是对深刻的社会关系的调整。

佩里的"邻里单位理论"、赖特的"广亩理论"和沙里宁的"城市有机疏散理论"等就属于这类理论。佩里于1939年提出"邻里单位理论"，其目的是要在汽车交通日趋发达的条件下，创造一个适合居民生活、舒适安全和设施完善的居住社区环境。他认为，邻里单位就是

① 叶南客，李芸. 战略与目标——城市管理系统与操作新论[M]. 南京：东南大学出版社，2001：40-41.

"一个组织家庭生活的社区的计划"，因此这个"计划"不仅应包括住房、环境，还应包括相应的公共设施，例如小学、零售商店和娱乐设施等。他同时认为，在汽车交通快速发展的时代，最重要的环境问题是如何保障街道安全，最好的解决办法就是建设道路系统来减少行人和汽车的交织和冲突，并且将汽车交通完全安排在居住区之外。赖特处于美国的社会经济和城市发展的独特环境之中，从人的感觉和文化意蕴中体验到市民对现代城市环境的不满和对工业化之前的人与环境相对和谐状态的怀念情绪，他于1932年提出了"广亩城市"的设想。赖特认为现代城市不能适应现代生活的需要，也不能代表和象征现代人类的愿望，是一种反民主机制，因此，他提出一个把集中的城市重新分布在一个地区性农业网格上的方案。他认为，在汽车和廉价电力遍布各处的时代里，已经没有将一切活动都集中于城市的需要，而人们最为需要的是从城市中解脱出来，发展一种完全分散的、低密度的生活居住与就业结合在一起的新形式，这就是广亩城市。"城市有机疏散理论"是沙里宁为缓解由于城市过分集中所产生的弊病而提出的关于城市发展及其布局结构的理论。他在1942年出版的《城市：它的发展、衰败和未来》一书中提出，有机疏散就是把大城市整片拥挤的区域分解成为若干个集中单元，并把这些单元组织成"在活动上相互关联的有功能的集中点"，在此意义上，构建城市有机疏散的显著特点，即将原先密集的城区分裂成多个集镇，彼此之间用具有保护性的绿化带隔离开来。

二、城市生态理论

近年来，协同共生思想被广泛运用到城市生态系统的研究中来。协同共生是指具有共生关系的单元之间相互作用的方式或相互结合的形式。在生态城市管理中，协同共生的焦点集中于城市内不同产业系统、产业群落之间如何通过有效集成来优化资源的使用，改善整体环境绩效，最大可能地推进城市可持续发展。

城市生态思想在城市形成之初就已有所体现。工业革命促进了城市化进程，同时也使城市环境遭到了前所未有的破坏，从而刺激了城市生态思想的发展，并出现了轰动一时的"田园城市"的规划思想。1916年，美国芝加哥学派创始人帕克发表了著名论文《城市：关于城市环境中人类行为研究的几点意见》，对城市生态思想的发展起到奠基性作用。20世纪60—70年代，联合国教科文组织制订"人与生物圈计划"，提出了从生态学角度研究城市居住区的议题，指出城市是以人类为活动中心的人类生态系统。此后，城市生态学进入大规模发展阶段，并演化成现在的"人居城市"思想。

城市生态思想是以城市为对象，将城市作为一个生态系统，探讨其结构、功能和调节机制的生态学机理与方法。它可应用到城市规划和管理工作中。城市生态思想体现在以下一些城市生态学基本原理中。

(1) 生态位原理。生态位是指城市为满足人类生存发展所提供的各种条件的完备程度。人们总是趋向生态位较高的城市地区，这种心理和行为正是城市发展的动力。

(2) 多样性导致稳定性原理。生物群落与环境之间保持动态平衡的稳定状态的能力，是同生态系统物种的多样性、复杂性呈正相关关系的，城市系统越复杂，越具有多样性，就越容易保持稳定。

(3) 食物链(网)原理。在城市资源利用、产业结构调整和产业延伸等方面都可以运用这一原理。同时，该原理所带来的更重要的启示是：人类居于食物链的顶端，最终会通过食物链的作用承担自身对生存环境造成污染的后果，这对于促进城市自我循环系统的建设具有重要意义。

(4) 环境承载能力原理。任何一个生态系统都有其不被破坏的最大承载能力，城市也是如此。由于城市空间和环境容量的有限性，人口、生产规模的扩大就受到了限制。基于城市生态思想的城市管理理论就是在城市管理过程中将整个城市看作一个有机的生态系统，通过经济、社会、自然系统内部以及相互之间的协调，维持整个城市生态系统的可持续发展。

三、城市更新理论

城市更新是指对城市中某一衰落的区域进行拆迁、改造、投资和建设，使之重新发展和繁荣。它包括两方面的内容：一方面是对客观存在的实体(建筑物等硬件)的改造；另一方面是对各种生态环境、空间环境、文化环境、视觉环境、游憩环境等的改造与延续，包括对邻里之间的社会网络结构、情感依恋等软件的延续与更新。

城市更新的方式包括拆除重建(redevelopment)、整旧复新(rehabitation)和保存维护(conservation)。城市更新是城市计划主动创造良好城市环境的一环。换句话说，城市更新的行动目的和城市计划的本意皆为经营一个好的都市环境。当然，城市更新并非一成不变地局限于重建、复新、维护这三种实质层面的行动，凡是能改善既存不良环境的手段，均可能被采取。此外，因为城市环境不仅指实质环境，还包含不可分的心理、社会、文化因素，因此必须选择个案处理的手段。

城市的发展过程就是一个不断建设、更新、改造，亦即新陈代谢的过程。城市更新也是一个没有终限、持续不断进行的过程。只要城市继续发展，新的环境变化信息不断输入，城市更新便会不断进行。

同时，城市更新的理念也是不断发展的。西方近现代城市更新理论根据指导思想的不同，大体可以分为两个主要阶段：在以形体规划(physical design)为核心的近现代城市规划思想的影响下，大规模、激进式更新的第二次世界大战前期至西方后工业化前夕的非理性阶段；在人本主义、可持续发展思想的影响下，以强调功能的小规模、渐进式更新，社区规划，多元参与为主要特征和方式的后工业化时期的理性阶段。在人本主义思想的影响下，西方后工业化时期的城市更新日益强调城市功能，特别是城市的商务、零售、娱乐和休闲功能。通过对居住环境、历史文脉、文化氛围的更新和塑造，使得城市中心地区成为地区发展潜力的集中区。城市更新更加注重人的尺度和人的需要，其重点转向社区环境的综合整治、社区经济的复兴以及居民参与下的社区邻里自建。20世纪70年代，在可持续发展理念的影响下，西方的城市更新目标、内容、方式更趋向理性，通过各种城市更新政策纲领的制定，城市的社会经济意义得到了前所未有的重视。目前，以改善环境、创造就业机会、促进邻里和睦为主要目标的"社区规划"已成为西方国家城市更新的主要方式。

四、城市治理理论

20世纪60年代以后，西方资本主义国家进入了以强调平等、多元等社会价值观为基础的后现代社会，经济生产方式的空间性既强调跨越边界、区际差异，也强调控制和协调。在此背景下，产生了一种与西方后工业社会民主政治要求相适应的社会管理理论——社会治理理论，主要用于与国家公共事务相关的管理活动和政治活动中。尽管人们对社会治理理论有不同的解释，但它主要包括两个内涵：第一，该理论认为社会管理的权力中心是多元的，可以是公共机构(政府)，也可以是私人机构(行业协会等非政府组织)，还可以是公共机构与私人机构的合作组织，突出强调在政府与市场之间权力和利益的平衡再分配理念，不再是传统的集中管理和控制，而是多元、分散的网络型和多样性管理。第二，治理理论主张社会管理不是传统的以控制和命令手段为主，实行简单、纵向、自上而下的垂直式管理，而是一种上下互动的地域空间管理，并主张多元化管理主体通过相互对话、协调、合作等途径，确立共同的目标，实施对公共事务的共同管理，以达到尽可能地动员和利用多种资源，弥补市场交换和政府自上而下调控两方面不足的目标，最终达到"双赢"的管理格局。总之，社会治理就是计划与市场相结合、集权与分权相结合、正式组织与非正式组织相结合的"新型社会管理"，已成为当今城市管理的重要基础理论。

20世纪80年代以后，西方政府开始了重塑政府的运动，兴起一种新的公共管理模式，该模式强调政府不再是城市管理的唯一主体，非政府组织也是管理主体；由重视管理机构、过程和程序向重视管理的结果和绩效转变；主张公平与效率的统一，公共利益与私人利益的统一。同时，在城市治理中也广泛引入新公共管理的方法与理念，治理理论作为一种新的公共管理理论流行起来。治理理论主张多元治理，主体之间进行对话、协商和合作，倡导"更少的统治，更多的治理"，主张政府力、市场力、社会力的协调互补，以最大限度地利用各种社会资源促成公共目标的达成。

五、城市营销理论

近年来，全球化趋势日益明显，城市之间的竞争趋于激烈，西方国家的一些城市陷入了财政赤字、失业率上升、收入下降、投资减少等经济困境。在此背景下20世纪80年代末和90年代初科特勒等人提出的"城市营销"理论，正式成为营销学的一个分支并获得了进一步的发展。

城市营销理论强调的是通过对城市有形及无形资产的整合来满足居民、旅游者和投资者的需要，从而产生价值。在这一理念的基础上，城市营销理论将城市的土地、基础设施、旅游资源以及依附于城市本身的某种品质、意象、文化视为"产品"。为了提高城市竞争能力，需要对这些"产品"进行形象和服务组合设计，其营销对象是市民、来访者、现有和潜在的未来投资者，其目的是引进产业和高素质居民，留住原有产业，并且鼓励产业的扩张。

基于城市营销理论的城市管理就是要将城市作为一个生产单元，通过营销策略对城市资源进行各种包装整合，通过市场化运作促进旅游业发展、吸引投资、发展产业，激发整个城市的经济活力，继而促进城市的发展。

在新技术革命和经济全球化的大背景下，世界各地的城市都在竞争有限资源以谋求自身的发展，城市营销作为增强城市竞争力、繁荣区域经济的有效工具而备受关注。在这一时期，市场营销理论及城市相关学科的研究取得了长足进展，诸如社会营销、非营利组织营销、文化营销、服务营销、组织营销、关系营销、体育营销、品牌营销、旅游营销、政治营销等营销新思想异常活跃，地区经济发展(regional economic development)、地区竞争力(place competitiveness)、城市规划(urban planning)以及城市管理(urban management)等方面的新理论蓬勃发展，都为城市营销理论的研究和发展提供了丰富的理论资源。

当然，国外城市营销理论存在的不足也显而易见。由于城市与一般产品有着诸多不同之处，以及营销所追求的经济效益最大化，会使城市发展又回到生产型的状态。此外，近年来，城市治理(urban governance)理念对全球范围内的城市管理实践形成了巨大的冲击，但城市营销理论研究对城市管理的这一深刻转型显然反应不足。

第三节 城市管理理论的新发展

世界各国为解决城市问题所做的努力并不囿于既有的城市管理理论，而是在实践中努力寻找城市问题的症结所在，并在此基础上探索建立新的、更有效的城市管理模式。

一、政府再造

美国是城市管理理论发展极为迅速的国家，也是城市问题非常严重的国家。早在20世纪80年代初，美国著名作家西奥多·怀特就忧心忡忡地指出："美国的城市已越来越成为我们文明的绝境。越来越多的金钱用来拯救我们的大城市……然而城市却依然处于绝境之中，比历史上任何时期都更不安全和更加可怕。"[①]当时，人们对政府和政治的不满溢于言表。

戴维·奥斯本和特德·盖布勒在其合著的《改革政府：企业家精神如何改革着公共部门》一书中列举了美国城市的种种改革做法，并把这一系列改革的实质称为从官僚制政府向企业化政府的转变。来自改革实践的企业化政府理论也就应运而生。政府与非政府组织及私营部门共同提供城市公共服务，似乎成为自20世纪80年代以来世界各国城市管理改革的主要趋势。这使传统的把城市管理理解为城市政府单一主体行为的管理理念，被新的城市管理是政府、各种非政府组织、私营部门共同参与的城市治理过程的"治理"理念所替代。

二、包容性城市

20世纪末，改善城市管理成为一项引起国际社会关注的全球运动。2000年5月，联合国人类住区中心(人居中心、生境中心)在肯尼亚首都内罗毕召开全面审查和评价《生境议程》实施情况的大会，发表关于《健全的城市管理：规范框架》的宣言草案，旨在发起一场"健全的城市管理全球运动"，从而在日趋城市化的世界中实现《生境议程》关于人类居住区可持续发展的目标。该运动的目的是通过改进城市管理而使"包容性城市"付诸实现。

所谓包容性城市，是指城市中的每个人不论财富、性别、年龄、种族或宗教信仰，均得以参与城市所能提供的生产性机会。因此，包容性既是目标，也是过程。参与式的决策过程就是实现包容性城市的重要手段。该运动的具体目标有两个：一是增强地方政府和城市利益相关者实施健全的城市管理的能力；二是在世界范围内提高认识，提倡健全的城市管理。

---

① 戴维·奥斯本，特德·盖布勒. 改革政府：企业家精神如何改革着公共部门[M]. 周敦仁，等，译. 上海：上海译文出版社，1996：3.

实现"包容性城市"的关键并不是钱，也不是技术，而是健全的城市管理。宣言草案给城市管理赋予新的内涵，认为"城市管理是个人和公私机构用以规划和管理城市公共事务的众多方法的总和。这是一个调和各种冲突以及为采取合作行动的连续过程。它包括正式的体制，也包括非正式的安排和市民的社会资本"。城市管理是与全体市民的福利紧紧连在一起的。基于城市公民资格原则的健全的城市管理，强调任何人，无论男女老幼，均不得被剥夺取得城市生活必要条件的权利。为此，宣言草案提出了健全的城市管理的七项标准，即可持续性、权力下放、公平性、效率、透明度和责任分明、公民参与和公民作用、安全保障。总之，健全的城市管理，必须确保每个人都能平等地分享城市生活的利益①。

三、善治理论

当代各国的城市管理改革的基本趋势是现代城市治理和善治。然而，治理可能失效。如何克服治理失效？如何使治理更加有效？学者们在"治理"概念的基础上，提出了"良好的治理"即"善治"的概念。

善治意味着什么？它包含哪些要素？一位法国银行家认为，构成善治的要素有以下四个：一是公民安全得到保障，法律得到尊重，特别是这一切都须通过司法独立，亦即通过法治来实现。二是公共机构能够正确而公正地管理公共开支，亦即进行有效的行政管理。三是政治领导人对其行为向人民负责，亦即实行职责和责任制。四是信息灵通，便于全体公民了解情况，亦即具有政治透明性②。

我国学者认为，善治的基本要素有以下六个：一是合法性(legitimacy)。它指的是社会秩序和权威被自觉认可和服从的性质和状态。合法性越强，善治的程度便越高。二是透明性(transparency)。它指的是政治信息的公开性。透明性要求政治信息能够及时通过各种传媒为公民所知，以便公民能够有效地参与到公共决策过程中，并且对公共管理过程实施有效的监督。透明程度越高，善治的程度也越高。三是责任性(accountability)。它指的是人们应当对自己的行为负责。责任性意味着管理人员及管理机构由于其承担的职务而必须履行一定的职能和义务。公众，尤其是公职人员和管理机构的责任性越强，表明善治的程度越高。四是法治(rule of law)。法治的基本意义是，法律是公共政治管理的最高准则，任何政府官员和公民都必须依法行事，在法律面前人人平等。法治是善治的基本要求，没有健全的法律制度，没有对法律的充分尊重，没有建立在法律之上的社会秩序，就没有善治。五是回应(responsiveness)。这是责任性的延伸，其基本意义是，公共管理人员和管理机构必须对公民的要求作出及时的和负责的反应。回应性越强，善治的程度就越高。六是有效(effectiveness)。这主要指管理效率。善治的概念与无效或低效的管理活动格格不入。善治程度越高，管理的有效性也就越高③。

---

① 联合国全面审查和评价《生境议程》实施情况大会特别会议筹备委员会第一届会议临时议程项目. 健全的城市管理：规范框架.

② 玛丽-克劳得·斯莫茨. 治理在国际关系中的正确运用[J]. 肖孝毛，译. 国际社会科学(中文版)，1999(2).

③ 钱振明. 城市管理学[M]. 苏州：苏州大学出版社，2005.

四、新城市主义

20世纪90年代以后，西方国家兴起"新城市主义"的规划思想和理论。第二次世界大战后，西方一些发达国家的城市增长普遍以郊区化蔓延为主要特征。这种增长模式的不经济性、生态环境的不可持续性，以及对城市结构的瓦解作用、对社会生活的侵蚀效应日益显现。越来越多的批评和质疑，最终形成一股强大的浪潮。"新城市主义"(new urbanism，NU)站在潮头浪尖之上，旗帜鲜明地向郊区化无序蔓延宣战。相关学者剖析城市蔓延增长方式的危害性，倡导回归"以人为中心"的设计思想，重塑多样性、人性化、具有社区感的城镇生活氛围。他们的言论思想得到了广泛的社会关注和认同。

新城市主义的特点在于强调传统、邻里感、社区性、场所精神、全面、整体、有机、持续发展，主张恢复城市人文价值，以提高城市生活品质的设计理念。新城市主义的设计思想内涵和原则主要体现在以下几个方面：尊重自然——构建完整的城市生态系统；尊重社会与个人——建设充满人情味的生态社区；保持"多样性"——维持城市生态系统的稳定；节约资源——实现城市生态系统的可持续发展[①]。新城市主义和生态城市理念及主张具有殊途同归的内在一致性。

五、科学管理

国外较早的管理理论认为，城市管理的对象是人、财、物、生态四大要素。后来有人加上了信息和时间，现在又加上了新要素，包括城市文化和管理方法。近几年来，城市学者认为，要解决越来越复杂的城市管理问题，要靠现代化的综合计划和控制方法、手段，这反映了现代城市管理理论的内容更加丰富、更加科学化。现代城市管理科学还包括三种重要的科学方法，即运筹学、系统分析和决策科学化。20世纪70年代后，一些发达国家在管理中率先把数学方法、电子计算技术和通信技术，以及系统论、控制论、信息论等，广泛应用于管理之中。20世纪80年代以来，随着城市管理学的逐步应用，有效地加快了国际范围内的城市现代化步伐。但随着城市现代化的发展，制约城市发展的因素不断增多，决策难度也越来越大。因此，城市管理的科学化既是一个大趋势，也是一个大难题，它要求城市管理者和研究者密切关注社会和科技的急剧变化，积极探索和引进科学管理方式，以适应现代化城市的发展需要。同时，我们还发现，在一些现代大城市管理中呈现的信息化、法治化、系统化的特征和趋势，既是城市科学管理的主要标志，也是促进城市科学管理水平提高的重要动力。

---

① 刘昌寿，沈清基."新城市主义"的思想内涵及其启示[J]. 现代城市研究，2002(1).

任何学科都有其一般原理。在本书中，所谓的一般原理，是指对城市管理经验和规律的总结。这些经验和规律被大家认可，成为人们开展行动的参考依据。本章首先介绍城市管理的系统结构和基本政策工具；其次讲解城市管理职能、过程和管理艺术；最后阐述"以人为本"的城市管理绩效的评价方法。

第一节　城市管理系统结构与政策工具

、城市管理的多维视角

城市是一个由经济系统、社会系统、环境系统组成的复合系统。因此，现代意义上的城市管理是一个综合的概念，它包含城市经济管理、城市社会管理、城市环境管理三个方面的内容。此外，任何经济和社会活动都需要以空间为载体，生态环境更是通过空间来直接表现的。空间可以看作经济、社会和环境管理的一个外生变量，它直接或间接地影响着城市的经济、社会和环境管理过程。因此，城市空间管理也是现代城市管理的一个重要组成部分。城市管理的任务就是要解决城市在经济、社会、环境和空间方面表现出来的目标与现状之间的强烈反差，即通常所说的各种各样的城市问题或"城市病"。城市管理各方面关系表达式为

$$U=\{A, R\}=\{(Y, W, Z, S), R\}；U=S\{(Y, W, Z)\} \tag{2-1}$$

式中：U表示由经济、社会、环境和空间组成的城市复合系统；A表示组成城市系统的子系统结合；R表示子系统间的各种关系；Y表示城市经济系统发展变量；W表示城市社会系统发展变量；Z表示城市环境系统发展变量；S表示城市空间系统发展变量。

在由经济、社会、环境和空间组成的城市复合系统中，主要包括以下内容。

(1) 城市经济亚系统。它以产业为核心，由工业、农业、建筑、交通、贸易、金融、信息、科教等系统组成。该系统以要素由分散向集中的高密度集散，能量由低质向高质的高强度空间交流和连续积累为特征。

(2) 城市社会亚系统。它以人口为中心。它包括常住人口、流动人口、抚养人口、人口素质等。该系统要满足包括外来人口在内的城市居民的就业、居住、供应、文化娱乐、医疗、教育及生活等需求。该系统以高密度的人口和高质量的生活消费为特征。

(3) 城市环境亚系统。该系统以人居环境为主线，包括生态环境和软环境，体现环境对城市活动的支持、容纳、缓冲及净化作用。

(4) 城市空间亚系统。它以土地利用为重点，包括空间规划、产业布局、公共空间、城市边界等。该系统以城市土地集约利用和空间结构的高效有序为特征。

从城市管理的角度来看，城市复合系统之间的关系如图2-1所示。

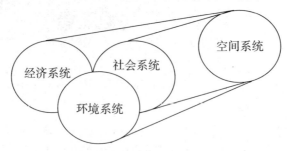

图2-1　城市经济、社会、环境和空间系统关系

图2-1表明，城市管理就是要通过运用规划、政策、法律、经济、教育和科技等手段，使得城市经济、社会、环境和空间系统协调运转，同时使城市空间结构合理，管理效率更高，还必须保证城市经济、社会和环境系统的发展不超过城市空间的承载力。

由上述城市系统之间的关系可以看到，城市管理不仅具有多元性，还有着深刻的协调性。由于城市经济、社会、环境和空间系统有各自的价值取向，例如经济发展的目标重在追求效率增长，社会发展的目标要考虑公平分配，环境建设的目标要考虑生态友好，空间布局的目标要考虑结构优化，它们之间的发展有时会有冲突，因此城市管理要关注各个系统目标之间的交互作用和协调平衡。

当然，城市管理不是机械地追求城市经济、社会、环境和空间几个方面同时最优，而是追求在一定背景条件及一定匹配关系下的整体最优。

二、城市管理的主体结构

由于市场存在失灵的可能性，对城市公共事务的管理被认为是城市管理的工作重点。然而，虽然政府在城市管理中居于全能主体地位，但在实践中也难免出现问题。因此，现代城市管理强调应该建立包括政府机构在内的各类组织和社会成员参与其中的城市治理结构。它要求在城市管理过程中，综合运用行政机制与市场组织、市场机制与营利性组织、社会机制与公众组织三套工具进行城市管理。城市治理结构如图2-2所示。

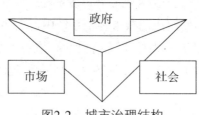

图2-2　城市治理结构

在多元主体模式中，政府依然是城市管理不可替代的组织者和指挥者，政府的行为和决定影响着其他城市管理主体的活动方式和活动效果；营利性组织和非政府组织是配合政府为城市管理提供服务和物品的组织，它们的介入可以克服政府包揽一切公共事务所产生的传统弊端，从而提高城市管理的效率与效益；社会公众则是城市管理主体中的基础细胞，他们的参与可使城市管理机制从被动外推转化为内生参与，他们是现代城市管理的重要动力。

三、城市管理的政策工具

与城市复合系统和治理结构相对应，城市管理的政策工具也是多元的。城市管理的政策工具包括利用市场、创建市场、行政手段和公众参与，实践中可归为三大类。

1. 市场性手段

市场性手段主要包括利用市场的政策和方法及创建市场的政策两个方面。例如，在改善城市资源环境管理中，最为有力的政策是利用市场与价格信号来适当配置资源。但如果在缺乏市场机制或市场发育不完善的地区，就需要创建市场。相应的管理手段包括明确产权、私营化和权力分散等。1997年，世界银行对城市资源管理和污染控制的政策手段进行了研究，总结了城市管理可以综合使用的多元政策工具，如表2-1所示。

表2-1　城市管理的多元政策工具[①]

利用市场	创建市场	行政手段	公众参与
减少补贴	产权(环境权等)的确立	标准	社会公众参与
环境税	权力下放/私营化	禁令	信息公开
使用税	可交易的许可证/使用权	许可证/配额	
补偿金/保证金	国际补偿制度		
押金-返还制度			
专项补贴			

2. 行政性手段

目前，由于市场机制不健全，标准、禁令、许可证等行政命令和控制手段，仍是我国城市管理中常见的管理手段。由于这些手段能保证结果的确定性，常常为政策制定者所偏爱。但是，行政手段的成功运用依赖于昂贵的监督和执法成本。因此，在城市管理中，要审慎地使用行政手段。在某些情况下，行政手段可能是唯一可行的手段，例如公共安全管理、土地功能区划等；但在多数情况下，行政手段与市场手段组合应用的效果更好，例如运用颁布标准与收费相结合的手段来减少工厂污染物的排放量。

3. 参与性手段

城市管理与居民生活质量密切相关，因此，社会公众是加强城市管理的原动力。信息公开、社区自治和公众或民间团体的参与已经成为市场性手段、行政性手段之外的重要管理手段，而且随着城市民主化进程的加快，参与性手段越来越成为城市管理取得成功的关键[②]。

第二节　城市管理过程

一、城市管理职能

城市管理职能是城市各个活动主体的角色定位。传统观点认为，城市管理职能就是城市政

---

① 世界银行环境局. 里约后五年——环境政策的创新[M]. 北京：中国环境科学出版社，1997.
② 诸大建. 管理城市发展：探讨可持续发展的城市管理模式[M]. 上海：同济大学出版社，2004：50-53.

府的行政管理职能。这种看法多有偏颇。如前文所述，城市是一个复合的巨系统，城市管理对象、管理主体和政策手段都是多元化的，因此，将城市公共事务管理的职能仅仅归结为政府的行政责任，显然是错误的。城市社会中的政府、市场和公众组织都承担着不同的管理责任。当然，政府是城市管理最为重要的主体，因此，城市管理职能通常是以政府为主导来确定的。

根据管理学的理论，管理职能可以分为计划、组织、指挥、协调和控制。由于城市系统管理的复杂性，城市管理并不是一般管理职能在城市管理领域的简单投射。也就是说，城市管理职能与一般管理职能的内涵迥然不同。例如，计划可作为一般管理的首要职能，而不能作为城市管理的首要职能，城市管理的首要职能是协调。正如哈罗德·孔茨所言："管理是人类各种活动中最重要的活动之一。自从人类开始形成群体以实现个人无法达到的目标以来，管理工作就成为协调个体努力必不可少的因素了……把协调看作管理的核心，似乎更确切一些，因为把每个人的力量协调起来，以完成集体目标，这就是管理的宗旨。每一项职能都是为了促进协调。"[①]

所谓协调，也就是通过沟通信息、化解矛盾冲突，使事物能够和谐、平衡、平稳而有序地发展。协调是城市管理各种职能的综合，是城市管理的公共职能，或者说，是城市管理的首要职能。

协调的本质是引导和控制事物按照客观规律的要求均衡发展，是管理的真谛所在。城市管理职能与一般管理职能是有区别的，这是就其特殊性而言的，但所有管理必须有共性，这个共性就是"管理的首要职能是协调"。

二、科学管理

对管理的科学研究可以追溯到19世纪后半期，在弗里德里克·W.泰勒(Frederick W.Taylor)的著作中就有系统的论述。后来的学者大大地拓展了科学管理的思想和方法，使它的应用领域更为广泛。

在城市管理领域，科学管理与城市的性质密切相关。根据管理科学的思想，我们将城市的科学管理归纳为系统管理、人本管理和动态管理。

1. 系统管理

由于城市是一个复杂的综合有机体，城市生活的复杂性决定了城市管理必须是系统管理。换句话说，城市管理体制是一项复杂的系统工程，它要求城市领导者必须善于运用系统和辩证的观点去发现和解决城市问题。只有从系统出发进行系统管理，才能达到系统整体要素的协调发展和合理配置。

为了实现这一目标，城市管理要做到系统化和有序化。所谓系统化，是指在思维方式上把城市运行作为一个系统整体来看待，并且用辩证的观点来正确调节和处理各种系统要素的变量关系。所谓有序化，是指要注意到系统管理层次的相对性。具体的管理内容都是在各自相应的层次或领域层面上展开的，例如，资源配置、科技进步、体制创新、人力资源、投资方式、土地配置、城市功能等，都是在不同层面上开展的内容，用系统的思路去观察，都可以在立体思

---

① 哈罗德·孔茨.管理学[M].北京：经济科学出版社，1993：20.

维网络中找到它们相应的位置。宏观与微观也有相对性。例如，中央对地方，中央算宏观，地方就属于微观；市场对企业，市场算宏观，企业就属于微观。但是，宏观与微观又不是分离的，宏观是由众多微观综合集成的，而微观是在宏观的背景下发展的。

另外，从城市管理模式来看，系统管理要求建立一种政府控制和引导之下的，社会各阶层广泛参与的城市管理模式。该模式既要求政府有一整套科学合理、结构严谨、信息通畅、高效灵活、清正廉洁的管理机制，也要求动员社会各利益集团参与到城市建设和管理中来，以增强城市管理的科学性、民主性和法治化，体现公平、公正和高效的原则，使城市各系统之间分工合作、相互协调，以保持城市的长期、健康和持续发展。

2. 人本管理

传统的城市管理主要强调城市建设管理，包括对城市的"硬"规划和城市建设活动本身，不仅耗费了城市政府管理者的主要精力，更耗费了绝大部分的政府投入，致使城市管理工作长期重物轻人而无法进入科学管理轨道。

科学的城市管理强调"以人为本"。人本管理要求在管理过程中，不仅注重城市物的形态，更要注意研究人的主体地位。这就要把城市当作一个有生命的整体来看待。城市的产生和发展来自人的生命的力量，来自人的需要和欲望，如失去这些，城市的发展就无从谈起。因此，城市管理也要体现人的需要，特别是要从城市功能方面，个而落实人本管理理念。城市功能与人的需要如表2-2所示。

表2-2　城市功能与人的需要

城市功能	养育功能	教育功能	生产功能	休闲功能	记忆功能	管理功能
人的需要	生存需要	交流、学习、发展需要	劳动、工作需要	娱乐、情感、休息需要	文化历史传承需要	民主参与需要

城市管理者必须对一系列多样化的偏好、需要和要求作出回应，从城市功能上体现人的属性及其需求。只有人民满意的城市才是好城市，城市发展是为人民服务的。注重以人为本的管理，就是要做到一切从市民的根本利益出发，以提升市民的物质生活及文化生活水平为目标，创造适宜人、激发人、吸引人的良好自然和社会文明环境；就是要多听取市民对城市发展的意见，接受其批评和监督；就是要以开放的思想对待市民，鼓励合理流动，吸引外来人才，更新人口结构；就是要以先进的思想和文化，引导市民、教育市民，提升人口素质。

3. 动态管理

动态管理强调城市管理者要有能力对不断变化的环境作出及时、准确的回应。从城市内部组织环境来看，动态管理要求管理者清楚地知道，是什么在驱动人们的行为，当外部诱因发生变化时，该如何应对。从城市外部竞争环境来看，动态管理要求城市管理者根据管理进程与外部环境间的关系及其变化，对管理战略、管理目标和管理方式等不断进行修正，以快速适应环境的不断变化。从动态管理的程序来看，城市管理包括成立发现和解决问题的管理机构、建立预警系统、制定问题解决方案、跟踪和控制管理过程等。从这个意义上说，动态管理也就是利用反馈机制进行管理的过程。因为反馈的本质就是根据过去的实践情况去调整未来的行为，以求达到某种预期的目标。反馈机制的突出效能就是能对宏观环境的变化作出应有的反应。

三、从结果管理到过程管理

过去，城市管理强调以结果为导向。人们所知道的目标管理就是关注结果管理，并且经实践证明是有效的。但是，随着城市管理越来越精细化和程式化，以及对"过程"管理和控制的缺失，可能导致城市管理效能降低。例如，只注重"结果"的管理方式通常是片面的和不稳定的，有可能导致管理失控。更重要的是，这种管理的倾向导致人们对其他工作(有时甚至是非常重要的工作)的忽略。例如导致城市政策鼓励人们追求眼前的"结果"和短期利益，而忽略甚至放弃对城市长期利益的关注与投入，造成短视行为。

因此，城市管理要从结果管理向过程管理转变。过程管理方法与传统管理方法不同，其基本思想包括：从"横向"视角把城市看作一个由规划、建设、运行等过程按一定方式组成的过程网络系统；根据城市发展目标，优化设计管理过程，确定各环节之间的联结方式或组合方式；以过程网络系统为中心，制定资源配置方案和组织机构方案，制定解决城市信息流、物流、资金流和工作流管理问题的方案；综合应用信息技术、网络技术、计划与控制技术和智能技术等解决过程管理问题。

从城市管理方法论的角度来看，过程管理方法是以系统论、信息论和控制论为理论基础的，它具有以下几个特点。

(1) 以系统理论为指导，从系统的观点出发，将城市管理过程视为有特定功能和目标、有输入和输出的过程系统，城市系统由若干过程子系统按一定方式组合而成。城市管理关注管理环节和流程中各子系统的优化组合。

(2) 应用信息论方法，将城市管理过程视为一个信息收集、加工、存储、传输的过程，应用信息技术解决业务过程管理信息的传输和处理问题。

(3) 应用控制论方法，将城市管理过程视为可控过程，建立过程控制系统，运用反馈控制等控制方法解决城市系统的控制问题。

(4) 注重城市管理的细化，即细化到每一个管理领域、每一个城市管理流程。

(5) 注重综合应用管理技术和信息技术等。

在当今信息技术和网络技术迅速发展、多学科知识逐渐积累、多种技术有机结合的技术背景下，城市管理模式和管理方式正在发生大的变革。综合运用管理技术、计算机信息技术等技术的新型管理模式将逐步取代传统管理模式，城市的信息处理能力与控制能力将迅速提高。这些宏观背景因素将极大地促进过程管理方法在城市管理中的应用。

四、城市管理艺术

对城市管理过程的调控不是一个机械化的过程，必须讲究管理的艺术。对于政府来说，城市管理的艺术就是领导的艺术。老子《道德经》第六十章开宗明义："治大国若烹小鲜。"城市管理也是如此。从这句名言中，我们可以归纳出城市管理艺术的真谛。那就是：第一，面对复杂的城市系统，政府应能意识到自己力有不逮、作用有限。在城市里，"小鲜"是一个整体上的数量概念，比喻万事万物。如果政府凡事独揽，将导致管理成本过高，而且政府也没有这个能力去管。第二，面对芸芸众生，政府要有治无类，一视同仁，大而化之。城市管理中的"小鲜"，形形色色，良莠不齐。如何"煎煮"呢？最好的办法是面对不同的公民、不同的经济组织、不同的社会资源等，都大而化之，兼顾公平与效率。第三，政府管理要讲求策略。烹"小鲜"者，不要只管自己的意愿，而不顾"小鲜"的反应。只有两相兼顾，才能两相欢洽。按照这样的方法管理城市，政府和百姓都能最大限度地实现利益双赢。第四，政府要不断提高执政水平，从而达到一种新境界。城市管理要经历三重境界：初看简单—体会艰难—回到简约。城市管理者在进行城市管理的过程中，需用心体验，吸取经验教训，才能将城市管理变得简单。

第三节　城市管理绩效评价

一、以人为本的城市发展绩效标准

从传统的角度来说，对城市发展绩效的衡量主要集中于两个方面：经济与综合实力。前者以城市经济增长和竞争力的提升为衡量标准；后者以由经济、社会和环境构成的城市综合实力的增强为衡量标准。当然，关注城市经济增长和综合实力的增强都是必要的，但是，在现代城市管理过程中，以人为本的科学发展观强调，经济和综合实力需要服务于以人为本的城市的可居住性(livability)和可持续性(sustainability)。

1. 有理性、低代价的经济增长

为促进低代价的经济增长而实施管理，是以人为本的城市发展绩效观的体现。有理性、低代价的经济增长意味着既不能抑制增长，又不能盲目增长。由于以经济增长为核心的传统发展观是以生态环境的破坏、社会平等的丧失为代价的，作为对传统发展观的反拨，有理性、低代价的增长要求以尽可能少的生态代价和社会代价来达到有质量的经济增长，使得发展保持在生活和社会可承受的范围内。

要使城市经济增长为提高人的生活质量服务，必然要求转变经济增长方式，即要求从高投入、高消耗的粗放型增长模式转变为高产出、高效益的集约型增长模式；要求进一步加强技术创新，提高全要素在经济增长中的贡献率；要求城市管理关注经济、社会、环境的协调发展，让社会民众从经济增长中受益。

2. 经济、社会和生态协调发展

以人为本的城市发展观还需要城市经济、社会和生态三位一体的整合发展，城市管理绩效观要体现出城市经济、社会、生态效益的统一，特别是在追求经济效益的时候不能无视社会效益和环境效益。然而，经济、社会和生态的协调发展不是三个方面的简单线性相加。由于三个方面的发展有时是有冲突的，协调发展不是理想化地追求三个方面同时最优，而是追求在一定背景条件下有一定匹配关系的整体最优。

经济、社会和生态的协调发展内含现代系统思想发展观，它要求城市各部门进行高度整合而不是各行其是。经济、社会和生态的协调发展既强调发展领域的整体性，又强调发展要素的相关性。

3. 城市居民的生活质量提升

以人为本的城市发展还要求满足人类的基本需求和提高人类的生活质量。围绕以人为本的发展目标，联合国开发计划署在1990年发表的《人类发展报告》中，提出了一种全新的衡量人类发展的指标体系——人类发展指数(human development index，HDI)。这个指数已经被越来越多地用来评价国家、区域、城市发展在提高人类生活质量方面的表现和程度。

人类发展指数确定了关于人类生活质量的三个基本目标：一是增加能够得到的诸如食物、住房、保健和安全感等基本生活必需品的数量，并扩大这些生活必需品的分配；二是提高生活水平，除了促使人们获得更高的收入以外，还要提供更多的工作岗位，更好的教育机会，并对文化和人道主义给予更多的重视，不但要增加物质上的福利，而且还要能给个人与国家带来更强烈的自尊感；三是通过把人们从奴役和依附中解放出来，来扩大个人与国家在经济和社会方面的选择范围。当然，人类发展指数强调的人本观要以整个人类的利益为本位而不是以局部意义上的人为本位。因此，其内在要求富人抑制过度消费的生活方式，给穷人提供充分的生存发展空间。同时，当代人必须有节制地处理发展中的问题，以使后代人保持进一步的发展潜力。

二、城市管理绩效评价指标体系

1. 城市管理绩效评价指标体系结构

根据以人为本的城市发展绩效标准，城市管理绩效评价指标体系可以分为三大类，它们分别反映城市协调发展与综合发展情况、城市居民的生活质量状态和社会大众对城市管理的主观感受及评价，如图2-3所示。

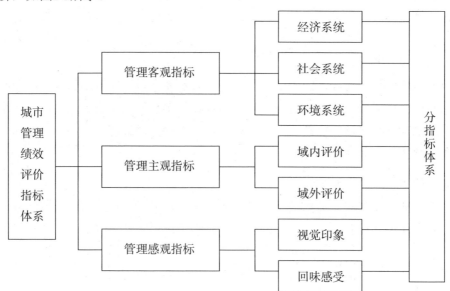

图2-3 城市管理绩效评价指标体系结构

(1) 城市管理绩效评价的客观指标体系。城市经济、社会、环境的综合发展，是一项复杂的动态系统工程。这项工程的顺利实施依靠有效的城市管理来规范人们的行为，协调社会、经济和生态的发展，调节局部利益和全局利益、短期利益和长远利益，从而使城市资源利用具有可持续性。反过来，城市经济、社会和环境系统的协调运行状况也反映出一个城市的管理水平。因此，城市管理绩效评价的客观指标体系应该包括三个层面，即经济系统、社会系统、环境系统。其中，经济系统的分指标主要有经济发展水平、人均GDP、经济规模、固定资产投资额、三次产业比重等；社会系统的分指标主要有燃气普及率、人均可支配收入、人均消费支出、人均居住面积、人均医院床位数、高校在校生数量、人均科研支出等；环境系统的分指标主要有PM2.5数值、"三废"(废气、废水和固体废物)处理率、万元产值能耗等。上述指标基本上都是从城市发展的角度来反映城市管理绩效的。

(2) 城市管理绩效评价的主观指标体系。主观指标是基于个人感受、态度和评价而建立的指标，它通过对人们的心理状态、情绪、意愿、满足程度等进行测量而获得。主观指标涉及的方面主要包括收入、住房、健康、教育、工作、闲暇、社会秩序以及社会政策等。欧美一些学者对城市管理主观指标的研究侧重于营养饮食、穿衣、健康、住房、环境、收入、财产、消费、工作、就业、闲暇、参与决策、社会秩序、个人安全、家庭生活、婚姻、社会关系、自我功效指数和乐趣总值等方面。其中，环境卫生、社会治安、生活服务、基础设施等方面是城市管理绩效评价指标体系中的主观指标研究所共同关注的内容。主观指标是通过城市居民、企业以及外界的评价来衡量的。换言之，城市管理是否得到了企业、居民和外界的认可，他们对城市管理工作成效的评价，是城市提高管理水平的重要依据。

(3) 城市管理绩效评价的感观指标体系。感观指标具有直接性和表面性。直接性是指感观指标是人们在大脑中对事物个别特性的直接反映；表面性是指感观指标反映的是事物的现象或外部联系，而不是事物的本质或内部联系。城市管理绩效评价的感观指标体系是一组反映城市形象、秩序、卫生等情况的指标体系，主要包括市容秩序、公共设施、建筑景观、广告标志、城市绿化、环境卫生等方面的内容。

2. 城市管理绩效评价的特殊指标

在城市管理绩效评价指标体系中，根据每个指标自身的特点和受外界因素影响的特殊性，可以设置一些特殊指标群。

(1) 逆指标群，即标值越小越好的指标。例如，降尘量、区域环境噪声平均值、交通干线噪声平均值、人口密度、每万人群众上访批次、法定甲乙类传染病发病率、刑事案件万人发案率、非正常死亡事故比率等。

(2) 风险性指标群，即受突发性因素影响大，具有较大风险的指标。尽管相关部门加强管理可以对此类指标起到一定的稳定作用，但是在外界不可控因素突发状况下会直接导致此类指标出现大幅变动，所以对这类指标应客观地看待。这类指标包括每万人群众上访批次、法定甲乙类传染病发病率、刑事案件万人发案率和非正常死亡事故比率等。

(3) 限制性指标群，即受地域面积和人口等限制性因素影响较大的指标。这类指标改善空间比较窄，改善难度比较大，能提高很小的幅度已经很不易了，所以对这类指标要结合现实情况正确看待，不应定过高的目标要求。这类指标包括垃圾分类收集率、人均公共绿地面积、绿地率、流动人口登记率、人口密度、人均道路面积和人均住房使用面积等。

(4) 动态目标指标群，即根据城市当年制定的达标要求来履行，而每年呈动态变化的指标。这类指标达标率通常要控制在100%，但当指标目标要求很严格时，完成难度也会相当大。这类指标包括空气质量达标天数、公共厕所达标率、人防工程达标率、流动人口登记率、危旧房屋解危率和非正常死亡事故比率等。

3. 城市管理绩效评价指标的计量问题

城市管理绩效评价可选择的方法较多，近年来，用于多目标系统分析的层次分析法(analytic hierarchy process，AHP)较其他方法受到了更多的重视。层次分析法作为社会经济系统分析与评价的重要工具，较适用于对复杂的城市系统包含的因素及其相互关系的分析。同时，一般只要掌握相对简单的数学工具即可操作，相较于以前的数学模型，层次分析法是一种定性问题定量化、定性与定量相结合的方法。

层次分析法用于城市管理绩效的评价，可用加权线性评价函数模型，表达式为

$$Q=\sum_{i=1}^{N}C_iX_i \tag{2-2}$$

式中：Q表示城市管理质量；X_i表示第i项评价指标的指数，X_1，X_2，…，X_i构成了一个评价指标体系；C_i表示第i项评价指标的权重因子，它应满足归一化条件

$$\sum_{i=1}^{N}C_i=1 \tag{2-3}$$

城市管理绩效的评价方法：通过论证给出适当的评价指标体系，并针对给定的城市给出各指标的定量指数；选定适当的权重因子C_i，便可按公式(2-2)计算该城市的Q值，作为评价城市管理绩效的定量依据[①]。

但是，这种定量评价在应用过程中，有以下三个问题需要解决。

(1) 权重因子的选定。权重因子C_i表示各评价指标对管理绩效的影响(或贡献)的大小或重要程度。根据以人为本的评价准则，C_i应该根据人的"需求程度""在意程度"，通过民意测验或调查统计确定。同时，管理绩效研究专家应该以发展的眼光，对各项指标对管理绩效影响的动态趋势进行科学评估，并据此对静态调查得出的C_i进行适当修正，最后得出一套更为科学的权重因子C_i。

(2) 主观和感观指标的计量。在应用过程中，主观和感观指标不易定量，通常是采用抽样调查的方法，让被调查者口头回答或填写问卷，将其评价或态度转化为可测量的数字或等级。在访问或问卷中，调查者一般都尽量避免让被调查者简单地回答"是"或"非"，而是采用一定的量表反映人们的不同态度(如满意或不满意、喜欢或不喜欢的基本倾向)和态度的深度(即持某种看法的被调查者数量)。此外，采用抽样调查所获得的统计资料一般是要经过可靠性检验的。为了使主观和感观指标充分发挥作用，还必须注意对这类指标的解释不能简单化。

(3) 评价指标与实际值比较。通过将指标实际值与相应的指标目标值对比后的结果来评价每一个指标的达标程度。由于评价指标中有些是正指标，有些是逆指标，其处理方法也有所不同，相关计算公式为

$$正指标达标值=(指标值÷目标值)×100 \tag{2-4}$$
$$逆指标达标值=(目标值÷指标值)×100 \tag{2-5}$$

需要说明的是，当达标值大于100时，只取100为最大达标值，这样不会因个别指标值的超常而影响综合值的计算。

---

① 杨戌标. 中国城市管理研究：以杭州为例[M]. 北京：经济管理出版社，2005：296.

三、城市管理绩效评价制度

城市管理绩效评价制度是组织实施城市管理的重要保证。

1. 要科学、公正地开展考核评价工作

这就需要有一个好的组织机构，即能充分反映各方面情况的绩效评价机构。城市管理是一项复杂的系统工程，涉及多个部门和方面的利益，绩效评价的组织机构经授权负责全面组织城市管理绩效评价工作。组织评价部门既要掌握对实施目标的深度要求，也要全面掌握实施过程中的一些具体情况，以便对绩效评价标准有清晰、准确的把握。

2. 要合理确定城市管理绩效评价工作的程序和办法

城市管理绩效评价切忌从印象出发，为使绩效评价工作具有显著的公正性和激励作用，应建立一套合理的评价工作程序，在考核方式上也要尽可能以量化的数据为依据，使评比工作以定量分析为主，从而增强绩效评价及整个城市管理工作的科学性和合理性。

3. 要建立和完善城市管理绩效的奖罚机制和责任追究制度

表彰先进、总结经验、奖勤罚懒、有责必究是绩效评价取得实效的关键。这种制度的严格执行，对于总结城市管理经验、激励各级部门的上进心、增强竞争意识、提高城市管理工作的效率和效能、改变城市精神面貌，都有一定的促进作用。

第三章

竞争力：城市管理的新课题

竞争世界中的城市管理，其核心是城市竞争力的管理。本章从这一立场出发，首先构建了一个新的城市管理理论分析框架；其次基于城市竞争力理论模型讨论了竞争世界中的城市管理与传统城市管理的区别，并提炼出城市竞争力管理的关键变量；最后对城市竞争力管理的重要理论进行了分析。

第一节　竞争世界中的城市管理

一、城市竞争力的实质

城市竞争力，是近几年在国外兴起的城市管理新课题，关于城市和城市竞争力的研究已成为人们关注的热点问题。城市竞争力是指城市通过提供自然的、经济的、文化的和制度的环境，集聚、吸收和利用各种促进经济和社会发展的文明要素的能力，并最终表现为比其他城市具有更强、更为持续的发展能力和发展趋势。城市的持续发展能力主要来自三方面：吸引、争夺、控制和转化资源的能力；争夺、占领和控制市场的能力；创造价值，为其居民提供福利的能力。城市竞争力本质上是为实现城市发展在其所从属的区域内进行资源优化配置的能力，战略目标是促进区域和城市经济的高效运行和持续高速增长。城市竞争力是城市的内部因素与外部环境耦合而成的非常复杂的"力"。从空间的角度来看，城市竞争力就是城市的集聚和辐射能力。城市竞争力的强大表现为与其他城市相比，能吸引更多的人流、物流和辐射更大的市场空间。

城市竞争力与城市综合实力相关，但它又不等同于城市综合实力，两者区别在于：城市综合实力是从规模、总量上衡量城市在经济、文化、科技等领域的总体综合力量，而城市竞争力是从质量、效率上衡量城市的竞争能力；城市综合实力主要着眼于城市自身，而城市竞争力强调与其他城市相比较，是一个相对的概念；城市综合实力着重于城市现实状态，即城市当前所具有的总能力的强弱，而城市竞争力不仅着眼于城市现在的状态，更强调城市的发展潜力及城市的增长后劲。

城市竞争力的特征主要表现以下三点：一是系统性。城市竞争力是由各因素构成的有机统一整体，它的强弱取决于各个要素综合作用的结果，如果只强调其中一个因素或几个因素，都会导致盲目性和片面性。因此，营造城市竞争力是一项系统工程，必须从整体出发，全面考量，始终把握系统的整体特性和功能，从而达到在整体上增强城市竞争力的目的。二是动态性。由于在经济运行过程中，各种因素总是处于不断发展变化之中，导致城市竞争力的内涵也不断地发生变化，因此，城市竞争力是一个动态平衡的开放系统。同时，动态性也决定了提高竞争力将是一项长期性的工作，在实践中应注意存在的不利因素，不断调整和理顺各因素之间的相互关系，保持较高的城市竞争力水平。三是相对性。一方面，城市竞争力是一个相对的概念，强调与其他城市的横向比较，因为只有进行比较才能体现出竞争力的强弱；另一方面，随着作用因素的不断改变，同一城市在不同发展阶段的竞争力水平也有差异。

二、城市管理就是城市竞争力管理

城市竞争本质上是对稀缺资源的竞争，竞争的结果是城市在发展水平上的差异性。一个城市的竞争力强，则意味着这个城市与其他城市相比较，在资源要素的整合过程中，所具有的抗衡能力甚至能够超越现实和潜在的竞争对手，以获取持久的竞争优势，最终实现城市价值的系统合力。显然，城市竞争力的关键点是资源的整合能力，是一种创造财富和价值收益的能力。对城市竞争力的透彻理解，是城市决策者和管理者必须具备的素养。

城市管理是城市运转的动力，是巩固深化城市建设成果、充分发挥城市载体功能的重要保证。城市管理是综合性工程，涉及政治、经济、文化、社会方方面面。加强城市管理可以提升城市综合竞争力。经济发展能为城市管理提供财力保障，卓越的城市管理又能促进经济社会良性发展，两者互依、互补、互促。从某种意义上说，城市管理也是生产力。城市建设和管理水平是衡量一个国家经济社会发展水平的主要标志，是一个民族文明程度的体现。因此，加强城市管理，不断改善城市的软、硬环境，强化城市功能，提升城市竞争力，自然成为城市和谐发展的应有之义。

现代城市管理是寻求经济、社会、生态、人文、环境协调发展的管理。从根本上说，城市管理就是城市竞争力管理。城市竞争力管理，是现代城市管理的高级阶段。管理意味着效率，通过管理，可使各种要素得到有效的组织，可使各类资源得到最恰当、最允分的利用；管理意味着质量，通过管理，和谐得以形成，规范得以建立，潜力得以发挥，创新得以涌现，从而使经济社会在平稳有序的轨道上不断向前发展；管理意味着竞争力，有效的管理活动所形成的管理文化、管理体制以及由此产生的良好效果，都能激发出城市的发展活力。从这个意义上说，城市管理是提升城市竞争力的"引擎"，也是城市发展不可或缺的推动力。

城市竞争力综合反映了城市的生产能力、人们的生活质量、社会的全面进步及对外的影响。因此，提高城市竞争力是一项庞大的系统工程。那种只看重短期行为和眼前利益，简单模仿、跟风跑的做法，是简单、落后而又原始的管理。城市竞争力管理，对城市管理者在眼光、知识、水平和能力方面提出了更高的要求。面向城市竞争力的城市管理就是将提升城市竞争力作为城市管理工作的主要任务，在分析及明确内、外部环境的基础上，通过对城市实力、城市能力、城市活力、城市潜力和城市魅力等方面的发展来实现对城市竞争力的提升，促进城市的可持续发展。

三、全球化背景下的城市竞争力管理

经济全球化是当今时代的发展趋势。所谓经济全球化，主要是指生产要素在全球范围内的快速流动，通过市场竞争，在全球范围内获取最大效益，具体表现为生产、贸易、消费、金融和科技的全球化。经济全球化使城市功能的国际化日益明显，并且引发了广泛和多层次的竞争，不仅国与国之间、企业与企业之间的竞争更为激烈，而且城市与城市之间的相互依存和竞争也处于重要地位，因为经济全球化的中心和载体是城市。从21世纪开始，全球城镇人口数量已超过农村人口数量。2020年，世界发达国家城市化率超过80%，发展中国家平均城市化率达到57%。2022年，我国城市化率已接近65%。21世纪又被称为"城市世纪"，城市的实力代表着国家的实力，城市竞争力也反映着国家的竞争力。

全球化是一个对城市产生深远影响的过程，同时城市也已经成为推进全球化进程的主要角色。城市是全球、国家和地区高质量资源的集结点，更是全社会创新、创富的中心。21世纪，在人类社会经济、科技、文化、环境方面的激烈竞争中，城市越来越成为重要的竞争主体。城市对一个地区、国家乃至对全球的作用越来越大，城市的发展好坏与世界经济的消长盛衰有着密切关系，国与国之间的竞争，主要表现为城市与城市之间的竞争。国内竞争国际化、国际竞争国内化的态势已经显现。目前，世界各国都在积极致力于培育和提高城市、城市群的竞争力，在全球范围内抢占战略制高点，各城市也在"城市世纪"争做"世界城市"。因此，加强城市管理、提升城市竞争力也是城市国际化的必然选择。

城市竞争力是多个因素综合作用的结果。有人把城市竞争力表述为：竞争力=竞争力资产×竞争力过程。所谓竞争力资产，主要是指自然资源、土地、人口、生产能力等资产；竞争力过程是指创造增加值的过程，即把资产转化为增加值的能力。竞争力往往是通过城市竞争力表现出来的。它反映一个城市在国际市场中的地位，也反映一个地区的社会、经济结构、文化、体制等多个因素的综合竞争能力。因此，提高城市的国际竞争力必须考虑城市竞争力的"竞争资产"和"竞争过程"的统一，面对经济全球化应采取综合对策和手段。同时，还要认识到，城市竞争力管理的一个重要特征是动态性。由于在经济运行中，各种要素都是处在不断发展变化之中的，城市竞争力也会相应发生变化，竞争力水平或升或降。因此，提高城市竞争力管理水平是一个需长期努力的过程，不能一蹴而就。

第二节　城市竞争力管理的理论框架

一、城市竞争力的理论模型

1.道格拉斯·韦斯特的城市竞争力模型

道格拉斯·韦斯特(Douglas Webster)将决定城市竞争力的要素划分为四个方面，即经济结构、区域禀赋、人力资源和制度环境，如图3-1所示。

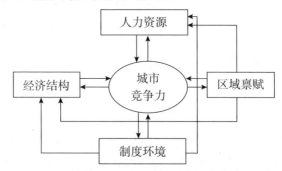

图3-1　道格拉斯·韦斯特的城市竞争力模型

　　道格拉斯·韦斯特认为，城市竞争力要素可分为"活动"要素与"地点"要素，后者决定前者发挥作用的空间和方式。"活动"要素指金融、旅游、人力资源等可转移因素；"地点"要素指一切不可转移的因素，如经济结构、区域禀赋、制度环境等。人力资源的价值越来越依赖其所在的环境，在不同的制度环境中，同样的人力资源会表现出巨大的差异。所以要提升城市竞争力，新生的经济部门必须有适宜的人力资本相匹配。从一定意义上说，竞争力是制度的产物。

　　同时，他也认为，城市经济结构的变动使城市未来的竞争优势变得难以预测和把握。

　　目前，发展中国家的核心城市正经历从工业社会向后工业社会的变革。传统的制造业开始走向没落，金融、商业、旅游和人力服务业正在兴起，产业结构的变化导致产业地位的变化。

　2. 迈克尔·波特的城市竞争力模型

　　美国哈佛大学商学院的迈克尔·波特(Michael Porter)教授创立了竞争优势理论。他认为，城市综合竞争力主要是通过城市产业竞争力来表现和实现的。迈克尔·波特的"钻石结构"模型如图3-2所示。

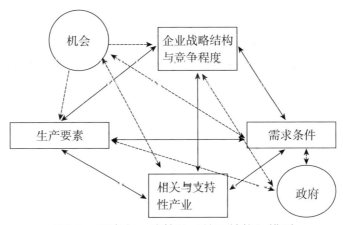

图3-2　迈克尔·波特的"钻石结构"模型

　　Michael Porter认为，空洞地讨论城市竞争力是没有意义的，一个城市的竞争力集中体现在产业竞争力上，而一个城市的特定产业是否具有竞争优势取决于四个关键因素(一个城市产业竞争力的状况取决于企业在当地所处的竞争环境)，即生产要素条件、本国需求条件、相关与支持性产业的国际竞争优势、企业战略结构与竞争程度。此外，政府的作用和机遇的因素也具有相当的影响力。这六个要素通过互动形成了"钻石结构"。

　　图3-2中，四个关键因素相互影响、相互加强，共同构成一个动态的激励创新的竞争环境。城市产业竞争力取决于所处的激励创新的竞争环境。产业维持竞争优势的唯一方式就是不断地升级和创新。为提高产业竞争力，政府必须创造一个适宜的产业发展环境。迈克尔·波特的分析主要侧重于城市产业竞争力的研究，没有将更多的社会、政治、经济等宏观因素纳入城市综合竞争力的分析中。

　3. 倪鹏飞的城市竞争力模型

　　我国学者倪鹏飞假定城市竞争力与城市价值收益呈正相关，城市价值收益状况是城市竞争能力的表现。在市场条件下，城市是一个相对独立的行为主体，城市常常为利益谋求发展，为效益参与竞争。城市收益包括城市货币收益(表现为资金、商品和劳务等)和非货币收益(城市声誉、地位、形象、环境质量等)。城市GDP及其增长决定了城市收益的规模及其增长,反映了城市可用货币表现的收益状况,它是城市非货币收益的基础和来源。没有充分的GDP增长,就业、教育、健康、娱乐甚至城市形象等都不可能得到改善。当然,在考虑货币收益时,还必须考虑成本投入。当增长带来拥挤、污染时,单纯的GDP增长反而会导致净收益的下降。

因此,倪鹏飞认为,城市竞争力系统是由硬力系统和软力系统构成的,它们构成了城市综合竞争力,具体公式为

$$城市综合竞争力=f(硬分力,软分力) \tag{3-1}$$

$$硬分力=劳动力+资本力+科技力+设施力+区位力+环境力+集聚力 \tag{3-2}$$

$$软分力=秩序力+文化力+制度力+管理力+开放力 \tag{3-3}$$

城市综合竞争力是各分力的耦合,各分力系统及系统内诸要素通过直接和间接的途径创造城市价值,贡献于城市综合竞争力。因此,城市综合竞争力还可表示为

$$城市综合竞争力=f(综合市场占有率,综合长期经济增长率,综合地均GDP,综合居民人均收入水平) \tag{3-4}$$

4. IUD的城市竞争力模型

IUD(International Institute for Urban Development,Beijing)是北京国际城市发展研究院的英文缩写。IUD将城市竞争力建立在复杂的城市价值链理论基础之上。一个城市的价值链包括价值活动和价值流。价值活动是指在城市价值创造过程中实现其价值增值的每个环节,包括城市实力系统、能力系统、活动系统、潜力系统和魅力系统。价值流是创造城市价值的资源要素。IUD城市价值链模型如图3-3所示。

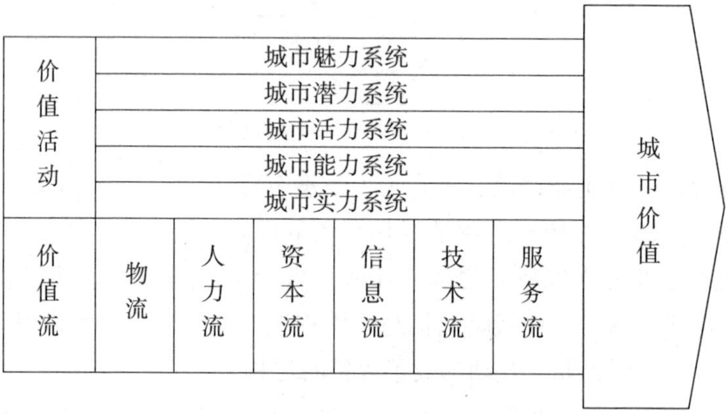

价值活动	城市魅力系统						城市价值
	城市潜力系统						
	城市活力系统						
	城市能力系统						
	城市实力系统						
价值流	物流	人力流	资本流	信息流	技术流	服务流	

图3-3 IUD城市价值链模型示意图

城市价值链理论强调,城市竞争力的本质是“以市场为目标、以战略为核心、以整合为导向”,建立区域一体化的资源配置机制。城市价值链模型将城市的资源配置机制与价值创造过程描述成一个价值链体系,怎样将城市的各种资源要素有机地整合起来,使之形成相互关联、协调发展的整体,推动城市实现价值最大化,这才是城市竞争力要解决的问题。

二、基于竞争力的城市管理理论框架

通过城市竞争力模型可见,城市竞争力管理涉及城市竞争要素、城市优势、管理体制和城市价值等方面,应对这些方面进行全面而综合的考虑。

城市管理作为人类对城市社会公共事务进行科学管理的活动，其根本目的在于充分利用城市资源，维持和促进城市发展，以持续提高城市居民的生活质量，谋取城市居民的公共利益。然而，传统的城市管理无法应对当代越来越多的城市问题。环境污染、生态失衡、交通拥挤、贫困、失业、社会不安等城市所特有的问题向城市管理提出了严峻的挑战。因此，必须对现行的城市管理模式重新作出诠释，告别传统的城市管理。当代各国为解决城市问题，摆脱传统城市管理所处的困境，正在从理论和实践两方面寻求和探索新的、更有效的现代城市管理模式。

在这里，本书提出一个基于竞争力的城市管理理论框架，本书的章节安排就是建立在这个理论框架基础之上的。

基于城市竞争力的城市管理与传统的城市管理不同，它的基本内涵可以概括为如下几点。

(1) 以提升城市竞争力为目标。

(2) 强调突出城市特色，发挥比较优势作用。

(3) 发动各方面的力量，使之参与到城市管理过程中来。

(4) 注重决策的科学性，推崇管理创新。

(5) 把以数字化为主的现代化管理置于重要地位。

(6) 坚持"以人为本"的管理理念。

(7) 实行科学城市管理体制，坚持规范且高效能的城市管理。

(8) 将集约化、均衡化发展作为重要方向。

上述城市竞争力管理所涉及的各方面因素之间的关系如图3-4所示。

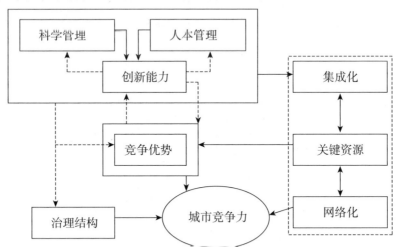

图3-4 基于竞争力的城市管理理论框架

从图3-4可以看出，城市竞争力与竞争优势、创新能力、治理结构及关键资源都是紧密联系的，但这四个因素在不同层次上对城市竞争力起的支撑作用不同。其中，科学管理和人本管理是创新能力的源泉，创新能力又是关键资源创建过程中的加速器，而关键资源——城市所具有的核心要素和能力，则是竞争优势的直接来源。4者共同构成城市的竞争力。当然，这四个要素之间的关系并不是单向的，而是相互作用的。例如，一个城市具有的特定关键资源，依赖基于科学管理和人本管理的创新能力的支持，而创新能力的提升，也可以进一步强化竞争优势，推动管理的集成化、柔性化和网络化，从而形成城市的核心能力或关键资源的竞争力。

第三节　城市竞争力管理的理论基础

一、地方分权与管理能力理论

地方分权为城市管理创造了广阔空间。分权的定义很广泛，它可以是将职能和责任从一级政府转移到更低一级的政府，也可以是将任务留给市场。这一过程可以为城市管理创造动力，使得一些下级政府或部门拥有自己制定政策的必要空间。

地方分权是基于这样一种理论，即如果条件允许，人们在地方层次上可以更好地解决自己的问题。地方分权有以下四个优点(Osborne & Gaebler，1992)。

(1) 地方分权的组织更灵活——可以根据客户的需求快速做出反应。

(2) 地方分权的组织更有效率——更接近客户，知道存在的问题和机遇。因为了解实际情况，能找出最佳解决方案。

(3) 地方分权的组织更容易实施创新——通常好的革新想法是由职员而非高层管理人员提出的。

(4) 地方分权的组织更易建立信任感——工作人员被授予一定的决策权，这也体现出对他们的信任和尊重。

在分权制度的框架下，要想处理好城市的主要问题，城市管理者应该有自己的观点，并且要有勇气去实现自己的设想。因此，对管理能力的要求更高。良好的城市管理能力由诸多要素构成，如图3-5所示。

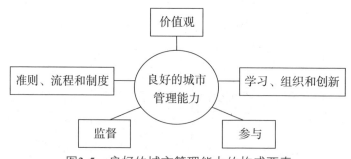

图3-5　良好的城市管理能力的构成要素

在地方分权体制下，城市管理者起码应该承担起制定和实施经济社会政策，促进经济活动，解决社会、环境和收入分配等问题的任务和责任。良好的城市管理能力的重点是城市管理者的价值观和准则以及城市居民的参与。另外，城市管理者要对自己的决策负责，同时实施的过程与结果也应该受到监督。

二、人本管理理论

提高城市居民的生活品质是城市管理的核心所在，也是城市竞争力的关键因素。城市管理的对象不仅仅是城市物的形态，更要体现人的主体地位。正如联合国人居署《伊斯坦布尔宣言》(1996)所强调的："我们的城市必须成为人类能够过上有尊严的、健康、安全、幸福和充满希望的美满生活的地方。"

然而，在现实中，一些人在这个问题的认识上仍然存在误区，他们认为城市发展是政府的事，城市选择什么战略、模式、发展路径等是由政府决定的，与市民无关。另外，在讨论城市发展的时候，他们的注意力总是放在资金、土地、建筑、企业等方面，而常常忽略人的因素。结果，政府总是发动市民来支持他们的工作，却很少听取市民的意见。如果政府与市民之间出现矛盾，解决矛盾的手段也往往是行政手段。因此，在这种城市管理观的指导下，在政府与市民的关系中，市民总是被动的、遵从的，由政府少数人决定大多数人的命运。

城市管理始于人也终于人。城市管理就是要让居民的合理需求得到满足，让人民的生活更美满、幸福。从这一点出发，城市管理必须遵循"以人为本"的理念。只有人民满意的城市才是好城市，城市发展是为人民服务的。注重以人为本，就是一切要从市民的根本利益出发，以提升市民的物质文化生活水平为目标，创造适宜人、激发人、吸引人的良好自然和社会文明环境；就是要多听取市民对城市发展的意见，接受其批评和监督；就是要以开放的思想对待市民，鼓励合理流动，广泛吸引人才，更新人口结构；就是要以先进的思想和文化，引导市民、教育市民，提升人口素质。

城市管理的目标就是要建设一个"人民群众生活更富裕、更文明、更安宁、更幸福"的和谐城市。《1999/2000年世界发展报告：迈进21世纪》指出："发展政策的主要目标是为所有人的生活带来持续的改善。人均收入和消费是这一目标的一部分；同时，其他一些目标——减轻贫困、扩展医疗卫生的覆盖面以及提高教育水平也很重要。要达到这些目标，需要一种全面的发展方式。"

因此，环境宜居、出行便捷、生活富足、精神充实、社会参与等都是考量一个城市管理水平的重要指标，也是一个城市的魅力所在。

三、新公共管理理论

在城市竞争力管理中，真正起作用的两个因素是核心竞争力和良好的城市管理能力。其中，良好的城市管理能力几乎等同于合理运用新公共管理原理的能力。新公共管理强调契约责任性和自主性，以及市场导向和消费者导向的重要性。因此，城市管理者面临的挑战是如何让新公共管理理论付诸实践。

公共事务与其环境的关系如图3-6所示。自主性是新公共管理理论的关键理念。自主性是指一个政府或者一个较低层次的团体做重要决定的能力。其中，自主性又有内部自主性和外部自主性之分。内部自主性侧重于公共事务内部，可使机构更加灵活、有效率和更富有创新性；外部自主性是指服务提供者不受政治干涉，直接服务于他们的消费者。

图3-6 公共事务与其环境的关系

公共事务的法律权威性决定它的自治程度。地方政府公共事务的有效自治程度如图3-7所示。

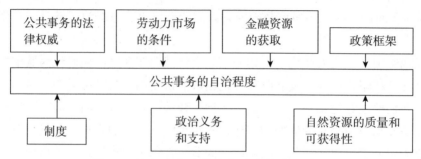

图3-7　地方政府公共事务的有效自治程度

新公共管理重视责任性。责任意味着对正在发生的事件的后果的承担能力，无论对机构外部还是内部，重视责任都非常必要。在公共事业内部，有两种类型的责任应该被区分开来。其中，第一种责任与服务的提供者和管理监督机构的关系相关；第二种责任是机构内部职工的责任，也是一种管理责任。新公共管理创建的一个主要责任机制就是合约。这种合约有很多种形式，如消费者章程、贷款协议、教育凭单等。

此外，新公共管理尤其强调消费者导向和市场导向。日益增强的消费者导向有助于城市管理水平和管理能力的提高，其作用主要包括(Osborne & Gaebler，1992)以下四点。

(1) 以消费者为导向提供服务，增加了服务供应者对其消费者所负有的责任。

(2) 消费者导向可以消除腐败。

(3) 以消费者为导向的服务提供方式可以刺激创新。如果公共事务的资金来源于消费者而不是政府机构，公共事务部门就会研究如何通过创新来不断满足消费者的需求。

(4) 由于以消费者为导向的服务供给能更好地使服务供需保持一致，可使城市的运行效率大大提高。

市场导向的目的在于获取竞争优势和由竞争带来的好处。通用做法是鼓励私人部门的参与。增强公共部门的市场导向需要通过一系列的合约、公共部门之间的竞争等来实现。增强市场导向可以提高服务供给水平，同时也可以刺激创新。

新公共管理的主要假设是一个运行良好的政府或公共部门可以通过目标明确的职责来衡量。因此，需要建立规范的责任机制，并且这种机制应该拥有明确的运作目标。这就意味着，我们将以此为标准来检验公共管理部门和员工能否对所取得的业绩目标负有责任，监督部门和员工的工作业绩，对实现业绩目标进行评估，预测达到或者没有达到预期业绩目标时将产生的后果[1]。

---

① 曼纳·彼得·范戴克. 新兴经济中的城市管理[M]. 北京：中国人民大学出版社，2006：33-35.

第二篇
城市发展
战略

城市发展战略规划是一种有关城市未来走向的顶层设计。把握城市的优劣势、风险和发展时机，制定符合市情的城市战略，是城市管理者面临的最大挑战。本章首先从一般意义上讨论城市战略规划的功能、理念和步骤；其次讲解战略规划的管理与控制，为接下来的城市战略设计方面的学习奠定基础。

第一节　战略与城市战略规划

一、城市发展战略释义

"战略"(strategy)一词源于军事领域，原意是指对战争的全局变化进行指导的计划、谋略和策略。19世纪，"战略"一词开始扩展到政治领域。进入20世纪以来，"战略"一词被广泛地引入经济、文化、科技、教育等众多领域，其词义也从单纯的军事术语逐渐延伸为泛指关系社会整体或统领某一领域全局的计划与策略。在这一基础上，今天人们所称的发展战略，是指主体对社会整体或某一领域未来发展的总体构思与对策。

战略有三个基本要素：一是战略目标；二是环境与机会；三是资源与竞争优势。因此，战略是指在变化的环境面前，努力把握机会，有效配置资源，创造竞争优势，以实现长期目标的过程。

战略要素之间的关系如图4-1所示。在这三个要素中，战略目标居首要地位。战略目标明确，才能恰当地分配资源。战略目标的确定有赖于对环境的分析、判断。现代社会的一个重要特点是，众多的组织或个人追逐较少的机会、有限的资源(如人才、资金、技术等)。因此，必须恰当地配置和利用资源，在某一领域创造竞争优势，将有限的资源集中到有限的目标上去，才能获得成功。

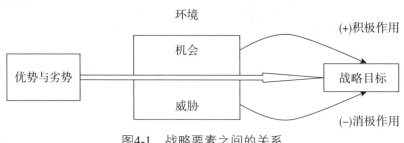

图4-1　战略要素之间的关系

据此，城市发展战略的基本内涵可以概括为"5P"，即计划(plan)、计谋(plot)、模式(pattern)、定位(position)和远景(perspective)。

1. 城市发展战略首先是一种计划

城市发展战略计划的出发点应该是追求城市发展的长期战略目标。战略计划决定预先采取什么行动才能收到预期效果。没有计划，人们便会失去行动依据，容易虚耗精力、浪费资源，达不到预期效果。而没有城市发展战略计划，就等于模糊了城市发展的长远目标，极有可能导致人们在短期或中期的行动中，采取对长远利益与目标有害的做法。

2. 城市发展战略也是一种计谋

对一个组织在一定时期内的全局性任务进行运筹谋划是战略的题中之意。城市发展战略必须讲究韬略。韬略意味着一种根本性的谋划，而不是对细枝末节的谋划。它是对关系城市发展全局的重大问题、根本性问题的谋划，是对关系城市发展全局的关键性问题、要害性问题的谋划。

3. 城市发展战略还是一种模式

文明城市发展战略往往因地而异，不可能有统一不变的战略模式。说城市发展战略是一种模式，强调的就是它的不可模仿性。换言之，一个独具特色的城市发展战略，不是其他城市可以复制的，因此它所带来的利益也往往是不能共享的。

4. 城市发展战略更是一种定位

城市发展战略定位就是在城市系统层次中寻求自己的地位。按照系统论的观点，任何系统都可以被看作一个整体。一个母系统可由若干子系统构成，子系统是母系统的一个层次。无论母系统还是子系统都有自己的战略。然而，子系统这个层次的战略，必须要与母系统的总战略相适应，否则母系统和子系统之间的联系就失去稳定状态，系统就不能正常运行和发展。城市发展作为城市的一个子系统，在整个城市发展占有重要的地位。只有定位准确，城市发展的方向才会更明确，资源配套效率才会最高。

5. 城市发展战略是一种远景展望

战略涉及的是发生在未来的事情。城市发展战略是对城市发展的长期性谋划，它考虑的不是眼前，而是未来。因此，制定城市发展战略的主要目的是认识并把握城市发展中相关事物的未来演变规律，并以科学的态度承认和尊重城市发展过程中相关事物的客观属性。

二、城市发展战略规划的整合功能

城市发展战略的制定，可以大大加强城市规划的科学性、系统性和协调性。战略是"纲"，各项工作是"目"，纲举而后目张。城市发展战略的制定，有助于城市选择正确的发展道路和方法，可以充分发挥城市的优势，避免城市劣势造成的影响，增强人们的预见性。城市发展战略的制定，也是对城市美好愿景的科学描绘，它能起到鼓舞群众、教育群众、动员群众、组织群众的良好作用，使城市大众同心同德为一个共同目标而奋斗。

城市发展战略规划可以为城市发展指出总的方向和提供总体框架，可以充实城市发展战略的许多内容。城市中许多关系重大的建设项目几乎全部与城市发展战略规划有关。

城市发展战略规划是综合性的，包括经济预测、土地供求预测、产业政策制定、基础设施建设、环境建设、人口和社会发展、经济活动空间布局等，同时也涉及现有的城市建成区和非建成区(或农村)的统筹规划。因此，城市发展战略规划的制定其实就是将城市经济、社会、空间、人口、环境等整合为一体的过程。图4-2显示了城市发展战略规划的整合和协调功能[①]。

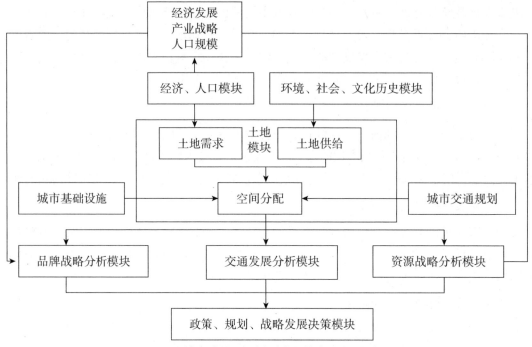

图4-2　城市发展战略规划的整合和协调功能

三、城市发展战略规划的生产力

战略规划就是生产力，良好的城市发展战略规划有助于提升城市竞争力。城市发展战略规划通过直接或间接地影响城市劳动力效率、土地利用效率、资本效率、城市空间结构、城市基础设施利用、产业发展等，进而影响城市竞争力。因此，城市发展战略规划应关注以下几个问题：如何最大限度地提高城市综合竞争力，推动城市可持续发展；如何最大限度地提升劳动力资源、土地资源和资本资源的利用效率；如何最大限度地引导和提振产业结构升级和调整；如何最大限度地协调城市发展与环境保护之间的矛盾，协调效率与公平之间的矛盾；如何最大限度地改善城市空间结构，推进城市基础设施建设和提高投资效率。

城市在科学、教育、社区建设、社会福利、环境保护、再就业、卫生保健以及人口控制等各领域发展过程中遇到的重大问题和难题的解决，都有赖于城市发展战略规划的科学制定。只有制定了科学的城市发展战略规划并把它付诸行动，才能更好地处理城市局部利益和整体利益、眼前利益和长远利益的关系，为城市的持续发展输入强劲动力。

第二节　城市发展战略规划理念

城市发展战略规划理念是制定城市发展战略的行动指南和价值标准。没有战略规划理念，城市规划就没有指导思想和原则。在制定城市发展战略时，应遵循基本的战略规划理念，基本的战略规划理念包含若干具体的战略思想，这些战略思想不是随意杜撰的，而是城市发展战略

① 丁成日.城市增长与对策——国际视角与中国发展[M].北京：高等教育出版社，2009：84.

要素的具体反映。

一、以人为本的理念

以人为本的理念强调以不断满足城市居民的需要，提高居民的生活质量和文明程度为宗旨，把服务于城市居民作为城市建设的根本出发点和归宿。联合国人居中心将"人人共有的城市"作为1999年人居活动的主题，体现出以人为本是面向新世纪城市发展的基本价值取向。

我国城市发展也必须树立这种以人为本的理念。首先，要求重视人居环境的美化。城市人居环境的美化不仅表现在建筑景观的艺术性、协调性上，而且表现在城市建设与自然环境的统一性、融合性上，以及城市整体环境对人的身心健康的有益性和促进性方面。其次，要求重视人的个性发展。要创造一个有利于人才脱颖而出的人文环境，塑造城市灵魂，形成一种积极向上的人文精神，并用这种精神鼓舞人、激励人、催人奋进、促人成才。最后，要为城市居民创造良好的生活空间和文化空间，使城市生活富有人情味。

二、居民参与的理念

居民参与程度的高低是衡量城市建设成功与否的主要标志。法定性城市组织的服务对象主要是城市居民，开展城市建设就是为了提高法定性城市组织为城市居民提供服务的能力和水平。如果城市建设脱离居民的现实需求，不能为居民提供优质高效的公共服务，就不能算成功。居民的参与过程，实际上就是公共服务的提供者与公共服务的使用者之间相互交换并传递信息的过程。所以，从一定意义上来说，"城市成员的参与状况决定着城市建设的效果"。

居民参与是城市健康发展的动力源泉。城市居民广泛、直接地参与城市治理，有助于培育城市归属感、认同感和现代城市意识，使城市的各类资源得到有效整合和充分利用，从而推动城市健康、有序地发展。

居民参与是做好城市建设的根本保证。城市建设是我国城市管理体制的重大改革，是一项系统工程，涉及政府的多个部门，需要社会各界的广泛参与。在众多的参与对象中，城市居民因其地位特殊而成为参与主体。一方面，城市单位和城市中介组织尽管也在城市中，但却是相对封闭的，其业务范围是向其他城市开放的，其他城市同样会影响其发展。居民则不同，城市就是他们的生存环境，与他们的生活质量息息相关。可以说，居民是城市建设的主要受益者。另一方面，在资源相对匮乏的情况下，居民的广泛参与将成为推动城市建设项目实施的重要保证。城市建设以人为本，人既是城市建设的客体，又是城市建设的主体，"没有人，就没有发展"。同样，没有居民的广泛参与，也就无所谓城市建设。

三、持续发展的理念

面对城市化加速发展的趋势，城市能否实现可持续发展，对于城市发展至关重要。因为实现可持续发展的最终目的，是为人类创造一个良好的生活环境。城市是人类最主要的家园，城市的可持续发展是城市发展的核心问题和关键环节。

城市可持续发展包括生态持续、经济持续和社会持续三个方面的内涵。三者相互联系，不可分割。首先，城市可持续发展鼓励经济增长，因为它能体现城市实力和社会财富。其次，城市可持续发展要以保护自然为基础，要与资源和环境的承载能力相协调。最后，城市可持续发展要以改善和提高城市居民的生活质量为目的，要与社会进步相适应。

四、系统协调的理念

城市发展战略的制定必须坚持综合、全面的系统协调的理念，要对城市的经济、政治、文化、科技、教育、卫生、环境及组织等方面作出全面规划，做到统观全局、突出重点，科学地制定出能产生良好的经济效益、社会效益和环境效益的城市发展战略，从而促进城市建设合理布局的形成，为社会的全面进步和协调发展打下良好基础。

城市建设是一项系统工程，也是有计划的城市变迁。这就要求我们必须从城市的长远发展需要出发，为城市建设制定中长期总体发展战略。城市发展战略可以帮助我们进一步理清思路、明确方向，在城市建设中做到有目标、有计划、有步骤；可以增强自觉性，减少盲目性，避免重复建设和无序建设。

五、因地制宜的理念

城市作为一种社会经济实体，具有其普遍的规律和共性特征，但具体到一个特定的城市，在普遍规律和共性特征之下，又具有十分鲜明的个性特点。在研究制定具体的城市发展战略时，必须充分考虑和尊重城市的个性条件，将普遍规律和个性条件有机结合，提出切合城市个性特点的战略措施和战略部署，这就是因地制宜的理念。

在城市发展战略的制定中强调因地制宜，其中的"地"，除了指自然地理条件的差异外，更重要的是指具有地域差异性的社会经济条件，包括历史基础、经济水平、城市文化、民族传统等；"宜"则指顺应上述差异和特色的战略部署和行动对策。简言之，在制定城市发展战略时，因地制宜的理念要求，就是要了解社情、突出优势、扬长避短，从而获取最佳的经济、社会和生态效益。

第三节　城市发展战略规划制定的要项

一、SWOT分析

通过SWOT分析，可确定城市本身的优势(strengths)、劣势(weaknesses)、机会(opportunities)和威胁(threats)，从而将城市发展战略与城市内部资源、外部环境有机结合起来。因此，明确城市的资源优势和缺陷，了解城市所面临的机会和挑战，对于制定城市未来的发展战略有着至关重要的意义。

SWOT分析大致包括以下五个方面。

(1) 城市发展战略规划总是立足于城市内外部资源及其组合特征。城市应根据经济和社会总体发展的情况进行布局和规划，充分考虑环境的承载力，确定城市发展的人口、资源、环境协调发展的总目标与目标体系，确定城市发展的总体布局和规划重点。

(2) 城市发展战略规划是以城市发展模式的选择作为条件的。城市发展模式是城市发展战略规划的背景或"底色"，应根据城市发展方针和战略要求，并结合城市自身的情况来确定城市发展战略规划。

(3) 城市的职能与性质决定着城市的规模和发展方向。在城市战略规划制定过程中，当涉及城市主导产业、生产水平、人口规模等方面时，都要考虑到城市的性质与职能，不能脱离城市的性质与职能。

(4) 城市的资源条件、市场条件关系到城市的发展结构安排。

(5) 城市的发展水平关系到城市的发展程度。在区域范围一定时，城市经济越繁荣，人才越聚集，资源越丰富，交通越便利，城市就越兴旺发达；反之则异。

二、城市发展战略目标的确立

城市发展战略目标是对城市未来发展方向和发展前景的判断和综合概括。城市发展战略目标是纲领性的，它阐明了城市系统未来发展的大政方针、前景和基本方向，并建立衡量发展进程的主要参照坐标。它有四个明显的特点：一是实现的时间较长，一般能够分阶段实施；二是对城市的生存和发展影响大，城市发展战略目标的实现往往标志着城市发展达到了一个新境界；三是其实现有较大的难度，需要付出极大的努力才能实现；四是对城市各阶层都有激励作用。

每个城市在不同的发展阶段或不同的历史时期，均有不同的战略目标。但就目标的性质来说，不外乎三个方面，即成长性目标、稳定性目标和竞争性目标。成长性目标是表明城市进步和发展水平的目标。这种目标的实现，标志着城市的治理、经营能力有所提升，同时也表明它的未来发展潜力。稳定性目标表明城市社会的安定状态和经济的安全程度。竞争性目标则表明了城市的竞争力和城市形象。

由于战略目标处于统领地位，城市战略目标与城市发展目标以及城市战略目标内部都存在一定的联系。

(1) 城市发展战略目标与城市宏观战略目标是相衔接的。城市发展战略目标的确定，不仅要符合城市发展的局部利益，更要符合城市区域开发的全局利益，通过制定科学合理的城市发展战略目标，达成城市系统的局部利益与城市大系统的全局利益的和谐统一。特别是当城市发展战略目标与城市总体战略目标发生冲突时，要以大局为重，服从城市总体利益，这一点在实际工作中尤其重要。

(2) 城市战略体系是分层次的，它是一个战略目标系统。城市发展战略目标是达到城市整体最优化。由于城市发展涉及经济、社会、建设各方面，它的目标内容绝不是一个或某几个，而是一个系统，是包括城市环境、城市机构、城市经济、城市文化、城市服务、城市道德和城市公共安全等在内的有机联系的整体。根据城市发展战略目标系统的整体性和相关性特点，我们必须始终注意保持城市战略目标系统的平衡，不能孤立地抓住一项或几项指标而不顾其余指标。

(3) 城市发展战略目标是由指标体系及其结构来表述的。指标体系一般包括总量指标、人均指标、速度指标、效益指标和结构指标5个部分。其中，总量指标的作用在于体现和把握城市未来发展的总量规模和整体实力；人均指标与总量指标相结合，可以更准确地反映城市发展的质量；速度指标用以直接衡量城市发展快慢；效益指标用来衡量城市投入与产出的关系，它直接决定城市发展的质量和持续性；结构指标反映城市系统内部各个构成要素之间的比例关系，它既可以体现城市系统的性质和职能特征，同时也是判断城市系统所处的发展演化阶段和成熟程度的重要参数。

三、作业说明

城市发展战略规划是对一定时期内的城市建设、发展目标及其实现手段的总体部署，它将城市发展战略目标、方针系统化，用来指导城市合理配置有限资源，它是保证城市发展达到目标的纲领性文件，是城市建设的蓝图和依据。

城市发展战略规划的基本内容包括目的、手段、投入的资源要素、日程、实施组织、预期效果等项目，如表4-1所示。

表4-1　城市发展战略规划的基本内容

项目	作业内容
目的	1. 目的、方针 　现状与问题，战略目标，战略方针 2. 规划所依据的资料，做了哪些预测
手段	3. 计划5W1H 　what——目标是什么；who——谁来执行；when——何时完成；why——为什么这样做；where——在哪里进行；how to——用什么方法 　备选方案与预备计划
投入的资源要素	4. 投入资源 　开发研究，基础设施建设投资，引进技术投资，系列化投资 　人员投入，教育投入 　经常投入，经常支出
日程	5. 进度表
实施组织	6. 实施组织 　实施部门的责任 　支持部门的责任 　监督责任
预期效果	7. 预期效果 　综合效果 　最坏情况下的损失

1. 目的

首先必须明确城市发展战略规划所针对的问题和它所要达到的目标与遵循的方针。战略目标和方针是建立在对现状、问题的分析和对未来可靠预测的基础之上的。这是制定战略目标和方针的基本依据。制定战略规划最忌讳凭空臆想，或者以某些人的所谓经验为依据。

需要说明的是，战略方针在确定城市发展战略规划目标中所起的作用忽视不得。因为战略方针是为了实现城市发展战略目标所制定的指导思想和政策性决策，它是城市发展战略的精髓。如果把战略目标比作过河，战略方针就是要解决"桥"和"船"的问题。没有正确的战略方针，再明确的战略目标也无法顺利实现。

2. 手段

手段是指路径、方法、方案。它是一种策划，一种"战法"的选择。在现实中，实现城市发展战略目标的路径往往有多条，这为人们发挥创造力拓展了空间。

在管理中，为简化问题，人们常用计划"5W1H"来简述战略路径的选择过程。其实，这只是一种思考问题的方法，因此不能教条地看待它。

在城市发展战略规划实施中会面临风险，或者遭遇各种难以预料的阻力因素，因此还需要制定几套备选方案，以防纰漏。

3. 投入的资源要素

城市发展战略规划涉及多个领域，每项战略规划的实施都必须有一定的人力、物力、财力作为保障。

城市投入的资源要素很多，但归纳起来不外乎两大类：一是有形的投入；二是无形的投入。前者主要指资金、设施、人力等方面的投入；后者则涉及制度、文化、教育等方面的投入。两种投入不是不可或缺的，但无形的投入关乎城市长远发展，因此格外重要。

4. 日程

城市发展战略规划是分阶段、分步骤完成的。日程是指城市发展战略规划执行的时间表，或称执行程序。它是组织落实战略规划的常用手段。在执行城市发展战略规划的过程中，必须严格控制战略规划的执行程序，按照规定的方针和规划进行，按照确立的目标进行考核，否则再完善的规划都可能会流于形式。

5. 组织实施

在组织实施过程中，主要应做好三件事：一是组织，即要发挥各方力量，协调各方关系，使它们适应城市发展战略规划的要求；二是责任制，即将城市发展战略规划分解并落实到人头，将荣誉和罚则联系起来，以保证规划的实施；三是监督，除了监督规划目标的执行情况，还要监督规划是否偏离实际。

6. 预期效果

城市发展战略规划的内容应包含对规划执行预期效果的估计。这种估计既包括对收益的预期，也包括对成本或损失的预测。

四、城市发展战略规划要点

城市发展战略规划的制定要围绕三个方面进行，即战略重点、战略步骤和战略措施。

1. 战略重点

所谓战略重点，是指在城市系统的构成中，对城市发展战略目标的实现具有关键意义，需要采取特殊措施予以调整、改造、加强或进行重大突破的部门或组织方式。由于城市系统始终处于动态变化之中，战略重点的选择和确定具有明显的阶段特征，不同的发展阶段具有不同的战略重点。

战略重点与战略目标之间的关系，是特殊与一般的关系，或者说是主要矛盾与次要矛盾的关系。每个阶段的战略重点的确立与突破，是实现阶段战略目标的关键；而不同阶段之间战略重点的及时转移和顺利过渡则关系到城市发展战略总体目标的成败。选择和确立战略重点是制定城市发展战略规划中最具个性特色的一环。不同的城市具有不同的区域社会经济背景，它们所处的发展阶段和所具备的系统特征也不尽相同。因此，在制定城市发展战略规划时，应根据城市的具体情况，从实际出发选择和确定战略重点，使战略重点真正符合城市的个性特色，紧扣城市系统所面临的主要矛盾。

2. 战略步骤

战略步骤是在总体战略目标的指导下，围绕城市发展战略目标的推进和实施而进行的城市发展演化阶段的划分和发展时序的安排。城市发展战略的时间期限较长，合理划分发展阶段并有步骤地进行行动的时序组织和安排，有利于及时反馈信息，从而对城市发展战略规划进行调控和修正。

3. 战略措施

城市发展的战略措施是实现战略目标的根本途径和方法。战略措施分为内部相关的战略措施和外部相关的战略措施。前者和战略目标互为因果关系，或者说，可以从二重见地去理解。例如，发展城市教育，确定培养人才的数量和质量，对于城市文化发展战略来说，这是重要目标之一；但是对于城市经济发展战略来说，它是直接相关的战略措施。在城市发展的各个分战略之中，也有这样的目标和措施的双重因果关系。例如，教育设施建设可以是城市文化发展战略目标之一，但它同时又是城市经济发展战略的重要措施。目标和措施之间都是直接相关的，是合二为一的，因此，对它们都应有定性和定量分析的要求，对相关的数量关系要用系统工程的方法进行综合平衡，进行优化，从而促进城市发展战略的形成。

此外，外部相关的战略措施可为战略实施创造有利条件和环境服务。例如，宣传战略的意义和内容有统一城市居民的认识、开放市场、改善环境投资等，这些都能为城市发展战略的实施创造条件，也是重要的战略措施。

第四节　城市发展战略规划的执行与控制

一、目标管理

城市发展战略要适时地转化为城市战略规划，一个重要的方法就是目标管理。目标管理是指在确立城市发展战略目标和基本方针以后，经过层层解释和协商，让全体城市居民理解这一目标和方针，根据这一目标和方针自上而下地制定各自的目标以及执行结果的衡量标准。在执行目标的过程中，执行者要实施自我控制。

城市发展战略目标的展开过程，就是组织和全体城市居民共同努力，实现城市发展战略规划目标的过程。

城市发展战略目标展开的方法主要为系统图示法。如图4-3所示，总目标的实现，要以若干中间目标的实现为手段；中间目标的实现，又要以若干具体目标的实现为手段。经过层层展开，最终形成目标树或目标网。

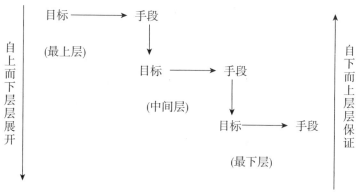

图4-3 战略目标的展开过程

由上一级目标手段，转变为下一级目标手段，中间要经过一个决策过程，这个决策过程就是找出问题点，问题点就是现状与上级目标的要求存在差距的项目，用公式表示为

$$差距 = 目标 - 现状$$

这个问题点就是下一层为了完成上一层的战略目标所必须解决的关键问题。解决这些关键问题，也就成了下一层的目标。

战略目标在执行过程中，要建立保证体系，即要建立组织保证体系、物质保证体系、监督保证体系，以保证各个环节的目标能够顺利实现。

二、组织体制

城市管理体制是推进城市发展战略规划实施的制度保证，也是做好城市管理工作的基础。为此，必须加快城市管理体制和运行机制的创新，理顺各种关系，逐步建立强有力的城市工作运行体系、城市财力支持体系和城市服务体系。

目前，在我国城市管理体制建设中，仍然存在城市功能定位不准、行政化倾向明显、城市内条块分离、职责不清、城市建设的配套法规缺乏等问题，这些问题严重地影响着城市发展战略规划的实施。妥善解决上述问题，是落实城市发展战略规划的必要条件。在城市管理体制建设中，应着重从如下几个方面入手：一是加快城市行政立法进程，通过建立健全相关法规，规范城市内各权利主体的活动；二是努力构建城市居民参与平台，使居民的参与冲动能够有机会释放出来；三是建立一支专业的城市工作者队伍，将相关的城市专业工作纳入正规的职业范围，促进城市工作的职业化、专业化和规范化，从而吸引更多高素质人才投身城市基层管理。

三、动态调整

城市发展战略规划具有科学性和执行效力，但不等于城市发展战略规划一经制定就是绝对的真理、刻板的条文。事物在发展，城市在进步，形势在变化。从战略规划的制定到实现是一对耦合运行的系统进行动态调节和控制的过程。城市内部和外部的各种耦合因素发生变化，建立在这些因素之上的战略规划也必须随之变化。否则，城市发展战略规划就会脱离实际，成为过时的东西。因此，城市发展战略规划的适时修正是一种正常现象。当然，这种修正不是随意的，必须有可靠的反馈信息作为依据，必须秉持同制定规划时一样的科学态度和求实精神。

　　城市发展战略能否顺利实现，取决于战略设计的经济结构、社会结构是否合理。因此，城市发展战略规划的调整主要是结构调整，即当发现某要素发展过快或过慢时，要及时对该要素进行相应的调整。

　　在调整城市结构的过程中，要特别重视城市是一个开放系统和动态系统。城市和城市外部的联系是千丝万缕而又经常变动的，而城市内部结构和各种关系会随着城市外部经常进行的物质、能源、信息交换而不断发展演变。这种演变一般表现为"结构分解—结构无序—结构有序"这样一个交叉循环的辩证发展过程。

这一章的内容是上一章的延续。城市发展战略设计是建立在城市优势之上的，而这种累积起来的优势也往往是城市核心竞争力之所在。本章首先在城市发展战略规划原理的基础上，进一步分析城市优势的形成机理；其次讨论如何围绕城市核心竞争力进行优势重组；最后阐述城市综合竞争力的提升战略。

第一节　城市优势

如何巩固和提升城市优势是城市发展战略首先要考虑的问题。城市竞争其实就是确立城市优势的过程。后进城市要变潜在的后发优势为现实的比较优势，就必须在原本不具备比较优势的领域或部门内发起生产率革命，在原本不具备比较优势的领域内取得突破。而保持领先地位的城市要维持竞争优势，就必须比其他城市做得更好。

总结起来，不论是领先城市还是后进城市，凡是具有竞争优势的城市一定是那些总能提供大量机遇的城市。如果一个城市是问题的中心，那么，一般而言，人力与资金就可能会逃离它，城市人口不会持续增长，跨国公司也不会在那里选址。从这个意义上说，城市的优势在于——只有它才能带来更丰厚的收入、更完整的政治权利以及更好的教育与社会服务，它还能推动企业之间的交流，帮助企业在市场中赢得一席之地，这一切可以概括为"城市优势"(urban advantage)[①]。大量的资源和要素向那些有城市优势的地区集中，例如，富有冒险精神的企业家、跨国公司、技能型人才等，他们相互角力，试图掌控些许城市优势，并将其转化为自身优势。如果我们不了解城市优势的组成，也就无法理解城市发展战略基点。

一般来说，城市优势是由四个基本要素组成的，即密度经济、规模经济、协同经济与扩展经济。正是构成城市优势的这四个要素，促使城市拥有如此多的机会，并实现城市的各种目标。

1. 密度经济

密集性是城市的主要特征，也是城市的基本优势。没有社区的集中，大部分的学习、生产、建设、组织、消费和服务都将变得昂贵。密集性带来了绝对效率，使我们得以追逐经济机会。

在城市发展过程中，密度经济是由资源要素的集聚带来的。人们的彼此接近，减少了人类活动所需的时间和精力，从而节省了沟通成本；同样道理，其他实体之间的毗邻，也会节省交易成本。如果城市密度不足或下滑，那么其经济将呈现下滑趋势。在这种情况下，很多人或企业就可能会考虑迁居。

---

① 布杰·布鲁格曼.城变——城市如何改变世界[M].北京：中国人民大学出版社，2011：21.

2. 规模经济

规模是城市优势的第二块基石。规模促进了特定机遇的绝对增加，还产生了所谓的规模经济。规模使分解固定成本和已知风险变为可能，一个足够大的用户群能使经济活动具备吸引力，或者使服务变得有利可图。更重要的是，通过集群，人们可以更好地利用城市密度优势，创造一个更大的市场。城市规模带来了机会并促进了目标的拓展，使城市得以在更大的舞台上发挥其影响力。

3. 协同经济

密度与规模结合起来，形成了城市优势的构成要素之一——协同经济。居住在城市中的人有着不同的天赋、需求和动机，集中性、便捷性以及人与人之间的大量互动，促使社会得以有效组织起来，产生无数有着共同诉求和战略目标的团体。当需求互补的人们和性质互补的活动彼此靠近时，通过规模和密度的相互作用，衍生一种协作效应，人们的组织、工作、解决问题和集思广益的方式，将以指数级的形式增加，效率亦随之提高。同样，通过使互补的活动集群化，城市能将这些经济效应以指数级的形式放大。这种协作效应就称为协同经济。协同效应是人类发明和创新的基础。协同经济源自志同道合的团体和互补的实体经济之间简单的自组织过程。

4. 拓展经济

拓展经济将单个城市的特定优势与其他城市的优势汇聚起来，使之成为一种更大范围的优势战略。密度、规模和协同带来了成本效率，基础设施投资和技术应用拓展了城市之间的经济社会联系。但是，如果没有拓展经济效应，上述城市基础设施的经济生存能力将受到挑战。当不同地域的优势联合起来时，相关城市的优势也将协同起来，从而在更大范围内打造一条崭新的价值链。

当每个城市都试图构建自身的特定优势时，城市的发展和空间的扩张都将充满竞争。其实，对于一个开放的城市而言，根本挑战在于如何将这种竞争优势转化为协作，以创造符合各方利益诉求的共同城市优势。

第二节　核心竞争力与优势重组

一、城市的核心竞争力

城市内部能力(核心能力和辅助支撑能力)对城市而言是促进城市资源整合的能力，有效的整合能力能够使城市合理地进行资源存量的消耗和增值，促进资源增量的集聚和生成。因此，城市内部某项关键资源和资源整合能力通过互动作用产生的合力，构成了城市核心竞争力(urban core competition capacity)。

城市核心竞争力是城市在发展过程中形成的具有明显优势的能力。它往往是一个城市所独有的，使城市能在一个产业或其他领域中取得领先地位所依赖的关键性能力，它是能将城市的独特资源转化为竞争优势的一组政策、知识、技术或技能的有机综合体。凭借这种关键性能力，城市才可以在瞬息万变的外部环境中保有持续成长的竞争优势。研究城市核心竞争力的中心在于研究城市内部的因素，力求合理地组织各种资源，以形成其他城市不易模仿的、独特的竞争能力。

二、城市资源、整合能力与城市优势

每个城市都拥有独特的有形资产和无形资产，其竞争优势与其所拥有的资源有密切关系。城市资源是城市竞争优势的直接来源，但只有关键性资源才能带来城市竞争优势。这里的关键性资源是指那些城市所拥有、控制并可作为城市竞争基础的资产。这种关键性资源有三个评判标准：一是有价值，只有有价值的资源才能给城市带来潜在的竞争优势；二是具有稀缺性，只有稀缺的资源才能成为城市独特的资产，并形成特有的竞争能力；三是不可模仿和替代。

简单来说，城市核心竞争力就是对城市资源进行利用、转换的整合能力。城市核心竞争力由比较优势和竞争优势共同组成，基于关键资源的比较优势赋予核心竞争力的独特性是基础，而基于城市核心能力的竞争优势突出了城市经济的内生能力是主导方面[①]。也就是说，比较优势主要提供了有利的资源，它是竞争的基础；但能否将资源价值转化为城市优势，还要看城市内部利用该资源的能力。

现实中，许多城市拥有相似的资源但发展状况迥异，其关键就在于，不同城市具有不同的资源整合能力。这种整合能力主要包括三个方面：一是组织能力，也就是对各种城市资源进行开发、协调与重新配置的能力；二是创新能力，包括技术创新能力和制度创新能力等，其中制度创新能给技术创新带来更宽松的环境，可谓重中之重；三是学习能力，即一个城市学习知识和借鉴他人经验的能力。这三种能力对城市优势起着支撑作用，其中，学习能力、组织能力是创新能力的源泉；创新能力是城市利用关键性资源的加速器。三种能力相互作用，相互影响，共同构成城市核心竞争力[②]。

三、城市竞争优势的持续

城市竞争是一个动态过程，城市的竞争优势永远是相对的。一个城市的竞争优势的维持取决于关键资源、要素组合与提升能力这三个方面。

(1) 城市竞争力的持续提升，直接取决于城市内部关键资源的扩大和升级。在不同的发展阶段，城市所依赖的关键资源也不同。在较低的竞争层次上，廉价的劳动力和便宜的原料等可能成为竞争中的关键资源，但这类资源是很容易被模仿、取代的。一旦竞争者寻找到新的廉价资源，城市原来的竞争优势就会丧失。所以这个层面上的城市优势往往是一种成本优势，其竞争优势的维持是十分困难的。高层次城市竞争优势包括技术创新能力、产品或者服务的差异等，这种优势是比较稳固和牢靠的。高层次的城市竞争优势通常表现为高级专业人才、先进的技术和能力以及城市独一无二的资源优势[③]。关键资源与持续的城市优势如图5-1所示。

① 赵修卫. 关于发展区域核心竞争力的探讨[J]. 中国软科学，2001(10).
② 熊昊平，王晓华. 城市核心竞争力研究评述[J]. 科技和产业，2007(2).
③ 于涛方. 城市竞争与竞争力[M]. 南京：东南大学出版社，2004：123-125.

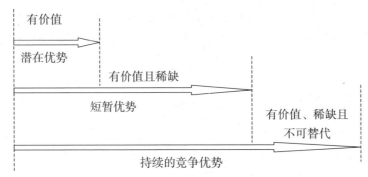

图5-1　关键资源与持续的城市优势

(2) 城市优势的巩固和持续还取决于影响竞争的要素组合的质量。如果城市只靠一种成本优势来维持竞争力,如廉价的原材料或者低成本的劳动力等,城市优势持续的时间肯定不会长久。在竞争中长期处于领先地位的城市多半会通过价值链发展多样化的竞争优势来拉开与其他城市的差距。从城市竞争力的重要影响要素来分析,城市竞争优势的持续在很大程度上取决于城市的高级生产要素和专业性生产要素的组合。换言之,城市竞争要从资源主导转为关键资源和核心能力共同主导。

(3) 城市优势的持续还需要连续创新和自我提升。要维持既有的优势地位,有时必须放弃现有的优势以成就更高层次的新优势,核心能力、关键资源和要素组合之间必须形成整体互动系统。城市内部核心能力是城市竞争力维持和提升的根本动力,而城市关键资源以及资源之间相互依存与强化并形成环环相扣的系统直接决定了城市核心能力的作用发挥和核心能力的升级。城市应该在前一个竞争优势开始衰退之前,就发展新的竞争优势,如此才能构建相互连接或继起的竞争优势。

四、城市优势的区域重组

城市是一个开放性系统,尤其是在全球化的背景下,城市优势的发挥必然要涉及城市发展中的区域之间的关系,以及区域竞争优势的重组问题。对于一个城市来说,至关重要的是它的开放性及与其他城市的相互依赖性。

如今,我们已经进入了"大都市圈"时代。城市及特定的城市群,借助于城市网络扩展策略,将单个城市与其他城市的优势聚合到一起,就会创造出一种全新的城市优势。全球化就是这样一个进程,通过空间设计、基础设施建设、文化创新和当地市场的发展,可使不断扩大的城市群发展出新的城市优势。

城市优势的区域重组不仅是城市竞争及区域经济联系的基础,而且在实践上也是城市竞争的结果。在城市竞争过程中,区域内的经济资源由于具有流动性,将以城市优势重组为基础而实现重新配置。

城市优势区域重组可以通过城市灵动联盟的途径来实现。在全球化与区域一体化的背景下,城市灵动联盟逐渐成为一种强大而新颖的城市合作模式,它强调城市如何利用自己的核心能力去和其他城市建立合作关系。每个城市都集中精力去巩固和发展自己的核心能力和核心业务,利用自己的优势资源,在本城市能创造特殊价值、比其他城市更擅长的关键领域中做大、做强,这是动态联盟的多赢模式。

利用城市灵动联盟实现城市优势重组的关键在于掌握城市的核心能力，将城市的有限资源向比较优势领域倾斜，在保持竞争优势的基础上，注意能力的平衡。一旦城市的核心能力减弱或消失，则立即调整战略目标，调整城市动态联盟的组合方式，以高弹性适应外界环境的快速变化。

第三节　城市综合竞争力提升战略

一、战略基点与取向

在设计城市综合竞争力提升战略时，首先要确立它的战略基点，这对于保持战略路径选择的科学性至关重要。

众所周知，21世纪，人类进入了全球化竞争的新时代。全球化竞争对城市的优势和竞争力产生了深刻的影响，主要表现在以下几方面。第一，城市尤其是中心城市在成为全球生产链重要环节的同时，也成为国民经济增长的发动机和本地区发展的领导者。中心城市具有强大的吸引力和资源配置能力，从而使其周边更广泛的区域能够依赖城市的外向性，获得发展所需要的要素。第二，跨国公司一直是全球化的重要推动力量，跨国公司的区位选择和直接投资使得城市的空间极化效应更趋明显。跨国公司活动集中的城市及周围地区发展迅速，而腹地则发展相对滞后，城市之间呈现发展不均衡的特征。第三，经济全球化促进现代信息技术迅速发展，而现代交通、通信和信息网络的发展，为技术在较大地域空间的扩散创造了条件。在信息技术的推动下，城市发展打破了资源和地域的限制，城市之间的发展相互依赖性增强，一个网络化的城市体系正在形成。

综上，全球化与区域一体化应该成为城市竞争力提升战略的基点。以此为基点来布局和谋划城市发展战略，提升城市内部力量和核心能力，是城市求生存、求发展的必然选择。

在这个百舸争流的时代，影响城市竞争力的因素正在发生变化。研究表明，面对全球竞争和区域一体化趋势，城市的综合竞争力不仅取决于自身的能力和潜质，而且受到"区域集团"和区域背景的影响。以大都市圈战略提升城市竞争力是一个基本战略取向。这是其一。其二，相对于城市物质基础和环境的建设，城市战略规划、能力建设和运用、政府治理结构等被认为是城市竞争力提升的"形而上"的层面，其重要性日益凸显。其三，专业化差异成为城市竞争力的关键矢量。决定城市竞争力的因素正在从传统上的硬件要素转向软件要素，特别是人才、文化、制度等成为核心要素。这些要素的专业化差异才是城市独特优势的来源。其四，在开放的条件下，城市越来越成为市民展示其力量的舞台。人们要从更具竞争力的城市中获取更自由的发展机会，享受更充分的城市价值带来的社会福利。

所有这些变化，构成了城市综合竞争力提升战略选择的基本方向。实践表明，一个城市竞争力的强弱，表面上体现为其在城市体系中行政等级的高低，实质上反映了在全球化时代城市拥有、吸引、控制、转化稀缺要素的能力的高低。这与城市的制度建设、文化挖掘和提升、地方创新环境培育有密切的关系。当然，传统的区位、物质(金融)资本、技术等因素不是不重要，而是已成为基础性因素，当这些因素都具备的时候，制度、创新能力等因素的作用才能充分显现。

二、关键性因素

在制定城市综合竞争力提升战略时，应关注如下几个关乎战略实施成败的关键性因素。

1. 开放度

一个城市的全球化程度影响其竞争力。一个开放度越高的城市，聚集国际、国内资本和社会财富的可能性越大，其竞争力越强。那些单纯依靠本地市场和传统资源的城市将逐步失去竞争力。如今，跨国公司正在成为经济活动全球化的主要载体。打造具有国际视野的跨国企业，对提升城市综合竞争力意义重大。

2. 整合能力

城市竞争力的提升重在整合资源。实践证明，尽快打破行政区划格局，整合区域经济优势，以适应全球化和区域一体化要求，才能提高城市综合竞争力。整合能力有赖于一个城市的开放经济运行的制度平台和基础平台的建设。例如，城市要有现代成熟的金融体系，以降低企业投资成本；要有良好的通信、信息网络，以利于企业掌握全球信息，作出科学决策；要有良好的交通条件，以降低运输成本；要有有效的政府管理，以降低企业的交易成本；要有良好的市场秩序，以降低企业的经营风险。能提供完善的平台和服务的城市，一定是有竞争力的城市。

3. 企业家及企业家精神

企业家是城市活力的灵魂。一个大企业家能造就一个大企业，而一个大企业有时候就能成就一个城市的繁荣。企业家的品质在于创新。由一批优秀企业家造就的企业是城市经济的发动机和孵化器，这些企业不仅能改变一个城市传统的产业结构和经济模式，还能改变城市的空间结构和价值取向，并能引导政府形成新的思维模式。因此，从这个意义上说，城市内力的培育和提升过程就是企业家及企业家精神的培育过程。

4. 创新环境

大量的文献和实践经验表明，城市经济和社会持续而稳定的发展，最终取决于本地技术能力的提高和良好的创新环境，而技术的竞争在很大程度上是城市创新环境的竞争，成功的产业结构调整总是建立在良好的城市创新环境基础之上的，企业家的创新是在具备良好的"企业家气候"的创新环境里培育出来的。

5. 城市治理结构

一个高效的政府就是能做到人尽其才、地尽其利，为企业提供良好软环境的政府。因此，城市治理结构的核心，是为城市发展提供一个良好的软环境。城市竞争力=生产要素成本+交易成本。交易成本，就是人际关系成本，也就是人与人相互打交道的成本，是人为制造的制度成本。而高交易成本，往往是不受监督的权力和腐败的产物。所以，优化城市治理结构的关键在于降低交易成本。

6. 网络经济

一个城市与周围城市的广泛联系形成了区域网络，一个有竞争力的城市一定是区域网络之中的重要节点，同时它也一定是区域内的资源配置中心，其他城市在一些方面对它存在依附关系。这说明城市在区域内主导功能的发挥，不可能单靠自身力量，必须借势周边城市，增强城市间的内在经济联系，与其他城市形成合力。因此，构筑区域经济网络体系，使城市成为一个地区的经济总部所在地、金融和现代服务业的关键区位、新兴产业的生产基地、企业家和创业者的乐园，是城市产生内生竞争力的根本保障。

7. 品牌效应

品牌包括城市品牌和产品品牌。这两者都是城市最有价值的财富，缺一不可。品牌非名牌，从品牌到名牌是通过品牌效应实现的。首先，品牌要具有有形或无形的商业价值。其次，品牌能够带来城市形象的改善，是一个城市质量、信誉、实力的象征。最后，品牌要有创造财富的潜能。通过一个品牌可以带动一个产业的健康发展。这样的品牌效应才能形成城市内在的核心竞争能力。

8. 城市联盟

在全球化背景下，城市竞争不是一个城市与另一个城市之间的竞争，而是都市圈之间的竞争。城市联盟是一种以大都市为核心的城市利益共同体，它是借助市场空间和资源要素的流动和整合，形成资源关联度较高和经济一体化的协作系统，以实现跨行政区域资源共享的一种资源配置机制。联盟关系正在成为21世纪城市赢得发展的重要驱动力。毫无疑问，城市联盟中各级城市的优势重组，会形成城市持久的竞争优势。

三、战略路径选择

根据前文的分析，结合实际情况，我国城市综合竞争力的提升应该从以下几个方面着手。

1. 以大都市圈战略提升城市资源配置能力

城市的发展日益显现出集团化、规模化和一体化的特征和趋势。打破行政区划格局的诸多城市以某个在某些方面领先的城市为核心，形成具有一定特色的大都市圈是当前中国城市发展中最为明显的特征。这样的大都市圈是一个高密度、关联紧密的城市空间，实质就是区域一体化，以谋求城市群和区域经济的协调和共同发展。

实施大都市圈战略，中心城市可以更好地发挥行政资源优势，整合地区经济优势，增强城市地区性资源配置功能，在产业布局规划、经济结构转型等方面发挥辐射和带动作用，从而提升整合能力和核心竞争力。大都市圈内的其他城市，依托都市圈，做好城市功能定位，可以避免产业结构雷同、低水平重复建设。正确定位是一个城市竞争力不断增强的先决条件。城市地位的高低和作用的大小正是城市竞争力的具体反映。定位准确，城市可以有效配置和利用城市内外的资源，最大限度地创造财富和提高城市竞争力。

2. 以产业集群战略提升城市产业竞争力

一般而言，城市综合竞争力直接体现在产业竞争力上。产业地理集中是提升产业竞争力的基本因素，所以，城市应该充分利用自身的比较优势，推进产业集群的发展，以达到提升自身竞争力的目的。产业集群战略要求城市利用产业自发群集的特征，通过培育产业发展所需要的各种要素和环境，积极扶持城市专业化产业群的发展、壮大，反过来再通过产业集群的发展促进各种要素环境的不断增强。与此同时，城市也要因地制宜、坚持不懈地培育具有区域甚至国际竞争优势的高水平技术、高增值的产业群，进而使这些产业群继续扩张，使城市价值体系不断扩大、竞争力快速提升。实施产业集群战略,要遵循全球化思考、当地化行动的战略原则。全球化思考有助于城市把握全球竞争格局和发展动向,找准并塑造影响当前和未来城市产业集群和竞争力提升的战略性因素。当地化行动可以使城市根据当地产业集群、综合竞争力及其各分力要素的状况,制定符合实际的、有针对性的策略和措施,并采取正确的行动。同时,城市要认清并充分利用自身的比较优势,依据自身的优势和产业基础,鼓励对同一产业实施持续的资金、技术投入的政策,培育和发展优势产业,以促进具有比较优势的产业集群的发展。与此同时,城市要不失时机地积累资金、技术、人才等资源,不断地提升比较优势,以促进产业群规模的扩大和产业结构的高级化。

3. 以软环境战略提升城市竞争软实力

当技术和经济发展到一定水平的时候,城市发展的优势已经不仅仅局限于区位、基础设施等物化的因素,文化等"软"因素开始成为提升城市竞争力的关键要素。城市软环境至少应该包括三个层面,即经营环境、文化环境和创新环境。在这三个层面中,经营环境是基本的软环境因子,它表明了一个城市的经济发展状况及趋势、经济体制及运行情况、市场规模、增长潜力及开放程度,以及产业结构、就业结构、消费结构及水平,政府经济政策及措施等,因此,它是影响产业投资活动甚至城市经济增长的直接因素。文化环境作为一种深层次的软环境,是城市社会和经济发展的人文基础和动力源泉。它的内容比较广泛,包括一个城市的商业传统、价值观念、风俗习惯、道德准则、个性魅力和文明程度。创新环境又是建立在文化环境之上的一种影响城市发展的软环境,它是在当代全球化和国际网络社会中提高城市竞争力和增强城市软实力所必需的组织环境。

尽管人们对软环境的认识还有待于进一步加深,但有一点已十分明显,那就是软环境是城市发展过程中的一种"战略性资源",是构成城市竞争力的基本要素。改善软环境首先是政府的责任。改善软环境就是要降低交易成本、减少寻租行为。因此,软环境建设是基于制度改进之上的。其中,地方政府的作为至关重要。

4. 以人才战略提升城市核心竞争力

从一定意义上说,城市竞争力是城市创造价值的能力,城市的价值是由一个个不同的人创造的。正如刘易斯·芒福德所说"城市乃是人类之爱的一个器官",因而最优化的城市经济模式应当具有关心人、陶冶人的特征。可见,城市发展的关键是人。随着人类经济社会的发展,知识和技术在创造财富中的作用越来越重要,而知识和技术是由人创造的,又是通过人来传播和应用并发挥作用的,所以,在培育和提升城市竞争力时,不能忽视"以人为本"的发展理念。当然,在实施人才资源开发战略时,不能只依靠物质激励方式,还应该遵循"人尽其才,才尽其用"的原则。正如弗雷德里克·赫茨伯格的双因素理论指出的"满足各种需要所引起的激励深度和效果是不一样的"。物质需求的满足是必要的,没有它会导致不满,但是即使人们获得满足,它的作用往往也是很有限的、不能持久的。要调动人的积极性,不仅要关注物质利益和工作条件等外部因素,更重要的是要关注工作安排,应做到量才录用、各得其所,注意对人进行精神鼓励,给予表扬和认可,注意给人以成长、发展、晋升的机会。随着城市发展进入更高的阶段,这种内在激励的重要性会越来越明显。

5.以品牌战略谋求城市的差别化优势

品牌是市场经济条件下最重要的无形资产，在品牌基础上形成的品牌经济具有较强的市场竞争力。当经济发展到一定程度时，竞争格局也在变化，从原来的产品竞争、企业竞争演化到城市整体竞争力的比拼。在这种情况下，品牌战略不仅能增强城市的工业经济实力，还会带动相关产业的发展，从而形成一条完整的产业链条，进而提升城市的整体竞争力。

城市实施品牌战略，不仅要打造名牌产品、知名企业和知名企业家，还要塑造城市品牌，即用企业品牌塑造城市品牌。名牌企业和名牌产业是城市持续发展的经济基础，城市是企业生存发展的土壤。企业和产业品牌是城市形象的视觉窗口，城市形象反过来也将提升企业和产业的品牌形象。企业和产业品牌可以塑造城市环境的风格，城市环境反过来也能铸造企业和产业品牌。城市和企业相互作用，相辅相成。

品牌战略的关键，是以企业为主体、以政府为引导的自主创新模式催生自主品牌。同时，要将企业的自主创新和品牌战略整合上升为城市战略，努力打造具有国际竞争力的城市品牌和品牌城市。

6.以创新战略提升城市的持续性竞争优势

创新战略首先是技术创新。城市的创新能力依托于产业生成，产业的核心能力依托于科技生成，而科技创新又依赖于科技人才。因此，加快城市技术创新不但要积极引进高层次的科技人才，而且还要加大对科学研究的投入，鼓励企业加大科技开发力度。然而，在创新战略中，更重要的是制度创新。技术创新的成功与否也取决于是否有鼓励创新和保护创新的制度环境。要鼓励制度创新，就要想办法提高制度创新收益，让收益属于创新者。同时，还要降低实施新制度的成本。其中，关键是要营造一个鼓励创新的、自由的创新环境。

创新是城市培育核心竞争力和综合竞争力、获取持续竞争优势的关键。城市的发展过程从某种意义上讲是城市争夺稀缺资源的过程。随着经济的发展和城市数目的增加以及城市本身争夺资源的能力的提升，创新能力已成为影响城市发展以及提升城市竞争力的最关键因素。因此，依靠创新抢占发展制高点、提升城市持续竞争力已成为许多城市的战略选择。

第六章　城市定位

　　城市定位是城市发展和竞争战略的核心，也是城市营销和品牌建立的基础。本章首先阐释城市定位的战略要素、定位原则和定位价值；其次系统介绍城市定位模式、方法与步骤；最后讨论城市定位战略的实施。

第一节　城市定位及其价值

一、城市定位的战略要素

　　城市定位是指城市为了实现发展的战略目标，根据自身条件、竞争环境和消费需求等的动态变化，科学地确定自己所扮演的角色和竞争位置。它是城市未来发展的一种导向，是寻找城市个性、灵魂和核心价值的过程。城市定位主要回答"我是谁"的问题，尤其要考虑在全球化进程中"我是谁"的问题，并且要区别于其他城市，形成独一无二的答案。

　　城市定位是城市发展战略的关键部分。没有准确的城市定位，就没有城市发展战略。因此，城市定位必然涉及一些基本的战略要素。

1. 城市空间

　　城市空间定位是对城市的区域地位及空间势力范围的界定。空间层面上的定位，既有地方性的、区域性的，也有跨国区域性的、面向全球性的。城市作为区域的节点和纽带，必须要明确城市在城市群或区域体系中的空间地位。不同的城市，其主导职能所影响的空间范围是有差异的，由此可将城市分成国际性城市、全国性核心城市、区域性中心城市、地方性城市等。

2. 城市特色

　　城市特色是一个城市相异于其他城市的外在和内在的鲜明特征。它综合反映城市的政治、经济、文化、历史和景观形象的地域化个性特征。城市特色是差异化优势的构建结果，是当地居民共同的文化认知和发展理念的集中表现，是城市长期发展的产物和深层积淀。

3. 城市功能

　　城市功能也称城市职能，是由城市的各种结构性因素决定的城市机能或能力，是城市在一定区域范围内的政治、经济、文化、社会活动所具有的能力和所起的作用。城市主要通过纵横对比和科学测算，来确定合理的职能体系，明确城市的一般功能和特殊功能，并对各种城市功能进行分析。很多城市都有自己独特的功能，城市功能定位的任务就是要明确这些特殊的功能，并围绕功能定位进行城市规划。

4. 城市产业

产业定位是城市定位的核心内容之一，是一个城市参与区域专业化分工和协作的前提，是一个城市生存和发展的经济基础。产业定位要求在充分考虑资源、技术、人才、市场等因素的基础上，对城市主导产业、辅助产业和潜力产业进行筛选和确定。城市产业定位需要明确城市所处的发展阶段、城市在城市体系中的位置、整个地区城市体系未来的发展方向、城市在全球化背景中的国际地位等。

5. 城市文化

经济是城市发展的基础，文化是城市发展的不竭动力。城市文化是城市历史发展的积淀，综合反映城市的社会行为、观念、行为模式或特点。城市的文化定位是一个城市文化发展的方向性问题，是一个城市文化资本的表现，更是文化资本增值的过程。城市文化定位要求通过深入研究某一城市的历史、文化和人文传统，准确地界定该城市应当突出的文化特质和其他城市不能替代的文化风格，准确地界定具有城市核心价值和灵魂价值的文化形态。

6. 城市规模

城市规模定位就是对城市的人口规模、经济规模和用地规模等作出较为确切的界定，将城市定位在某一规模档次上。城市规模代表着城市的等级和地位，对城市的总体结构和布局具有一定的影响。在城市现代化过程中，科学地定位城市规模，有利于科学地制定城市发展规划。当然，城市规模定位要坚持适度的标准，要与城市现代化发展水平相适应。

7. 城市精神

在当今时代，精神不仅是一种意识形态，更是一种文化资本。精神是城市文化与城市形象凝聚力的核心要素。创造出个性化的城市精神理念，是一个城市发展哲学和文化价值的最高境界。城市精神是一个城市的灵魂，是城市文化特质的核心。城市精神反映的是城市内部的社会公众的一种集体意识，反映了城市的基本价值理念。城市精神定位对于培育城市个性、塑造城市形象、形成城市文化资本、提高城市竞争力具有不可估量的作用。

二、城市定位的原则

1. 独特性原则

城市定位应该注重个性的鲜明，要尽可能与其他城市区别开来。城市的个性应是不可接近、难以被模仿和超越的。实际上，特色就是个性，城市的个性应独具一格。城市特色是城市内在素质的外部表现，是地域的分野、文化的积淀。城市定位的个性可以从历史文脉、名胜古迹、革命传统、自然资源、地理区位、交通状况、产业结构以及自然景观、生态环境、建筑风格等诸多方面去发掘培育，要讲究创意和标新立异。例如，现在中国有很多城市都将自身定位为旅游城市、金融城市等，这样的城市定位虽注重产业功能，但忽略了城市本质特性，显然没有太大的个性吸引力。而有些城市则充分利用个性化的定位原则，塑造了自己的独特定位。例如，丽江将自身定位为"香格里拉大旅游圈的门户，世界精品体验旅游名城——东方体验之都"，这是城市个性化定位中比较典型的成功案例。因此，只有坚持差异化原则，塑造城市独有的定位和独特的形象，才能吸引城市目标消费者的关注，并使其产生对城市定位的品牌联想。

2. 连续性原则

科学的城市定位一旦确定，就必须在较长一段时间内保持不变，并坚定不移地去贯彻、宣传和实施，不能因为城市管理者、城市管理体制的变化而中断。摇摆不定的城市定位表明城市没有真正找到自己的灵魂和核心价值，没有把握住自身的本质特征，容易给人一种飘忽不定的心理感觉。摇摆不定的城市定位会影响城市营销战略的制定与实施，会使城市营销人员、宣传媒体无所适从，也会使城市产品的潜在顾客迷惑不解。

3. 可行性原则

在进行城市定位时，要高瞻远瞩，要使城市定位具有激励和鼓舞人心的功能，但是要避免贪大求洋。城市定位更要具有现实可行性，要经得住实践的检验，不能好高骛远、脱离城市实际。如果城市定位超越了城市的经济实力，定位过高或者过分超前，不具有任何操作价值，必然会造成人、财、物等资本的浪费，会对城市形象造成一定程度的破坏，也会挫伤社会公众参与城市营销和建设的积极性，甚至会错过城市发展的大好时机。

4. 认同性原则

城市定位满足城市管理者、投资者、创业者和居住者等社会公众的社会心理需求和审美需求，才能得到广泛的社会支持，才能激发社会公众的参与热情。只有社会公众认同城市定位，才能实现城市定位的社会责任。城市定位的社会认同还可以使市民感到光荣和自豪，从而凝聚城市的内部力量，创造为社会公众所认同的价值。

三、城市定位的价值

城市定位的价值在于能够明确一个城市的发展方向，并据此制定产业布局、经济结构布局、空间布局和城市发展战略。具体来说，城市定位的价值体现在以下几个方面。

1. 定位创造差异性

城市定位就是创造一种差异化的城市形象，就是创造一种差异化的城市新空间。这种差异化包括历史文化景观的差异、城市形象要素的差异、城市理念的差异、城市管理的差异、城市市民行为文化的差异、城市视觉系统的差异和城市营销传播的差异等。差异化可以产生无限的价值。通过向城市消费者传达差异化的定位信息，可使城市的差异性本质清楚地呈现于社会大众面前，提高城市美誉度，引导社会公众关注城市的品牌定位，并产生城市认同感，进而成为城市的热爱者和消费者。

2. 定位创造竞争优势

科学的城市定位可以最大限度地集聚资源，合理地配置资源，从而使城市竞争优势得以确立和延续。从一定意义上来说，城市定位的着眼点就是城市的竞争优势，也就是说，城市定位是对城市竞争优势的挖掘和发展。通过对竞争优势的挖掘和发展，可使城市明确自己的发展方向和目标，通过制定各种政策，提升城市核心竞争力。例如，维也纳被定位为"世界音乐之都"，巴黎被定位为"世界时尚之都"，这些城市通过科学的定位已成为世界性品牌城市，具有独一无二的竞争优势和经济价值，最终转化成城市的核心竞争力。我国杭州打造"世界休闲之都"的城市定位，也是对城市竞争优势的挖掘。杭州拥有极其丰富的自然、文化、历史等适合休闲产业发展的资源，在国际社会步入"休闲时代"的背景下，杭州积极发展休闲产业，这一举措不仅能成为推动城市经济增长的引擎，更能构筑起杭州的竞争优势。

3. 定位积淀文化资本

城市定位可以塑造独特的城市风格和城市形象，形成城市文化资本，城市文化资本经过运作，将成为城市永续发展的动力。大多数城市都有自己独特的文化资源，文化资源可以转化为文化资本。城市文化资本强调城市物质文化、精神文化、制度文化的资本性价值，例如城市的古建筑、文化遗存、历史名人等，都可以产生强大的资本价值。城市文化资源的功能就是让一个城市"生动"起来、"鲜活"起来，进而吸引城市消费者的目光，让人们重新认识城市、走进城市。现代社会已进入"眼球经济"时代、"注意力经济"时代，谁吸引了世人的目光或注意力，谁就能赢得成功。

第二节　城市定位模式、方法与步骤

一、城市定位模式

城市定位是一门学问，不是主观随意选择的结果。城市要根据特定优势和核心价值来选择定位模式，对城市定位模式的选择是在对城市文化与基因认知基础上的一种选择，不同的定位模式有不同的要求[①]。

1. 自然地理定位模式

自然地理定位模式立足于城市所依托的特有的自然资源、自然环境和地理位置，对城市进行创新和文化性再造。自然地理定位模式可分为三类：一是地理区位型城市定位。例如，宜宾将城市定位为"万里长江第一城"，就是一种典型的自然地理定位模式。二是自然环境型城市定位。例如，贵阳有60%的森林覆盖率，因此定位为"森林之城"，属于自然环境定位模式。三是景观型城市定位。例如，威尼斯定位为"水上之城"，水资源是其主要的城市景观，因此它属于景观型定位模式。

2. 历史文化定位模式

历史文化是一个城市文化品位的重要表现，是一个城市经久不衰的历史基础，更是一座城市的历史记忆与集体记忆。历史文化名城的独特魅力来源于其独具特色的历史文化积淀。历史文化定位模式可分为三类：一是历史名人型城市定位。例如，山东曲阜的营销口号是"孔子故里，东方圣城"，实际上就是借助孔子进行城市定位与营销。二是历史事件型城市定位。例如，南昌定位为"现代军都"，源于"八一南昌起义"，打响了南昌英雄城的品牌。三是历史遗迹型城市定位。例如，罗马是一座古老的历史文化名城，之所以定位为"永恒之城"，正是因为其拥有丰富的历史遗迹。

3. 城市功能定位模式

城市功能定位是按照城市的主导功能对城市进行定位的一种方式。例如，将城市定位为休

---

① 张鸿雁，张登国. 城市定位论[M]. 南京：东南大学出版社，2008：212-218.

闲中心、交通中心、金融中心、制造业基地等，都属于典型的城市功能定位。城市功能定位模式分为两类：一是根据城市主导产业定位。城市功能一般是由主导产业来决定的，因此很多著名的城市都采用产业定位的模式。例如，德国的汉诺威——展览名城；德国的海德堡——大学之城；意大利的米兰——服装名城；美国的好莱坞——国际影城；我国的长春——汽车城；我国的大庆——石油城；我国的包头——稀土之城。这些城市都以自己鲜明的产业特色确立了独一无二的位置，并以强势产业闻名于世。二是根据城市性质定位。例如，将城市定位为政治中心型城市、经济中心型城市、交通中心型城市、宗教中心型城市等。

4. 区域层次定位模式

区域层次定位模式是指将区域划分为不同的层级，通过分析城市在其中的地位来进行定位，具体方法：第一层次的区域分析——全球、全国性的区域分析。从世界经济形势和国家发展战略的高度，探求影响和决定城市发展方向的重大趋势；从宏观大背景的角度，分析全球经济发展及国家宏观经济发展对城市总体发展的影响和要求；从国家发展布局及政策的角度，分析并确定城市在国家社会、经济发展布局中的作用和地位。第二层次的区域分析——经济区区域分析。分析城市所在的经济区区域(如华南经济区、华东经济区、西南经济区等)的发展情况和变化趋势，探求城市在该经济区区域内发挥的作用、发展优势、发展潜力及制约条件等，进一步明确城市在该层级区域中的功能与地位。第三层次的区域分析——城市群区域分析。对城市所处的城市群区域(如广州、深圳处于珠江三角洲城市群区域)的发展态势进行分析，摸清城市与城市群区域发展的关系；从城市群区域中各城市间的关系格局来分析城市所处的地位，得出城市的总体发展目标。区域层次定位模式的核心思路是通过划分区域的层次，找寻城市在不同层次中的地位和作用，从而找到城市的准确定位。该模式应用的关键在于对区域的界定和对层次的划分。

5. 特殊活动定位模式

特殊活动是城市文化、城市历史、城市产业等城市优势的集中表现，是在一系列比较优势的基础上形成的一种城市文化符号标志。通过特殊活动来定位城市，形成城市的特殊品牌定位，是一种常见的城市定位模式。世界上很多著名的国际性城市，都有能够体现其鲜明艺术风格的特殊节庆活动或国际会议。例如，法国南部的城市夏纳，由于一年一度的夏纳国际电影节，而被世人称为"电影城市"。

二、城市定位方法

1. 策略定位方法

策略定位方法主要有以下几种[①]。

(1) 比附定位法。比附定位又称为比衬定位和反衬定位，是指以领先城市品牌为参照物进行城市定位，使自己的城市品牌与领先城市品牌发生一定的比附性关联，以借名牌之光而使自己的品牌生辉，提升自身品牌的价值和知名度。例如，海南三亚的形象定位表述为"东方夏威夷"。

(2) 优势定位法。优势定位法主要考虑城市自身的优势和特点，并把这种优势和特点突显

---

① 张鸿雁，张登国. 城市定位论[M]. 南京：东南大学出版社，2008：219-225.

出来，作为城市定位的因子。例如，昆明定位为"春城"，主要是利用气候条件的优势；底特律定位为"汽车城"，主要是利用汽车产业的优势；澳门定位为"国际性博彩旅游城市"，主要是利用特殊的政策优势、旅游优势和博彩产业优势。

(3) 领先定位法。领先定位法是指在城市定位中强调城市所具有的"唯一"特色，或强调城市在一定地域范围内所具有的"第一"特色和领导者的市场地位，突出城市定位的唯一性、垄断性和不可替代性。例如，山海关定位为"天下第一关"，就是对这一定位方法的应用。领先定位法依据的是人们对"第一"印象最深刻的心理规律。人们往往能记住"第一"的特征，尤其是在这个信息爆炸的时代里，运用领先定位法能使社会大众在短时间内记住城市品牌。

(4) 利益定位法。利益定位法利用城市能带给社会受众的利益点进行定位，以满足社会受众的利益诉求。城市采用利益定位法进行定位，必须保证这个利益定位点是城市最早开发出来的，是其他城市无法提供或者没有诉求过的，是独一无二的，否则没有任何价值。同时，这个利益点也应该是城市受众关心的核心利益点，而不是附加利益点，否则也很难获得成功。例如，山东聊城打造"江北水城"，把利益点定位在水上，向社会受众呈现的卖点就是水文化、水娱乐、水旅游、水景观等，城市社会受众可以来聊城享受戏水、游水、玩水、赏水、亲水的快乐。

(5) 生活方式定位法。不同阶层、不同生活背景的人有着不同的生活方式，他们的生活需求、生活价值、生活理念完全不同，因此，消费风格也有一定的差异。根据人的生活方式进行城市定位也是一种常用的方法。例如，大连是一座美丽的海滨城市，风光秀丽，气候温和，冬无严寒，夏无酷暑，是著名的旅游城市。大连把城市形象定位为"海滨城市，浪漫之都"，就是运用生活方式定位法，把城市定位为休闲、浪漫、温柔、恬淡、舒适的形象，突显一种居住在海边的浪漫生活，以吸引那些具有此种生活方式倾向和追求的阶层群体。

(6) 重新定位法。城市定位不是一成不变的，当外部环境发生根本性变化之后，就需要进行调整或重新定位。重新定位分为两种：一种是改进性的重新定位，即现有城市定位已具备一定的品牌知名度，但还有提升的空间，这时需要对原来的城市定位进行必要的调整性修正。二是根本性的重新定位。当城市面临环境巨变时，如全球化的严峻挑战、原有的竞争优势不复存在、城市没有真正展现出竞争优势等，这时，恰如其分的重新定位可以使城市继续立于不败之地或者获得新的竞争优势。

2. 定量定位方法

定量定位方法主要有城市职能统计分析法、区位熵法、竞争力模型法、断裂点分析法、信息网络法、交通流量法和重力模型法等，本书重点介绍城市职能统计分析法。

城市职能体现了一个城市在国家或区域中所起的作用及所承担的责任。一个城市的全部经济活动，按其服务对象可分为两部分：一部分是为本城市的需要服务的；另一部分是为城市以外的需要服务的。服务这两部分对象的部门分别称为城市的基础部门和非基础部门。城市定位以城市的基本经济活动作为出发点，因为基础经济活动是城市的主导功能，换言之，城市的外向功能量是决定城市发展的支撑力量。

城市职能统计分析法通过计算所有城市每种基本活动的职工比重的算术平均值和标准差，以高于平均值1到几个标准差来表示该职能的强度，城市某部门的职能强度的计算公式为

$$Q=(X_i-X^*)/SD \tag{6-1}$$

式中：Q 表示城市某部门的职能强度；X_i 表示城市某部门基本部分的职工比重；X^* 表示所有城市该部门基本部分职能比重的平均值；SD 表示标准差。

根据 Q 值大小，可以将城市职能分为以下五个等级。

(1) 突出职能：$Q>2$。

(2) 主导职能：$1<Q\leqslant2$。

(3) 优势职能：$0.5<Q\leqslant1$。

(4) 一般职能：$0<Q\leqslant0.5$。

(5) 弱势职能：$Q\leqslant0$。

城市职能统计分析法的核心是确定城市的突出职能和主导职能，以此反映城市的专门化程度。

在计算城市基本部门的外向职能强度时，考虑到指标选取的容易性以及代表性，也可采用区位熵的方法。城市的外向功能量 E，主要取决于某些部门从业人员的区位熵，i 城市 j 部门从业人员区位熵 $L_{Q_{ij}}$ 的计算公式为

$$L_{Q_{ij}} = \frac{G_{ij}/G_i}{G_j/G} \quad (i=1,2,...,n; \ j=1,2,...,m) \tag{6-2}$$

式中：G_{ij} 表示 i 城市 j 部门的从业人员数；G_i 表示 i 城市所有部门从业人员数；G_j 表示全国所有城市 j 部门的从业人员数；G 表示全国城市从业人员总数。

若 $L_{Q_{ij}}<1$，则 i 城市 j 部门不存在外向功能，即 $E_{ij}=0$；若 $L_{Q_{ij}}>1$，则 i 城市 j 部门存在外向功能，因为在城市的总从业人员中分配给 j 部门的比例超过了全国的分配比例，即 j 部门在 i 城市中相对于全国来说是专业化部门，可以为城市外界区域提供服务。因此，i 城市 j 部门的外向功能量计算公式为

$$E_{ij} = G_{ij} - G_i\left(\frac{G_j}{G}\right) \tag{6-3}$$

i 城市 m 个部门的总体外向功能量计算公式为

$$E_i = \sum_{j=1}^{m} E_{ij} \tag{6-4}$$

依据外向功能量的强弱程度，城市的职能也可分为若干等级。其中，外向功能量强的部门是城市的专业化部门，它们决定着城市性质和职能定位。

三、城市定位步骤

一般说来，城市定位要经历以下三个步骤：首先，通过市场调查研究与分析，确定城市在产品、服务、技术、成本、政策、形象等方面与竞争者相区别的竞争优势；其次，从上一步确定的若干竞争优势中选择最重要的竞争优势，作为城市的定位优势；最后，向目标市场展示竞争优势，遵循唯一性、排他性和权威性的原则，找到城市的个性、灵魂与理念，并使该竞争优势成为城市品牌在目标顾客心目中的形象定位。

调查研究是城市定位的基础。城市定位不是空中楼阁，不能"闭门造车"，必须对城市进

行全面的调查研究，了解城市自身的状况和外界对城市的认知态度。在调查过程中，需要特别注意三个问题：一是调查的内容要全面，包括城市文化、城市资源、城市产业、城市精神、城市政治、城市环境等各个方面。只有全面地掌握资料，才能对城市作出客观的评价。二是调查对象要广泛，要充分调查城市中各个领域、各个阶层、各个年龄段、从事各种职业的人，以得到比较全面的资料。三是在调查方法上要注重深度访谈，可采用的调查方法有问卷调查法、观察法、文献调查法、座谈会法等。不论采用哪种方法，都必须注重对被调查对象的深度访谈，以便掌握真实的情况。

对城市进行SWOT分析是城市定位的关键。要进行明确的城市定位，就必须对城市自身的优势与劣势、城市所面临的机遇与威胁有比较理性的认识。SWOT分析把城市内外部环境所形成的机会(opportunities)、风险(threats)、优势(strengths)、劣势(weaknesses)四个方面的情况结合起来进行分析，把各项分析结果汇总于SWOT分析表内，使城市的自身状况、竞争城市情况、城市消费者状况一目了然。管理者了解了城市的优势及劣势，也就能清楚地知道城市可以做什么；了解了外在环境给城市带来的机遇及威胁，也就能清楚地知道应该做什么，从而为城市的正确定位提供科学的基础。

城市定位的核心是STP战略，即市场细分(segment)、选择目标受众(targeting)和具体定位(positioning)。市场细分是指根据城市受众的差异，将其分成若干群体组，然后找到最大限度地区分不同群体差异性特征的方法，从而了解自己的城市能够满足何种社会受众的需求。城市的主要目标受众包括投资者、居民、游客、人才、就业者。在市场细分和目标受众确定的基础上，接下来就是确立城市"独特的卖点"，即从众多元素中挑选对大众来说最有差异性的、最有吸引力的、最核心的定位因子加以"放大和升华"，从而使城市在城市消费者或社会受众心中占据一定的优势地位。

第三节　城市定位战略的实施

一、城市定位的市民认知

城市定位需要通过各种方式让市民认知。通过市民的认知可以提高市民对城市品牌定位的支持度，增强市民的自豪感，激发市民参与城市建设的热情。对于一个城市的发展、定位，任何城市公民都具有表达自己想法和意图的权利。向市民灌输城市定位理念，让市民参与城市定位过程，可以采取的方式有如下几种。

1. 城市定位大讨论

在城市定位过程中，可以邀请市民参与讨论，通过问卷调查了解市民对城市发展和战略定位的意见。也可以采取专家与市民互动的方式，进行精英与大众的对话，共同探讨城市定位中的一些重大课题。这样做既有利于专家和策划人员拓宽视野，又有利于提高市民素质和公众意识。

2. 借助媒体进行宣传

城市要积极地与媒体开展合作，利用报纸、电视、网络宣传城市品牌定位，制作精美的城市形象定位宣传片进行高频率播放。在进行媒体宣传的同时，也可以适当宣传一些城市定位的相关基本理念，提高公众的相关知识素养。另外，还可以充分利用城市标牌、城市标语、社会橱窗等展开城市定位宣传。

3. 城市定位方案展示

将城市定位方案通过图片、模型、文字、多媒体等手段向广大市民进行展示是常采用的方式。在展示活动中，可设专门的讲解人员对城市定位方案进行讲解，设专门的接待人员收集市民对有关城市定位方案的意见，为城市定位方案的完善作准备。

4. 组织专题性的活动

城市定位备选方案确立后，可采取一系列城市活动来强化社会公众对城市定位方案的认可。例如，举办城市定位设计活动，根据城市定位的理念与精神，面向市民征集"城市精神表述语""城市形象定位标识"等。举办这样的活动，既能宣传城市定位理念，又能为城市定位战略的实施做好准备。

二、城市定位的识别系统

城市定位的识别系统主要通过各种手段或外在物表述城市定位，把城市定位理念体现在城市事件、城市精神、城市口号、城市标识等之中，通过符号、象征等方式表现城市定位，为城市定位的实施与城市营销奠定基础。部分城市定位的相关识别系统如表6-1所示。

表6-1　部分城市定位的相关识别系统

城市	城市定位	城市事件	城市精神	城市口号	城市标识
香港	国际大都会	香港艺术节、国际电影节	文明进步、自由开放、安定平稳、追求卓越	乐在此，爱在此；动感之都	维多利亚港
上海	国际金融中心	上海旅游节、上海国际茶文化节	海纳百川、追求卓越、开明睿智、大气谦和	上海，精彩每一天	东方明珠
大连	国际性城市	大连国际服装节	创造、创业、创世	浪漫之都，时尚大连	女骑警
深圳	设计之都	深圳国际旅游文化节	开拓创新、诚信守法、务实高效、团结奉献	深圳，每天带给你新的希望	开荒牛、欢乐谷
苏州	东方威尼斯	中国苏州国际丝绸旅游节	崇文、融合、创新、致远	人间天堂	苏州园林、苏州刺绣
杭州	世界休闲之都	钱江(海宁)观潮节	精致、和谐、大气、开放	爱情之都，天堂城市	杭州西湖
昆明	春城	中国丽江国际东巴文化艺术节	春融万物，和谐发展，敢为人先，追求卓越	昆明天天是春天	石林
三亚	国家生态城	环海南岛国际大帆船赛	美丽，创世	天涯芳草，海角明珠	天涯海角

城市事件作为一种规划工具，在城市定位识别系统中具有特殊的作用。城市事件可以为城市带来广泛的媒体关注，在城市品牌塑造上具有长效性的优势，能够有效提升城市品牌价值和关注度。城市事件也是城市活力的指示器，各具特色的城市活动能为城市带来自信和生机。因此，城市事件可以针对城市定位理念进行精心设计和组织。

城市精神是一座城市的灵魂，是一种文明素养和道德理想的综合反映，是一种意志品格与文化特色的精确提炼，是一种生活信念与人生境界的高度升华，是城市市民认同的精神价值与共同追求。城市精神对城市定位具有鲜明的旗帜导向作用，它凝聚着一座城市的思想与灵魂，代表着一座城市的整体形象，彰显着一座城市的特色风貌，引领着一座城市的未来发展。从城市精神的表述中，人们很容易了解一个城市的品格。

城市口号在城市定位识别中也很重要。口号是表达城市定位理念和思想内涵最简单、最有效的方法。城市口号是城市未来核心形象的精髓，是对城市定位的包装和诠释。城市口号应简洁、有冲击力，并能很好地体现城市定位。

城市标识是城市定位识别系统的重要元素。世界上很多著名的城市都有具有代表性标识，例如巴黎的绿荫道、纽约的摩天大楼、罗马的大教堂、北京的长城等，这些城市标识在意义上的表征得到了世代的传承，甚至具有永恒的价值。城市标识是一种文化符号，是城市的象征，它凝聚着城市的人文内涵，可以引起人们对城市的记忆和联想。

三、城市定位的推广

制定城市定位战略后，接下还需要开展广泛和深入的推广活动，才能使城市定位战略落到实处。

从策略层面上考虑，城市定位推广可采用组合式推广、差异化推广和持续性推广三种推广策略。组合式推广主张组合利用各种营销媒体进行城市定位战略推广，它要求充分认识制订综合计划所使用的各种可带来附加价值的传播手段——如普通广告、电视、网络和公共关系，并将之结合，提供具有良好清晰度、连贯性的信息，使传播影响力达到最大化。差异化推广是为了使自己的城市与竞争城市有明显的区别，形成与众不同的特点而采取的策略。差异化推广主要体现一种创意，体现一种独一无二的风格，避免缺乏个性和营销雷同。持续性推广要求制定短期、中期和长期的推广战略目标，逐步强化城市品牌定位，通过不断重复、不断强化，达到渗透的目的。

从推广方式上考虑，常用的城市定位推广方式包括广告推广、网络推广、公关推广、人员推广、事件推广等。城市定位推广方式要形成多样化、立体化的系统。此外，城市定位推广是一项系统工程，不是一朝一夕就能完成的，因此需要有一个组织来合理安排、调控城市品牌定位的推广过程。同时，由于城市定位推广覆盖面广、周期较长，城市政府要制定相关的配套政策，以保证城市定位推广的顺利进行。

第七章 城市品牌战略

城市品牌的塑造与提升，是增强城市软实力和实现城市可持续发展的重要途径。本章从城市品牌价值出发，首先分析了城市品牌的价值，城市品牌与城市文化、城市引力之间的关系；其次介绍了城市品牌识别系统及如何进行有效的品牌识别；最后围绕城市品牌的塑造和管理分析了城市品牌的定位、决策与传播。

第一节 城市品牌的价值

一、城市品牌的特征与功能

城市品牌是一个城市在推广自身城市形象的过程中，根据城市的发展战略定位所传递给社会大众的核心概念，且这一概念得到了社会的认可。也就是说，城市品牌的关键内涵是传递给社会大众的核心利益，即品牌究竟能给人们带来什么。正是这种核心利益的存在，使一个城市在推广自身城市形象的过程中将"核心概念"传递给社会大众。美国杜克大学富奎商学院的凯文·莱恩·凯勒(Kevin Lane Keller)教授(1998)在《战略品牌管理》一书中指出："城市品牌化的力量就是让人们了解和知道某一区域并将某种形象和联想与这个城市自然地联系在一起，让它的精神融入城市的每一座建筑之中，让竞争与生命和这个城市共存。"

一般来说，城市品牌具备四个特征：城市品牌是一个相对固定的地理名称，体现着城市的个性和价值取向；城市品牌是一种象征，是一个地区政治、经济、文化、科技等的综合象征；城市品牌是一个品牌体系，是城市在不同的领域所创造的品牌的综合；城市品牌是城市的一种资源和无形资产。

从城市品牌的内涵和特征出发，城市品牌具有如下基本功能：第一，标志功能。城市品牌是城市的标志和名牌，是城市间相互区分的标记。在观者看来，城市品牌是一种速记符。第二，象征功能。城市品牌是复杂的城市象征，这种象征由市民和观者的印象及自身的内涵而定，最终目的是创造可供识别的差异性。第三，认知功能。城市品牌是观者对城市的知觉。城市品牌是城市、市民、观者三者之间的关系的载体，当观者对城市品牌有了积极的态度，城市品牌就能在观者心中形成正面影响。城市品牌的价值体现在它能够为城市创造形象、信誉和声望。当城市实现品牌化之后，城市的形象将更加生动、具体，从而使人们的意识、观念和思维方式发生根本性变化，进而成为城市的潜在消费者。更为重要的是，城市品牌具有创造财富的巨大潜能，能够持续不断地创造新价值[①]。

---

① 陈柳钦. 论城市品牌建设. 光明网[EB/OL]. http://www.gmw.cn，2011-04-14.

二、城市品牌与城市文化

品牌的核心是品牌文化，城市品牌的核心是城市文化，城市文化是城市之魂。优秀的品牌具有良好的文化底蕴，目标受众在接受城市品牌的过程中，同时认可了城市的文化品位。

城市品牌的价值不仅在于其能为城市创造良好的形象、信誉和声望，吸引人们的注意力并使人们成为潜在的消费者，还在于其具有持续不断地创造新价值、新财富的巨大潜能。可以说，文化力是城市品牌建设的核心竞争力，它同样是创造城市价值的源泉。城市文化有利于强化城市居民的意识，增强城市品牌的向心力、凝聚力。首先，文化在提升城市居民的审美情趣、文化品位和生活素质的同时，还大大有助于强化城市居民对城市的认同、塑造城市文明风气、影响城市居民生活方式，从而有助于良好社会风气和健康生活方式的形成，进一步提高城市品牌的凝聚力，以文化凝聚人心，陶冶市民情操，提高城市文明程度，使城市居民能够积极地为城市建设和发展作贡献。其次，城市文化决定了城市品牌的定位，丰富了城市品牌的内涵。城市的文化个性和特色是城市品牌的生命力之所在。深层次的城市文化底蕴，是代表城市特征的首要标识。因此，人们总是习惯于从市民的生活风俗、审美情趣、生活理想、精神崇尚、行为方式、处世态度等方面来把握城市的内在脉动。最后，城市文化增强了城市品牌的辐射力和吸引力。城市文化的辐射性有利于城市品牌的传播。城市是文化的集散地，城市的形成为人流、物流、信息流的形成提供了条件，人员的流动带动了跨地区文化的传播，使城市品牌在一定程度上向四周辐射，这是城市品牌作用于外部的扩散力。好的城市品牌必然具有较强的辐射力，城市品牌的文化内涵越丰富，居民认同度越高，其辐射力也就越强，相应的吸引力也就越大。

三、城市品牌与城市引力

对一座城市而言，城市品牌就是一笔无形资产。在提高城市知名度、展现城市特点、增强城市魅力、提升居民凝聚力、吸引高新人才、吸引外来资金、拉动旅游发展、带动经济增长等诸多方面，精准的城市品牌都能发挥无可替代的作用。

城市品牌的凝聚力、吸引力和辐射力集结起来就会大大增强城市的竞争力。首先，城市品牌能够全面展现城市特点，增强城市魅力。每个城市都有其个性特点，这些特点往往需要通过城市品牌展现出来。例如，上海就以外滩风格独特的建筑、繁荣的商业和逐步崛起的金融业为形象品牌内容，展示其城市特色。美国的洛杉矶则以好莱坞电影、篮球和知名大学构成了它的城市形象，以此体现其品牌独特性。其次，城市品牌能够增强城市居民的凝聚力，吸引各种要素集聚。城市品牌塑造是一项系统工程，它需要广大市民的广泛参与。通过富有个性的城市理念传播、城市文化建设及城区形象塑造，能把市民的精神凝聚到城市发展这一中心上来，增强市民的参与意识，进而营造出人人为城市发展作贡献的良好氛围，推动城市的发展与进步。再次，一个环境优美、秩序井然、富有活力的城市，必然会在人才竞争中居于优势地位，进而对各类人才产生强大的吸引力。要吸引外资，也需要有良好的城市品牌，否则将寸步难行。最后，良好的城市品牌也会增加人气，带动旅游业的发展。凡是旅游业发展良好的城市，都具有良好的城市品牌；相反，如果城市形象不佳，即使拥有丰富的旅游资源，也很难吸引游客。

第二节　城市品牌识别

一、城市品牌识别系统

城市品牌识别是城市营销者精心提炼的一个城市区别于其他城市的、所特有的吸引力和价值的总和，它是所有城市品牌创建工作的核心驱动力量。城市品牌识别系统包括城市理念识别、城市行为识别和城市视觉识别三个部分，三者的交集即为完整的城市品牌形象。

1.城市理念识别

城市理念是指得到社会普遍认同、体现城市自身个性特征、为保持并促使城市正常运作以及长远发展而构建的一种城市价值体系，它至少应该包括城市精神、共同价值观、行为准则等方面的内容，如图7-1所示。

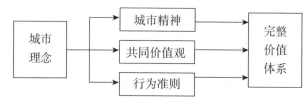

图7-1　城市理念具体内容构成

城市理念识别就是对构成城市理念内容的识别。一般说来，一个城市的基本发展理念是否能得到社会认同，直接影响城市品牌效应能否突显。不同的城市理念会塑造不同的城市姿态，会让人们对城市形象产生不同的印象。其中，城市精神是一座城市的灵魂，是文明素养和道德理念的综合反映，是意志品格与文化特色的精确提炼，是生活信念与人生境界的高度升华，是城市市民认同的精神价值与共同追求。城市共同价值观是城市的指导思想。它是在一定时期内经济与社会发展的需求在思想观念层面的聚焦和反映，是一个城市在发展进程中对"发展"及"怎样发展"的系统看法。确立什么样的城市共同价值观，是在构建城市价值体系时必须面对的问题，也是城市品牌识别中人们对一个城市进行总体判断的出发点。行为准则是城市居民奉行的一系列行为标准和规则，城市居民的言行彰显城市的形象。

2.城市行为识别

城市行为识别是城市理念识别的外化和表现。城市行为识别是一种动态的识别形式，它通过各种行为或活动执行、实施城市理念。城市行为识别系统包括城市的内部识别、外部识别和扩展识别三个层次，如图7-2所示。

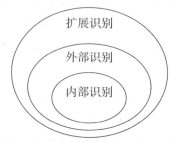

图7-2　城市品牌行为识别的三个层次

内部识别是指通过观察一个城市在组织建设、管理、教育培训、福利制度、居民行为规范、工作环境、开发研究等方面的特征，进而观察一个城市的凝聚力和向心力。外部识别是指通过观察一个城市如何通过城市营销、产品开发、公共关系经营、公益活动开展等来表达城市理念，从而取得大众认同，树立形象。扩展识别包括内外部识别以外的所有识别元素。内部识别和外部识别可能存在因内容模糊而导致理解歧义的情况，扩展识别旨在使识别更加具体、准确和完整。此外，从沟通和认知的角度来说，一些城市品牌识别例如品牌个性(如"活力"等)，虽无法归入内部识别或外部识别的范畴，但因具有不可忽视的价值而被列入扩展识别。

3. 城市视觉识别

城市品牌的直接视觉体现就是它的形象标志和一系列视觉规范。视觉识别中最重要的是城市符号、城市色彩以及它们的组合。

城市符号是城市品牌的核心要素，是城市文化归属的第一要素。例如，东京机场的符号设计就是一个很好的案例，机场将符号应用在建筑、景观、公共艺术、桥梁、地面指示系统等之中，就连对外宣传品及室内窗帘都有符号的存在。城市符号彰显了城市的个性，全面、系统地阐述了城市的文化定位，使自然、人文、物体融于一体，使人们仿佛进入了一个充满个性和愉悦、体现精神价值趋向的梦境之中。

城市色彩是城市形态的第一载体。当人们进入某一地区时，该地区的色彩形象会给人们留下深刻的印象。

在城市品牌视觉识别方面，中国香港的品牌识别系统堪称典范，它由标志、标准中英文字体和辅助字体、标准色和辅助色、标准组合和各种应用组成。其中，标志巧妙地隐含了中文"香港"和英文缩写"H"和"K"，以反映香港东西方文化兼容并蓄的特色；飞龙的流线形态和强烈的动感，使香港充满变革精神和速度感的城市形象跃然纸上；"亚洲国际都会"的大标题在设计上和核心标志融于一体，突出了中国香港的城市品牌定位；主色彩沿用体现中国传统文化的红、黄、黑色系，龙身的红、黄色表现了城市奋发向上的活力，而黑色则承袭了中国书法的精髓；中英文字体的设计力求体现时代感和美感，字体工整，线条简洁，与标志相得益彰。

二、多元化的城市品牌识别

城市品牌识别涉及的领域范围非常广泛，从不同的视角划分，包括不同的识别元素。

(1) 消费产品意义上的城市品牌，包括产品范围、产品特性、质量/价格、顾客体验、顾客范围等识别元素。

(2) 空间存在意义上的城市品牌，包括城市总体特性、区域或全球意义上的空间价值等识别元素。

(3) 文化存在意义上的城市品牌，包括城市历史价值、文化优势或特色等识别元素。

(4) 符号意义上的城市品牌，包括视觉形象标识、象征性建筑或景观、城市行为识别(如步行街等购物或游乐场所、啤酒节等重大城市事件等)等识别元素。

上述每一项识别元素，均可用一个词或几句话来表达，关键是要真实表现城市的吸引力和价值，而不必受标语或口号规则的限制。一个典型的城市品牌，需要通过使用上述所有元素才能完整地说明品牌的内涵，不同于以往国内各城市确定的象征性标志，例如花卉、雕塑、象征物和简单的徽标。例如，大连的标志是足球，深圳的标志是拓荒牛，洛阳的标志是牡丹花，它们分别从体育、政治和自然环境特色的角度折射城市的某种精神和风貌，但承担不了反映城市的经济、社会、文化发展的重任，不能从本质上反映和代表一个城市的品牌，从本质上讲，它们不是品牌标志，只是一个具体的形象而已。

三、城市品牌识别系统的有效性

如何建立有效的品牌识别系统？或者说，城市品牌识别系统是如何起作用的？要回答这个问题，首先应该明确什么是成功的城市品牌。一般来说，成功的城市品牌是指不仅能在功能上满足社会民众的需求，而且能够提供满足社会民众某些心理需求的具有附加价值的品牌。成功的城市品牌可以用公式表述为

$$S=P\times D\times \text{AV} \tag{7-1}$$

式中：S 表示成功的城市品牌；P 表示城市核心价值；D 表示与众不同的品牌识别系统；AV 表示附加价值。

由此可见，一个城市要想建立成功的品牌，首先要构建核心价值体系，其次是建立有效的品牌识别系统，最终为民众带来除视觉功能之外的附加价值。

一个成功的城市品牌识别系统吸引社会民众注意力的方式主要有以下几种。

① 增强品牌的可视性，提高品牌认知度。

② 强化品牌感受和品牌记忆

③ 赋予品牌以个性或其他形象。

④ 延伸品牌内涵。

⑤ 固定品牌，增强其吸引力。

⑥ 发展若干高水平品牌。

⑦ 建立品牌之间的联系。

⑧ 引导社会民众联想到品牌的精髓。

⑨ 先入为主地展示品牌精髓。

⑩ 制作可体现品牌精髓的纪念物。

⑪ 孕育品牌标识。

⑫ 设计广为人知的传奇故事。

⑬ 确定一个品牌独立的公关纲领。

⑭ 改善品牌标识系统。

⑮ 将品牌精髓融入生活方式和服务保障中。

⑯ 传达共同的声音，塑造文化风格。

城市在建立品牌识别系统时，应主动与目标受众进行交流，特别是可通过价值陈述和提高可信度的途径，达成与目标受众的有效沟通。其中，对于品牌识别的价值陈述，要能反映目标受众的功能型利益、情感型利益和自我表现型利益。如果缺乏与目标受众的利益关联，品牌是不可能为受众所关注和接受的。

第三节　城市品牌的塑造与管理

　　城市品牌是城市经过长期、综合的宣传与沟通所获得的结果，品牌管理的目的，在于塑造城市独有的特征。城市品牌一经形成就很难被复制或模仿。与城市识别的主动创制不同，城市品牌表现为被动地接受和认知，它在很大程度上决定着目标受众的态度和反应，因此，必须对城市品牌进行有效的管理。城市品牌的塑造与管理涉及城市品牌定位、城市品牌决策和城市品牌传播三个方面。

一、城市品牌定位

　　城市品牌定位是城市品牌建设的核心。城市品牌定位的关键是要确定区别于其他城市的品牌个性和特色。定位是建立城市品牌的灵魂，城市品牌存在的价值是它在市场上的定位和不可替代的个性。城市品牌定位具有将品牌核心价值传播给目标受众，使其在目标受众心目中占有一个独特位置从而形成鲜明品牌个性的功能。部分城市和地区的品牌定位如表7-1所示。

表7-1　部分城市和地区的品牌定位[①]

城市	城市品牌定位表述
亚特兰大	美国新南部的中心
迈阿密	美国南部的金融中心
柏林	新欧洲的首都
新加坡	新亚洲-新加坡
中国香港	亚洲国际都会
斯德哥尔摩	灵杰之地
釜山	亚洲门户(或明天的城市)
伦敦	尽世界级城市之责

　　城市品牌定位是一个与满足目标市场需求有关的独特品牌形象的建设过程。城市品牌定位准确，能扩大城市的影响力，吸引人们的关注，并将这些熔铸成无形资产，为城市在多元化竞争中赢得更多的机会。

　　城市品牌识别是基础性工作，要求具备相当的准确性和稳定性。城市品牌定位则是根据不同市场的特点和需求，有针对性地选取对应的识别要素，并将之演化为可资有效沟通的城市品牌形象。由此看来，城市品牌定位是品牌识别指导下的分众沟通策略，具有一定的灵活性和动态特征。随着社会的变化，城市品牌定位应有不同的定位表达。识别是"魂"，定位是"用"。两者结合，才是对城市战略品牌管理思想的灵活应用。现在有不少城市为追求"一劳永逸"的品牌定位而煞费苦心，实乃舍本逐末之举。

　　优秀的城市品牌的诞生是一项复杂的系统工程，要求城市决策者在城市品牌化过程中，实事求是、因地制宜、与时俱进，着眼于城市未来的地位和形象，运用系统的观点、科学的方法，依据城市特点和优势条件及未来发展战略，遵循城市品牌定位的原则，设定品牌核心战略

---

① 刘彦平. 城市品牌战略方法论. 人民网[EB/OL]. http://www.people.com.cn/.

目标。品牌定位必须体现独特性、差异性、市场价值的不可替代性。这样打造的"品牌"才能切切实实地对城市发展产生积极的推动作用。

具体来说,在确定城市品牌定位时,首先,要考虑自己的资源优势,以及和其他性质相同的城市相比,自己所具有的竞争优势;其次,要考虑社会公众对定位的认同;最后,要根据社会的认同情况来确定自己的发展定位,以使未来的品牌形象能够体现城市规划和环境建设对社会的影响。

二、城市品牌决策

首先,城市品牌决策涉及城市品牌选择的问题。城市品牌选择是城市品牌定位的延续,即将定位的结果进一步细化,在众多城市资源中选择最有助于形成城市独特竞争力的品牌组合。实质上这是一个决策的过程,也是众多利益群体互相博弈的过程。

城市品牌选择至少涉及如下两方面内容:一是主副品牌,即城市首先需要有一个统领性的主品牌(umbrella brand),主品牌是城市总体品牌形象的表现,标榜城市在所有利益相关者及影响者之中的独特价值。同时,城市也需要副品牌或子品牌(sub-brands)。副品牌可树立城市在不同细分市场中的独特价值。例如,旅游方面的副品牌(如长城之于北京,西湖之于杭州,滇池之于昆明等)、投资方面的副品牌(如工业园或开发区的品牌等)。主副品牌各自需要不同的创建和发展策略(Rainisto,2003),但更重要的还在于主副品牌的合理整合,从而使其相得益彰,增益城市完整的品牌形象。二是联合品牌(co-brand)。联合品牌可以是地区或城市间的联合,例如,城市间的合作品牌建设(如粤港澳联合打造"大珠三角"品牌等);也可以是城市与企业品牌或产品品牌的联合,例如,强势城市品牌带动企业品牌,或强势企业及产品品牌带动城市品牌(如鄂尔多斯羊绒衫之于鄂尔多斯市、世界经济论坛年会之于瑞士小镇达沃斯等)。城市品牌决策反映了城市无形资产的战略管理模式。正确的品牌决策,可极大地增强城市吸引力和增加城市品牌资产(brand equity)。

其次,城市品牌决策涉及城市品牌开发策略。当一个城市要将自己的品牌价值推广给目标受众时,必须要完成"产品"的生产过程,最终通过一系列的实践活动,将定位、价值和概念附着在可以满足目标市场需要的项目开发、战略规划、环境改造等一系列硬件和软件的实施方面。缺少了这一环节,再好的定位都不可能实现,品牌的价值就成了无源之水。

城市品牌开发策略的设计可谓仁者见仁、智者见智。有学者通过对城市品牌形成力的分析和对城市品牌属性矩阵的研究,根据公众在认知城市品牌时对其功能性和精神性关注程度的高低,将城市品牌划分为"高精神性—高功能性""高精神性—低功能性""低精神性—高功能性"和"低精神性-低功能性"四种类型,并针对四类城市品牌提出了相应的品牌开发策略,以指导城市进行品牌定位和信息传播,进而影响公众的城市行为。其中,"高精神性—高功能性"城市品牌开发策略可以看作一种"阴阳模式",阴阳模式的城市品牌结构对精神性和功能性两方面予以兼顾。该模式认为,城市品牌的成功依靠其功能性和精神性,两方面缺一不可,而且要和谐平衡。"高精神性—低功能性"的"精神性"城市品牌开发策略,着重于建立、传播城市的精神和文化内涵,使城市的精神和文化内涵与公众的感性需求相一致。"低精神性——高功能性"的"功能性"城市品牌开发策略，着重强调城市的功能定位所能满足的公众理性需求，即使城市在不断发展，其经济、文化、政治、历史也在不断地交错变化，这类城市品牌首先必须能表达城市最根本的功能。对于一些小城镇来说，当公众既不关心其功能性，也不关心其精神性时，它即表现出一种"无名(气)"的状态，即"低精神性——低功能性"城市品牌。这类城市品牌的开发重点不可一概而论，需要具体情况具体分析①。

三、城市品牌传播

在城市品牌定位和决策的基础上，还要进行有针对性的品牌传播与推广。在城市竞争日益趋于同质化的今天，品牌传播能创造差异化的竞争优势。城市品牌传播就是通过不同的指认系统在市民和观者的意识中形成对城市的记忆意象。城市品牌传播是连接城市、城市管理者和所有利益相关者的重要桥梁。城市品牌传播实际上就是城市形象宣传，它有助于利益相关者及时了解城市建设中的"亮点"，有助于利益相关者快速建立起对城市的认知。如今，互联网及其工具的发展改变了城市品牌传播的方式，例如线上品牌传播，它一方面注重品牌价值、品牌识别及品牌个性的推广；另一方面强调与品牌有关的线上社区的建立。线上品牌传播通常采用的工具和方式包括网站、社群网络、博客、视频点播、播客、虚拟现实、移动通信以及其他基于互联网的技术和服务。

在城市品牌传播过程中，传播营销工具的整合与协同至关重要。所谓的传播营销工具包括城市广告、政府公关、旅游推广、城市博览、媒介事件等，应用科学的方法对其加以系统整合，以协同使用。城市品牌传播涉及广告、公共关系、直销、销售促进、人员推销等多种推广方式，也涉及主题口号、歌曲、体育赛事、大型活动、品牌形象大使等多种沟通手段。

在城市品牌传播过程中，应注意统一性与个别性的协调。城市理念、行为和视觉的独特性和差异性是使城市形象脱颖而出并得以迅速传播的关键。城市形象的统一性与个别性在传播中构成的关系如图7-3所示。

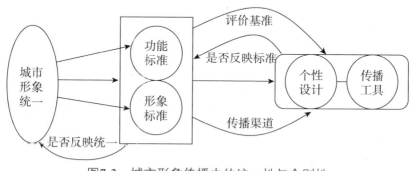

图7-3　城市形象传播中的统一性与个别性

城市品牌传播归根结底是城市媒体对于受众的情感反应过程，这种情感反应是一种需要的反应。受众面对的城市品牌信息众多，不可能注意到所有的城市品牌信息，其中多半信息将被筛选掉，只有那些与目标受众当前的需要、兴趣、期望有关的城市品牌信息，以及新颖独特、强度很大、与其他信息形成明显对比的城市品牌信息才能受到关注。因此，城市品牌应该着重

---

① 孟丹，姜海.城市品牌开发研究[J].科技进步与对策.2005(3)：21-24.

突出其能被受众公认的显著特征，并以能够使受众深信不疑的方式来进行推广。例如，城市品牌主题口号的传播就体现出这样的特点，如表7-2所示。

表7-2　部分城市的主题口号

城市	主题口号
南京	江南佳丽地，金陵帝王洲
昆明	昆明天天是春天
大连	浪漫之都，时尚大连
长沙	多情山水，璀璨星城
桂林	桂林山水甲天下
成都	成功之都，多彩之都，美食之都
苏州	东方水城，天堂苏州
杭州	东方休闲之都，品质生活之城
广州	一日读懂两千年

城市管理者对城市进行品牌推广时应认识到，城市居民的个性特征是城市品牌特性的重要组成部分，只有城市居民为自己的城市感到自豪，并且愿意由内而外、自发地对其所属的城市进行口碑传播时，才能潜移默化地影响其他目标受众。在大多数情况下，市民和观者是在媒介传播的信息中认知城市品牌的。因此，只有通过富有个性化的城市理念和城市文化的传播，才能塑造独具魅力的城市品牌。

第三篇
城市治理结构

第八章

城市治理结构的新架构

城市治理是治理理论在城市管理领域的应用。城市治理近年来成为城市管理学等学科的一个研究热点。本章首先分析及论述城市治理结构的内涵、本质和变革；其次系统阐述城市治理结构的新制度框架——三维框架；最后讨论城市治理的制度安排。

第一节　城市治理结构概述

一、城市治理与城市管理

城市治理是治理理论在城市管理领域的应用。一般来说，城市治理是一个综合的社会过程，它涉及广泛的政府与非政府组织间的参与和协调。正如Pierre(1999)所说，城市治理是城市政府与非政府部门相互合作促进城市发展的过程。因此，城市治理是在复杂的环境中，政府与其他组织和市民共同参与管理城市的方式。

严格来说，城市治理与城市管理具有不同的内涵。城市管理是对市政和社会经济活动进行的政府决策引导、规范协调等行为，而城市治理是为了协调城市发展过程中的利益冲突而采取的联合行动。城市管理强调政府决策沿用政府组织的等级结构的执行过程，而城市治理主要说明政府决策多元化的发展。这种转变，一方面显示了传统政府职能的稀释和政府组织的精干；另一方面说明在复杂多变的环境中，越来越多的城市利益相关者主动参与城市发展。城市的兴衰不再仅仅是政府的事，而是与城市价值主体相关的事。从表8-1中，我们可以看出，虽然城市管理和城市治理的目标都是促进城市社会、经济和环境的持续发展，但在具体的方式、手段等方面存在很大的不同，两者有着很强的互补性。

表8-1　城市治理与城市管理特征的比较

项目	城市管理	城市治理
实施主体	单一(政府)	多元化
方式	自上而下	同一层次
手段	以行政为主	以协商为主
组织机构	等级制	扁平化
重点	计划、组织、控制	治理结构
出发点	内部稳定	全球竞争
体制	集权制	分权制
范围	行政辖区	中心城市区域

通过上述比较分析，可以将城市治理的内容分为三个层面。

(1) 治理结构。这是指参与治理的各个主体之间的权责配置及相互关系。如何促成城市政府、社会和市场三大主体之间的相互合作是城市治理要解决的主要问题。

(2) 治理工具。这是指参与治理的各个主体为实现治理目标而采取的行动策略和方式。治理工具一般分为组织性工具、规制性工具和经济性工具。治理工具强调城市自组织的优越性，强调对话、交流、共同利益以及长期合作的优越性。

(3) 治理能力。这是指公共部门为了提高治理效率而运用先进的管理方式和技术的能力。

在上述三个层面中，治理结构强调的是城市治理的制度基础和客观前提；治理工具和能力研究的是行动中的治理，是将治理理念转化为实际行动的关键[①]。

二、城市治理结构的本质

城市治理结构属于城市治理的宏观层面，在深层次上制约着城市治理的状况和水平。城市治理结构的设置及特征在很大程度上决定了城市治理产生的空间与机理。

(1) 城市治理结构是城市发展中的一种制度安排。城市治理是协调城市主体或城市利益相关者之间的关系或者说是协调城市主体之间关系的运行机制，它是城市发展中的一种制度安排，这种制度安排决定了城市利益相关者的利益分享和参与城市决策的能力。城市治理作为一种制度安排，将随着城市的发展而不断演变和创新。

(2) 城市治理本身是指一个体系结构。城市治理体系包括以下关系：市民与城市政府的关系，主要指委托代理关系，这是城市治理应解决的基本问题；城市政府内部科层组织之间的关系，主要指政府内部的委托代理关系；城市政府在多层级政府体系中的关系，主要指城市内市政府与辖区政府、城市政府与上级政府及中央政府间的关系；在城市化和城市郊区化发展的过程中，城市体系内城市间的关系；城市政府与跨国公司间的关系。在经济全球化与信息化的背景下，如何形成良好的关系，建立一种城市主体间新型的运行规则，成为城市发展必须要考虑和解决的问题。

(3) 城市治理结构是一种城市治理机制。城市治理机制包括以下机制：政府的职能治理、组织治理和对行政团队的激励及约束机制；城市市民参与城市政府的决策机制；城市政府与非营利性组织间的运行机制，即非营利性组织如何有效地参与城市政府的决策和促进城市的发展；城市政府在多级城市政府中的运行机制和城市与相关利益城市的关系。与上述机制相关的问题，都是城市发展所要重点解决的问题。

三、城市治理结构变革

由"新公共管理"带来的政府改革，是促成城市治理结构变革的一个现实背景。自19世纪70年代末以来，政府改革或政府重塑已成为世界性现象和世界潮流。这场运动发端于英国，随后，澳大利亚、新西兰、美国、加拿大等许多国家积极响应。19世纪90年代后，亚洲的日本、韩国、菲律宾等也加入这场政府革新的浪潮之中。"新公共管理"的核心是民营化。在E.S.萨瓦斯看来，它是"一系列改革的通用标签，其最显著的特征是将市场机制引入行政领域……民营化显然属于新公共管理的主流，体现了新公共管理的所有特征……从这个意义上讲，民营化

[①]　陈福军.城市治理概论[M].兰州：兰州大学出版社，2005：12.

就是新公共管理"[①]。

作为一种变革战略，民营化不仅是一种管理工具，更是一个社会治理结构模式的核心要素。它根植于这样一个基本理念，即民营化是改善政府的要径和治理社会的基本战略。在民营化为城市公共服务领域引入竞争机制提供了条件。实践证明，在城市管理领域引入竞争是增加有效供给、提高效率、改善服务质量的有效手段。在城市治理结构研究中，一个关键的问题是政府与非政府组织之间及其内部各种力量的相互作用。因此，如果没有民间力量的广泛介入，就很难达到提高公共事务治理效率的目的。

在中国，城市治理结构的变革有更突出的现实意义。在传统体制下，城市管理体制是一元的公共服务供给模式。然而，自20世纪70年代末以来，整个中国的经济结构和社会结构发生了历史性的重大变革。在这场变革中，中国城市的经济和社会组织方式、人民的生活方式都发生了根本性变化。在这种形势下，重新构筑一个能够与市场经济要求相适应并符合中国国情的新型城市治理结构模式，就成了当前转变政府职能、推进政治体制改革的一项紧迫任务。加强对城市治理结构的研究，有助于拓宽我们在城市公共领域改革方面的视野。

第二节　城市治理的三维框架

一、一个新的制度框架——三种角色的互动关系

城市政府的主要职能是提供公共产品或公共服务，而城市公共服务领域经常是由若干行业中的"交易者"构成的。在城市治理过程中，这种结构体现在城市公共服务的提供者、生产者和消费者之间的关系上，包括公共服务提供者与生产者的关系、公共服务生产者与消费者的关系、公共服务提供者之间的相互关系、公共服务生产者之间的相互关系。城市治理是一个持续不断的过程，在这个过程中，既可以是对立的或各异的利益主体彼此适应，也可以是各利益主体采取合作的行动。但是，不管怎样，好的城市治理结构，就意味着和谐的关系，意味着更高的效率。

城市公共服务结构有一些类似产业链结构，因此，政府各个部门间的互动将会产生令人满意的结果。奥斯特罗姆及其合作者把公共服务产业链上的参与者分为三类，即服务的生产者、服务的消费者、连接生产者和消费者的提供者或者集体决策单位。他们认为有效的公共服务来自政策制定者、提供者、公民在构建良好的制度关系中的相互作用。

如图8-1所示，城市公共服务产业链的三类参与者构成了一个三维分析框架——服务决策者，作为行政或立法的代理人(或两者的结合)，设置公共服务提供者操作的根本游戏规则；服务提供者，可能有多种类型，每类提供者提供着同样的服务；服务消费者，是最终决定政策制定和服务的直接委托人。利用这个三维框架不仅可以更直观地观察城市公共服务效率，更重要的是，可以通过它们之间的互动关系构筑新的城市公共服务治理结构的基本轮廓。

---

① E.S.萨瓦斯. 民营化与公私部门的伙伴关系[M]. 北京：中国人民大学出版社，2002：26.

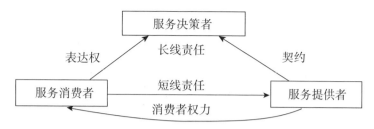

图8-1　城市公共服务决策者、提供者和消费者之间的关系

在图8-1的服务链中，还存在"长线"和"短线"两种关系。其中，所谓长线责任，是指服务消费者影响服务决策者，再由服务决策者影响服务提供者。在该服务链条上，如果出现任何断裂，或服务消费者并非总能影响服务决策者，就可能导致服务供给的失败。鉴于长线关系的缺陷，加强短线行为，改善服务消费者与服务提供者的关系，就更值得考虑。所谓短线行为，是指利用政府作为游戏规则的监督者和强制执行者，对公共服务供给进行直接协调和推动，而不管谁将最终成为直接服务提供者。

传统城市治理结构的一个重要特征，是普遍存在低效率的情况，这种低效率的存在原因不仅是缺乏规范的公共选择机制和公共服务需求的有效表达机制，更重要的是缺失"短线"机制。没有一种机制能保证由公共服务的消费者进行选择，并以此来向服务提供者施加影响，因此，在一定程度上，城市公共服务供给主要体现的是政府及职能部门的需求偏好，而不是广大消费者对公共服务的需求，结果注定是低效率的。

因此，在三维分析框架下，把城市公共服务的行为主体分解为服务链中的三个角色——提供者、生产者和消费者。研究三者构建的制度关系和互动过程，探讨每个角色对不同的制度激励的回应，进而考察提供公共服务的不同机制，或可替代的制度安排，是城市治理结构研究中的一个新制度框架[①]。

二、三个角色关系的良性互动——改革的新思维

1. 决策者—提供者

在现代城市治理结构下，我们可以把公共服务决策者与提供者之间的关系视为一种契约关系。在这种契约关系下，重要的是服务决策者和服务提供者之间要分离，并且存在一个清晰的游戏规则。为了使双方的利益关系得到协调，服务决策者希望设计一种合约机制授权给服务提供者以助其从事某种活动，并要求服务提供者为服务决策者的利益行动。也就是说，这种合约机制就是要促使服务提供者采取适当的行为最大限度地实现服务决策者的效用。当然，服务提供者在实现服务决策者的效用最大化的同时，也要实现自己的效用最大化。只有将有效的契约安排变为一种激励，才能将参与公共服务供给的个人或团体的努力变成城市公共服务体制的一部分。

在"决策者—提供者"关系中，另一个重要问题是如何选择合适的服务提供者。竞争通常有助于服务决策者作出选择。也就是说，服务决策者在确定服务的方向后，可以在政府部门、自治组织、NGO、营利性组织等服务提供者之间进行选择，以充分发挥竞争的作用。事实上，这

① 世界银行. 2004年世界发展报告：让服务惠及穷人[M]. 北京：中国财政经济出版社，2004：46-60.

种竞争是对契约的竞争，即服务契约可能是上下级政府之间签订的合同，也可能是政府与非营利性组织或营利性组织签订的合同。对契约的竞争将会吸引更多的服务提供机构，从而改善公共服务的质量、提高服务效率。

在"决策者——提供者"关系中，还有一个关键要素是信息。监督契约的履行需要更多的资讯。但是，在服务契约的签订与执行过程中，可能存在信息不对称的情况，而信息不对称会引起投机行为，服务提供者可能会凭借自己知道而服务决策者不知道的信息获益，而让服务决策者的利益受损。如果没有确立抵制性制度来处理信息不对称的情况，各种逆向选择和道德风险问题就会发生，从而极大地增加交易成本，这些增加的成本会影响公共服务的提供或生产活动的进行。因此，必须要以某种方式来监督服务提供者，并将信息反馈给服务决策者。

2. 消费者—提供者

在现代城市治理结构下，改善城市公共服务意味着让服务提供者更关注服务消费者的利益。因此，应该让服务消费者发挥积极的作用——让他们成为购买者、监督者和合作生产者。

服务消费者在加强服务的供给方面可发挥两种重要作用，即表达他们的服务需求和监督服务提供者。那么，怎样才能加强服务消费者在反映需求和提供监督方面的作用呢？答案是增加服务消费者在服务提供中的选择和参与的机会。在完全竞争的市场上，消费者需求及偏好是通过价格机制反映出来的，而公共服务需求的表达一般来自非市场机制的投票规则。有一种消费者直接表达需求偏好的方式，我们常称之为"以手投票"，即通过民主政治过程来决定公共服务的需求与供给，它是将私人选择转化为集体选择的过程。但是，当服务消费者可以选择服务提供者时，还存在另外一种表达公共需求偏好的方式，即服务消费者可以通过进入或退出决策来表达其需求偏好，我们常称之为"以足投票"。"以足投票"强调服务消费者在可替代的服务提供者之间进行选择，多个服务提供者的存在给服务消费者以更多的选择机会。由于同时存在多个选择机会，服务消费者就可以与不同的服务提供者确立或终止联系。由此，由服务消费者的选择所创造的竞争就可以有效地约束服务提供者的行为。

因此，促使服务提供者对服务消费者负责的直接方式就是使服务提供者从服务交易中获取的所有收益都取决于他们是否能满足服务消费者的需求，或者说，服务提供者从提供服务中获取的收益都应依赖于享受公共服务的消费者。

3. 决策者—消费者

(1) 城市公共服务消费者对需求偏好的表达和政治参与，将他们与服务决策者联系起来。当决策者的政策效率没有显著地改善服务消费者的福利时，服务消费者需要施加影响力，以保证服务决策者对服务消费者的偏好作出及时反应。

(2) 消费者对决策的表达是公共服务提供中最复杂的责任关系，要真正做到对服务消费者的需求作出回应并不容易，当服务决策者和服务消费者联系较弱时更是如此。这是因为服务决策者的言行、规则和实际情况有较大差距，其所做的改进公共部门绩效和使其更具回应性的努力也常常不起作用，强调民主和参与不会自动促成服务决策者对服务消费者的服务需求作出直接回应。

(3) 服务消费者表达其需求偏好对服务的影响还取决于服务决策者与服务提供者之间的契约关系。如果这种契约关系很弱，那么，即使是强有力的表达也不会让服务消费者得到满意的服务。

三、提供者与生产者分离的革命性意义

在私人经济交换过程中，很少有人关注供给者、提供者与生产者之间的差别，这很可能是因为三者之间的差别太明显了。在私人领域，个人与家庭决定他们要为自己提供哪些私人物品或服务以及如何提供这些物品或服务。然而，在公共领域，供给、提供与生产的区分是相当重要的。

城市公共服务的生产能够与公共服务的提供区别开来，是基于生产与提供的过程不同。一般来说，生产是将投入变成产出的更加技术化的过程，而提供则是消费者得到产品的过程。通常，提供指的是通过集体选择机制对以下问题作出决策(ACIR，1987)。

(1) 指定何人提供各类服务？

(2) 如何确定提供服务的数量与质量？

(3) 与这些服务有关的私人活动被管制的程度如何？

(4) 如何安排这些服务的生产？

(5) 如何对这些服务的供给进行融资？

(6) 如何对生产这些服务的人进行管理？

显然，提供服务的组织过程基本与消费、融资、安排服务的生产与监督有关。只要服务是由一个集体来供给的，无论它是公共部门还是一组私人用户，都必须开展这些活动，认识到这一点是非常重要的。

提供与生产的区分，使得城市公共服务的参与主体更加多元化。如果存在足够的公共服务参与者为城市服务，那么，就能基于这一丰富性或交叠性，将一个服务提供者作为买者的协作者，与其他公共部门或私商签约，以生产不同的公共服务。

提供与生产，是整个城市治理结构概念的核心，而对于它们的区分则是政府角色界定的基础。对于许多公共服务来说，政府本质上是一个供给者或提供者，是一种社会工具，用以解决什么应该通过集体去做、为谁而做、做到什么程度或什么水平、怎样付费等问题。政府可以作出用公共开支来"供给"某种服务的决定，但不意味着必须依靠政府来提供或生产这种服务。

在这种情况下，城市治理结构有一些类似于产业和市场的特色，以至于各个行为者之间的互动可能产生让私人获利的机会。通过组织安排把公共服务供给结构概括为"产业"，就可以运用大部分市场分析工具来考查公共服务的制度安排结构，就能够像对市场结构中的私人企业行为进行预测那样预测公共服务参与者的行为。

最关键的是，在制度安排的构想中，一旦这些类型的参与者在概念上得以区分，就意味着在城市任何特定的服务领域都可以对它们进行鉴别。同时，我们也可以运用一定的方法观察服务提供者和服务生产者的联系，服务提供者与服务消费者的联系，以及一项服务的生产者与其他服务的生产者之间的联系。而公共服务参与者之间的内在联系，可以用于说明在许多不同的城市区域内，每一项有益的公共服务的制度安排结构；反过来，通过对公共服务供给的契约结构与不同类型参与者行为的分析，可以增进我们对制度安排的效率与合理性的认识。

第三节　城市治理的制度安排

通过对提供城市公共服务的参与者进行权利配置，可知城市公共服务的治理机制主要涉及三个方面的问题：多样化的行为者、基于契约的制度安排和冲突解决机制。

1. 多样化的行为者

在城市治理结构中，提供城市公共服务的行为者是基本的分析单位，而且行为者之间构成利益相关者，他们的行为虽相互独立，但能够相互调适。他们能够计算受风险和不确定性因素影响的潜在收益和成本，他们会进行战略机会的选择。在一系列同时发生的博弈中，每一个选择都是其中的一次行动，这些选择的依据是潜在的收益。

由于公共服务参与者的多元化和他们所具有的平等地位，这些潜在的制度安排总是以契约的形式出现的。每一个政府部门首先是一个公共服务的提供单位，一些提供单位可能组建自己的生产部门，也可能选择与其他公共机构签订合同，或者与生产特定物品和服务的私人公司签约。这意味着在政府和公共服务生产者之间以及多个参与者之间可能存在多样化的关系。从多样化的生产者中进行选择，使得在公共服务供给中利用规模经济成为可能，从而降低交易成本，进而提高制度安排效率。

2. 基于契约的制度安排

在多样化的行为者或参与者之间存在若干潜在的制度安排，从而形成了一种多中心的制度结构。竞争机制的引入，使得许多城市公共服务都可以通过契约的方式提供。根据公共服务和生产的区别及其所产生的生产机会，我们可以确定城市公共服务的不同契约的制度安排，如表8-2所示。

表8-2　城市公共服务的制度安排

供给者	决策者(安排者)	
	公共部门	民营机构
公共部门	政府计划型	政府出售型
民营机构	半市场提供型	民间协作型

制度安排不同的原因在于，政府既能作为一个安排者，也可作为一个生产者，民营机构也一样。由此形成制度安排的四种基本类型。

(1) 政府计划型制度安排。城市公共服务主要是通过公共行政体系的一体化命令结构来组织并完成的。城市政府作为服务提供者，通过融通资金，组织公共服务的生产，或者从另外的公共或民营供给者那里购买服务。这种服务提供机制在某种程度上是对市场关系的替代，但是，如果能够将生产者组织在一个相互依赖的关系中，政府能够有效地监督生产者的行为，政府与合作生产者投入组合就极有可能是有效的。然而，由于信息不对称，在公共服务提供中，监督成本是很高的。同时，服务提供者也缺乏动力去密切监督投入行为、选择有效的协作生产组合，再加上投入组合难以变更、难以直接刺激投入绩效的刚性，这实际上也导致了某些低效率的产生。

(2) 半市场型制度安排。在一定范围内，公共供给者和民营供给者的投入在生产关系上是可以相互替代的，这种生产关系存在半市场关系的特点，这时就可以运用价格机制来引入有效的行为组合。如果存在充分竞争的生产者，决策者就能够与他们进行谈判，以实现他们倾向的特定价格与服务特性的组合。因此，提高半市场型制度安排效率的关键是竞争。城市公共服务生产者之间的竞争，如同市场中企业之间的竞争一样，也可以产生实质性的收益，因为在整个服务体制的运作中引入了规范的倾向。公共服务决策者与供给者之间的契约性安排，为公共服务供给提供了竞争性选择。

(3) 政府出售型制度安排。在这一制度安排类型中，民营机构或个人成为公共服务的安排者，政府是供给者，民营机构从政府部门那里购买公共服务。例如，民营机构可以购买水资源，租用政府的建筑物和土地。但是，政府出售服务与政府提供服务并收费的行为明显不同。当政府供水、供电或针对公共交通服务收费时，或者当政府强制要求私人企业购买政府服务时(如从政府机构购买失业保险)，政府扮演着服务安排者的角色。但在政府出售服务的过程中，民营机构或个人是服务安排者。

(4) 民间协作型制度安排。在通过协作型制度安排开发公共服务的地区，民营生产者之间可以根据一定的组织安排，来降低市场型制度安排下的成本。这些安排经常采取自主治理的形式。自主治理是针对某些小规模的公共服务项目而言的，一群相互依赖的提供者形成一定的组织，进行公共服务的生产，从而在面对搭便车、逃避责任或其他机会主义行为诱惑的情况时，能够取得持久的共同利益。在自主治理条件下，协作生产表现为一种民间协作性制度安排，是因行为者个体对于利益或收益的追求而使社会受益的结果。

总之，基于契约的城市治理制度安排，以效率为价值取向。也就是说，城市公共服务是由私人供给还是由政府供给，或是由双方合作供给，这完全取决于效率。

3. 冲突解决机制

城市公共服务的提供与生产过程必然涉及具有共同利益、互补利益或者利益冲突的多个行为者，而多中心体制与公共服务的多种属性相结合，必然影响公共服务参与者之间的协作、竞争和冲突模式。

没有适当的机制来处理冲突和监督公共服务的运作，协作型安排中的契约交易就会成为实施形式粗俗的机制，导致契约制可能成为化公为私的工具。因此，在缺乏来自其他提供者和生产者的竞争性压力的情况下，这类契约能否提高效率并不确定。如果没有适当的公共政策以及相关的实施制度作为保障，没有任何经济关系体制能够运转良好。

解决冲突的方式是由城市总体的治理结构所决定的。在传统的管理模式下，人们总是试图通过囊括单一的、综合性的治理结构中的所有方式来解决冲突。但是，在契约服务体制下，冲突的解决机制却完全不一样。当冲突表面化后，应该通过正式或非正式的冲突解决机制管理冲突，避免冲突升级和威胁整体契约关系。

<table>
<tr><td>第九章</td><td>## 城市治理模式
及其再造</td></tr>
</table>

与传统的城市管理模式不同，现代城市管理是建立在新的治理模式基础之上的。在城市转型发展过程中，需要构建新的城市治理模式。本章首先介绍西方一些比较典型的城市治理模式；其次讨论契约治理模式的城市治理结构及其制度安排；最后阐释城市多元协同治理模式及创新机制。

第一节　城市治理模式

一、西方城市治理的典型模式

针对传统的城市管理模式的局限性，自20世纪60年代初以来，国外学者提出了许多种城市治理模式(Ostrom，et al.，1961；Margolis，1964；Pierre，1999)，这些模式因其提出的背景和时间不同而呈现出不同的特点，本书将其归结为如下六种比较有代表性的模式。

1. 企业化模式

该模式强调将市场和竞争机制引入公共部门，以企业精神重塑政府。一方面，通过内部竞争等方式创造公共部门的激励约束机制，从而改进公共服务的供给；另一方面，借鉴企业管理方法来管理城市，可采取目标管理、全面质量管理、人力资源管理、会计核算、组织再造、学习型组织理论和组织文化的建立、顾客关系管理、形象设计等方法。

2. 服务型政府模式

该模式的重要特点是建立顾客导向型政府，将政府服务对象视为顾客，推行顾客关系管理，争取政府顾客的最大满意度。采用这种模式要对传统城市政府的理念、职能和作用进行充分反思，大规模精简政府机构，大量减少甚至废除红头文件(red tapes)，实行一站式服务(one-stop-shop service)，创造新的适应时代要求的运行规则，建立政府运行新模式。

3. 共同参与模式

该模式的实质是政府与其他组织和市民共同参与城市管理，它突破了城市管理以政府为主体的管理模式的局限。城市的兴衰与城市利益相关者紧密相连。因此，好的城市治理，不仅要求政府部门的高效率，也要求非政府部门的充分发展和服务水平的提高，以及市民的广泛参与。共同参与的方式有很多，例如，将某些公共服务承包给营利性组织、建立内部市场和竞争机制、与非营利性组织进行合作等。

4. 社团模式

该模式强调利益集团作为城市治理参与者的重要性。该模式的主要目标体现在分配环节中，即确保以集团成员的利益为出发点来提供城市服务和制定政策。实施该模式的关键手段是包容，以促使所有主要的行为人及其利益相关者参与城市理的决策过程。社团模式可能导致财政不平衡，因为利益集团强调各种公共开支，却几乎没有采取有力的手段去增加公共税收。社团主义也可能导致利益集团与其他社会群体之间的不平等。

5. 支持增长模式

该模式的主要参与者是商界精英和地方官员，他们在推动城市经济发展的过程中实现利益共享。该模式的目标是实现长期和可持续的经济发展，实现目标的手段包括城市规划、运用政府资源、发展基础设施以及塑造良好的城市形象以吸引投资等。该模式以制度化的公共部门与私营机构的伙伴关系为基础，两者直接分享实施的自主权。

6. 福利模式

该模式的主要参与者是地方政府官员和国家机构，其短期目标是确保国家基金的流动以维持地方的活动，长期目标则不甚明了。该模式的实现主要依赖地方与较高层政府的网络关系，可以是政治关系也可以是行政关系，或两者兼而有之。

以上六种模式皆可视为典型的城市治理模式，需要指出，不同的城市行政部门会支持不同的治理模式，这些模式之间往往存在冲突，一些模式明显地与某些部门更相关。随着时间的推移，城市治理可能会从一种模式转变到另一种模式。

二、西方城市治理模式的特点与局限性

上述六种城市治理模式有如下共同特点：①注重政府与非政府力量的关系，政府部门不能单纯地将城市治理看成政府的事，而要善于利用社会各方面的力量。②明确市民、社会各方面力量在公共决策中所扮演的角色，特别重视公众在城市治理中的参与性。③强调在城市公共服务供给过程中市场所体现的力量，将市场和竞争机制引入城市公共服务活动中，利用产业化、企业化的方式提供公共服务。城市治理模式的基本特点如表9-1所示。

表9-1 城市治理模式的基本特点

不同模式	企业化模式	服务型政府模式	共同参与模式	社团模式	支持增长模式	福利模式
参与者	政府官员	行政人员	职业管理者	大众与利益组织	商界精英、高官	地方政府、国家政府
目标	发展城市经济，以企业精神重塑政府	建立顾客导向型政府	提高公共服务的生产和传递效率	保证组织成员的利益	经济持续增长	国家支持地方经济
手段	引入竞争机制；借鉴企业管理方法	实行顾客关系管理	与获利组织达成协议、公职招募、提高公务员素质	鼓励社会主要成员参与到城市治理中	规划城市、改善基础设施；改善投资环境，吸引投资	构建政府管理网络
结果	政府功能的经济化倾向；提高了城市竞争力	城市政府流程再造，降低了政府服务成本，提高了服务质量	提高了服务生产效率，而对服务市场和消费者选择的效率作用不大	削弱了财政平衡；获利组织与其他组织的地位不平等	对促进地方经济的发展起到了重要作用	中央政府的财政赤字不断增长，地方政府的权力下降

典型的城市治理模式并不是完善的模式，上述六种城市治理模式都存在各自的局限性。

企业化模式过分注重城市公共服务活动的经济方面，它以城市经济增长为整体目标和着眼点，突出城市营销和形象设计等在公共服务中的作用，而忽略了社会力量的广泛参与。

服务型政府模式从政府发展理念上认识到了城市利益相关者或城市顾客对于城市发展的重要性，但是它仍然没有彻底摆脱自上而下的公共服务模式。因为它将改善政府服务视为政府职能转变的单方面行为，而不是与利益相关者之间的双向互动过程。

共同参与模式主张"让管理者管理"，那么该怎样定义政府在城市治理中的责任和义务呢？如果政府依赖私营机构的专业人员，如何调解彼此之间的矛盾？大部分城市不具备该模式所要求的弹性，而且参与者的选择对城市政府来说也是一个极不确定的因素。

社团模式的主要问题是财政，各利益集团关心的是公共开支，除非集团利益处于危险之中，否则利益集团不会自动关心城市的税收。该模式的利益主体过分狭隘，忽视了广大公众的社会利益。利益集团把政府作为达到目的的工具，可以共享乐而不能共患难。

支持增长模式以政府介入经济发展、公共部门与私营机构紧密合作为特征，地方政府与企业精英共享经济增长的成果。其主要问题是城市治理过于依赖私人资本作为税收的基础，因此，吸引私人投资的竞争十分激烈。该模式也是参与者最少的公共服务模式。

福利模式较常见于福利型国家，地方政府极度依赖中央政府的财政支出，国家最大限度地成为供应者。该模式是六个模式中包容性最低的模式[①]。

总体来看，各种城市治理模式都存在不同程度的缺陷，并且这些模式大都根植于西方，难以照搬到中国的实践中来。然而，城市治理模式的研究对我国城市治理体制改革有很大的启发性，同时对探索具有中国特色的城市治理结构也有很大的帮助。

第二节　城市治理模式的借鉴：契约治理

一、契约治理：城市治理的核心所在

在城市公共服务领域，契约治理结构表现为一种"契约—服务"体制。"契约—服务"体制强调契约在提供城市公共服务过程中的作用，它将整个城市公共服务的提供过程看成供给者、生产者以及两者之间的交易过程，而交易是通过契约来组织的。与传统的以公共服务通过公共行政体系的一体化命令结构来组织为主要特征的提供过程不同，"契约——服务"反映了作为契约人的供给者、生产者以及两者之间的平等关系。

在城市公共服务提供过程中，契约成了一种治理机制，是公共服务供给者、生产者以及两者之间谋取利益、显示偏好、交换评价的一种机制。契约安排通过对公共服务提供的参与者进行权利配置，以达到治理的目的。

实际上，在"契约—服务"体制下，组织一项服务常常有多个契约安排可以选择。这些契约形式大体可分为替代性和互补性两类，分别以不同的方式相互作用。

替代性契约是通过竞争作用于契约安排的。这种竞争是指在契约主体给定的条件下，契约

---

① 顾朝林，等.城市管治——概念、理论、方法、实证[M].南京：东南大学出版社，2003：42，131.

安排形式之间的竞争。不同的契约在组织公共服务时，可能会产生大不相同的经济绩效，其履约成本及其最终的结果也可能随着契约的选择不同而发生变化。契约安排的优化是一个需要在实践中长期摸索的过程。但是，通过契约安排之间的竞争寻找使成本达到最小化的契约安排及具体形式是不容怀疑的。互补性契约是一种相互提供履行保护的契约安排。与一般的商品买卖交易中的契约不同，城市公共服务的供给是更为复杂的"交易"，因此，它更需要"一揽子契约"来组织。这时，契约安排的优化不仅指个别契约的安排要合理，而且要求在各契约形式之间形成有效的组合，一个契约为另一个契约提供履行保护[①]。

城市公共服务提供的契约安排有若干潜在的选择。这些选择的范围越广泛，存在于特定公共服务产业中的竞争压力也就越大。这种竞争性压力的确为创造更好的公共服务绩效提供了可能，同时也为公共服务体制带来了活力。只要能够公开地保持这种竞争压力，作为公共服务生产者的民间力量就能够显著地改善公共服务领域的效率。在充分发达的公共经济中，政府必须善于找到一种混合策略，部分地依靠自己的力量提供公共服务，同时还要与民营机构和其他机构维持广泛的契约安排，以提供其公民所偏好的集成化服务。

总之，契约治理把城市公共服务的提供视为交易过程，而组织一项"交易"可以有多个契约安排可以选择，因而契约构成了节约交易成本的机制，这正是城市治理所要解决的核心问题。

二、契约治理模式下的城市治理结构

如果我们把城市治理看成各个行为者的互动过程，契约治理本质上是指一种关系，是一个体系结构。从这个意义上说，城市治理结构着重解决的是由传统的单一的行政关系转换成平等的契约关系的问题。因而，契约治理模式意味着对传统的一元化行政治理结构模式的否定，它倡导一种"多中心秩序"(a polycentric order)。

基于这样的认识，我们可以得到一组决定城市治理结构的关键变量——多中心体制、契约安排、地区性共享系统、治理结构调整机制和冲突解决机制，而这些关键变量的内在逻辑关系显示了城市治理结构的契约关系和制度安排，如图9-1所示。

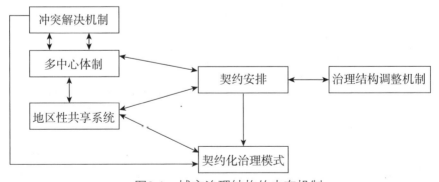

图9-1　城市治理结构的内在机制

契约治理模式表明，城市必须拥有一个高效、灵活的多中心体制，契约安排的最低限度是这样的结构安排具有解决政府和非政府组织之间争端的力量，最高限度则是这样的结构安排具有能够协调各利益主体的主要功能，并形成资源共享的系统。具体来说，首先，契约治理结构

---

① 陈国富.契约的演进与制度变迁[M].北京：经济科学出版社，2002：36.

是不是进步的，不在于这种结构形式有多么完善，而是在于它是否充分体现了城市内各类主体的意志和利益，是否充分实现了各方的激励兼容。多中心体制充分体现了这一要求。其次，复杂的活动常常需要"一揽子契约"来治理，这些契约之间相互影响，既有替代关系，又有互补关系，契约安排通常是契约之间的某种组合，也就是复合的制度安排。城市治理结构和模式的调整其实就是契约安排的组合关系的调整。再次，城市治理结构通常依赖于地区因素——自治能力、协作生产、利益共享和逐渐成熟的区域网络等，因此，地区资源共享系统的建立也就成为城市契约型治理结构的关键环节之一。地区性共享系统要求在城市地区范围内各类城市(镇)之间统筹资源配置，例如，公共卫生、污水处理、交通、供水等公共基础设施，可通过契约方式形成区域性生产服务系统，各类城市(镇)的居民共享这些资源和服务。最后，从行政管理模式到契约治理模式的转换是城市治理涉及的各种参与者在冲突中协议和妥协的结果。互惠而又彼此约束的冲突解决机制是多中心治理结构建立的保障，也是确保这种转换顺利实现的基础。

三、城市公共服务供给的契约安排

一旦我们开始选择，关于公共服务契约的安排就面临着各种各样的可能性，而这些安排构成了"契约—服务"体制的基本方面。

第一个选择是政府可以通过自己的公共机构提供公共服务。例如，一个城市自己拥有消防或警察机构，在这种情况下，政府的服务宗旨与其所属的公共机构的服务宗旨是一致的。然而，由于组织构造和责权关系不同，两者的运作方式是不一样的。一般来说，政府与公共机构之间采取的是"委托—代理"的方式。因此，委托人与代理人双方自然有不同的责任、权利和义务关系，当然，双方也存在利益冲突。

第二个选择是在公共服务的供给方面，政府除了组织自己的生产单位之外还有一个选择，即通过与公司签约来提供公共服务。在这种情况下，政府把有关公共服务的质量决策转换成这样一些具体内容：向潜在的承包商发包，建立有关契约安排的界限与条件，以及制定评估绩效的标准。在这里，政府起服务"提供者"或者"安排者"的作用，承包商则起"生产者"或者"供给者"的作用。例如，在一些发达国家，许多市政服务，包括街道清扫、扫雪、固体废物收集和处理、消防和警察保护、工程服务、规划服务以及许多其他公共服务，都是由私人承包商供给的。

第三个选择是政府建立服务标准，让居民或家庭户来决定有关公司应该为其提供什么服务。一般所采用的形式是，居民户与公司签订协议，约定在一定期限内提供服务，公司按单位或比率收费。例如，水电表查看、市区垃圾清理等。这是从公共服务部门分离出来的一种专门服务方式，一般称之为"服务承包"。在一些城市，当政府财政负担重，无力承担服务费用时，往往采用服务承包的收费方式。政府可以把特许权授予多个承包商，任何愿意根据政府明确的界限与条件提供服务的人都可以承接这项工作。竞争压力促使承包方以最低的成本提高服务质量。通过这种方式提供的服务是高度个人化的，只有有限的共用或共同消费性。

第四个选择是政府向家庭或居民户签发凭单，允许他们从任何授权供给者那里购买服务。家庭或居民户借助于凭单，就能够在不同的生产者之间选择，并选择不同组别的服务。例如，就教育服务来说，政府给有接受教育服务资格的人发一张凭单，由服务对象而不是学校当局来选择学校的类型和课程。受凭单安排制约的公共服务具有收费物品的特征。凭单制度一般适用于住房(租金补贴凭单)、健康服务(可以把医疗补助当作一种健康凭单)、教育服务以及特供品(食品券)

领域。

第五个选择是政府当局与另一个政府单位签约。例如，许多城市与其他城市有关部门签约，由其他城市来提供警察服务、消防服务、储水和输送服务(也称水权贸易)、教育服务、图书馆服务以及其他广泛的公共服务等。

第六个选择是政府依靠自己的力量来提供一项服务的某些要素，同时依靠其他生产单位或私人企业来安排该项服务的其他要素。例如，一个城市有自己的巡逻警察力量，但从其他城市行政司法部门那里购买实验室服务。也就是说，任何特定的城市政府可以依靠若干不同生产者的共同努力来提供特定组别的、共同消费的公共服务。此外，政府也可以与其他愿意提供补充性服务的生产单位或私人企业协作[①]。

四、城市契约治理模式的实现条件

在城市公共服务提供过程中，由行政一体化结构到"契约—服务"体制的转变是城市治理模式的重大创新。要完成这样一种体制转换，需要具备很多条件，或者说，契约化是有条件的，具体包括以下几方面。

1. 退出机制的存在是契约履行的必要条件

一旦公共服务的提供形成一个竞争的环境，进入契约就不应受到任何超经济强制因素的限制，但这就潜伏着一种危险，即不合格的契约人进入契约来寻求"契约租金"。如果契约各方均没有中止契约的权力，那么任凭契约安排如何调整，都不会取得理想的治理绩效。所以，为契约设置退出机制是一个不可或缺的要件。当然，在服务契约有效期内，契约的任何一方也不能无成本地退出，还必须为退出者制造一些退出成本，以减少个别契约人偷闲后便逃之夭夭的机会。

2. 产权观念和契约精神的培育

尊重产权，要求提供公共服务的参与者之间建立起基本的信任关系。越是缺乏信任，提供公共服务的交易成本就越高。在市场经济条件下，公共服务中的诚信结构和道德规范的建立是一个不断累积的过程，因此，"契约—服务"体制的完善过程，也就是诚信结构和道德规范的形成过程。

3. 契约人之间拥有的资源必须有一个互补的生产可能性边界，而不仅仅是替代性的

当契约双方的投入相互补充时，才能整合双方的资源(信息、技术、时间等)，产生协作的可能性。因此，政策的制定必须有助于突破民间力量在生产选择方面受到的限制，放宽民间资本进入公共服务领域的政策界限，从而为契约双方打开一个广泛的选择集。同时，政府应该以法规的形式建立起一系列运行性公共服务领域市场规则，完善契约治理的法治环境。

上述三个条件在多元化的城市治理结构中比在高度集权的管理体制中更可能得到满足。契约治理模式的建立不仅为投资者提供了更多的投资机会和选择，也为多样化的制度安排奠定了坚实的基础，从而提高了城市公共服务的提供效率。

---

① 　迈克尔·麦金尼斯. 多中心体制与地方公共经济[M]. 上海：上海三联书店，2000：113.

第三节　城市多元协同治理

一、城市多元协同治理概述

1. 多元协同治理的含义

城市治理是一项庞大而复杂的系统工程。由于环境和城市系统的复杂性和不确定性，传统上由政府主导的线性管理模式不能有效应对城市复杂系统的治理问题，有必要引入新的管理模式，即多元协同治理。所谓多元协同治理，是指城市治理主体之间、城市各子系统之间，通过协同机制，把城市系统中的各种要素在目标统一、有内在动力和相对规范的结构形式中整合起来，形成城市发展的有序时空结构或功能结构，进而产生单一主体无法实现的城市治理整体效应。

城市多元协同治理中的"多元"和"协同"有特定的含义。其中，"多元"是指由政府、营利性组织、社会组织、公民等各种利益相关者构成的治理结构。"协同"，顾名思义，"协"强调治理主体的多元以及治理方式的协作，"同"是指治理目标的一致和治理行为的统一，协同本质上是多元基础上的统一。

城市多元协同治理不仅是调节各类利益主体的冲突和矛盾的过程，更是治理主体采取持续性联合行动的过程。也就是说，它是多元主体通过合作、互动和融合，通过主体间资源和要素的匹配，从而实现治理效能，发挥治理优势的过程。

2. 多元协同治理下多主体的基本特征

(1) 治理主体多样性。在传统城市治理中，城市政府是全能型的治理主体，但当政府无法满足日益增长的多样化需求时，多元化的社会力量至关重要。城市多元协同治理强调多元利益相关者共同参与治理，他们通过协商与合作，彼此之间建立起多种多样的协作关系，共同决定和处理城市公共事务。

(2) 治理行为主动性。城市多元协同治理实质上是一种积极主动的行动建构，协同治理强调治理权力向社会的适当回归，而多元协同的趋势有利于发挥主体的积极性和能动性。只有当每个利益主体都意识到治理成果为社会公众所共享时，其采取的行为才是主动协作，而不是被动管控。

(3) 治理过程动态性。城市多元协同治理过程是持续且动态的。治理并不是通过发号施令、制定并执行政策等来达到管理目标，而是通过协商合作、协同互动、协作共建等来实现城市发展。因此，多维度、上下互动的过程使得城市多元协同治理需要不断调适与改进。

(4) 治理功能互补性。城市多元协同治理能够实现多元主体在治理功能上的互补。人们之所以参与协同过程，重要的动力之一就在于利用集体的力量弥补个体的脆弱，通过公共利益的实现推及个人利益的获取。因此，城市多元协同治理能够在短时间内形成有组织且具有较强内聚力的社会力量。

3. 多元协同治理的现实逻辑

城市是一个具有整体性、动态性、层次性和适应性的复杂网络系统，它由若干个相互依赖、相互作用的智能型社会主体构成，并通过主体之间的相互作用来凸显社会系统的整体性结构特征。由于外部环境和城市结构的复杂性、关联性和不确定性，以政府为单一管理主体的管理模式，无法全方位主导复杂的城市治理活动。

（1）以往的全能型城市政府对社会事务大包大揽，热衷于自上而下的管控模式，在一定程度上抑制了社会主体参与城市治理、承担社会责任的活力和热情，同时，严格的等级制易造成组织僵化，这种繁文缛节和刻板冷酷的垄断模式，挤压了社会的自治空间，也就谈不上治理的创新和变革。

（2）政府一元治理模式忽视了对社会多元价值理念的尊重、对多样化利益诉求的倾听、对不同行为模式的引导、对社会整体功能的优化。由于社会的整体功能没有得到优化，协同推进的机制没有完全建立，各种社会矛盾和问题很难得到圆满解决。

（3）现行一些城市治理组织结构方式存在部门分割、职能交叉、多头管理、缺乏协调的问题，相同性质的社会事务被分置于不同的部门之中，导致政出多门、各自为政、相互推诿的问题，在这种情况下，协调门槛高，治理成本高，结果难免差强人意。

当前，城市社会结构发生了深刻的变化，出现了复杂化、多元化的社会阶层和纷繁复杂的利益诉求，政府管理过程中存在大量公权力不能触及的角落，对某些领域的管理存在"政府失灵"的问题。城市多元协同治理模式为解决这些问题，提供了一种治理主体之间新的组合方式和组织模式。

实践证明，越是复杂的系统，对系统协调的要求也越高。城市治理的广泛性、复杂性和独特性，决定了需要动员多元化的社会力量发挥多层次协同功能。政府在城市治理中虽然发挥着主导作用，但无法替代其他社会主体所具备的独特功能。因此，城市多元协同治理不仅存在理论价值，更是城市管理的现实需要。

二、城市多元协同治理模式

因利益主体、主体间权责界限和运行机制的差异，城市多元协同治理模式可以分为多种类型。依据多元协同治理的主导性和治理方式，可对城市多元协同治理模式进行分类，如图9-2所示。

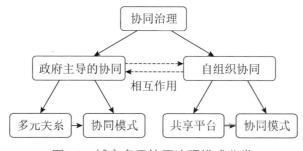

图9-2　城市多元协同治理模式分类

城市多元协同治理主要面临两个现实问题：一是政府如何促进多元治理主体的参与，并处理好协同合作的关系；二是如何建立多主体间的网络协同治理结构。前者是政府主导下的多元协同治理模式，后者则是基于共享平台的自组织协同治理模式，两种协同治理模式之间存在相互作用关系。

1. 政府主导下的多元协同治理模式

政府主导的多元协同治理主要针对一些城市里具有公共性、长远性的项目和服务，例如轨道交通、道路、桥梁、污水处理、供水、供气等。这些公共产品投资大，回报期长，投资风险也大。多元协同治理需要突破主体的排列组合结构，进行跨越式的制度构建。从现实来看，这种治理模式可细分为三种比较典型的治理方式。

(1) 跨部门协同治理。跨部门协同治理是指整合相互独立的各种公共组织部门以实现共同目标，围绕合作的特定政策目标，在关切各部门利益和不取消部门边界的前提下实行跨部门协同合作。由于公益性的行业众多，每个行业又往往归属不同部门管理，跨部门协同是打破部门界限，在发挥各部门资源和能力优势的基础上，实现资源整合，使有限的资源发挥最大社会效益的重要途径。跨部门协同治理旨在通过制度、组织、文化的构建形成不同部门间的协同合作机制，通过各部门紧密协同合作，提高城市治理效率。

(2) 公私合作治理。公私合作治理是指公共部门和营利性组织之间基于各自的体制和组织优势，就某些城市公共项目，通过协商谈判，依托某种特定形式，达成公私部门之间的有效协同，实现利益共享。在"政府—企业"这样一种二元结构中，政府是公私协同合作的主导方，扮演委托人的角色，但是在公私合作中，政府和企业均追求自身的效用最大化，因此公私合作治理是一种合作共赢模式。公私合作治理取得成功的关键是公私合作机制的构建，包括决策权配置机制、风险分担机制、激励机制和监督机制。

(3) 跨行政区边界协同治理。跨行政区边界协同治理是指若干个一定区域内的横向治理主体之间，针对所面临的共同问题，打破行政区边界限制，通过多元化的组织和机制构建，在区域内进行资源的重新整合配置，以实现利益共享的一种治理方式。跨行政区边界协同治理的对象往往是那些外部性强、自然垄断性强，单一主体治理效率不高的公共项目和公共服务。这种协同治理通常表现为区域内的府际合作，其动力源于通过资源、要素和市场的跨区域整合，使规模经济和竞争活力相融，从而带来的合作利益最大化。

2. 基于共享平台的自组织协同治理模式

互联网的迅猛发展对不同领域的治理主体提出了更高要求，促进了多元主体间的合作，为城市多元协同治理创造了良好条件。互联网技术平台介入后，基于共享平台的城市治理的多主体协同是一种"多中心自组织协同"，也就是说在多元主体协同关系中，"权力中心"几乎对治理网络中的利益主体不具有"命令—接受"的权力关系，各利益主体主要作为协同治理的不同"功能中心"。因此，这种多元主体是基于某个共同目标而以一定方式自觉结成的群体集合。

(1) 城市共享平台的多元协同治理。由于互联网技术大幅度降低了人们的共享成本，依托平台迅速发展的共享经济为城市治理提供了良好条件。城市共享平台是共享经济背后的协同治理的载体。

城市共享平台上的行为参与者是多元的，其协同治理包括两个层面：一是城市内企业、政府、社团等各类组织的协同；二是跨行政边界的共享平台所形成的空间协同。共享经济的出现从根本上说是市场自发行为，共享平台提供的资源大多数属于准公共产品和具有私有产权的闲置资源。因此，这种多元协同治理，更多是依靠微观主体之间建立起来的多元协同治理机制来实现的。

城市共享平台拥有相对独立的自治权。基于共享平台的多元协同治理，它所涉及的各种利益相关者有着不同的地位和权利。地方政府最重要的作用是为共享平台的自治赋权，并为共享平台的自治的实现提供良好的外部环境。由于组织成员之间以及组织成员与公共资源之间利益的高度相关性，他们比行政权力中心更关心资源的良性发展和存续问题。所以，相较于政府主导的多元协同治理，基于城市共享平台的多元协同治理有其自身的优势和生存空间。

（2）典型共享平台及其协同治理模式。随着以互联网、大数据、云计算、5G、人工智能等为代表的新一代信息网络技术的发展，城市共享平台如雨后春笋，比较典型的共享平台如表9-2所示。

表9-2　典型的共享平台

共享平台	共享项目	有代表性的例子
服务共享平台	餐饮服务	妈妈的菜、觅食等
	旅游出行	神州租车、嘀嗒出行等
	专业设备	Floow2、Cohealo、YardClub等
	社区服务	阿姨来了、Instacart跑腿服务平台等
空间共享平台	住房民宿	小猪短租、途家网、游天下等
	物流服务	京东、货拉拉、58到家、e快送等
	联合办公	联合创业公司、马上办公、SOHO3Q等
知识信息共享平台	知识技能	百度百科、名医主刀、Coursera公开课等
	专业信息	SOA城市政务信息、欧巴、腾讯众创空间等
	数据资源	神策数据、阿里大数据、帆软网等
产业共享平台	产业链网	阿里巴巴"淘工厂"、微信企业号等
	金融服务	Fiekstarter、Lending Club、众筹网等
	劳务共享	58同城、51job、赶集网等

在表9-2中，这四类共享平台借助于互联网技术实现不同形式和不同层次的城市协同治理，由此可以相应地归纳出四种协同治理模式。

模式一：服务共享平台的多元协同治理

服务共享平台的多元协同治理，体现了多元主体的平等关系。在多元主体共存的"合作网络"中，所有主体都享有均等的权利。通过多元化的激励形式，可扩大多元主体的参与和协作。它是基于互联网技术面向社会服务、以用户为中心、以人为本的开放式协同治理形态。

模式二：空间共享平台的多元协同治理

空间共享平台的多元协同治理，是平台主体利用已掌握的资源，通过网络治理的方式，与多元用户之间建立服务协作关系。该模式的重点在于盘活存量闲置空间资源，为不同消费者提供个性化的住宿、办公和空间运送服务。

模式三：知识信息共享平台的多元协同治理

知识信息共享平台的多元协同治理，实质上是借助共享平台将微观主体掌握的知识、技能和数据信息，通过在线交易的方式，实现共享服务。共享平台的建设和运营，将相关行业领域内对知识分享、技能提升及数据信息利用有共同需求的群体集合起来。

模式四：产业共享平台的多元协同治理

产业共享平台的多元协同治理，是共享平台主体借助互联网媒介，在产业链网络构筑及其相应的辅助性服务方面，让更多企业利用共享平台资源，形成企业之间的有效互动。在协同治理过程中，多元主体的地位关系是平等的。自发性、自愿性和自主性是产业协同治理的原则，协同机制的设计和构建也是为了激发和促进这样的"协同"。

(3) 城市共享平台的多元协同共治。 城市共享平台是一个独立的资源系统，目前系统内部的自治在行业准入、税收、征信等方面存在许多问题，需要政府和社会公众发挥相应作用，实现对城市共享平台多方位的协同治理。政府虽然不是共享平台的治理主体，但政府对城市共享平台具有保护和监管责任。一方面保护平台和共享模式的参与者的合法利益不受侵害；另一方面规范共享平台运营，对违反平台规范和法律规范的行为进行监督和惩罚，保证竞争市场的公平。社会公众是广泛的参与者，在很多共享项目中，他们都是共享行为的具体实施者，其监督和评价对共享平台的安全性尤其重要。总之，通过平台、政府和社会公众三方的协同共治，可以帮助城市共享平台实现有秩序的公平竞争，维持共享平台的创新和活力，提升用户对共享平台的认可度，增强共享平台的吸引力。

三、构建城市多元协同治理的创新机制

1. 以共同利益为目标，激发治理主体的内生动力

在城市多元协同治理模式下，各参与主体的组织规则、发展目标、利益取向不同，彼此之间往往处于一种博弈状态。因此，只有彼此对"利益"持认同的观念，遵守相关的"规则"，才能真正激发协同治理主体的主动性和积极性。

2. 培育社会力量，增强城市治理主体多样性

城市多元协同治理的前提是治理主体权力合法性的承认。政府要推进多元治理主体的有效协作，就要针对不同领域和问题，做好政府力量与社会资源的合理分工和有效对接。城市多元协同治理实际上是一个资源整合的过程，也是政府机制与非政府机制(包括市场机制和社会机制)有效对接的过程。一方面，政府通过市场机制来实现社会优质服务资源的整合，社会通过自组织机制实现对城市资源的整合；另一方面，各类自治组织对分散的城市资源进行不同层次的整合，以增强公众参与和自治行动的有序性。

3. 城市治理主体之间的协商、整合与功能互补

城市治理体系具有一定的开放性，政府力量和其他主体的协同合作以协商、整合、互动为基础，没有多元主体充分有效的协商、整合、互动，就无法达成多元协作下的集体行动。同时，城市多元协同治理模式下的各参与主体具有相互依赖性和功能互补性，基于自身利益和共同目标，各治理主体在保持相对独立性的前提下嵌入彼此的功能与结构，只有通过整合和互动，才能充分体现各自在资源、知识、技能、专业等方面的优势，发挥大于个体效能之和的整体效能，实现自身利益的最大化和行动成本的最小化。

4. 加强制度化建构，保障多元协同治理的持续性

从功能的角度看，制度就是对城市多元协同治理中可能出现的不确定性的一种制约。既然城市多元协同治理模式要容纳政府、市场、公民等社会多元治理主体之间的民主协商和利益博弈，那么就必须有城市多元协同治理的制度安排。多主体在持续的信息互动中产生行为互动，通过一定的制度化安排和形式，使各利益主体更加深入地参与到城市治理及其监督过程中来，在彼此互动中不断调适行动方案，增进信任，形成共识，从而逐步形成稳定、成熟的城市治理机制。

第十章　城市公共决策体制与政策制定

城市公共决策体制是决策权力分配、决策程序、决策规则及决策方式的总和。城市公共决策是涉及地方政府和非营利性组织的科学管理决策。本章首先阐述城市公共决策体系所涉及的知识，包括公共决策类型、决策系统、决策步骤等；其次介绍帮助城市管理者进行有效公共决策的一些定性和定量决策工具；最后讨论如何优化城市公共决策体制，如何科学地制定城市公共政策等问题。

第一节　城市公共决策体系

一、城市公共决策的概念及类型

决策是设计、安排、选择、决定的过程。它是从若干机会中挑选一个满意方案的行为。决策要在两个以上的可行方案中进行选优决定。因此，决策往往意味着对机会的把握和抉择。决策的目的通常都是为未来行为确定方向和目标及实现这一目标的具体途径。决策并不是瞬间的决定，而是一个提出问题、分析问题、解决问题的系统分析过程。

城市公共组织面临着无休止的决策活动，公共决策就是公共组织在管理社会公共事务过程中所作出的决定。公共决策是城市公共管理过程中极为重要的一环，是城市公共管理的起点，城市公共管理始终围绕着公共决策的制定、修改、实施进行。事实上，公共管理过程就是不断决策和实施决策的过程，"管理就是决策"。

城市公共决策可以按照不同的标准进行分类。

1. 根据决策主体决策方式分类

根据决策主体决策方式的不同，城市公共决策可分为经验决策和科学决策。

经验决策是指决策者依据和凭借个人的智慧、知识、经验所作出的决策。这种决策的优点在于决策过程比较简单，往往能够做到当机立断；但它的缺点是非常明显的，由于决策信息不够充分，无科学的分析与论证，如果决策人经验不足，就会导致决策失误。科学决策是指决策者依据一定的科学方法或技术而进行的决策。科学决策有助于降低决策的失误率，保证决策的正确性，适应现代社会发展的需要和要求。但是采用科学决策的模式，需要有信息、体制、人员素质、技术设备等方面的条件支持，否则就不可能做到真正的科学决策。

2. 根据决策目标所涉及的规模和影响程度分类

根据决策目标所涉及的规模和影响程度的不同，城市公共决策可分为战略性决策和战术性决策。

战略性决策是指那些具有全局性和方向性的重大决策。这种决策影响比较深远，涉及的范围比较广泛，具有方向性、原则性和宏观性。例如，确定城市经济建设中的战略重点、城市发展的长远规划等。战略性决策处理的问题较为复杂，它对城市的发展影响较大。战术性决策是指那些局部性、短期的和比较具体的决策。战术性决策是战略性决策的延续和具体化，它主要服务于战略目标的实现。例如，为贯彻战略发展方针中的某项工作而进行的一些具体安排等。战术性决策处理的问题一般比较简单、具体，大都采取定量分析的技术方式来处理，它是由基层组织结合本地的实际情况来制定的。

3. 根据决策内容分类

根据决策内容的不同，城市公共决策可分为常规性决策和非常规性决策。

常规性决策是指那些常见的、定型的和重复性的决策。这种决策的内容较为确定，有一定的常规可循，一般属于日常工作范围，因而也称为例行性决策。非常规性决策是指新出现的、不常见的和无常规可循的决策。这种决策往往具有开创性和革新性。虽然非常规性决策在决策中所占比例较小，但从其重要性来看，这种决策往往决定着一个组织的战略方向，对组织成败的影响非常大。

4. 根据决策条件的可靠程度分类

根据决策条件的可靠程度的不同，城市公共决策可分为确定型决策、风险型决策和不确定型决策。

确定型决策是指决策的环境、条件确定，决策后果也可以确定的一种决策。这种决策由于各种因素和条件都比较明确，每一个决策方案的结果也一目了然，所以，只要比较各个方案的好坏、优劣就可以了。风险型决策是指决策的环境、条件可以确定，但不能完全控制，每一种环境和条件下的决策后果虽然可以预测，有一定的把握，但仍需要冒一定风险的决策。不确定型决策是指决策的环境、条件等因素都不能确定，决策后果也无法预测和确定的决策。不确定型决策的难度大，风险也大，不确定因素非常复杂，既有人为因素，也有自然因素，但这种决策所带来的效果也往往是出人意料的。

二、城市公共决策系统

城市公共决策作为一种功能行为是具有系统性的，因而必须用系统的观点去理解它。城市公共决策系统是由参与决策的机构和人员所组成的一种组织体系，包括政府组织体系和非政府组织体系，它由城市公共决策信息系统、组织系统和监控系统构成。

1. 城市公共决策信息系统

如图10-1所示，城市公共决策的逻辑顺序为：首先获得公共决策的信息；其次要依靠智囊团把信息转换为决策信息，设计决策方案，进行定量分析；最后由决策者综合评价，拍板决定。因此，城市公共决策信息系统是由信息子系

图10-1　城市公共决策信息系统

统和参谋子系统组成的。信息子系统是由掌握信息技术的专职人员、设备及有关工作程序组成的专门从事决策信息的收集、加工、传递、储存等工作的系统。它是信息系统的辅助机构，它为政策制定提供资料。公共决策参谋子系统又可称为智囊团，它是由掌握各门类知识的专家、学者组成的，它也是信息系统的辅助机构。智囊团是决策者的思想库，他们不仅能够弥补决策者在知识结构、经验方面的缺陷，向决策者提供决策信息，出主意，提方案，供决策者选优决策，而且还能对公共决策的实施进行跟踪、反馈，收集并分析决策实施中的问题，特别是当在决策实施过程中遇到障碍或偏离决策目标时，智囊团能及时提出应变措施，以使决策者、执行者及时纠正，确保公共决策的顺利实施。

2. 城市公共决策组织系统

城市公共决策组织系统是由拥有决策权力的领导者集体所组成的中枢机构，是决策活动的组织者，领导政策制定的全过程。该系统具有权威性和主导性的特点。决策组织系统在公共决策系统及其运行中的作用如下所述。

(1) 界定决策问题。决策问题的界定是政策制定的开始，它是首要的环节。决策组织系统必须能够从纷繁复杂的社会问题中分清轻重缓急，抓住事关全局的关键问题，作为政策问题确定下来。

(2) 确立决策目标。决策目标是否科学、正确，对整个政策的制定过程具有决定性的影响。决策目标的确立必须建立在对决策问题的过去、现状及未来趋势有较全面的了解和把握的基础之上。决策目标必须切实可行，并留有余地，使之能满足上下平衡、左右平衡、前后平衡的条件。

(3) 设计决策方案。这是一项科学性、技术性很强的工作，一般委托给参谋子系统承担。决策组织系统在此环节的职责是根据决策问题的性质，召集熟悉这类问题的专家，组成高水平的设计组，并为他们的设计工作提供优越的环境和便利的条件。

(4) 选择决策方案。决策组织系统在这一环节的职责是建立方案选择的价值标准体系，对参谋子系统提供的各种方案进行比较、分析、平衡，最后拍板选定方案。

3. 城市公共决策监控系统

城市公共决策监控系统是指在组织系统之外对决策行为以及决策方案的内容和执行依法进行监督和控制的机构。城市公共决策监控机构包括外部与内部两个方面。外部监控机构主要包括全国人民代表大会、司法机构、社会团体、大众传媒和公众；内部监控机构包括上级政府机关、行政监察机构和内审部门。城市公共决策监控系统在城市公共决策系统中的作用是防止决策者滥用决策权、促使政策内容切合实际、监督执行机构及其人员正确执行政策。

三、城市公共决策程序

任何形式的城市公共决策都包括一系列步骤或者一组行动。尽管图10-2展示的组成要素不一定在每一个实际决策过程中都出现，但一般而言，城市公共决策程序包括如下步骤[①]。

---

① 戴维·R.摩根，等.城市管理学：美国视角[M].北京：中国人民大学出版社，2011：155-160.

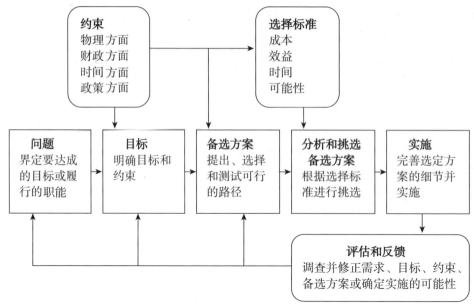

图10-2　城市公共决策步骤

1. 城市公共问题的界定

城市公共问题的界定是决策的起点。界定问题看起来容易，实际上却很复杂。城市公共问题的界定可能包括如下类型。

(1) 问题的根源是什么？什么力量导致了问题的发生？

(2) 问题的严重程度如何？问题在将来的发展程度会怎样？

(3) 多少人受问题影响？哪个特定群体会受问题影响？

(4) 其他哪些群体或机构正致力于该问题的解决？

(5) 问题是否有政治上的言外之意？

需要说明的是，公共问题应该在城市政府的控制范围之内。问题界定是城市高层管理者的责任，不应该丢给专家。

2. 明确决策目标和约束

在这一阶段，问题或者需求要转化成一套可测量的目标，当这些目标实现了，问题就可以得到解决。合理的决策目标应满足如下条件。

(1) 目标必须具体明确，有的放矢。

(2) 目标必须切实可行。决策目标必须立足现实，量力而行，超越现实生产力水平的目标是脱离实际的，是不可取的。

(3) 目标必须系统化。这是由公共问题的复杂性、多层性决定的，决策目标也要形成多层级性与之匹配。

(4) 决策目标必须灵活可调。目标是针对未来的，目标的实现有个过程，而且问题的发展又具有不确定性，因此一成不变的情况几乎是不存在的。

在此阶段，还必须要考虑制约因素。诸如时间限制、财政和环境状况以及政策约束等因素，都必须被纳入考虑的范围之内。另外，用于决策的时间可能有多长？有哪些类型的人事需求？预算是多少？过去的市政政策或承诺是否对当局构成限制？在设立目标的时候，这些问题都必须在考虑之列。

3. 确定选择标准和备选方案

在提出若干备选方案之后，需要依据评估标准对每一个方案进行评估，包括对方案可能引起的结果的测评、各种方案绩效比较等。目前，被广泛应用的评估标准有成本、效益、时间和可行性。

在评估方案时，估算成本是必不可少的环节。要对几种类型的成本进行估算，例如机会成本、间接成本、资产成本、运营成本等。估算成本时，需要遵循以下指导原则。

(1) 将资产和运营成本分开。明确那些必须投入资产成本的地方，这些成本可能要在几年时间内按比例分摊。

(2) 确定直接和间接成本。间接成本很容易被忽视，但获取公众支持、补贴、维护和空间利用等方面的支出都应当算在总成本内。

(3) 忽略已经承担的沉没成本。

(4) 考虑多年度需要投入的资金，以便获得备选方案成本支出的完整面貌。

(5) 指明资金来源。

要判断方案的效益，应从设计能揭示备选方案实现目标程度的指标。例如，它是否促进了市场的健康和安全发展？是否改善了城市环境？等等。

评估备选方案的最后两个标准是时间和可行性。时间也可以被当作成本。此外，一些方案可能比其他方案需要更多时间才能实现目标。如果决策者面临快速产出成果的压力，这一因素将变得十分重要。考虑可行性就意味着需仔细评估在实施过程中潜在的否定性因素。例如，这一方案应得到谁的同意？哪些群体会反对这一方案？方案实施过程中面临哪些不确定性和风险？如果方案不能实施，那么再有创意都无济于事。

4. 执行选定的方案

一旦作出决策，执行力就成了最关键的要素。执行并不是自然而然的事情，而经常是一个艰难和充满挫折与陷阱的过程。在此过程中，需要提出的问题主要有如下几个。

(1) 为了确保执行成功，多少个机构必须参与或合作？

(2) 选定的方案是否会以相反的方式显著地影响特定群体的利益？

(3) 选定的方案是否会影响重要官员和政府工作人员的工作？如果有影响，他们会有哪些预期反应？

(4) 选定的方案是否涉及复杂的法律问题？

(5) 社会大众表现出何等程度的支持和反对意向？

当方案实施时，缺乏对执行方案的可行性和细节的分析往往是方案执行失败的基本原因。

5. 评估和反馈

城市公共决策的最后步骤是对执行的方案进行仔细、连续的评估。城市公共决策系统对未来的决策环境及对象的变化要有所把握。通过评估和预测，帮助决策者认识和控制未来的不确定性，把对未来变化的难以把握降低到最低限度。同时，借助公共决策系统的反馈机制，对方案的执行过程进行监控。如果原始方案不能实现目标，就应进一步寻找解决方案。如果仍旧失败，那就必须重新检视并降低目标。

第二节 城市公共决策工具

城市管理者首先是问题解决者，公共决策意味着要在备选的解决方案中作出艰难选择。即便资源有限、时间紧迫、备选方案模糊、目标没有界定，也还是必须要作出决策。这个过程可能是反应式的、渐进调适的，而不是直接在清晰的备选方案中作出理性选择。在这种情况下，通常需要运用各种决策工具以及定量和定性方法，来帮助城市决策管理者作出更有效的决策。

一、名义小组

名义小组方法可运用于城市公共决策管理的全过程。名义小组最好是小规模的，以7~10名成员为宜，他们就座的位置应使他们能彼此看得见。首先应向小组成员介绍有待解决的问题，并赋予其中某一成员具有领导并调整小组行为的合法性，然后按以下步骤进行。

(1) 要求每位成员将自己的思想默写在一张卡片上，以友好而坚决的方式制止那些想要在这一阶段谈话的人。默写阶段持续到所有成员都停笔时结束，或者持续到给定的截止时间结束，最好采用前一种。

(2) 名义小组的领导者向每个成员征求意见并做好记录。这一阶段有助于使思想客观化，并允许每个成员有相同的时间提出自己的观点。依次要求每个成员提出一条意见，领导者将其记录在卡片上，填满后将卡片贴到墙上。在征询下一位成员的意见之前，领导者要确认成员赞同此份记录。这一过程在成员中依次轮流进行，每人每次只能提出一条意见，同时做好记录使所有人都能看见，直到所有成员穷尽其思想为止。

(3) 对每一条意见进行讨论。名义小组的领导者首先要求成员阐明其列出的意见，然后对每条意见的优缺点进行分析。此过程会产生大量的讨论，领导者应在卡片上做好记录以作为重要的详细说明。领导者要避免讨论集中在一条意见上，应当通过阐述并记录不同的观点从而指出每条意见的逻辑所在。接下来领导者将相似的思想结合在一起，以征得成员的同意。领导者必须避免争执，如果成员无法达成一致，可通过要求小组成员选择最重要的问题来达成共识，通常采用投票来选择最优方案。

二、支付矩阵

支付矩阵是一种展示选择过程和结果并适用于简单决策的分析方式。例如，假定某城市计划建造一座新的游泳馆，应如何确定规模？未来的使用者希望它的规模越大越好，但是规模太大会超出预算。尽管这类设施很少能维持收支平衡，但纳税人不希望为其提供太多补贴。而规模小一点的游泳馆，尽管建造和运作成本都比较低廉，却不能满足使用者需求。图10-3中的支付矩阵描绘了两个可能的选择——建一座大游泳馆或者小游泳馆以及由这些选择所产生的结果，根据两种选择和两种使用效率给出了四种可能的结果。

可能的结果

	低使用率	高使用率
选择 建造大游泳馆	游泳者满意； 收入低，成本高	游泳者满意； 收入高，成本高
建造小游泳馆	游泳者满意； 收入低，成本低	游泳者不满意； 收入高，成本低

图10-3　支付矩阵

图10-3表明，如果建造大游泳馆，并且充分使用，那么游泳者会满意；如果建造大游泳馆，但使用率比较低，那么城市就得负担额外成本；如果建造一个小游泳馆，使用率比较低，那么游泳者也会满意；但是，如果建造一个小游泳馆，且使用效率高，那么游泳者不会满意，城市也不能获得建造一个大游泳馆所能得到的收入。

三、决策树

决策树建立在效用理论和概率论的基础上，前者将给决策者的偏好赋予数量值，后者则根据事件在未来发生的可能性向其分配特定的数值。

针对上述游泳馆的问题，我们可以加入一些财政数据来看看决策树的使用方法。首先，我们必须考虑游泳馆出现各种使用状况的可能性。假定城市管理者经过调查，根据当地服务对象的潜在增加状况和其他城市游泳馆的使用状况，可以估计出游泳馆的使用状况。在他们的估计结果中，可以出现诸如"有可能"和"不太可能"等词语，以及"60%的可能性"或者"60%的机会"等表述。

通过在游泳馆决策中使用数字概率进行分析，我们可以形成决策树，如图10-4所示。

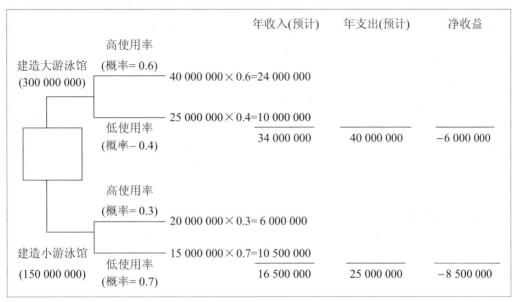

图10-4　建造游泳馆的决策树

由图10-4可见，存在两种基本选择：花3亿元建造一个大游泳馆，或者花1.5亿元建造一个小游泳馆。这个案例是基于使用水平进行决策的。每一个选择的使用概率都是沿着决策树的每一个树枝用线条表示出来的。在这个案例中，城市管理者估计高使用率的概率是0.6或者60%，如果建造小游泳馆，他们估计低使用率出现的可能性是70%。

但是，这些不同状况之下的成本和预计的收入又是怎样的呢？这些信息在树的右边进行了展示。例如，大游泳馆的高使用率带来的年收入预计是4 000万元，而低使用率状况下的收入预计是2 500万元。在估计总体收入时，必须要将使用概率纳入计算值内，计算结果为

$$40\ 000\ 000 \times 0.6 + 25\ 000\ 000 \times 0.4 = 34\ 000\ 000(元)$$

在建造小游泳馆的决策中，可运用同样的程序计算，计算结果为

$$20\ 000\ 000 \times 0.3 + 15\ 000\ 000 \times 0.7 = 16\ 500\ 000(元)$$

注意，对于建造小游泳馆的决策而言，概率和预计收入都是不同的。当把预计的年度成本计算在内时，我们可以得到如表10-1所示的结果。

表10-1　建造游泳馆决策结果分析

项目	年收入(预计)/元	年支出(预计)/元	净收益/元
建造大游泳馆	34 000 000	40 000 000	−6 000 000
建造小游泳馆	16 500 000	25 000 000	−8 500 000

显然，在这个案例中，建造一个大游泳馆每年损失的额度要小于建造一个小游泳馆每年损失的额度。

决策树有明显的局限性，具体表现为概率是根据人的判断作出的估计，而且对个体偏好进行量化一直是难以处理的。但是，这种形式仍有助于决策者提高在计算方面的精确度，使决策者对一系列选择和可能产生的结果的考虑更加周密。

四、德尔菲法

德尔菲法(Delphi technique)源于人们用来预测未来事件的一种分析工具，它常被用来收集信息。它一般要求使用专家组，专家组被要求对包括一系列问题的相关调查发表意见。使用该方法时先把问题列出来，然后向各位专家函询调查，将各位专家的意见进行综合整理，在匿名的条件下寄回各专家再征求意见，再次综合整理。如此循环往复，直至意见趋向集中。

使用德尔菲法的基本思想是，专家可能会思考他们以前从未想过的办法，同时，他们也受益于其他权威提出的观点。在应用此方法的过程中，需要保持专家组的匿名状态，以避免从众效应或群体被一两个固执己见的成员支配。

五、头脑风暴

当一群人围绕一个特定的领域产生新观点的时候，这种情境称为头脑风暴。由于会议不受规则约束，人们就能够更自由地思考，进入思想的新区域，从而产生很多新观点和新方法。当参加者有了新观点时可以大声说出来，也可以在他人提出的观点之上建立新观点。所有的观点会被记录下来但不进行评估，等到头脑风暴会议结束的时候，再对这些观点进行评估。

头脑风暴的特点是让参加者解放思想，促使各种设想在相互碰撞中激起新思想的创造性风暴。头脑风暴法可分为直接头脑风暴法和质疑头脑风暴法，前者是指在专家群体决策的基础上尽可能地激发创造性，以产生尽可能多的设想；后者则是指对前者提出的设想、方案逐一质疑，以发现更具现实可行性的方法，这是一种集体开发创造性思维的方法。

第三节 城市公共决策体制的优化

一、我国现行城市决策体制的弊端

从总体上看，我国的城市公共决策体制正处于由传统决策体制向现代决策体制转变的时期，存在许多弊端，主要表现在以下几方面。

(1) 非政府公共组织在城市治理结构中发挥的作用比较小。

(2) 信息、咨询机构设置比较薄弱。思想库或政策研究部门普遍存在行政性太强而自主独立性偏弱的问题，使得政策研究丧失了应有的客观性、公正性和科学性。

(3) 监控机构作用不到位。专业监督机构和专业监督人员数量有限，而且缺乏相对独立性，不能充分发挥作用，社会监督和群众监督对决策机构缺乏约束力。

(4) 决策程序的法治化程度低。没有法定的公共决策程序，难以保证各方面的利益表达、参与、吸纳以及公共决策过程的有序性。

二、城市公共决策的民主化、科学化与法治化

1. 公共决策民主化

城市公共决策民主化是指在决策过程中要保障人民群众充分行使参与决策的民主权利，广泛听取各行各业专家、学者的意见和建议，使决策目标能够体现广大人民群众的根本利益和要求。决策民主化是决策目标民主化和决策过程民主化的统一。

(1) 把民主机制引入决策系统，营造良好的决策氛围。决策活动不是单纯的抉择行为，而是由信息情报活动、决策方案设计活动和抉择活动等多个相互关联的环节所构成的完整过程。在信息情报活动和设计活动过程中，决策者发挥着重要的协调和指导作用，但这两个活动环节具有鲜明的专业性，既是由具有各种专门知识的专家运用他们的智慧，科学地发现问题、分析问题、提出解决方案的活动过程，也是不断地探索和追求真理的过程。这两个环节的实质性工作是决策者不能替代的。决策者在此阶段的职责是营造一个宽松的环境，形成平等、民主、协商的气氛，鼓励人人畅所欲言。因此，决策者一要发扬民主作风，正确处理民主与集中的关系；二要依靠集体决策。决策的复杂性、系统性特点使个别决策者无法周密、全面地考虑各个层次的所有情况，其方案也不可能总是有效且可行的，更不可能是最佳的。个人决策成功的可能性在现代社会中已大大降低，必须依靠集体决策，坚持一切重大问题都应经过集体讨论、民主协商、集体论证，最终集体作出决定，以群策群力来增强决策的可行性、正确性。

(2) 重视发挥参谋咨询人员在决策中的作用。政策研究专家学者是政策方案设计的主要力

量，是决策者智慧的延伸。加强专家学者在决策中的地位和作用，这既是在更高层次上实现民主化的体现，也是实现决策科学化的重要保证。我国县级以上各级党政机关、立法机关及其有关部门基本上已建立了研究室、调研室或研究中心等各种类型的政策研究和咨询机构，但目前有相当多的政研机构面临一个比较突出的问题，即参谋的职能不能很好地实现，对决策的咨询作用发挥得不够充分。

(3) 提高政治生活透明度，实现决策目标民主化。政治生活透明是指政务公开、政治民主。政治生活缺乏透明度，公共决策就失去了社会公众的监督，决策也就必然成为个别人、少数人的关门定案，使决策由社会群体行为退变为个人行为。公共决策作为一种对社会价值进行权威分配的手段，必须能够充分地反映和实现各阶层人民的利益诉求。在根本利益一致的基础上，人民群众中不同民族、阶层、团体又有不同的具体利益。公共决策应处理好各种具体利益的要求和根本利益的关系。只有在政务公开、政治民主的条件下，才能使决策者意识到权力与责任的对等，将决策纳入科学的、社会的系统，避免受自身价值偏好、利益倾向的影响，力求实现决策目标的民主化。

2. 公共决策科学化

科学化决策是指在科学理论指导下，遵循决策原则和程序，应用现代科技手段，通过对各种方案的选择，达到方案最优化。实现决策科学化的要求是建立完善的决策系统，提高决策参与人员素质，按照科学的决策原则进行决策。

(1) 建立健全公共决策系统。现代化的公共决策系统是由信息、组织和监控系统组成的有机整体。公共决策系统的设置应该贯彻精简、统一、效能的原则，建立健全公共决策系统，就是要设置合理的系统支撑体系，努力充实公共决策参谋咨询机构和完善信息技术系统。要不断完善体制内的政策研究组织，强化其参谋咨询功能，在法律上保证其地位，提高其权威性，赋予其相对的独立性、主动性及工作的灵活性，不断提高公共决策研究过程的开放度，充分利用体制外的政策研究组织所具有的更强的独立性和客观性，让其参与公共决策过程，与体制内的政策研究组织相辅相成、优势互补，形成强大的公共决策参谋后盾，从而建立起一种交互式的公共决策研究模式和具有开放性的公共决策成果评价体系。

(2) 遵循科学的公共决策原则。科学的公共决策原则是对公共决策过程中一些固有的运行规律的概括和反映，是公共决策科学化的一个重要条件。公共决策主要遵循如下几项原则：一是信息原则，真实全面的公共经济信息是科学决策的基础；二是预测原则，即对未来时态社会经济状况的科学把握；三是系统原则，即要综合考虑公共系统及其相关的各个环节，保持公共政策的宏观平衡，以促进公共事业的均衡发展；四是可行性原则，即制定公共政策方案时，应力求客观，并保证其切实可行；五是动态原则，公共政策系统是一个动态发展的过程，公共决策要有远见，并适当留有余地，保持适度的政策弹性，以适应形势的新变化。

(3) 提高公共决策参与者的素质与能力。公共决策人员素质的高低决定了公共决策水平的高低，提高公共决策人员素质是改进公共决策系统的重要内容之一。因而必须加强决策者集体的班子建设，大力提高参谋咨询人员的业务素质和信息人员素质，建立科学的选人用人制度，优化公共决策主体内部结构，强化决策者的内在道德约束机制，提高公共决策者的理性认识，使其树立公共决策的公共利益取向，树立正确的公共决策价值观，从而不断提高公共决策能力和公共决策水平。

3. 公共决策法治化

决策法治化是指以国家宪法和法律、法规为依据，本着体现人民意志、反映决策过程规律的原则进行决策，并使决策者的权力和行为受到法律的约束和人民群众的有效监督。决策法治化是实现决策科学化和民主化的重要保证。

(1) 理顺公共决策主体关系，完善决策规则。决策规则，即关于制定规则的规则，也就是各个决策主体的决策权限和决策范围。完善决策规则的目的是防止越权决策行为的出现和调节决策之间的矛盾与冲突，特别要理顺属于同级政权机关的中国共产党组织、人民代表大会与政府这三个决策主体之间的关系。理顺这三者的决策权限、范围的原则是既要保证党组织对决策工作的领导，又要保证人民代表大会的最高决策权，同时还要保证和发挥政府在决策中的独立地位和作用。

(2) 决策程序法治化。决策程序法治化，就是将决策过程中最重要的步骤、程序以法律规范的形式确立下来。这样做的目的是防止少数决策者草率行事，滥用职权，或有意不经过审议而出台某些方案的行为。需要规范的程序包括调查程序、方案设计程序、可行性论证程序、社会交流程序、政策合法化程序。公共决策程序的每一个步骤都是缺一不可的。

(3) 充分发挥决策监控系统的作用。在我国当前法制建设尚不健全的情况下，发挥决策监控的作用十分重要。可以考虑从以下两个方面强化监控作用：一是发挥内、外两大监控体系的作用；二是依法保护监控系统成员的权利，既要保护他们言论、批评、监督政务的权利，也要保护他们不要因为监督政务而受到打击、报复。

总之，城市公共决策的民主化、科学化和法治化是三个相互联系、密切配合的方面，民主化是现代化公共决策的基础，科学化是现代化公共决策的主导，而法治化则是现代化公共决策的保证，公共决策的科学化、民主化和法治化已成为新时期城市行政决策体制的总体目标。为了适应社会主义市场经济发展的迫切需要，我们必须优化或改善公共决策系统及其运行状况，提高公共政策的制定与执行的质量，并尽快实现城市公共决策的科学化、民主化与法治化[①]。

第四节　城市政策的制定

一、政策制定与决策

政策制定与决策有何不同？一般来说，这两个词语常被用作同义词，但两者在范围或程度上确实存在差异。从狭义的角度来讲，决策是在相互竞争的备选方案中进行选择；政策制定则超出这一范畴，政策由一系列决策组成，它是为处理某个问题而创造的一套全面的标准和行动指南。

---

① 李恩文. 努力推进我国公共决策的科学化、民主化和法制化管理建设[J]. 东南大学学报(哲学社会科学版)，2009(11).

从某种意义上说，公共政策制定是一个相对稳定的行动过程。尽管这一过程并不是高度理性的，但我们仍然可以识别这一过程的几个步骤或阶段[①]。

(1) 问题产生。是什么引发了该问题？问题是如何被界定为公共问题的？

(2) 议程建立。问题是如何传达到公共决策者那里的？谁参与了议程建立的过程？如何参与？

(3) 问题解决。公共官员是如何回应解决问题的要求的？最终政策的选择是如何作出的？

(4) 政策执行。在政策通过并交付实际执行之后，发生了什么？是否需要制定一些规则、规章或者裁判机制以执行政策？政府官员在执行政策过程中是如何使用自由裁量权和决策规则的？政策的产出是什么？

(5) 政策结果、评估和反馈。政策对个人和团体有什么影响？政策是否有效？政策达到目标了吗？政策需要被更改或者应该被终止吗？

二、实现城市政策目标的主要手段

为了实现城市政策目标，应采取适当的政策手段。城市政策手段一般分为激励性手段与抑制性手段两大类。如表10-2所示，常用的城市政策手段包括公共投资、转移支付、经济刺激、直接控制、政府采购和区位调整。其中，最重要的是前三种，而在前三种之中，较能体现灵活性、多样性的政策手段是经济刺激。

表10-2　城市政策手段[②]

主要形式	主要手段	说明
公共投资	公共基础设施 农业基础设施项目 环境改善项目 城市发展基金 产业和民生服务支持系统	由于私人投资追求投资回报率，对于公益领域，政府的公共投资有引导私人投资方向的作用
转移支付	专项转移支付 一般转移支付	专项转移支付是有条件补助，一般转移支付是无条件补助
经济刺激	产业投资补贴 就业或工资补贴 租金补贴 居住区调整补贴 所得税、关税、出口利润税收减免 税收返还和授予特许权 运费调整和补贴 特别折旧率 优惠贷款 信贷担保 社会保险支付特许权 土地征收和低价抵偿 低价出租或出售厂房 技术援助、培训和信息咨询服务	经济刺激主要通过财政、税收、金融、技术、信息服务等措施，吸引资本流入政府需要支付的领域

---

① 戴维·R.摩根，等.城市管理学：美国视角[M].北京：中国人民大学出版社，2011：84-85.

② 魏后凯.现代区域经济学[M].北京：经济管理出版社，2006：531.有改动.

（续表）

主要形式	主要手段	说明
直接控制	实行新建、扩建企业许可制度 城市功能区划分 建设材料的配额	直接控制是一种抑制性政策工具
政府采购	采购比例规定	规定不同地区、部门的采购比例
区位调整	政府机构和企事业单位的区位调整	城市功能布局的要求

三、反应性政策与公共决策回应机制

城市政府的基本职能是提供公共服务。在许多情况下，市民和一系列社会组织不断向城市行政机构提出服务需求，而政府应该利用公共权力和资源及时回应这些需求。在这种情况下，城市政策的制定成了一种反应性过程，领导者将对那些最突出的、抱怨最多的问题进行回应，并将其列入政策议程。

作为现代城市治理的重要特征，回应性(responsiveness)要求政府在面对公众的需求和所提出的问题时作出积极敏锐的反应和回复。政府回应决策机制是政府通过有效的公共政策和政府决策对社会性和全局性的问题进行积极反应和回复的内在机能和制度安排。城市公共决策的政府回应机制主要包括下列内容。

1. 政府决策承诺制

承诺制是城市公共决策得到回应的保证。实行承诺制是政府回应民众的一个基本途径。承诺制本质上就是政府对民众期望和要求的肯定并允诺的一个制度保障，它通常确定民众提出的各种问题的最终解决时间和方案。

2. 政务公开与决策公示制

政务公开与决策公示是城市公共决策回应的前提。政务公开是指政府向全社会公开其所从事的行政管理等各项政务工作，并接受社会监督的制度。决策公示是指政府在行政管理过程中对于涉及社会大多数人利益的政策决策，都必须向全社会公开说明，并可以让民众参与讨论、表达个人意愿，最后进行一定程度的民意表决，由政府和民众共同决策。

3. 重大决策听证制度

重大决策听证制度是城市公共决策回应的有效方式。听证是扩大决策参与范围、增强决策透明度和公开性的一个重要途径。听证制度是政府回应制度的一个重要内容，其涉及的主要是那些与民众利益相关的公共产品的供给政策决策问题。政府在对这些公共产品进行公共政策决策的时候，必须注重民主的政治参与，真正体现政府的民主管理与民主决策。听证制度在很大程度上能够实现民众的最终利益。

4. 政府决策复决权制度

政府决策复决权制度是城市公共决策再回应机制。它是指在政府决策方案出台之后或者是在开始实施时进行再次审核和监督，重新复决的过程。它主要由人民代表或市民代表来行使，或者由公众共同评价。复决权有利于避免决策失误，是政策决策科学化和民主化的体现。复决权的行使并不是一个必然的过程，而是对于那些有争议的、关系重大的并且在执行过程中容易出现问题的政策决策进行再次决策的过程。但是，复决权的行使必须严格遵循程序和制度，不能轻易行使。

5. 政府决策法规回应制度

政府决策法规回应制度体现了城市公共决策回应法治化。它一方面是指政府针对社会上出现的新问题、新情况，对不适应社会现实的法律进行修改，对需要规范的新事物进行立法的创制、修正与监督；另一方面是指加强对政府自身行为的立法监督，尤其是对决策过程、决策执行等进行制度化建设，这也是政府为保障公民回应权利而作出的法律与制度保证。

6. 政府决策责任制度

政府决策责任制度是公共决策回应的监控机制。如果政府决策系统只是迫于问题的压力和外在环境而进行决策，其行为无疑是消极的，也是被动的。民主政治是责任政治，责任政治要求政府以积极的姿态，不断地了解社会的发展变化，洞察可能出现的问题，本着回应社会和大众的要求，秉持关怀公共利益的精神，积极发现问题，并适时作出决策以解决问题。

有效的政府决策回应流程包括政府回应民众、政府机构的沟通方式设计、民众表达途径的建立、政府处理问题的时间分配、部门分工与合作、民众表达行为规约、政府人员回应纪律与规范以及政府回应的绩效评估等多个方面。公众与政府决策之间存在一种互动关系，政府回应的流程设计与运作，关键是要建立一个"公众—政府"回应载体和"政府职能部门(决策部门)—公众"的回应系统。这个系统的主要部分就是政府回应载体与政府职能部门和决策部门之间的勾连关系。一个能有效回应民众的政府，必定有完善的政府回应载体来连接政府与民众。一般来说，政府回应载体必须有信息传递能力，能把民众信息传递给政府机构，也能把政府信息向所有民众公布；必须具有信息处理能力，并能处理行政管理事务；还应当有监督并控制政府行为的能力，这表现为对行政管理事务的操作过程、公务人员行为品质的评价监督等功能[①]。

---

① 李伟权. 简论政府公共决策回应机制建设[J]. 学术论坛，2002(4).

第四篇
城市经济
管理

第十一章 城市主导产业选择、产业结构调整及其转型

城市产业规划与结构调整是城市管理的重要方面。本章首先介绍城市主导产业选择基准、评价指标体系和选择方法；其次介绍信息化时代的产业融合与结构调整，阐述产业变革趋势、产业模式发展和产业的跨界发展等；再次讨论知识经济与文化创意产业发展，重点讲解知识经济时代的产业形态、创意产业与产业结构调整以及创意产业的地区模式选择；最后介绍产业互联网规划与数字化转型，着重分析产业互联网的本质特征、整体架构与发展规划，讨论如何借助产业互联网实现城市全产业链的数字化转型升级。

第一节　城市主导产业选择

一、城市主导产业选择基准

主导产业是指具有基础性，增长率高、技术先进，对其他产业有较强带动作用，对整个经济发展起支撑作用的产业或产业群。随着经济的发展，资源条件、需求结构和经济环境会发生变化，主导产业也会因此发生转换和更替。合理选择各个时期的主导产业，能够推动地方产业结构的合理化和高度化发展进程，实现资源优化配置，保持经济持续、稳定、快速发展。

选择主导产业，首先涉及选择原则问题，即主导产业的选择基准，常用的选择基准有以下几个。

1. 产业关联度基准

产业关联度是指各产业之间的相关程度。一个产业只有与其他产业建立广泛、密切的技术经济联系，才有可能通过聚集经济与乘数效应的作用带动一个城市相关产业的发展，进而带动整个地区的经济发展。因此，产业关联效应是选择城市主导产业的一个重要基准，即应选择那些产业延伸链较长、带动效应大的产业作为主导产业。

2. 社会效益基准

依据社会发展和可持续发展理论，城市主导产业的选择不仅取决于其对经济增长的作用和贡献，而且还要考虑它对城市和区域社会进步所作出的贡献。也就是说，除经济效应外，选择城市主导产业还应考虑其所能产生的社会效应。

3. 比较优势基准

比较优势基准包括静态比较优势基准和动态比较优势基准。其中，静态比较优势基准是指根据现行生产要素或资源的相对优势来选择中部地区主导产业。这一基准要求重点发展那些可

以充分利用相对优势的产业部门，然后以此为中心，按照产业部门之间的经济技术联系，逐步推动相关产业部门的发展，构建一个能充分利用本地区优势的产业结构。动态比较优势基准则是指将那些目前比较成本还处于劣势，但未来具有比较成本优势，有可能成为带动本地区产业结构向高级化方向演进的幼小产业扶植为主导产业。

4. 技术进步基准

技术进步速度是促使生产率上升的最突出因素。主导产业高于其他产业的经济增长速度必须借助于产业的高效率来实现，因而其技术应居于领先地位和具有较强的创新能力。选择技术进步速度快、技术水平高、技术要素密集的产业作为主导产业，可以保证中部地区产业结构不断保持技术领先，同时保证该产业在区际分工中一直占据比较利益最大的领域。

5. 产业发展潜力基准

产业的发展潜力，从根本上说取决于产业的需求收入弹性。需求收入弹性高的产业，其需求扩张幅度随着人均收入水平的提高而不断扩大，产业增长具有广阔的市场前景，或者说迅速扩张的市场需求会拉动该产业实现较快的增长。因此，只有把主要大类产品需求收入弹性较高的产业作为主导产业，才能促进居民收入水平的提高和消费结构的变化，使经济增长呈现出广阔的市场前景。反映产业发展潜力的另一个指标是产业贡献率的进步趋势，一般来说，产业贡献率日益增人的产业具有较人的增长潜力。

二、城市主导产业评价的指标体系

对于主导产业的选择，需要通过一定的评价指标体系进行测度，而评价指标的选择和量化直接决定着评价结果。应根据主导产业选择基准，遵循科学性、动态性、前瞻性、可操作性、层次性原则，构建城市主导产业评价的指标体系，如图11-1所示。

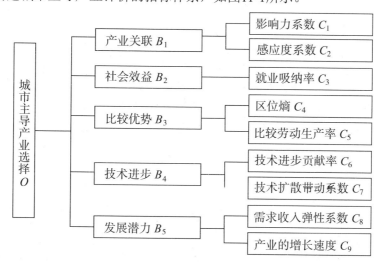

图11-1　城市主导产业评价的指标体系

1. 产业关联指标

(1) 影响力系数。影响力系数可用投入产出表来测算，用公式表示为

$$F_j = \frac{\sum_{i=1}^{n} h_{ij}}{\frac{1}{n}\sum_{i=1}^{n}\sum_{j=1}^{n} h_{ij}} \quad (i,j=1,2,3,...,n) \tag{11-1}$$

式中：h_{ij} 是列昂惕夫逆矩阵中的元素，表示部门 j 生产单位最终产品时对部门 i 的产品的完全需求。

(2) 感应度系数。感应度系数指标用投入产出表的逆矩阵来测算，用公式表示为

$$E_i = \frac{\sum_{i=1}^{n} h_{ij}}{\frac{1}{n}\sum_{i=1}^{n}\sum_{j=1}^{n} h_{ij}} \quad (i,j=1,2,3,...,n) \tag{11-2}$$

如果影响力系数或感应度系数大于1，则说明该部门对其他部门的影响力较强或感应度较高。

2. 社会效益指标

选择主导产业，需要重点考虑产业的就业功能。反映产业吸纳就业能力的评价指标有就业弹性系数、就业吸纳率、就业规模及就业密度等。在这里，社会效益指标主要通过就业吸纳率来反映。就业吸纳率用公式表示为

$$T_{ij} = X_{ij}/Y_{ij} \tag{11-3}$$

式中：T_{ij} 表示第 j 地区第 i 产业的就业吸纳率；X_{ij} 表示第 j 地区第 i 产业的年平均就业人数；Y_{ij} 表示第 j 地区第 i 产业的工业总产值。

3. 比较优势指标

(1) 区位熵。区位熵用公式表示为

$$LQ_{ij} = \frac{G_{ij}}{G_i} / \frac{G_j}{G} \quad (i=1,2,...,n; \ j=1,2,...,m) \tag{11-4}$$

式中：G_{ij} 表示 i 城市 j 部门的从业人员数；G_i 表示 i 城市所有部门从业人员数；G_j 表示全国所有城市 j 部门的从业人员数；G 表示全国城市从业人员总数。区位熵 LQ_{ij} 大于1，表明 i 城市 j 部门的集中度大于行业的平均水平。

(2) 比较劳动生产率。比较劳动生产率用公式表示为

$$C_i = \frac{A_i}{\sum_{i=1}^{n} A_i} / \frac{L_i}{\sum_{i=1}^{n} L_i} \tag{11-5}$$

式中：C_i 表示比较劳动生产率；$A_i / \sum_{i=1}^{n} A_i$ 表示 i 产业产值占区域总产值的份额；$L_i / \sum_{i=1}^{n} L_i$ 表示 i 产业劳动力占社会总劳动力的份额。C_i 越大，i 产业在区域内的生产效率越高，i 产业成为城市主导产业的可能性就越大。

4.技术进步指标

(1) 技术进步贡献率。计算技术进步贡献率的数学方程式为

$$Y=A+\alpha K+\beta L \tag{11-6}$$

式中：Y、K、L分别表示产出、资金和劳动的年增长速度；α、β分别表示资金和劳动的产出弹性；A表示年技术进步速度。式(11-6)表明，产出的增长是由生产要素资金和劳动投入量的增加以及技术进步带来的。技术进步对产值增长速度的贡献率表示为

$$E_a=A/Y\times100\% \tag{11-7}$$

在实际计算时，关键是产出、资金、劳动量、价格方式的确定，以及年平均增长速度的计算方法的确定等。

(2) 技术扩散带动系数。技术扩散带动系数指标的计算公式为

$$TS_i=E_a>G_i \tag{11-8}$$

$$G_i=F_j+E_i \tag{11-9}$$

式中：G_i表示产业关联度；F_j和E_i分别表示影响力和感应度系数；TS_i表示技术扩散带动系数，TS_i越大，表明该产业带动其他产业实现技术进步的能力越强。

5.发展潜力指标

(1) 需求收入弹性系数。需求收入弹性系数的计算公式为

$$e_i=(\Delta P_i/P_i)/(\Delta N/N) \tag{11-10}$$

式中：P_i表示城市或区域第i产业产品销售收入；ΔP_i表示城市或区域第i产业产品销售收入增长额；N表示国内生产总值；ΔN表示国内生产总值增长额；e_i表示需求收入弹性系数，e_i数值越大，市场对产品的需求越多，产业的发展潜力越大。

(2) 产业的增长速度。产业的增长速度是另一个反映产业增长潜力的指标。在市场调节下，产业的增长速度基本上代表了市场需求增长的趋势，其计算公式为

$$Y_i=\sqrt{\frac{Y_{it}}{Y_{i0}}}-1 \tag{11-11}$$

式中：Y_{it}表示行业报告期的总产值；Y_{i0}表示行业基期的总产值。

三、基于AHP的城市主导产业选择

主导产业选择是一个涉及多因素、多准则的决策过程。美国运筹学家萨蒂提出的"多层次分析法"(analytic hierarchy process，AHP)在主导产业选择过程中较为常用。层次分析法是包括指标分类、专家调查、统计分析在内的系统分析方法。它的基本思路是将所要分析的问题层次化，在此基础上，根据问题的性质和总目标，将问题分解为不同的组成因素，依据因素间的相互关联影响以及隶属关系将因素按不同层次进行组合，形成一个多层次结构分析模型，最终将其归结为最低层(方案、措施、指标等)相对重要程度的权值问题或相对优劣次序的排序问题。

运用层次分析法对城市主导产业进行选择，主要包括以下三个步骤。

1.建立结构模型

建立AHP指标体系及其递阶层次结构模型。在图11-1中，将模型分为三个层次：目标层，

即对主导产业进行综合评价和选择；准则层，包括主导产业评价的五个基准；指标层，包括主导产业选择的九个具体指标。

2. 权重确定

根据AHP层次结构模型计算各层次元素的权重，其方法是在咨询专家的基础上，构造判断矩阵，然后利用层次单排序和总排序的计算程序在计算机上依次计算并判断矩阵的单排序和各层次的总排序，最后得到各指标相对于目标层的权重值。

3. 综合评分

对原始数据进行无量纲标准化处理，计算出城市主要产业的标准化得分，最后通过加权求和的方法计算出各产业的综合评价值。在整体评价值中，对得分较高的产业部门再进行定性分析，最终确定主导产业。

第二节 信息化与城市产业结构调整

一、产业变革与传统产业改造

1. 城市产业变革的基本特征

当前世界范围内不断演进的信息化进程，对产业经济发展产生了重大而深刻的影响。科技作为城市经济发展最重要的动力已经成为影响产业升级和产业布局的重要因素。通信和交通技术的日新月异，尤其是互联网的普及促使信息和知识传递的时空阻碍大幅度减少，同时也促进了物流、信息流的变革。这种变革打破了传统生产方式的局限，进而变革着城市产业形态。城市产业变革体现出如下特征。

(1) IT产业链与工业产业的区别。传统制造业由于受资源流动成本的限制而必须集中于一定的地理空间内，而IT产业的轻量化为"外包"生产模式的应用提供了可能，例如，研发可以异地同时进行，零部件和产品运输甚至可以通过空运来完成，地理空间的限制被彻底打破。IT产业链前后关联度低也使产业链的简化成为可能，例如，从硅原料到芯片的转变由intel即可完成，产业链已经短到极致。

(2) 经济中心门槛降低。在传统的制造业背景下，城市要成为经济中心受资源禀赋、区位条件、科技创新等条件的限制，某些条件的缺失往往决定了该地区不可能成为经济中心。而信息化进程的加快，打破了这一惯例。如今，经济中心的门槛正在降低，甚至只要网络、文化发达就可能成为经济中心城市。

(3) 柔性专精的生产方式。传统制造业的特点是在大规模生产的基础上实行全社会范围内的专业化分工协作。随着信息化和科技革命进程的加快，生产社会化程度越来越高，生产规模越来越大，市场化的生产协作越来越广泛，柔性生产方式正在逐步替代过去的刚性大生产方式。

(4) 主导型产业与依附型产业。传统观点认为，只有主导产业才有话语权，主导产业的特点首先表现为自身的高增长率，其次是能通过前后关联带动其他产业的增长。但是主导产业的发展毕竟要受到多方面条件的限制，而随着信息化时代的到来，在新型制造业发展过程中，依附型产业同样可以获取高额利润。例如，有些地区没有发展汽车整车生产的优势，汽车产业也无法成为该城市的主导产业，但该地区能把为汽车产业提供某种零部件的产业的规模做得很大，并能取得良好收益。

(5) 产业服务化。随着现代制造业结构形式的不断变革，服务作为中间投入要素已越来越多地融入制造业；制造业企业活动的外包又带动了服务业的发展，服务业与制造业进入了一个高度相关、双向互动的发展阶段。工业生产将变成"服务密集"的生产，这实际上就是通常所说的生产"软化"。服务作为一种软性生产资料正越来越多地进入生产领域，对提高经济效益和增强产业竞争力产生了重要的影响。由于服务投入的增加，服务业和某些制造业的界限越来越不明显，服务业和制造业的关系正在变得越来越密切。

2. 产业结构调整的总趋势

在信息化的影响下，城市产业结构调整呈现如下趋势：高新技术产业化和产业结构高效化的步伐将进一步加快；知识型服务业会逐步成为拉动经济增长的主导产业。在新产业不断涌现的同时，通过高新技术改造后，某些传统产业仍将具有较大的发展空间。具体来说，这种产业结构调整主要从以下四个层面展开。

(1) 经济全球化带来的产业结构调整和转移。经济全球化实质上是一个以跨国公司为主要动力在世界范围内进行产业结构调整与产业转移的复杂过程。全球产业转移主要有两种方式：一是发达国家通过相互投资、企业兼并或联合研发来拓展市场、更新技术，实现技术与资本密集型产业的升级。二是以直接投资或并购的方式，把劳动和资源密集型产业转移到发展中国家。在这种产业转移的过程中，既有产业整体转移，也有同一产业的上中下游分离，即转包。在全球化背景下，国家"疆界"日益淡化，城市，尤其是国际化大都市的地位不断提升，它们更多地承担起发展地区经济和促进社会发展的责任。由于城市是构成全球运行网络的基础单元，它对全球资源的流动和规则的变化表现得极为敏感。城市在成为全球生产链重要球节的同时，其产业结构也正经历着重大调整。

(2) 高新技术正从深层次上改变产业结构。以信息技术、生物技术等为代表的高新技术的迅速发展，极大地改变了城市经济产业结构。信息技术作为一个关联度、感应度和催化度极强的产业，既催生了一批新兴产业，又带动了微电子、半导体、激光、超导等关联产业的发展，不仅加速了生物工程与生命科学、新材料与新能源、航空航天等高新技术产业的成长，而且促进了光学电子、航空电子等边缘产业的诞生。用信息技术改造传统产业，可使其脱胎换骨，并能加速新、旧产业融合。

(3) 新制度催生新技术，创造新产业，造就新经济。20世纪90年代，美国产业结构调整成功的秘诀之一就在于制度创新。例如，在投融资体制方面，发展风险投资与二板市场。作为一种承受高风险、追求高回报的融资体系，风险基金具有传统融资所不能承担的孵化高新技术产业的功能，它可使具有较大失败风险的高新技术创意实现从思想到实验室再到产业化的转变。二板市场作为退出机制，不仅能使高新技术企业易于在此融资和分散风险，而且能使一些高新技术中小企业易于在此融资和发展。又如，股票期权激励机制与企业文化创新。新思想和新创意的涌现，在很大程度上得益于宽松的企业文化氛围和以股票期权为主的激励机制。再如，在研发体制上实现产学研一体化。实践证明，产学研三位一体是科技转化为生产力的最佳方式。

当然，灵活的用人制度和正确的产业政策，也都是产业结构调整成功的重要保障。

(4) 知识型服务业在经济中的比重大幅度增加。随着产业结构调整规模的不断扩大，包括金融、信息、咨询等在内的知识型服务业在国民经济中的比重将大幅度增加。信息、生物和纳米技术将成为影响未来科技进步与产业升级的核心技术。高新技术产业化和产业结构高级化，意味着高新技术在整个经济发展过程中的作用将越来越大，原有的主导产业，如钢铁、石化、汽车等将逐步被信息与通信、生命科学与生物工程以及新材料与新能源等新兴的主导产业所替代。用高新技术，尤其是信息技术改造第一和第二产业，可使趋于衰退的传统产业——农业与制造业的发展实现逆向回归，赢得新的发展空间。知识型服务业需要具有知识和技能的人员来支撑，需要先进的技术来支撑，需要高效的信息来支撑[①]。

3. 新兴产业改造传统产业

在信息化背景下，城市传统产业正在被解构和改造。新兴产业如何改造传统产业？基本途径就是创造条件，最大限度地利用产业转移带来的机会，抢先融入世界产业转移改造大潮，率先享受产业升级的好处。由于本次世界产业转移的主体是技术、知识和资本密集型产业，而高新技术转移多采取跨越式，其目标更注重东道国的技术、人才和研发能力等综合知识优势与信息基础设施和体制条件，原有的廉价劳动力等硬优势趋于弱化，而体制、人才和创新能力等软优势突显出来。这给承接产业转移的城市或地区提出了一个更高的要求。只靠传统比较优势是无法实现跨越式发展的，将导致企业在国际分工中长期处于不利地位。根据国外经验，信息技术领域是比较易于实现跨越式发展的领域，且技术溢出、渗透与带动效应较大。发展信息技术不但能培植一批与其相关的新兴产业，还能用信息技术改造传统产业，实现整体产业升级。在信息化进程中，网络将重新组织生产、物流、营销等经济活动，开放的、全球化的交易方式将取代封闭的、区域性的交易方式，这预示着全球各行业的竞争将日益加剧，只有具备产业竞争力优势的城市或地区，才可能成为该行业的经济中心。

运用高新技术改造、提升城市传统产业，要把改造、提升传统产业与新兴科技和新兴产业结合起来。新科技革命必将与新兴产业发展更加紧密融合且互相推动促进。从趋势上看，传统产业与新兴科技的融合也正在不断加深，若干年后，许多领域将难分彼此，特别是前沿技术的突破、战略性新兴产业发展，为传统产业的发展指明了新的方向，展示了光明前景。我们必须紧紧把握这一趋势，注重利用新兴科技提升传统产业，推动两者融合发展。一方面，要紧紧把握世界经济科技发展趋势，立足国情和科技、产业基础，重点培育和发展节能环保、新一代信息技术、生物、高端设备制造、新能源、新材料、新能源汽车等战略性新兴产业。因为战略性新兴产业是新兴科技和新兴产业的深度融合，既代表着科技创新方向，也代表着产业发展方向，对未来经济社会的发展具有重大引领带动作用。另一方面，要紧紧依靠科技进步，大幅度提高传统产业的科技含量，加快运用高新技术改造传统产业的步伐，提高并增强传统产业的质量效益和竞争力。例如，在能源方面，我们要坚持节约优先、立足国情、多元发展、保护环境，加强国际合作，调整、优化能源结构，构建安全、稳定、经济、清洁的现代能源产业体系。一方面，要大力发展新能源；另一方面，要在化石能源清洁利用、提高能效、降低能耗方面大力开展新技术研发。同时，还要推进能源多元清洁发展，优化能源开发布局，加强能源

① 上海福卡经济预测研究所. 无边界浪潮[M]. 上海：学林出版社，2004：101-104.

输送通道建设等。在制造业方面，要优化结构，改善品种质量，增强产业配套能力，淘汰落后产能，发展先进装备制造业，调整优化原材料工业，改造提升消费品工业，促进制造业由大变强。要提高制造业水平，必须依靠科技，力求在新材料、新工艺、关键核心技术和技术集成等方面取得突破。

二、信息化时代的产业融合趋势

1. 产业模式的重大变革

在以传统工业化为基础的产业经济中，以固定化产业边界为特征的产业分立是一个普遍现象，并在很大程度上构成了产业经济的运行基础。产业边界是清晰而固定的。规模、角色清晰、专门化和控制是产业发展的几个关键因素。传统工业经济时代的产业部门，通过技术运用、业务划分以及产品特性等使得产业边界概念非常清楚。正是这种与工业化生产方式联系在一起，作为机械化生产及其技术发展产物的产业边界的明晰化与固定化，导致了大规模、普遍性的产业分工。

然而，在信息化时代，产业体系的基础发生了根本性变化。信息化时代的生产方式，内生出产业融合的现象。所谓产业融合是指不同产业或同一产业内的不同行业相互渗透，相互交叉，最终融为一体，逐步形成新产业的动态发展过程，同时在这一过程中还会出现既有产业的退化、萎缩乃至消失的现象。产业融合不是几个产业的简单叠加，而是新产业与传统产业的融合。

尽管目前产业融合还不是产业领域的普遍现象，但它却代表着产业模式的重大变革。产业融合使固化的产业边界发生了本质性变化，即传统产业边界呈现模糊化趋势。以信息技术为代表的科技进步推动了产业之间的融合发展，产业之间的技术、产品和业务相互渗透和交叉，改变了企业生产的成本结构和投资特征，一种产品往往是多个产业生产成果的结晶，原有的产业界限日益模糊化。

这种产业之间的融合发展与产业边界的模糊是社会生产力进步的必然结果，它带来的积极作用主要表现在三个方面：一是增长产业链，增加产业边际效益。在产业融合的过程中，产业链经过整合，向上下游不断延伸拓展，能更大程度地发挥产业边际效益。二是有效调整产业结构。因为产业不再孤立发展，融合互动带来产业之间竞争合作关系的改变，不同产业各展所长、各取所需，不断提高资源利用率，产业结构在这种融合互动中得以调整和优化。三是促进新兴产业、边缘化产业的诞生。不同产业之间交叉、衍生，通过产业技术融合推动新兴产业的形成和发展，这些产业很难被归为哪一类产业，但往往显示出强大的生命力，并成为新的经济增长极和新的主导产业[①]。

总之，在产业融合的过程中，产业边界的模糊化，使原有相对独立的系统相互渗透，它要求部门间的投入产出有更大的适应性，这是一个倾向于关联灵活、富有弹性并由适应性驱动的生产过程。因此，产业融合从根本上动摇了传统产业分立的基础，是对传统产业分立的否定。

---

① 杨振之. 产业融合与模糊的产业边界[N]. 中国旅游报，2012-08-09.

2. 产业融合与产业的新发展

从形式上看，产业融合似乎只是改变了原先固定化的产业边界，然而，其实质是突破了产业分立的局限，并通过相互渗透与交叉作用，形成一个新的产业发展平台，带来全新的产业发展。

(1) 产业融合大大促进了新产品与新服务的开发。在产业融合过程中，由于产业突破了边界固定化的限制，使其得以寻求交叉产品、交叉平台以及跨部门的业务重组，从而为企业提供了开发新产品、新服务等的巨大商机，并直接导致许多融合新产品与新服务的产生。产业融合中产生的新产品与新服务，增加了品种类型，拓展了市场空间，使消费者有了更多的选择机会，实现了消费的多样性。当然，融合新产品与新服务对原有产品与原有服务有一定的替代性。例如，数字电视提供的交叉服务(在新闻、电影等方面)，可能成为卫星电视和有线电视的替代者。但从总体上看，这种融合的新产品与新服务与传统产品及服务之间是相互依存、互为补充的[①]。

(2) 产业融合大大促进了传统服务及其产业的创新。直接表现是产业融合赋予了传统服务新的内容，尤其是数字化信息的灵活性，使传统服务变得更加丰富多彩。例如，数字电视、更高质量的移动通信设备等，能够提供更完美的服务。更重要的是，这种融合带来了整个服务业的深刻变革。例如，农业与服务业的融合，催生休闲农业、乡村旅游这一类新型生产经营形态；现代服务业与旅游业配套以后，交叉融合形成新的业态，如商务旅游、会展旅游、医疗旅游等；葡萄种植、葡萄酒加工工艺与旅游业的融合发展使得波尔多成为世界上最热门的旅游目的地之一。

(3) 产业融合可有效突破产业边界的桎梏，催生新的产业形态。产业融合并不意味着产业内所有生产都会融合，融合只发生于不同产业在技术、产品、业务等方面所形成的交集部分。在这一部分，产业之间没有明确的界限，交集越多，产业融合的程度越深，产业边界也就越模糊。因此，产业融合的形式多种多样。例如，第一产业与第二产业、第三产业的融合；第一产业、第二产业、第三产业的相互融合；第一产业、第二产业、第三产业与现代服务业的融合；制造业与现代科技的融合；制造业与文化创意产业的融合。

3. 跨越产业边界，寻找新的产业机会

传统的产业组织理论SCP(structure-conduct-performance，结构—行为—绩效)模型，强调对产业进行结构化分析。这些理论均从现存的产业市场出发，主张产业战略的出发点是适应环境，而要求适应的环境实质上是已结构化的产业市场环境，这势必导致：一方面，产业发展的生存空间十分有限；另一方面，产业发展往往被动地适应环境，处于追随者的困境中。在同一个产业中塑造竞争优势，往往要以行业关键成功要素为导向。譬如，在成熟产业中，成本优势往往是行业成功的关键要素，这意味着行业中的企业以及潜在的进入者，都会将这一要素作为衡量企业自身在产业中竞争地位的关键因素。当然，每个企业获得成本优势的原因可能各不相同，但随着产业竞争的逐渐升级，产业中的各个企业在各个要素方面的竞争差距会以"回归"的走势逐渐缩小，直至趋同，最后，不言而喻，同质化竞争不可幸免。换言之，同质化竞争是城市之间的产业竞争难以逾越的藩篱，而产业边界限制则是上述怪圈得以形成的症结所在。

---

① 周振华. 信息化与产业融合[M]. 上海：上海三联书店，上海人民出版社，2003：57.

产业融合的出现将从根本上改变这种情况。自20世纪90年代以来，数字化技术、通信和计算机技术的迅速发展，使以其为技术支撑的诸多行业之间的边界正在由清晰走向模糊。正是这一重大变化，推进了信息、电信、文化、娱乐、传媒、出版、金融、证券、保险、零售、物流、旅游、酒店等行业之间的相互渗透和融合，在全球形成了大规模并购、重组的浪潮，多元化成为大公司的发展战略。与此同时，资源配置、整合方式也发生了结构性变化，许多新的业态应运而生，形成新的经济增长点，并直接改变了传统的产业结构。

因此，城市需要适时地调整经济政策、产业政策，以顺应产业边界模糊与产业融合的发展趋势。通过政策设计，有效跨越产业边界，寻找新的产业发展机会。首先，要积极调整政府政策，加快经济、文化产业的融合。我国现行的城市管理体制框架仍是基于传统的产业分立、条块分割管理的模式，已经难以适应经济发展的要求。应该考虑如何依托现代工业技术、计算机技术、信息技术等，促进经济、文化产业的相互渗透和共同发展，从而促进城市经济社会加快发展、率先发展、协调发展。其次，采取积极和开放的行业管制政策，以适应全球性的产业竞争。既要支持、鼓励和引导信息产业向服务领域渗透，也要支持、鼓励和引导服务领域的企业向其他领域渗透。例如，尽快放开对混业经营的限制，逐步取消电信业和其他信息服务业之间的行业壁垒，从而实现电信业、传媒业、文化娱乐业等的逐渐融合。再次，重组管制机构，以监督代替管制。在完善法律法规的基础上，对规制机构进行改革，成立融合型规制机构，创造公平、公正的环境，改审批为备案，改管制为监督。例如，在金融领域方面，逐渐对银行、保险、证券实施统一监管，实现混业经营，进一步发挥金融企业的规模经济性和范围经济性。最后，做好配套服务，主动引导产业融合发展。产业融合有很多配套工作是政府应该承担的。例如，对研究和开发活动给予充分的政策支持，鼓励和引导企业进行高新技术投资，加快高新技术尤其是信息技术的发展，促进相关行业的成长和壮大。

第三节　知识经济时代文化创意产业的发展

一、知识经济时代文化创意产业形态

近年来，在一些发达国家和地区，一些特别倚重创意及才华的知识密集型行业——文化创意产业，在经济规划和政策制定中日益受到关注。从经济形态看，对于已进入创新驱动经济增长阶段的城市和地区来说，具有知识型、创意型及服务型特点的文化创意产业已成为其经济增长的新亮点。

与农业、工业、服务业三大传统产业形态相比，新型创意产业是一种与人的创造力相关的产业，本质上是以文化性为主导、以物质与抽象融合的产业形态为市场的创新型产业。具体来说，文化创意产业是指依靠创意人的智慧、技能和天赋，借助高科技对文化资源进行创造与提升，通过知识产权的开发和运用，产生高附加值产品，具有创造财富和就业潜力的产业。文化创意产业主要包括广播影视、动漫、音像、传媒、视觉艺术、表演艺术、工艺与设计、雕塑、环境艺术、广告装潢、服装设计、软件和计算机服务等方面的创意群体。

　　文化创意产业属于知识密集型新兴产业形态，它主要具备以下特征。

　　首先，文化创意产业具有高知识性特征。文化创意产品一般以文化、创意理念为核心，它是人的知识、智慧和灵感在特定行业的物化表现。文化创意产业与信息技术、传播技术和自动化技术等的广泛应用密切相关，呈现出高知识性、智能化的特征。例如，电影、电视等产品的创作是通过与光电技术、计算机仿真技术、传媒等相结合而完成的。其次，文化创意产业具有高附加值特征。文化创意产业处于技术创新和研发等产业价值链的高端环节，是一种高附加值的产业。在文化创意产品价值中，科技和文化的附加值比例明显高于普通的产品和服务。最后，文化创意产业具有强融合性特征。文化创意产业作为一种新兴产业，它是经济、文化、技术等相互融合的产物，具有高度的融合性、较强的渗透性和辐射力，为发展新兴产业及其关联产业提供了良好条件。文化创意产业在带动相关产业发展、推动区域经济发展的同时，还可以辐射到社会的各个方面，全面提升人民群众的文化素质。

　　文化创意产业形态的根本点是通过"越界"促成不同行业、不同领域的重组与合作。通过越界，寻找新的增长点，推动文化发展与经济发展，并且通过以全新生产力推动创造性社会发展的途径，来促进社会经济与机制的改革创新。

　　随着20世纪90年代知识经济的兴起，以及发达国家由工业经济形态向知识经济形态的转型，创意产业在世界各国蓬勃发展，且创意产业的发展和规模已经成为衡量一个国家和地区实力高低的主要标志。著名经济学家保罗·罗默提出的"新创意会衍生无数的新产品、新市场和创造财富的机会，因此创意才是推动一国经济成长的原动力"这一论断，正在实践中不断得到印证。

二、文化创意产业与城市产业结构优化

　　随着知识经济的深入发展，要素对经济的驱动效应在不断降低，面对资源、环境的压力与约束，城市经济要实现由要素驱动型向创新驱动型的转换已成为越来越紧迫的课题。面对目前高污染、高消耗、低附加值的发展方式，城市迫切需要向低污染、低消耗、高附加值的发展方式转变。对于这两大转变，文化创意产业通过自身的发展发挥着不可或缺的作用。

　　文化创意产业处于技术创新和研发的产业价值链的高端环节，它最重要的经济资源是人的创造性，是一种高附加值产业，而人的创造性又是一种清洁、可再生的资源，在深入挖掘人的知识、智慧、灵感以创造财富和增加就业的同时，并不会增加对环境的压力，所以文化创意产业是典型的低污染、低消耗、高附加值的产业，其发展对于我国不断优化调整产业结构、转变经济发展方式，大有裨益。

　　此外，文化创意是在一定文化沉淀的基础上人的创造性与智慧的结晶，它具有很强的融合性、渗透性和辐射力，其通过与现代技术的嫁接，与创新形成合力，推动各行各业的发展。文化创意产业是"无边界"产业。它通过"越界"促成不同行业、不同领域的重组与合作，与第一、第二、第三产业相互融合，从而可促进农业发展，为农业打造全新的发展理念；为第二、三产业注入文化生机，完善产业链发展，实现产业的优化升级。具体来看，文化创意产业对三次产业的影响不仅仅是简单的渗透，而是对三次产业增长的核心要素重新进行鉴定，用创意经济时代的思维方式来开拓新的经济增长道路。在文化创意产业中，创意不仅是对产品的设计、对概念的包装，还包括对商业模式、机制的创造创新，所以文化创意产业对三次产业的影响包

括空间上的植入和要素上的重新组合。其中，空间上的植入是将文化创意移入三次产业部门，发展新兴产业形态，赋予产业以全新的属性，在发展产业原有功能的同时，增加产业生态、文化等方面的功能，为产业发展寻找全新的发展模式。要素上的重新组合是指在增加生产创意产品的同时，创新产业发展的新模式，通过一些文化创意做好产品的新品种研发、生产、营销策划和品牌创造与包装，提高产品的生产与经营效率，从而形成良性互动的产业价值链。

三、文化创意产业的地区发展模式选择

近年来，发展文化创意产业成为国内各个城市竞相追逐的热点。国内有多个城市提出要大力发展文化创意产业基地或建立文化创意产业园区。从现在国内一些城市的做法来看，相当一部分沿袭了过去建设工业区以及招商引资的做法，例如设立文化创意产业园区等，这实际上是将文化创意产业当作一个土木工程项目来做。这种理解上的不到位将导致文化创意产业在未来发展上的偏差。

文化创意产业发展依赖于特定的环境和条件，各城市必须在地区经济社会等诸多条件的约束下，选择能发挥本地区比较优势的产业发展模式，这是文化创意产业实现永续发展的前提。根据我国学者胡晓鹏的研究，地区文化创意产业的发展模式可组合为六种基本类型[1]，如表11-1所示。

表11-1 地区文化创意产业发展模式

内容	禀赋内生	外力推动	外部嵌入
专业化	特殊资源型	政策催生型	产业介入型
多样化	自发生成型	战略规划型	环境引力型

1. 特殊资源型发展模式

在文化创意产业发展实践中，有一些地区往往被定位为文化创意产业之具体行业的专业化区域。例如，维也纳是全世界的音乐之都；云南的大理、西双版纳等城市被人们看作民族风情旅游胜地；景德镇的陶瓷文化誉满全球；地处南欧的意大利和西班牙拥有大量的文化遗产；汽车诞生地底特律在近百年的汽车产业发展过程中，逐步拥有了独具特色的汽车文化资源，成为汽车文化创意的专业化地区。凡此种种，不胜枚举。从本质上看，这些城市或地区之所以能够成为某类文化创意行业的典型代表区域，与它所拥有的特殊资源密切相关。这里的特殊资源是指广义的文化特殊资源，它主要与可商品化的历史文化和工业文化密切联系。

2. 自发生成型发展模式

随着经济的快速发展，发达经济体呈现出生产定制化和消费个性化两个特点，而文化创意产业的文化要素迎合了消费个性化的要求，创意要素则使得生产定制化成为可能。国外大都市在服务业方面的优势特别明显，服务业中的研发、设计、咨询等直接为生产提供服务的行业也是生产性文化创意产业的重要组成部分，这种多业多强的服务业特点同样体现在文化创意产业中。不仅如此，世界上公认的大都市圈，如纽约、芝加哥、洛杉矶、伦敦、巴黎、东京等，都具有深厚的文化积淀，这就使得这些地区的消费型文化创意产业同样发达，基本表现就是这些地区每年创造的旅游收入非常多。当然，自发生成型发展模式最终也可以转化为另类的特殊资

---

① 胡晓鹏. 文化创意产业的地区发展模式研究[J]. 中国地质大学学报(社会科学版)，2010，10(1). 有改动

源型发展模式，但与特殊资源型发展模式不同，它更强调地区文化创意产业的多样化结构特征。基于此，自发生成型模式往往与大都市圈相联系，因为发达的经济水平确保了内生性，而大规模的市场容量确保了产业结构的多样化。

3. 政策催生型发展模式

在地区文化创意产业发展实践中，政策的作用是不容忽视的。从结果上看，许多政策在最初或许带有一定的应急性，但文化创意产业最终特色的形成却与其中一些政策所发挥的作用是分不开的。例如，泰国的曼谷曾经在主导产业的选择上做过许多努力，也出台了许多具体的产业发展政策，包括对汽车产业、旅游产业的扶持等。但从现状来分析，人们对于曼谷的认识更多与其"夜生活娱乐"联系在一起。泰国政府非常重视这一"无心插柳柳成荫"的结果，对曼谷的娱乐业更加重视，并进一步加强了政策的促进力量。政策催生型发展模式往往与经济发展过程中的产业政策设计相关。

4. 战略规划型发展模式

有些城市文化创意产业的发展源自战略规划。战略规划型发展模式旨在强调两个方面的内容：一是经济发展水平比较高，市场容量比较大，具备多样化发展的可能；二是城市现有功能与目标功能存在差距，需要通过制定功能性的战略决策确保城市文化创意产业发展目标的实现。这类地区广泛分布于发展中国家的大城市，原因在于：一方面，发展中国家在实现经济赶超时，政府对经济的支配能力很强；另一方面，大城市的经济发展达到一定阶段之后，产业结构调整和转换为文化创意产业的繁荣提供了足够的空间。例如，一些城市在很长时期内都以制造业为中心，文化创意产业处于滞后状态。但是，一旦这些地区开始切实推进城市功能转型，文化创意产业就有可能在这些地区呈现出多业并举、共同繁荣的局面。

5. 产业介入型发展模式

在许多情况下，由地区内特定的市场所引发的外来产业转移和文化介入，往往造就了本地区的行业专业化特色。例如，中国香港作为中西方文化交融地，传统的中国文化和现代的西方理念共同推动了香港广义设计业(广告、工程策划、咨询、出版等)市场的壮大。在长达近百年的城市演变中，无论是香港自己培育出的人才，还是外来转入的人才，他们大都与这一产业文化的关系极为密切。这在客观上造就了香港成为远东地区经济中心的地位，而外来嵌入人才集中于设计行业，使香港的文化创意产业最终形成以专业化的设计业为代表的中心区域。因此，外来产业介入型发展模式往往与某一地区强大的特定市场优势、社会发育程度和开放程度密切联系，离开这些条件就不可能形成专业化的特色。

6. 环境引力型发展模式

一些地区因其具有特殊的区位环境优势，吸引了大规模的外来文化创意产业嵌入本地区，并在形态上促进了不同类型文化创意产业园区的发展。一般来讲，这类地区大都具有比较高的经济发展水平、比较明显的区位优势和比较强大的产业配套能力。较高的经济发展水平和较明显的区位优势使本地区对文化创意产业所需人才的吸引力有所提升，而较强的产业配套能力则增强了文化创意产业多业共同发展的潜力。在开放经济条件下，环境引力型发展模式与功能定位型发展模式往往是相互匹配的，后者通过政策优化增强了地区环境的引力，而前者通过环境优化吸引了外来文化创意产业的嵌入，推动了地区功能的实现。

第四节　产业互联网规划与数字化转型

一、产业互联网的本质与功效

1. 产业互联网的定义与特征

产业互联网是数字经济时代基于互联网技术和生态，对各个垂直产业的产业链和内部价值链进行重塑和改造而形成的新的产业生态和形态。显然，产业互联网是一种新的经济形态，利用信息技术与互联网平台，充分发挥互联网在生产要素配置中的优化和集成作用，实现互联网与传统产业深度融合。

产业互联网与工业互联网不同。工业互联网虽说是新一代信息技术与工业系统全方位深度融合所形成的产业和应用生态，但工业互联网主要针对工业或制造业，它更关注制造企业本身的智能制造和生产过程控制水平的提升。产业互联网是工业互联网的升维发展，即它强调通过"商业模式创新+利益机制优化"进行整个产业链的优化重构和要素重组，实现产业链上下游大中小企业融合发展。

产业互联网也不同于消费互联网。消费互联网主要集中在线上和个人消费领域。产业互联网更关注如何通过互联网技术对产业链供给侧进行资源整合和流程优化，促进产业链上企业间的分工协作，实现对生产力的赋能提升。不过，从发展趋势看，产业互联网和消费互联网最终将打通融合，实现从源头到终端的全产业链优化。产业互联网有以下几个特征。

(1) 产业互联网重点服务于垂直化产业整合。产业互联网把产业内企业间的关系、企业与金融的关系在线化、闭环化，帮助存在产业上下游关联的不同产业平台相互连接，从而成就各垂直产业整合。它通过深入研究产业场景，为垂直产业内的从业者提供集成性云服务，聚焦垂直产业链特点，解决垂直产业的痛点，成为垂直产业的产业级基础设施。从这一点来说，产业互联网是以垂直化、提供行业解决方案为特征的平台。

(2) 产业互联网具有一定的锁定和路径依赖性。从用户和平台的关系来讲，消费互联网的消费者具有多栖性且频繁转换，产业互联网的特征则是锁定和路径依赖。在消费互联网这一领域中，消费者的沉没成本和转换成本较低，选择性很强。但在产业互联网中，平台自身以及用户都会有高昂的接入成本发生，会出现双向的锁定，一个是平台对用户的锁定，一个是用户对平台的锁定，因为企业和平台的对接，双方需要专用资产的投入，需要一对一的解决方案，数据接口、流程协调都需要双方长期的磨合和调整。因此，在产业互联网平台上，平台和用户保持着非常密切和长期的联系。

(3) 产业互联网发展离不开数字化技术支撑。新的数字化和信息化技术，如移动通信、物联网、云计算、大数据、人工智能、区块链等是产业互联网的基石。其中，移动通信技术打破了地域和时间限制，形成产业链中人与物、物与物连接的网络化；云计算为产业互联网平台的搭建打下了良好基础；大数据可提供更加智能化的分析预警决策支持，促进产业链供需匹配和运营改善；人工智能有助于城市优化产业结构，提高生产效率，改变分工格局；区块链技术在供应链金融风控体系中的应用，对于推动产业链信用体系和供应链金融建设将起到积极作用。

2. 产业互联网的功能与效应

产业互联网通过互联网和物联网技术把相关的各个产业有机地联系到一起，将不同产业高度融合，重组产业生态，尤其是推动了数字经济与实体经济的深度融合。这一新型的产业生态对未来经济的发展将起到重要的作用。

以城市的视野来看，产业互联网不仅是一种新型基础设施，它还是城市产业融合、重构以及推进产业数字化转型升级的一种新组织形态。通过共建平台，为特定行业或产业链的升级赋能，重塑产业链的价值创造过程。同时，利用层级组织、网络组织和市场组织等不同的组织方式和机制，采用大量数字化、智能技术，以确保产业相互兼容、协同发展。在数字经济时代，产业互联网激发了城市产业发展新动能，也有助于城市应对时代巨变和新技术浪潮下的许多新挑战。

产业互联网的应用会给城市产业发展带来什么样的变化？将会怎样推动产业转型和升级呢？

(1) 产业互联网对实体经济赋能，会形成制造业与互联网融合发展倍增效应。制造业与互联网融合发展，旨在以价值创造为导向，整合制造企业、互联网企业等力量和资源，全面带动研发技术、制造装配、经营管理、销售理念和模式等的创新，从而形成制造业与互联网融合发展的新生态。产业互联网的应用将会改变我们的生产方式，从大规模生产向大规模定制转型；产业互联网的应用会改变工业企业的商业模式，让越来越多的企业从制造产品向提供服务转型；产业互联网也会彻底改变产业形态，促使制造业由集中式制造向分布式制造转型。

(2) 产业互联网通过组织整合，可以形成城市产业融合发展的协同效应。产业互联网使企业能够统揽全局，畅通产业链，做大生态圈。它通过数字化、网络化、智能化手段对产业价值链的不同环节、生产体系与组织方式等进行全方位赋能，推动产业效率变革，实质性推动各类产业互联互通和互动，推动产业链、供应链、创新链协同，提升产业生态体系复杂性、韧性、灵活性与市场反应能力。

(3) 产业互联网突破空间边界，能够形成产业跨区域发展聚合效应。受区域要素禀赋、产业基础条件等限制，传统企业的研发设计、制造装配等环节基本上在企业内部或某一城市内独立完成；产业集群实现了区域性产业协同，表现为产业链上相关企业在一定区域范围内的分工协作，但产业链各主体间的联系仍然受地理位置的影响，表现为一种"区域性聚合"。

产业互联网凭借网络优势和产业生态资源，在聚焦产业链协同的基础上，产业链在空间上可以形成"本地协同制造→区域协同制造→全球协同制造"扩展的局面。可以预期，未来模块式的区域化生产将会取代集中式的规模化生产，突出产业链空间扩展，打造高效协同的生产流通一体化新生态，促进技术产品创新和经营管理不断优化，产业空间融合的聚合效应将会更加显著。

二、产业互联网的整体架构与发展规划

1. 产业互联网的整体架构

城市发展产业互联网，首先需要通过顶层规划，明晰其整体架构。一个典型的产业互联网通常分为三级架构：底层是新一代信息基础设施；中间层是基于服务平台的开放应用；顶层是数字生态，如图11-2所示。

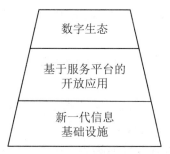

图11-2　产业互联网的整体架构

(1) 数据已经成为新的生产要素，所有的信息来自数据的表达。数据具有不断开发、增值和应用的特征，通过共享才能使它发挥最大效应。在信息化之后的数据时代，原有的信息化发展所依赖的基础设施已经不能满足数据时代对基础设施的需求，新的时代以数据运用为核心，新一代信息基础设施对于数据的运用发展至关重要，它构成了数字经济的基础，是产业互联网的基石。新一代信息基础设施不仅赋能数字产业化与产业数字化，而且能助力城市治理现代化，推进智慧城市的发展。

(2) 产业云服务充分利用新一代信息基础设施，通过搭建各种服务平台，向行业、企业增加有效金融等数字化服务供给，以提升经济数据资源价值。基于互联网服务平台的开放应用，成为城市产业发展的赋能系统，城市中不同类型的产业、产业链各环节都将与产业互联网平台连接并进一步集成，从而催生出不同的产业形态。

(3) 数字化、资产化运营，培育和引导数字经济新产业、新业态的有序发展。产业、科技、金融这三方大数据借助产业互联网高度融合，形成一个新的组织类型，这个组织类型可称为数字生态[①]。数字生态是实体经济深度融合互联网、大数据、人工智能之后形成的基本经济形式。不同生态之间进行连接，使我们看到了数据的核心价值，没有数据就没有办法打通数据和生态与生态之间的连接。

2. 产业互联网的发展规划

(1) 新一代信息基础设施建设。新一代信息基础设施是围绕数据的感知、传输、连接、处理，并提供数据产品和智能化服务的基础设施。新一代信息基础设施建设，从总体上说，就是要基于物联、数联和众联构造新一代基础设施。物联是指全域覆盖、万物感知，万物互联；数联是指数据有效整合、聚集，用数据驱动业务、驱动产业发展，通过数据化、本地化、标准化、一体化，推动由万物互联到万物数联的演进；众联是指在数联基础上，通过开放平台，使各方面力量能够集中、链接，推动城市各层面的互联互动。

在实践过程中，城市应在地方政府或行业主管部门的支持下，组建本地化运营服务公司来建设并运营新一代信息基础设施；从规划建设一批基础性的大项目开始，逐步完善城市的网络重大工程、大数据中心、云基地等信息基础设施；联合生态经济合作伙伴，共建协同创新生态体系，助推产业向数字化、网络化、智能化转型升级。

(2) 产业互联网的开放应用。产业互联网的开放应用是借助于服务平台进行的。服务平台需具备三大基础，即产业大数据、信用体系和标准规范。有了产业大数据才能通过产业链数字

---

① 赵国栋. 数字经济各大要素的重构和演变[EB/OL]. https://wenku.baidu.com/.

化，满足用户个性化需求；信用体系为产业链金融风险控制和产业链交易提供基础保障；借助服务平台推动各方遵守行业规范。

产业互联网的开放应用，重点在于产业互联网服务平台的规划。产业互联网服务平台可分为四种类型。

① 技术服务平台。技术服务平台通过跟踪行业最新技术，为产业提供在互联网时代具有竞争力的智能制造解决方案。它的核心功能在于，通过平台为产业提供一系列技术赋能。它不仅能为企业提供制造装备，还能把握行业发展趋势，在原料技术、制造技术领域提供最新的解决方案，提高装备的智能化程度和联网能力，适应柔性化、个性化的制造趋势。

② 交易服务平台。交易服务平台是目前比较常见的产业互联网应用模式。交易服务平台不仅是简单的B2B电商，它还包括对产业信息的集成、产业技术的交易、供应链、物流交付服务等多方面。显示供求信息仅仅是交易服务平台最原始的功能；交易撮合、支付集成、线下物流仓储集成是交易平台的中级模式；而对产品标准化、指数化、金融化是交易平台的高级模式。

③ 金融服务平台。供应链金融服务是产业互联网的核心要素之一。供应链金融在产业供应链中发挥资金协调作用，通过和商流、物流、信息流之间的有效整合，提高产业链的整体协同性和响应性。

④ 人才服务平台。人才服务平台的功能是培养和提升产业互联网领军人才、培养新兴产业经营管理人才、培养专业技能和应用型人才，从而形成产业人才评价认证体系，建立符合现代产业体系要求的人才供应链。

产业互联网服务平台及其应用领域的规划可分步骤进行。在发起设立阶段，首先需要进行产业互联网服务平台的模式和路径规划；在商业服务模式确定之后，要选择服务平台的切入点，并进行相应的线上服务平台搭建，确定线上线下融合的业务流程和闭环运营模式，进而建立有效的互联网服务平台运营体系；随着产业互联网服务平台的发展和客户的增长，可以进一步发展更多的产业链集成服务，形成集信息、交易、结算、金融、物流配送、技术服务、产业人才培养等于一体的开放应用服务模式。

(3) 产业互联网的数字生态。产业互联网的数字生态是互联网与实体经济融合形成的新产业、新业态。在城市产业生态化扩展的情况下，产业链内部与外部之间、空间边界都将逐渐消融，各产业环节之间、产业之间及其空间资源的高效整合，加之产业整体行动的协同，最终会形成多种新的数字经济生态模式。数字生态是互联网平台在组织模式上的进阶，与各类平台的运营模式相比，数字生态所形成的模式更为复杂，链接资源更为广泛，各个产业间彼此独立又彼此关联，自成生态圈，同时所形成的生态组织自我繁殖、自我发展、自我修复的特征更加突出。在一个复合的数字生态规划中，可以有多个平台，让不同的行业、不同的公司成为一个整体，使它们在统一的生态运营平台上运行。数字生态通过多样化平台，连接产业链的各个环节，连接、开放、共享一切资源，并以"互利共生"的方式与平台内外"协同进化"。当一个个复合数字生态连接在一起的时候，我们就能看到数字经济的全貌，并且将极大地增强城市经济的创新力和竞争力。

三、产业互联网与产业数字化转型

借助产业互联网，实现城市全产业链的数字化转型升级，需要从"转思维、立规则、改机制、建平台、强能力"五个维度进行推进。

1. 从传统的工业社会思维向互联网思维转变

传统的城市产业运作的思维和逻辑都是与工业社会相适应的，这种思维和逻辑保证了产业运作的成功，然而原来促进成功的因素恰恰是现在阻碍成功的因素，因为互联网社会与工业社会存在较大差别。

实体经济与互联网融合是产业互联网思维的基点。在这里，"链接"就成了互联网思维的核心概念。在消费互联网时代，链接的重要性大于服务的重要性，链接模式多是横向的、跨行业的；而在产业互联网时代，服务的重要性大于链接的重要性，对一个行业的生产、流通、消费、交易等各个环节垂直打通，行业纵向垂直整合将会成为产业互联网链接的方式。

转变思维方式需要实现从城市决策层到核心运营团队的理念转变，包括从企业到产业、从封闭到开放、从竞争到竞合、从竞争优势到数字生态优势的系列理念与共识的达成。有了这种思维和逻辑上的转变，才有可能实现产业互联网时代数字化转型的成功。

2. 建立产业互联网的共享价值观与行业治理规则

在产业互联网服务平台建设过程中，有两点非常重要：一是共建共享价值观，它要求让形成利益同盟的复合数字生态或平台共享资源和技术，共同付出一些资源，共同开放一些关键信息，行动要一致；二是形成行为规范或者组织创新，产业规则不是上级制定的，而是从实践中提炼出来的。规范的行业治理规则要达到用治理合作降低交易合作的不确定性和交易成本的目标，从而保证产业互联网的运营体系健康有序运行[①]。

3. 以新机制促进城市全产业链的数字化转型升级

促进城市产业数字化转型升级的新机制，应做到以下几点：一是加快要素市场化改革步伐，促进各类要素在产业互联网发展中的高效配置；建立以市场为导向的技术要素价格形成机制，有序开放数据共享，注重标准化与安全性。二是进一步发挥民营企业在产业互联网发展中的作用，除5G基站、公共大数据中心等项目的信息基础设施和融合基础设施领域，应充分交由市场发挥资源配置的决定性作用，全面实施市场准入负面清单，对于清单之外的所有行业、领域，给予各市场主体公平参与的机会。三是创新投融资模式，引导社会资本广泛参与，加快推进PPP模式在新一代信息基础设施建设领域的应用，鼓励和引导开发性、政策性金融机构通过多种渠道和方式支持产业互联网建设。四是重塑产业互联网新公司的股权结构、运作机制和产业链利益机制等，最大限度地激发平台管理团队的活力，以及增强产业链各方参与主体对平台的黏性。

4. 搭建能够有效整合各种资源的特色互联网平台

随着产业互联网的实践推进，出现了各类由城市政府或者产业骨干企业打造的产业互联网平台。各种产业互联网平台可以依托不同发起方的产业资源优势，因地制宜，百花齐放，创出

---

① 王玉荣，葛新红.产业互联网：全产业链的数字化转型升级[M].北京：清华大学出版社，2021：100-101.

自己的特色来。例如，可由行业龙头企业发起，将积累的产业优势资源和核心能力通过平台开放化，打造产业级生产性服务共享平台；可由"城市政府+行业协会+骨干企业"共同打造城区(县)特色产业集群的产业互联网平台；可由专业市场、贸易商或物流商等供应链枢纽企业打造产业链集成服务平台；可由行业资讯网站或者解决方案提供商打造服务延伸产业互联网平台。由于各地区产业互联网平台发起背景和资源优势不同，其发展路径也必有所差异。通过有特色的产业互联网平台，提供多种服务业态，实现感知、传输、重组、开发和人工智能赋能下的增值、应用，为各行各业提供更有价值的产品和服务，来助推产业转型升级。

5. 增强产业互联网核心能力是实现转型的关键

实现产业的数字化转型，需要不断夯实和积累产业互联网的核心能力[①]，具体包括：一是产业洞察能力。为了对产业有更深入的理解，必须明确产业链上下游的痛点、价值诉求、利益诉求、运作规则，从而可以有效地选择切入点。二是资源整合能力。资源整合能力是产业互联网平台能够获得快速发展的关键。产业互联网依托现代信息技术应用，向平台化、智慧化和生态化的方向不断前行，因此它要求产业互联网平台的从业者有能力探索出能够促进产业生态活力的包容型、混合型新组织形态，进而通过整合资源，达到产业资源要素的优化配置。三是平台赋能能力。产业互联网平台要对所有参与主体提供赋能，其核心就是让参与主体在这个平台上获得比单打独斗更快的能力提升，而赋能基础是产业大数据的沉淀、产业相关知识库的积累、产业链流程的优化再造、产业人才培养能力等。四是技术实现能力。产业互联网规划方案有赖于技术的真正落地实现，把产业中精细化的流程和标准规则、供应链金融场景设计等用IT系统落地实现，并获得用户良好的体验，是产业互联网平台型企业需打造的核心能力之一。五是运营管理能力。卓越运营是产业互联网平台保持长久竞争力的核心。平台是否盈利和能否建立壁垒，取决于平台是否具备精细化的流程设计和运营管理能力。

---

① 王玉荣，葛新红.产业互联网：全产业链的数字化转型升级[M].北京：清华大学出版社，2021：78-79.

第十二章 城市建设项目融资管理

随着城市建设步伐的加快，城市建设项目融资管理日益重要起来。本章首先介绍城市建设项目的特点、原则融资程序和融资模式；其次讨论城市建设项目融资方式，包括政府主导的融资与市场化融资；最后介绍城市建设中的市政债券、融资租赁和银行间市场三种融资方式。

第一节　城市建设项目与融资概述

一、城市建设项目的内容与特点

城市建设项目主要集中在城市基础设施方面，它是城市赖以生存和发展的重要基础条件，是城市经济不可缺少的一个组成部分。在城市进行现代化建设的进程中，随着城市规模的不断扩大，城市各项功能的不断演变和不断强化以及城市居民对生活质量和环境质量要求的不断提高，作为城市社会经济活动的载体，城市基础设施的作用正日益受到人们的重视，城市基础设施项目建设尤其是重大城市项目建设成为各个城市提升城市功能、改善人居环境、增强城市竞争力的重要举措。

1. 城市建设项目内容

(1) 城市能源项目，包括城市电力生产与输变电设施，煤制气、天然气、液化石油气的生产及供应设施，城市热能生产与集中供热设施等。

(2) 给排水项目，包括水资源的开发、利用设施，自来水的生产、供应设施，雨水排放、处理设施等。

(3) 交通运输项目，包括城市对内交通运输的道路、桥梁、公共交通场站设施，城市对外交通的航空、水运、公路、铁路等设施。

(4) 邮电通信项目，包括邮政、电信、电话等设施。

(5) 生态环境保护项目，包括环境卫生和垃圾清运处理、环境监测保护、园林绿化等设施。

(6) 城市防灾项目，包括防火、防洪、防地震、防地面下沉、防风雪以及人防战略等设施。

(7) 科技教育文化项目，包括博物馆、学校、音乐厅、图书馆、科技馆、会议中心等。

(8) 体育休闲娱乐项目，包括体育场馆、公园、网球场馆、游泳馆等。

(9) 医疗卫生健身项目，包括医院、保健中心、康复中心、健身中心等。

2. 城市建设项目特点

从城市建设和融资的角度看，城市建设项目有如下一些特点。

(1) 服务职能的公共性。一般而言，任何一个城市建设项目都不是为特定部门、单位、企业或居民服务的，而是为城市所有部门、单位、企业和居民提供服务的，是为城市社会整体、为整个城市提供社会化服务的。从服务对象上看，城市建设项目既为物质生产服务，又为居民生活服务，两者难以截然分开。公共性决定了城市建设项目具有一定的垄断性和多样性特征。

(2) 建设进度的超前性。城市建设项目的超前性有两层含义：一是时间上的超前。从城市发展的要求来看，作为城市发展和存在的基础，城市重大基础项目的建设理应在前。因为就规模而言，城市建设项目的规模较大、资金消耗多、建设周期较长、建设项目的完成多具有阶段性。二是容量上的超前，即城市建设项目的能力应走在城市对其需要的前面。这是因为，城市对基础设施的需要往往会随时发生变化且会不断增长，而基础设施却因牵动面大而不宜随时扩建变动。

(3) 投资收益的间接性和长期性。城市建设项目尤其是重大基础设施投资大、使用期长，总的投资效益在短期内难以得到集中反映，要通过一段相当长的时间才能表现出来，而且城市建设项目投资的经济效益、社会效益、环境效益会长期反映出来。例如，城市园林绿化等环境设施的建设，为城市居民创造了良好的生活环境和活动场所，使居民身心得到健康发展；城市防灾设施的健全，可使城市能稳定安全地运转，这些效益是深远的、长期的。

(4) 项目管理的系统性。城市建设项目的作用和服务面涉及城市经济和社会生活的各个方面，同时，城市建设项目的功能决定了城市建设项目涉及的领域较广，参加设计、施工的单位较多且专业化程度较高，独立性、综合性及技术性都很强。因此，需要进行系统化管理。

二、城市建设项目的融资原则

由城市建设项目的特点所决定，城市建设项目的融资应遵循如下管理原则。

1. 统筹兼顾原则

统筹兼顾原则要求正确处理各种融资渠道之间的关系，其关键在于正确处理城市重点建设项目与一般建设项目的关系，要优先满足重点建设项目的资金需要。因各个时期的重点建设项目和一般建设项目不是一成不变的，所以城市建设项目融资就要根据城市不同时期的政策与工作重心，从本地的实际情况出发，突出重点，充分反映地方经济和市政建设的优势与特点。

2. 成本效益原则

成本效益原则要求收益与融资成本相匹配，重点是要做好预算。首先应认真核算一个城市建设项目的收益、净收益和各种口径的投资收益率，然后计算融资成本，并与投资收益率进行比较与分析。

3. 风险控制原则

在进行城市建设项目融资时，存在多种融资风险，处理不好会直接影响城市建设项目的投资回报。这种融资风险包括资金供给风险、还本付息风险等。资金供给风险是由利率、汇率变动等原因造成的，导致城市建设项目资金不能及时供给而给投资收益带来的风险。还本付息风险在采用证券融资的方式或通过融资平台进行融资时，很多时候是以政府财政作为担保的，政府承担着还本付息的义务。债务越多，占财政收入比重越大，政府丧失偿债能力的可能性越大，融资风险就越大。因此，融资时必须对融资风险进行准确评估，对风险程度进行控制。

三、城市建设项目的融资程序

不同城市建设项目的融资步骤和流程也可能不一样，但是运作程序大体上是一致的，一般要经过投资决策、融资分析、融资方案、融资谈判和融资执行5个步骤，如图12-1所示。在这五个步骤中，关键是拟定或选择融资方案。

在制定城市建设项目融资方案时，首先要确定融资目标。确定融资目标不仅要考虑资金的需要量及项目的实施，而且要充分考虑外部环境方面的相关信息，以制定一个可行的预期目标；其次，对城市建设项目融资的成本、风险和收益进行分析与评估，这对项目的成功至关重要；最后，在进行融资方案选择时，要充分比较研究各种融资方式的特点，以及这些融资方式对特定城市建设项目的适应性。在选择融资方案时，还要考虑城市建设项目的规模、融资企业的资信状况、融资项目的产业政策等因素。

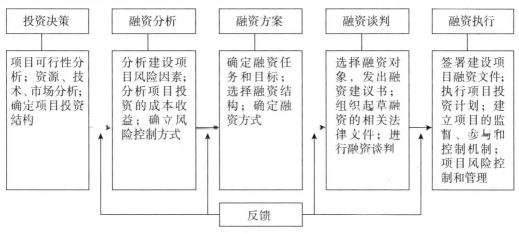

图12-1　城市建设项目的融资程序

四、城市建设项目融资模式的选择

选择城市建设项目融资模式时，有三个方面的因素必须考虑进来。

1. 财政方面

必须筹集资金以支付城市建设项目的服务成本，对融资类型的选择必须考虑到财政收入来源相对于成本或收入的弹性。其他条件不变，能够长期支持城市建设及其公共服务的融资模式是首选模式。

2. 再分配性

城市建设项目的成本最终必须由某些人来承担，例如使用者或纳税人、城市居民、服务的受益者或非受益人、这一代人或下一代人等。关键的问题是，相对于个人或家庭的收入而言，他们所承担的成本是成比例的、累进的还是累退的。这也是选择融资模式时必须要考虑的因素。

3. 配置性

每一个融资模式都会对资源配置产生影响。使用者付费制度会减少或限制其对城市建设项目的需求，付费系统的结构也会影响服务需求。例如，运输、用水或用电的高峰价格，将使不同时间的需求趋于均衡。选择一种"好"的融资模式的难度在于，人们期望在以下三个方面都能受益：带来充足的货币收入；实现收入再分配；引入降低成本、节约资源的替代方式。但这些目标是相互矛盾的，通常的做法是牺牲资源配置以满足收入再分配，或者牺牲收入再分配以满足财政需要。实际上，对于这三个方面重要性的排序恰好相反。资源配置的考虑应是最基本的，因为它决定了社会可获得的产出。在实践中，要充分认识到任何融资机制都会对三个方面产生影响，必须进行权衡和协调。

第二节　城市建设项目的融资方式

一、政府主导的融资

城市建设项目融资来源包括使用者付费、地方政府税收、中央政府税收、贷款、财产收入。目前，很难评估这些来源的相对重要性。图12-2简要描述了它们之间的货币流向情况[①]。

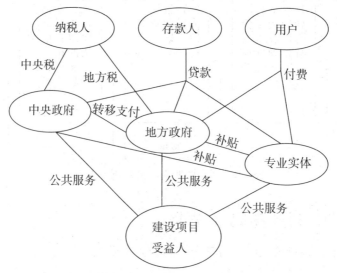

图12-2　城市建设项目融资方式的货币流向

1. 使用者付费

使用者付费是指因享受城市建设项目提供的服务而向相关部门支付费用。一些城市建设项目可能全部或部分地通过使用者付费来融资。这些服务能为私人所消费，例如水电供应、公用电话、公共运输、大多数文化节目、废品回收、水处理、大多数健康和教育服务。那些不愿意付费的人将被排除在这种服务之外。然而，并非所有的城市建设项目都有这种性质。

从财政角度来看，付费是连接城市建设项目提供者与服务消费者的最短途径。消费者知道他们为何而付费，而提供者也致力于降低成本。使用者付费从效率的角度来讲是一个强有力的刺激因素。

---

① 埃德温·S.米尔斯.区域和城市经济学手册(2卷)[M].北京：经济科学出版社，2003：396-418.

2. 地方政府税收

许多城市建设项目特别是重大建设项目由地方政府来建设，税收是政府收入的重要组成部分。20世纪90年代以前，城市维护建设税和公用事业附加费是我国城市建设维护的主要资金来源。但随着城市规模的不断扩大，建设资金需求增长加快，两项专项资金已远远不能满足需要。近年来，政府财政投资占城市建设资金的比重在总体上呈明显下降趋势。

3. 中央政府税收

中央与地方政府共享的各种税收可以视为以补贴的形式向地方政府的转移支付。一般来说，有两种类型的补贴：一是一般性补贴或无条件补贴，这种补贴不附带任何限制，因此，可以由地方当局任意支配；二是特别补贴或有条件补贴，这种补贴要求地方政府将其用于特定的城市建设项目或特定的城市公共服务领域。配套补贴资金是根据地方政府的开支情况，按一定比例给予的补贴，它是一种无条件补贴。但更为普遍的是特别补贴，它通常补贴给某个项目或某个特定领域，因此，它有限制性条款。

4. 贷款

目前，银行贷款作为一种城市建设项目融资方式被广泛使用。在我国，地方政府借助融资平台贷款所欠下的债务占总公共负债的很大比例。商业银行的资金主要进入有经营收入的城市基础设施投资领域；政策性银行则不同。例如中国开发银行的资金通过政府供给、发行债券、对外借款等渠道获得，对必要的城市建设项目实行政策性贷款。

5. 财产收入

政府的财产收入也称为资产性收入，是指通过资本、技术和管理等要素参与社会生产和生活活动所产生的收入，主要包括：出让财产使用权所获得的利息、租金、专利收入；财产营运所获得的红利收入、财产增值收益；知识产业收益。随着城市财富积累能力和创新能力的增强，财产收入在城市建设项目融资中的比重将会不断提高。

二、市场化融资方式

我国正处于城市基础设施产业化进程之中，企业的市场参与所带来的投资主体多元化，以及国内资本市场的不断发展、商业融资手段的不断完善，为融资手段的多样化创造了条件。市场化的融资方式主要包括BOT、ABS、TOT、PFI等。

1. BOT(build-operate-transfer)融资

BOT意为"建设—经营—转让"，实质上是基础设施投资、建设和经营的一种方式。BOT的本质特点是使私营企业资金用于公用基础设施建设，典型形式：项目所在地政府向由一家或几家投资人所组成的项目公司授予特许权利——就某项特定基础设施项目进行筹资建设，在约定的期限内经营管理，并通过项目经营收入偿还债务和获取投资回报。约定期满后，项目设施无偿转让给项目所在地政府，项目设施的所有权最终归属于政府。

BOT不仅是一个融资协议，而且是一个长期专业化协议。在协议的基础上，公私双方建立起伙伴关系，并向公众提供经济、高效的服务。BOT作为一种新的融资模式，操作过程复杂，中间环节较多，涉及工程技术、经济、法律等诸多方面，需要通过规范的运作程序和比较完善的特许协议来规避项目实施过程中存在的风险。在BOT项目中，最重要的是资金融资方式、风险分担、资金结构、回报率确认以及政府与项目公司各自的地位等问题，这关系到项目的成功与否和双方合作关系能否长久维持。此外，BOT项目需严格控制工程的建设进度和质量，以确保项目的顺利实施。

BOT模式适用于那些投资额巨大、投资回收期长、建成后具有稳定收益的建设项目。经营性政府工程，例如污水处理厂、发电站、高速公路、铁路等公共设施具备这一特点。通过BOT模式，政府得以在资金匮乏的情况下利用民间资本进行公共基础设施建设，减少项目建设的初始投入，将有限的资金投入到更多的领域中去。目前，BOT模式应用较为广泛，已成为应用于经营性城建项目中的一种较为成熟和有效的融资模式。

2. ABS(asset-backed-securitization)融资

ABS融资是以项目所属的资产为支撑的证券化融资。具体而言，它是以项目所拥有的资产为基础，以项目资产可以带来的预期收益为保证，通过在资本市场发行债券来募集资金的一种项目融资方式。这种融资方式的特点在于通过其特有的信用等级提高方式，使原本信用等级较低的项目照样可以进入国际高档债券市场，利用该市场信用等级高、债券安全性和流动性高、债券利率低的优势，大幅度降低项目融资成本。

在资产证券化的过程中，需设立几个专门机构，例如城市建设开发基金、中介机构、评估管理中心等。营利性好的城市建设项目证券化后，很容易出售并获得盈余，而那些营利性差的项目可作为不良资产进行证券化，其收益不足抵补投资的部分由营利性好的项目的盈余和财政补贴来支付。评估管理中心跟踪项目建设过程并参与管理，帮助解决建设过程中遇到的各种问题，以确保项目按期完工。项目完工后，先进行债权股权转换。对那些需要由政府绝对控股的项目，控股部分所需的资金由财政负担，对余下的部分进行股权出售以偿还债券本息，具体的运作过程如图12-3所示。

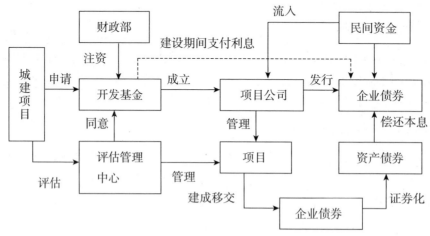

图12-3　城市建设项目资产证券化运作过程

同其他融资方式相比，ABS融资方式可以不受项目原始权益人自身条件的限制，绕开一些客观存在的壁垒，筹集大量资金，具有很强的灵活性。ABS融资的优势：①政府通过授权代理机构投资某些基础设施项目，通过特设信托机构发行ABS证券融资，通过这些设施的未来收益偿还债务，以加快基础设施的建设速度，刺激经济增长。这样，政府不需用自身的信用为债券的偿还进行担保，不受征税能力、财政预算(如发行债券)法规的约束，不会增加财政负担，缓解了财政资金压力。②采用ABS方式融资，虽然在债券的发行期内项目的资产所有权归SPV(special purpose vehicle，特殊目的的载体，也称为特殊目的机构/公司)所有，但项目的资产运营和决策权依然归原始权益人所有。因此，在运用ABS方式融资时，不必担心项目是关系国计民生的重要项目而被外商所控制和利用。这是BOT融资所不具备的特点。③发债者与投资者纯粹是债权债务关系，并不改变项目的所有权益。因而，避免了项目被投资者控制，保证了基础设施运营产生的利润不会大幅度外流，作为业主的政府无须为项目的投资回报作出承诺和安排。④减轻了银行信贷负担，有利于优化融资结构，分散投资风险，也为广大投资者提供了更广阔的投资渠道。

3. TOT(transfer-operation-transfer)融资

TOT意为"转让—经营—转让"，此模式是指通过出售现有投产项目在一定期限内的现金流量，从而获得资金来建设新项目的一种融资方式。在约定的时间内，投资者拥有该资产的所有权和经营权，通过该资产取得收益，收回全部投资和获得合理的回报后，再将该资产的产权和经营权无偿转交给原产权所有人。

TOT模式与BOT模式的不同在于：TOT模式是投资者购买已经建成的项目，政府获得资金建设新项目；而BOT是投资者通过建设项目，从而被政府授予特许经营权的一种融资模式。

4. PFI(private finance initiative)融资

PFI意为私人主动融资，是指私营企业或私有机构利用自己在资金、人员、设备、技术和管理等方面的优势，主动参与基础设施项目的开发建设、经营。在此模式下，私营企业与私有机构组建的项目公司负责项目的设计、开发、融资和建设，项目公司把项目出售给当地政府及相关部门。

PFI模式与BOT模式的区别在于：PFI实行全面代理制，代理人包括咨询公司、设计院、监理公司和建筑管理公司，由这些代理人实施并完成项目的规划、设计、建设和运营等，同时PFI模式并不完全遵循BOT的步骤"建设—经营—转让"。根据资金回收方式的不同，PFI模式可以分为三类。

(1) 独立运作型。基础设施项目开发，遵循"建设—经营—转让"步骤，在遵守有关法律的基础上，PFI公司独立经营、自行收费、自负盈亏，项目期满后转交政府。

(2) 建设转让型。基础设施项目建设完成以后，政府根据所提供服务的数量等情况，向PFI公司购买项目经营权，不遵循"建设—经营—转让"步骤，但在一定期限内，PFI公司负有对项目进行维修管理的责任。

(3) 综合运营型。对于特殊基础设施项目的开发，由政府进行部分投资，数量因项目性质和规模不同而不同，双方就资金回收方式以及其他有关事项在合同中作规定，这类项目有时也称为"官民协同项目"。

第三节 市政债券、融资租赁与银行间市场

在众多的融资工具中，市政债券、融资租赁和银行间市场是方兴未艾的有效融资手段。

一、市政债券

近年来，我国民间资本已开始介入社会公共投资领域，并取得了一定的成效。目前，一些城市的大型基础设施建设项目等市场已经放开，大型投资项目对国家资金的依赖度正逐步降低，部分资金通过吸引民间资金来解决。这说明民间资本对那些具有一定回报率的城市建设项目表现出了强烈的投资欲望。然而，目前我国民间资本参与城市建设项目投资仍然缺乏有效的渠道，而市政债券融资是对民间投资最具吸引力的融资方式。

1. 城市建设项目开发与民间资本介入的领域

如果将城市建设项目与融资类型联系起来看，我们可以把城市建设项目分为如下五种类型。

(1) 市场性差、投资回收期长、受益者承担能力低、民间难以投资的开发项目。例如道路绿化、农业基础、城市公园、治山治水、义务教育等。

(2) 产品或服务外部性较强、规模性强、收益性和竞争性较差的开发项目。例如机场、车站、码头、歌剧院等。

(3) 进入壁垒高、容易形成地区垄断的开发项目。例如自然风景旅游点，因其为本地区独一无二的自然资源，所以具有自然垄断特征。

(4) 地区性强、长期投资回收率较好的开发项目。例如垃圾的收集与处理、污水处理等。

(5) 可替代性强、经营性强、回报率相对较高的开发项目。例如收费养老院、医院、停车场、训练设施等。

在上述五种城市开发项目中，从第(1)类到第(5)类，公共事业的性质越来越弱，政府财政投资的比重也越来越小；同时民间投资的色彩越来越浓，民间融资的成分也越来越大，如表12-1所示。严格地说，除(1)、(2)类外，其他类型均是民间资本可介入的投资领域。另外，城市建设项目的融资方式也视开发主体而异，如表12-2所示。在一个城市建设项目中，政府财政投资与民间投资在项目融资中所占比重的差异，必然导致融资结构的不同。

表12-1 民间投资的项目类型

分类	社会公共投资	规模性	初期投资回收性	收支相抵性
(1)	◎	◎	×	×
(2)	◎	◎	×	△
(3)	◎	◎	×～△	△～○
(4)	◎	△～○	○	◎
(5)	○	△～○	◎	◎

注：◎——优；○——良；△——差；×——无。

表12-2　城市建设项目的融资方式

分类	NG财政	LG财政	金融贷款	民间投资
(1)	◎			
(2)	◎	◎	○	○
(3)	◎	◎	○	○
(4)			◎	○
(5)	民间投资补助金		◎	○

注：NG财政——中央政府财政；LG财政——地方政府财政。

一般来说，对于回报率相对较高的城市建设项目，宜引入竞争机制，公开招标确定项目法人，实行企业化运作；对于回报率相对较低的城市建设项目，宜采取贴息、减免土地出让金或财政列出专项补助资金等办法，鼓励民间资本投入建设与运营；对于非营利城市建设项目，仍以政府财政投资为主。当然，民间资本介入城市建设项目领域的界限是动态的，不是一成不变的。过去一向被认为属于纯公共物品的某些领域，随着形势的发展，也有可能向俱乐部物品转化。例如，道路运输就是如此。一旦出现这种情况，民间资本的介入界限也会随之扩展。

2. 市政债券——寻求运用民间资金的新型融资机制

市政债券是指各级地方政府及其授权机构或代理机构为诸如公路、地铁、医院、污水处理厂和学校等城市建设项目筹集资金而发行的债券。通过发行市政债券，不仅可以充分利用大规模的社会闲置资金，变储蓄为投资，进一步繁荣我国的长期投资市场，为城市建设筹措足够的资金，而且可以使普通城市居民以货币选票的方式对城市该不该建设及应该建设什么作出选择，这本身是对城市经济民主化的最好诠释[①]。

目前，我国已经进入更多依靠民众自身的力量来发展城市经济的新阶段，不再以政府力量来主导城市经济发展。因此，在经济民主化的背景下，民营经济将成为推动经济增长的一支不可或缺的重要经济力量。2015年，财政部印发《地方政府一般债券发行管理暂行办法》和《地方政府专项债券发行管理暂行办法》，赋予省、自治区、直辖市政府(含计划单列市政府)融资举债的职能。地方政府债券分为一般责任债券和收入债券两大类型。一般责任债券主要是为没有收益的公益性项目解决建设资金问题，以一般公共预算收入还本付息；收入债券则是为有一定收益的公益性项目解决建设资金问题，以公益性项目对应的政府性基金或专项收入还本付息。

一些城市在发行地方政府债券、推动市政建设方面取得了显著成效。然而，随着我国经济体制的转变以及财政制度的改革，地方政府的自主性大大增强，地方政府债务也呈现规模越来越大、风险越来越高的发展趋势。因此，在城市建设项目开发过程中，建立以扶持和运用民间资金为目标的新型融资机制，必须解决如下几个问题。

(1) 债券发行主体。市政债券的发行主体以地方政府及其授权机构和代理机构为主，必须具备一些基本条件，例如经常性预算平衡、有良好的资信、具有一定的抵御风险的能力等。

(2) 偿债与担保。地方政府在发行债券时，必须结合自身的收入状况、还债能力等因素慎重权衡。同时，在运用资金时必须充分考虑资金的使用效率，确保资金投入所产生的效益能够按期还本付息。

---

① 陆军. 以资本之手打造现代城市的试验正在进行[J]. 智囊，2002(80).

(3) 资金的使用方向。通过发行市政债券所筹集的资金主要应用于当地基础设施建设,包括城市道路、交通、煤气、新区开发和旧城改造、上下水管网、大型水利工程、文化教育和医疗保健设施、社会福利设施等,而不能用于平衡经常性支出赤字,不能用于纯经营性和营利性基础设施建设,也不能用于对当地高新技术企业的支持,更不能用于完全应由市场调节的产业项目。

(4) 发行规模。市政债券的发行规模可以根据地方财政收入、经济规模和经济发展水平的一定比例来确定,必须受到较为严格的宏观控制和管理,以防止地方政府举债失控,造成偿债危机。

(5) 市政债券市场。市政债券市场的创建包括发行市场的创建和交易市场的筹建两部分。市政债券的交易市场应当确保交易所交易和场外交易并举,在明确信息披露责任的基础上,尽可能地安排市政债券在交易所挂牌交易,同时利用当前网络发展的大好时机,鼓励市政债券交易商开展网上交易,逐步创建全国统一的市政债券交易网络。

(6) 监督管理。在以法律形式确定地方政府发债权的同时,还应针对地方债券发行的主体资格、每年的发债申请审查和批准程序、发债方式、地方发债的适用范围及偿债机制等建立严格的规范和监督机制。

3.城市建设项目融资与民间资本的有效运用

在城市建设项目开发过程中,利用市政债券融资工具的重要性就在于它具有项目融资的特征,即以特定项目和它将来的资本收益为投资对象,通过证券方式筹措部分资金。因此,民间资本介入城市公共领域的关键在于能否将城市建设项目与证券手段进行有机结合。

概括地说,证券融资的目的就是确保项目收益,向投资者推荐有利可图的证券新商品,以项目融资的方式推动城市公共服务开发项目的健康发展,从而完善城市机能。为了达到上述目标,在吸纳民间资金用于城市建设项目时,应采取相应的措施确保城市建设项目的收益,并保护投资者的利益,应注意以下三点。

(1) 项目投资必须有可行性。准确地说,对项目投资的效益应该有充分的把握。在开发新项目时,证券融资方式可使不动产所有权等各种资产得以流通,向投资者预先公布特定项目的收益率(或初期阶段的损失)及项目成功后所能获得的利润,以证券手段进行项目融资,就是以项目投资的收益来吸引投资者,并由资本市场评价其收益水平,这实际上是一种新的融资体制。

(2) 建立健全项目融资中开发利润的分配机制。随着城市开发的不断深化,城市建设项目的经济潜力会不断上升,所能获得的利润也会越来越多,然而开发利润不一定全是由这些项目本身带来的。在这些项目被开发前就存在的城市基础设施也为项目的投资者创造了一部分利润,若把过多的开发利润都划归民间投资者,显然不合理;反之,让开发者承担太大的成本负担,又会降低城市建设项目对民间投资者的吸引力。在由项目开发者承担项目风险的情况下,只有让投资者得到相应的风险补偿才符合经济原理。因此,必须制定一套部分红利、资本收益的分配机制。

(3) 设计证券商品时,应确保其商品性。可设计一种可转换的市政债券,赋予投资者进行期权交易的权利,即对债券的所有权或使用权进行买卖,这将使开发利润能更直接地冲抵投资者的支出。

二、融资租赁

1. 融资租赁概述

融资租赁是指出租人根据承租人对租赁物和供货人的选择或认可，将其从供货人处取得的租赁物按合同约定出租给承租人占有、使用，向承租人收取租金的交易活动，其基本业务流程如图12-4所示。

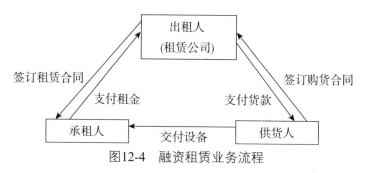

图12-4　融资租赁业务流程

1) 融资租赁的内涵

(1) 融资与融物的双重功能。融资租赁把借钱与借物两者有机结合起来，并以借物还钱的形式实现租赁的全过程。

(2) 承租人选定拟租赁物，由出租人出资购买。

(3) 供货人、出租人、承租人三方的基本经济关系必须明确，同时具备两份或两份以上合同。

(4) 租赁期间，租赁物的所有权和使用权归属必须明确。

(5) 租赁期满后，承租人对租赁物有购买选择权。

从融资租赁的内涵中，可以看出融资租赁是集融资与融物、贸易与技术更新于一体的新型金融工具。融资租赁在西方发达国家是仅次于银行信贷的金融工具，目前全球近1/3的投资是通过这种方式完成的。

2) 融资租赁的优势和功能

(1) 具有投资增长功能。在租赁市场较为成熟的国家，投资人不仅可以通过直接投资建立租赁公司来经营租赁业务，还可以通过投资租赁基金、杠杆租赁等交易，以只投资但不参与经营的方式来进入租赁行业，并以此获得相应的投资回报。由此，融资租赁为社会投资提供了一个新的投资领域。

(2) 具有加速商品流通功能。融资租赁的融资融物功能，以及租期内出租人灵活的租赁投资回收方式、租期结束时灵活多样的租赁物所有权处置方式等特征，使得运用融资租赁提供金融支持具有独特的优势。厂商通过租赁进行销售，促使供需双方直接见面，减少了中间环节，有利于降低成本，使投资品、消费品加速进入投资、消费领域，快速形成投资和最终消费，从而拉动经济增长。

(3) 具有加强社会资产管理的功能。利用融资租赁的方式，可实现闲置资产的充分运用，增强资产流动性，并且通过资产的专业化管理，能够提高整个社会的资产利用率。同时，现代科学技术发展迅速，企业设备投资风险较大，融资租赁为企业规避机器设备投资风险提供了可能。企业可以通过融资租赁加强内部资产管理，加快机器设备更新改造，有利于推进整个社会的产业升级。

(4) 具有推进技术改造的功能。现代科学技术日新月异，在机器设备"精神磨损"大大加速的情况下，对设备进行全额投资往往会由于设备的"精神磨损"而带来一系列风险，使得承租企业在市场竞争中处于不利地位。一方面，融资租赁为承租企业规避机器设备"精神磨损"产生的风险提供了可能，同时也促进了承租企业不断跟踪先进技术，加快更新改造的节奏，使用先进的机器设备生产科技含量高的产品，进而保持竞争优势。另一方面，对于资金实力不太雄厚的中小企业来说，通过开展融资租赁业务可以不断更新技术和设备，以达到降低风险的目的。

(5) 具有促进中小企业融资成功的功能。在解决中小企业融资难的问题以及加速设备更新、促进技术进步、改善财务结构、平衡利税、积累发展资本等方面，融资租赁能达到其他信贷支持方式所达不到的效果。

2. 融资租赁的方式

当前，我国融资租赁业尚处于初步发展阶段，租赁形式较为简单，主要包括直接租赁、售后回租、转租赁和杠杆租赁。

(1) 直接租赁。直接租赁是基本的融资租赁形式，它是指由承租人根据自身需要选择租赁设备，出租人通过对租赁项目进行风险评估后购买并出租设备供承租人占有、使用。

(2) 售后回租。售后回租是指设备所有人(出卖人)将设备出售给出租人获得价款后，再以承租人的身份从出租人处租回设备以供使用，在租赁期届满后支付残值重新获得设备的所有权。售后回租业务流程如图12-5所示。

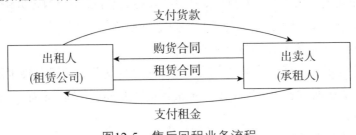

图12-5　售后回租业务流程

售后回租是一种特殊的金融租赁，业务只涉及两方，即企业和租赁公司，其中，企业同时充当出卖人和承租人的角色。售后回租共涉及两份合同：企业与租赁公司签订的买卖合同以及企业和租赁公司签订的租赁合同。企业将自己拥有并需要继续使用的机器设备出售给租赁公司，再以支付租金的形式租回。通过售后回租，企业可以在确保继续使用设备的情况下，得到一大笔流动资金，用于投资或偿还债务。

(3) 转租赁。转租赁是出租人先作为承租人(第一承租人)向其他租赁机构租入设备，再以出租人的身份将设备租赁给需要该设备的其他承租人(第二承租人)的一种租赁方式。业务涉及四个当事人，即设备供应商、第一出租人、第二出租人(第一承租人)、第二承租人。转租赁需签订三份合同：作为第一出租人的租赁公司A与设备供应商签订的购货合同；租赁公司A与第一承租人租赁公司B签订的租赁合同；由租赁公司B作为第二出租人与第二承租人签订的转租赁合同。转租赁业务流程如图12-6所示。

图12-6　转租赁业务流程

(4) 杠杆租赁。杠杆租赁是承租人、出租人及贷款人之间的三方协定。由出租人(通常是租赁公司)承担部分资金，加上贷款人提供的资金，供承租人购买所需设备，并交由承租人使用。杠杆租赁业务流程如图12-7所示。

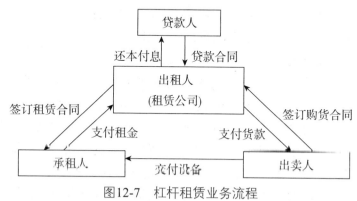

图12-7　杠杆租赁业务流程

在杠杆租赁中，出租人通常提供20%～40%的资金，贷款人则提供60%～80%的资金。租赁公司既是出租人又是借款人，既要收取租金又要支付债务。出租人借款购置设备出租后获得财务杠杆利益，因此被称为杠杆租赁。杠杆租赁能为各参与方都带来益处。对出租人而言，只需出小部分资金就可获得设备的所有权、租赁收入和残值收入等好处。对于承租人而言，可以减少筹集资金所耗费的时间、人力，获得所需设备的使用权。对于贷款人而言，由于得到了相当于贷款总额的设备的第一抵押权、租赁合同、租金收益权及保险权益作为抵押和保证，使收回贷款有了保障。

3. 融资租赁介入城市基础设施的重点领域

基础设施与融资租赁的运行规律有巨大契合性，具体表现为以下几点：一是基础设施投资大。通常人们认为融资租赁主要用来解决中小企业购置设备资金不足的问题，主要是中小额度的设备租赁融资。但融资租赁在全球范围内也同时为大企业、大项目服务，飞机、远洋轮船、地铁、电信等都是融资租赁最活跃的领域。二是基础设施的使用期长、回收周期长。融资租赁与银行信贷融资在期限结构上的分工与差异体现在融资租赁主要为债务人提供中长期融资，而银行信贷则以提供短期流动资金为主，因而只要租赁的风险可控，利益合适，租期长者可达10～15年。三是现金流稳定。基础设施一旦投入运行，无论是由消费者买单，还是政府扶持，或者两者结合，收入来源都比较平稳。融资租赁基本上是按月或按季收租的，通过基础设施项目本身的营业收入或政府按计划的拨款即可保证租金的稳定偿付。

根据中外融资租赁的实际情况，融资租赁主要介入如下几个城市基础设施的重点领域。

(1) 城市大交通，主要包括机场、铁路、公路、码头等立体交通。

(2) 公共设施，主要包括供水供气、污水处理、医院、学校、路灯节能、"七通一平"[①]、旅游设施。

(3) 厂房、住宅和办公用房及其配套设施建设，通常以融资租赁的方式进行整体性建设。

(4) 能源开发，主要包括水电、火电、核电及太阳能等新能源。

(5) 通信，主要包括交换机和网络等。

三、银行间市场

在我国，城市建设项目融资有两种常用模式：一是银行贷款；二是企业申请发行债券。前者属于间接融资，后者属于直接融资。在银行发放贷款趋紧的大背景下，企业从银行获得贷款的难度越来越大，这就为银行间市场的发展提供了契机。

所谓银行间市场，是指资质优、信誉好、评级高的企业，以某一银行作为承销商，面向其他银行和金融机构发行债券等融资工具，获得资金融通的一种新的资金筹措模式。当企业想借钱时，往往找不到有实力的大户，这时就需要一个中间人。银行便扮演了这个中间人的角色，当银行对企业的信用和偿还能力有了正确的评估之后，如企业符合要求银行便会为企业发债，其他银行和金融机构可以购买此债券，企业以此获得资金融通，并支付给银行手续费，也就是中介费。偿债时，企业还要向购买债券的银行和金融机构支付利息。也就是说，在一定期限内，承销银行收取手续费，购买债券的银行和金融机构收回本金并收取利息。

企业向银行借钱，也就是贷款，需要抵押担保物，需要相当数量的启动资本金，利率也相对较高。在银行间市场上，通过银行为企业发债进行融资，不需要抵押担保物，不需要资本金，利率也相对较低。但是在为企业发行债券之前，银行要对企业的信用、偿还能力进行严格的评级，并将这些信息向"债权人"公布。可见，银行间市场虽然不需要启动资本金和抵押担保物，但银行间市场的审核门槛更高，一般企业难以进入。银行间市场发的是一种信用债，银行要为发债的企业授信，如果企业实力不强，银行是不会为它发债的。因此，银行间市场是一个基于银行信贷的更高级别的舞台，具有优中选优的特点。

通常情况下，银行间市场是通过为城市企业提供债务融资服务而介入城市基础设施建设的。目前，国内城市的债务融资模式为：首先，以企业的形式成立一个政府融资平台，运作同类项目，如成立城市保障性住房建设投资中心。其次，这些平台将项目整合后，通过相关专业部门和机构对项目进行包装，论证清楚"谁来还钱，如何还钱，几年还清"的问题。最后，这些项目将与银行间市场进行对接，银行作为承销商，根据资质评级，来为企业和建设项目发债。

银行间市场的风险主要体现在偿还能力上。一般而言，政府融资平台通过两种方式偿还债务：一是财政资金；二是项目运营实际收入。以公租房为例，公租房的建设购买资金如果通过债务融资获得，那么在规定期限内，贷款本息和支付给银行的中介费就需要靠房屋租金来偿还。如果租金数量不足以承担此项债务，那么在缺乏明确还款来源的情况下，政府的财政收入就要用于偿还债务，尤其是当银行间市场融资用于城市民生工程时，政府财政具有偿还能力则是运用这种筹资模式的前提条件。因为对于大多数民生工程而言，项目本身是很难产生经济效益的，也就是说，政府融资平台通过发债支持公益性项目的建设，要通过大量的后续财政投入

[①] "七通一平"指给水、排水、通电、通信、通暖气、通天然气、通煤气以及场地的平整。

来偿还债务。

那些参与城市建设项目的优质企业既是银行间市场最重要的参与者，同时也是银行间市场持续、快速、健康发展最直接的受益者。随着银行间债券市场规模的急剧扩张，其在我国债券市场的份额和影响力不断扩大。2019年，我国银行间市场债券存量规模约为86.4万亿元，约占全部债券存量规模的87.2%。从各城市银行间市场发债量来看，北京地区一直居全国前列。2021年，北京市重点工程总投资超1.3万亿元，其中，银行间市场几乎占据总融资额的半壁江山。可见，银行间市场这种新的筹资模式，如果运用得当，必将有力地支持地方经济实现快速、稳定发展，并在优化地区融资结构、拓宽企业融资渠道、破解企业融资难题等方面发挥重要作用。

第十三章

城市发展的软环境资源管理

软环境对于城市经济发展有特殊重要性。同时，软环境也是一种有价值的城市资源，是城市经济管理的有机组成部分。本章首先分析城市软环境资源的价值；其次围绕软环境所涉及的不同层面，分别阐释城市营商环境的改善与提升、城市文化环境的塑造和丰富、城市创新网络环境的营造与建设。

第一节　城市软环境资源的价值

一、软环境与软环境资源的内涵

软环境是相对于硬环境而言的，它是指在城市社会经济运行过程中发挥作用的、除有形的硬件建设之外的各种要素的总和。一个城市的硬环境是软环境的载体，而软环境是城市发展的吸引力、核心竞争力所在，是硬环境得以产生价值和效应的关键因素，是衡量一个城市文明程度的重要指标。

软环境至少包括三个不同层面：改进城市物质生产过程效率的营商环境；增进城市社会组织能力的文化环境；促进城市系统有序运转的创新环境。城市硬环境与软环境如图13-1所示。

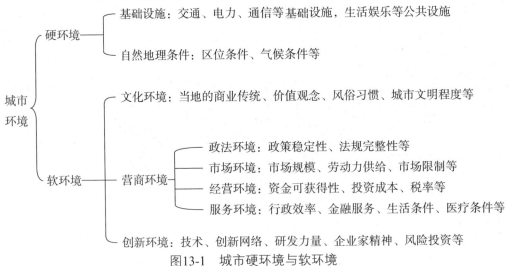

图13-1　城市硬环境与软环境

在软环境的三个层面中，营商环境是最基本的软环境因子，它表明了一个城市的经济发展状况及趋势、经济体制及运行、市场规模、增长潜力及开放程度、产业结构、就业结构、消费结构及水平、政府经济政策及措施等。因此，它是影响产业投资活动甚至城市经济增长的最直接因素。文化环境作为一种深层次上的软环境，是城市社会和经济发展的人文基础和动力源泉。它的内容比较广泛，包括一个城市的商业传统、价值观念、风俗习惯、道德准则、城市的个性魅力和文明程度。创新环境又是建立在文化环境之上的一种城市发展的软环境，它是在当代全球化背景下和国际网络社会中提高城市竞争力和增强城市软实力所必需的组织环境。三个层面的软环境构成了城市发展的战略体系，同时，这一战略体系的构筑是以软科学创造的人文工程为依托的。现代城市发展的经验表明，城市软实力的创造越具科技、文化的高度与潜力，就越有知识密集的产业优势和市场深度。

但是，软环境并不等于软环境资源。软环境资源来自对软环境的开发和利用。与传统意义上的推动城市发展的土地、资本和劳动力资源不同，软环境资源是一种新型的资源形式。与上述那些有形的资源形式相比较，软环境资源有这样几个特征：第一，软环境资源总是借助于有形的资源而存在，它物化于有形资源之中，使得有形资源性能在原来的基础上发生了深刻的变化；第二，软环境资源的价值和效益具有较大的弹性，它的作用方式不易直观地衡量；第三，软环境资源的获取必须要有相应的投入，但其收益却有一定程度的滞后性。

软环境资源概念的提出，是基于对我国城市未来社会经济发展的认识。改革开放以来，我国城市经济的持续增长，基本上是由投资推动的。在短期内，通过扩大投资规模带动经济发展仍将是我国经济增长的重要源泉；但从长期看，伴随着城市集约化发展，城市经济增长将在更大程度上依靠质量的提升、结构的完善和效率的提高，外延投资的边际效率将逐步降低。因此，城市经济的发展面临一个新的抉择，那就是如何从"投资推动阶段"向"创新推动阶段"过渡。这个问题解决不好，不仅会影响城市竞争力，而且会影响城市未来发展方向。创新是软环境资源形成和积累的基本源泉，软环境资源的积累能力的提高和积累机制的建立是实现从投资推动向创新推动过渡的必由之路。

二、软环境资源在城市发展中的价值

尽管人们对软环境的认识还有待于深刻，但有一点已十分清楚，那就是软环境是城市发展过程中的一种"战略性资源"，是构成城市竞争力的基本要素。

软环境作为现代城市经济发展的资源基础，代表了一个明显的优势。城市发展的"硬环境"基础优势，可由运输条件和基础设施的改善而表现出来，但是，由软环境所带来的城市变化和发展潜力，将为整个城市发展提供新的比较优势——基于软环境资源之上。为了适应这种变化，现代城市发展必须制定基于软环境优势之上的政策，以便能为城市在未来发展中找到正确的位置。在这个过程中，我们并不提倡一概抛弃那些曾经支持城市发展的政策措施，我们需要把开发软环境资源作为城市发展战略的一部分来考虑，在此基础上，对过去的政策重新评价，以便引出和构建更具深远意义的城市生存和进一步发展的支撑力量和基础。

考察软环境资源在城市发展中的作用，必须考虑现有准则的适用性与软环境的价值，如果仅仅依据传统的环境概念来看待城市发展，软环境就可能变成一个浮夸的概念。在未来城市发展中，软环境将难以成为一种"基本的战略性资源"和财富创造的一个必要因素。与传统意义上的推动城市发展的资源要素不同，把软环境归类于一种资本形式，不足以解释它的特性。因为软环境是无形的，是有弹性的，它依附于其他要素，又对其他要素的投入和效率产生支配性影响。

三、软环境资源开发——寻求城市发展的内在动力

软环境对现代城市的运转来说是必需的。毫无疑问，随着城市发展更加以科学为基础、更加为技术所推动，软环境资源将会日益成为城市发展的内在潜力。这种转变触及城市的发展方向，城市发展需要以良好的软环境资源为基础。要想理解软环境的潜质，关键在于理解建立在制度上的和经济上的基础所依赖的由软环境形成的比较优势的性质。例如，尽管人们暂时还难以准确计算知识资源的收益，但是知识型产业的发展，足以维持现代城市的运转，并促进整个社会形势的根本转变这一点，却是事实。当然，这一结论的成立将依赖于软环境生产力的转换机制。

将软环境资源作为城市发展的基础不能想当然，软环境要变成现实生产力，城市必须形成一个高层次的文化与创新环境，即城市必须有能力培育人才、吸纳人才，除了营造具有刺激性的工作环境外，还必须具备一个能与其他城市竞争的高质量的社会文化环境。如果需要得不到满足，或制度激励不够，知识人才就难以留住，富有竞争力的企业也会另找安身之地。这时，一个城市赖以建立的组织上和力量上的基础就丧失了。文化和创新环境是一种气氛，在这种气氛中，将会出现一代新人、一系列新概念、一整套新制度。只要看看上海、深圳这些年来的发展，我们就不难领悟创新环境会给人们带来无限机会，而所有这些都将被融入城市的文化之网中去，它是适宜于城市发展的一种环境氛围。不仅如此，拥有文化创新环境的城市会比其他城市更能提供保持这些活动的高质量生活。因此，为了营造这样一种环境氛围，城市需要按照新的标准来重新设计和建设，同时还必须有一套能适应形势变化的机制。

基于文化创新环境之上的软环境创造具有文化属性的价值，它要求有精益求精的体制和完备的基础设施以及深厚的文化背景来维持其存在。体制构成了文化创新环境的一部分，是文化创新环境发展的制度保证。如果没有必要的基础设施，城市产业也不可能繁荣；如果将新兴产业移至"文化荒漠"，那么它们会很快消失。产业在文化真空中不能生长，必须深深扎根于文化文明地带。另外，这种城市文化必须是开放的，在改进的通信条件下及更加开放的社会环境中，新思想、新知识才可能会更加迅速地得到传播和运用。同时，它们必须从"闭关自守"的环境中转入面向世界市场的开放性环境中，以使它们能够提高与其他城市竞争的能力。

把软环境转换成一种城市发展的资源，需要解决一些重大问题。例如，对城市发展内在机制和发展潜力的认识程度，城市主体(企业、大学、科研机制、政府及其个人)之间如何通过正式或非正式的形式建立起相对稳定的网络系统，如何将产业结构的调整建立在软环境优势的基础之上，如何构筑一种有利于人们创业的"企业家氛围"，如何调动资源以提高接近总目标的能力，等等。在这个过程中，需要有非凡的想象力和领导才能，还须拥有足够的力量和自治权，以便控制和管理那些有助于建立软环境转换机制的关键性资源。否则，这个社会所拥有的资源就有可能阻碍社会体制结构的转换和发展计划的变更。

第二节　城市营商环境的改善与提升

一、城市产业配套环境的提升

产业配套环境是城市当前所面临的最重要的营商软环境。产业配套环境建设是城市产业发

展模式转换的条件和基础。更为关键的是，在城市发展过程中，企业及其外部的网络连接对于企业发展、创新以及整体区域经济发展起着关键作用。换言之，城市经济的发展更多地依赖于产业配套环境的改善，它是城市经济持续增长的内生力量。

城市经济要实现突破，必须摒弃传统的主导产业带动模式，通过形成若干专业化的特色产业，构筑产业链，来取得竞争优势。在这个过程中，产业政策扶植的不是单个企业，而是产业集群。它要求在明确并加强建设产业的主导性专业化部门的同时，把发展辅助性专业化部门、协作配套部门和服务性部门作为提升产业环境的重要任务提上日程。

要实现城市产业配套环境的提升，首先，要确定自己的特色产业，在此基础上，建设专业化产业区。其次，要以产业链为主导，以产品和技术为纽带，以产业区为依托，巩固提升有特色和比较优势的主导产业，加快发展与之配套的辅助性专业化部门、协作配套部门和服务性部门。要鼓励产业链内的中小企业为龙头企业做好配套工作，或大企业自身进行"剥离"衍生。再次，要按照产业链形成规律确定产业分工及布局，并制定有效的产业政策导向，分类指导推进，充分利用市场机制引导产业配套企业围绕产业链"做大做强"。最后，要把大项目引进与特色产业规划相衔接，有针对性地开展产业链招商工作，拉长产业链条，把一些大项目做成大产业。

二、城市商务环境的整体改善

Brusco & Tyebjee(1982)曾列出一个成功地区所应具备的12个商务环境因素[①]，具体如下所述。

(1) 风险投资的易获得性。

(2) 经验丰富的企业家队伍。

(3) 技术熟练的劳动力市场。

(4) 供应商比较接近。

(5) 顾客(客商)和新市场接近。

(6) 比较令人满意的政府政策。

(7) 拥有良好的大学和科研机构并与企业接近。

(8) 土地利用方便且比较令人满意。

(9) 交通方便。

(10) 拥有善于接受新生事物和新知识的人群。

(11) 辅助支持服务业的存在。

(12) 有吸引力的居住条件。

上述商务环境的完善程度都直接或间接地涉及一个企业在城市中的商务成本，而商务成本是与企业商务投资相关的成本，或者说，商务成本与投资环境密切相关。投资环境的优劣直接影响商务成本的高低，后者依赖于前者，良好的投资环境可在一定程度上降低商务成本，使投资者获得较高的回报。因此，从某种意义上说，改善城市商务环境就是改善城市投资环境。

从商务环境的决定因素来看，投资者初期可能比较重视市场规模和劳动力、能源等成本的

---

① 盖文启. 创新网络[M]. 北京：北京大学出版社，2002：64.

降低，而集聚经济水平、交通联系以及劳动力素质和市场发育程度对投资区位的选择的影响不大。但是，当城市竞争加剧之后，这种决定投资的因素就发生了变化。现有的劳动力成本、政策引力等因素的影响力开始下降，城市市场发育和集聚经济水平逐渐成为影响区位投资决策的关键因素。因此，整体改善城市商务环境必须从发展市场经济、建立完善的要素市场体系、加强知识产权保护、提高制度和法律的透明度、减少市场风险入手，从而为外部资本的投入提供良好的商务环境。

三、城市政府职能的全面转型

制度是构成城市营商环境的最重要因素，制度创新是营商环境建设的重要组成部分，也是营商环境建设成败的关键。因此，营商环境建设必须在城市政府职能全面转型方面取得突破。

政府职能全面转型就是要改变传统的政府管理经济的方式，使政府从过去的管制型转变为服务型，把政府的经济管理职能转到主要为市场主体服务和创造良好的发展环境上来，建立一个与经济转型、社会转型相适应的、以人为本的现代政府。这是一项系统工程，涉及政府各部门既得利益的调整，被喻为行政领域的"效能革命"和"政府再造"。

在政府行政规则上，应进一步理顺行政执法体制；规范各级政府的行政执法行为，使其严格按照法定程序行使权力、履行职责；严格按照法定权限和法定程序制定地方规范性文件；建立健全行政程序制、限时办结制、首问责任制等各项规章制度，以实现政府提供服务的程序化、规范化和效能化。

在政府行政服务上，要在政府机关内大力倡导以诚信为本的理念，切实强化信用意识和责任意识，用诚信理念来规范和约束政府的行为；坚持公开透明，扩大政务公开的范围，丰富政务公开的内容，不断完善政务公开制度；深化行政审批制度改革，实行一门受理、窗口式审批、一站式办公、一条龙服务。

在政府管理机制上，应建立以公共需求为导向的服务机制，在政府行政中应引入全面品质管理理念，通过制定系统化的政府服务标准，构建高效的政府内部运作与协作机制，使政府的资源和作用得到合理运用和有效发挥；应创新公共管理方式，各级政府要深入研究政府职能实现的新方式、新途径，善于运用市场的方法和经济、法律的手段从事政府管理，把政府的"管"与"办"分开。

第三节　城市文化环境的塑造与丰富

一、城市文化——城市的灵魂

城市是文化的容器，文化是城市的名片，是城市的灵魂。城市文化是城市独特个性和精华优势的浓缩，城市文化的积累可营造一种重要的投资环境，是城市发展的"吸铁石"。城市文化不仅为城市综合实力的提升提供了精神动力和智力支持，也可以创造城市经济价值、增强城市服务功能和提升城市形象。城市文化是城市综合实力的体现和生产力发展的主要标志之一。随着社会的进步和物质文明的发展，文化管理理论在知识经济时代将越来越受到人们的重视，先进文化对城市社会经济发展的支撑力和促进作用将越来越大。

从城市文化体系的角度来看，城市文化可以分为理念文化、行为文化、商业文化和景观文化四大类。其中，城市理念文化是一个城市的核心价值观、城市精神、城市本质内涵的高度浓缩和概括。城市行为文化，也可称为制度文化，是城市理念文化的社会表现。一个城市的行为文化具体地表现为城市市民的素质、品位、风俗习惯、生活方式，以及城市的民风、诚信精神、私人和公共服务等方面。城市商业文化是能够体现城市商业价值观念的文化指导思想和与之相对应的规范化制度的总称，包括商品文化、商业精神文化、品牌和商号及商标文化、商业营销文化、商业环境文化等。城市景观文化包括人文景观文化和自然景观文化两个方面，前者以城市建筑为载体，后者以城市所在的自然环境为载体。

城市文化对于城市发展的重要性源于人们对于文化的需求。一方面，从"物质家园"上升到"精神家园"，从注重物质建设上升到注重文化建设，已经成为城市价值追求的基本趋势。什么样的城市能让生活变得更美好？归结起来，就是既能满足人们日益增长的物质需求，又能满足人们日益增长的精神需求的城市；就是既能为人们身体的幸福栖居提供物质空间，又能为人们心灵的幸福栖息提供文化空间的城市。提升城市文化水平已成为城市发展应顺应的国际潮流，"文化成为城市发展战略的轴心"。另一方面，从"功能城市"上升到"文化城市"，已经成为城市建设理念的最高境界。在西方工业化、城镇化高速发展的历史阶段，为适应提高城镇承载能力的迫切需要，1933年，国际现代建筑协会颁布以"功能城市"为主题的《雅典宪章》，以物质空间为主体的功能主义的城镇建设主流思想随之长期控制世界。功能主义忽视了人的生活的复杂性和人的需求的多样性，没有解决好城市发展中的诸多问题。随着"城市病"的不断蔓延、加剧和扩散，人们逐渐把视角从以"物"为中心向以"人"为中心转变。1977年，《马丘比丘宪章》针对城市建设形成了注重人文生态和文化空间建设的社会文化理念；1938年，L.芒福德出版了《城市文化》，引发了人们对城市如何发展的深思；1985年，欧洲联盟提出"文化城市"概念，使自然生态和人文生态理念形成潮流；1999年的《北京宪章》、2007年的《城市文化北京宣言》，都强调"塑造充满人文精神和人文关怀的城市空间"。"文化城市"成为城市建设的先进理念。

二、城市文化环境构成要素

由城市文化体系所决定，在现实中，城市文化环境主要包括标志性建筑、城市文化设施、街区、风景名胜和城市整体特征五个要素。标志性建筑(含城市雕塑)对于城市形象的构成有着画龙点睛的作用。大多数标志性建筑都有着"三优"的共性，即优越的选点、优秀的设计和优美的环境，三者缺一不可。文化设施是营造城市文化环境必不可少的要素。在欧洲，以大剧院为中心的文化广场比比皆是；在北美，更有近代的文化中心建筑组群，突出了文化设施在城市中的多元功能和优美形象。不论是传统的旧街区还是新建设的现代街区，都是展现城市文化的重要场景。现在许多城市开始认识到在旧城更新发展中，保护、保存传统历史文化街区是多么重要的文化复兴活动。它对于城市文脉的延续、对于民风民俗的展现有着不可替代的作用。现代街区包括产业区、居住区、文教区和商业区，它们从不同的侧面体现着现代城市文明的风采。风景名胜自古以来就是城市文化的主要标志。对于历史文化名城，要保护、发掘、利用其风景名胜；对于新开发的城市，则需要从规划之日起，有意识地打造属于新时代的风景名胜，以保持和发扬城市的整体特色。自然特色是构成城市整体特征的本底，人为建设是构成城市整体特征的能动因素，两者的结合则体现了城市文化的水平和特色，古今中外许多名城都十分注重城市与自然的关系。

三、塑造和丰富城市文化环境品质

成功的城市应该具备深厚的文化积淀、浓郁的文化氛围、美好的城市形象。加强城市文化环境建设必须在坚持培育城市特色的前提下，大力丰富城市文化的内涵，不断提升城市文化环境品质，具体包括以下内容。

1. 大力加强观念文化建设，培育形成良好的城市精神

观念文化是城市文化的内核，在历史上和现实中发挥着灵魂统领作用。要从城市历史发展的前前后后、社会生活的方方面面，深入挖掘城市发展方式、居民生活方式中蕴含的意识形态和价值观念，从中提炼最具地域代表性、时代先进性和市民认可度的思想观念和城市精神。坚持把这种文化个性极强的思想观念和城市精神，贯穿于从历史到现实再到未来的发展全过程，体现从市政到文化再到生活的全领域中，在政府中贯彻和发展下去，在市民中间培育和弘扬起来。要大力推进观念创新，使城市建设者、管理者以及全体市民普遍形成低碳、环保、生态、文化、智能、宜居等先进的、科学的城市发展观念。要大力推进城市精神提升，在城市生活的方方面面体现出富有地域特性、引领时代潮流的城市精神气质。

2. 大力加强制度文化建设，培育形成良好的城市品格

制度文化是城市特色的体现，也决定着城市的物质空间风格和品位。每个城市都应该从有利于城市特色形成、城市品位提升出发，对城市的建设和管理以及经济和社会活动的制度体系和行为习惯进行深入反思和积极改善，对市民生产生活中蕴含的具有传统性、地域性的道德风尚、风俗习惯、民间文艺等给予正确引导和积极塑造，让优良的、宝贵的文化传统和健康、积极、先进的社会风尚成为城市文化的主流。要不断丰富并发展个性鲜明的城市主流文化，以促进城市文化品格特色的日益鲜明及品位的不断提升。

3. 大力加强景观文化建设，培育形成良好的城市风貌

城市内具有历史性、地域性的环境、布局、街道、建筑等空间和景观，是城市传统文化、地域文化以及文化个性的集中体现。应该深入认识旧城的风格特点和文化价值，加强风格特色的保持和维护。在进行新城建设时尽量不要破坏历史风貌，尽量保持原有风格，在城市格局、街巷肌理、建筑形制等方面，在风格一脉相承的基础上体现文化个性。

4. 大力加强城市文化设施建设，形成覆盖全城的公共文化服务体系

要坚持以人为本、整合资源、统筹兼顾、弘扬特色的原则，全面推进文化设施建设，完善城市文化发展格局，建设布局合理、发展均衡、网络健全、运营高效、服务优质、覆盖全城的公共文化体系。按照优化结构、均衡布局、突出重点、分级配置的思路，大力推进文化馆、科技馆、艺术馆、图书馆、博物馆、体育馆、影剧院、广电网、互联网、文化广场、社区文化服务网点等公共文化设施的建设，以基本形成遍布城区的"15分钟文化圈"。大力开展文化节、

艺术节、电影节、音乐会、联欢会、文艺晚会等丰富多彩的公共文化活动，以不断丰富城市文化生活。

5. 大力加强文化遗产保护，把文化开发与文化保护统一起来

应把握现代文化与传统文化的亲缘性和连续性，不能把两者割裂开来。传统文化不等于落后文化，要认识到传统文化的宝贵之处，而现代文化应把积极的、优秀的传统文化进一步发扬光大；现代文化不等于先进文化，不能让低劣的所谓现代文化挤占、污染健康的传统文化的生长空间。在现代文化的潮流中，只有以对历史负责的精神和真正科学的态度，保护好城市自身的文化传统，保持城市发展的连续性，才能创造出城市恒久的文化魅力。

第四节　城市创新网络环境的营造与建设

一、创新与知识型产业

城市的持续发展，实质上是软环境因子及其硬环境因子综合作用的结果。而这种综合因素作用的背后有一个共同的基础，那就是知识的积累。从更高层次来讲，软环境资源中的制度、人力资本、创新等都不过是知识的载体而已。因此，知识的积累构成了一个城市持续发展的内在潜力。从现实城市经济运行来看，只强调软环境中的商务环境因素是远远不够的，除此之外还必须重视软环境资源形成的另一个基本过程，即知识积累及各类创新的进程。

大量的文献和实践经验表明，城市经济和社会持续而稳定的发展，最终取决于本地技术能力的提高和良好创新环境的形成，而技术的竞争在很大程度上是城市创新环境的竞争，成功的产业结构调整总是建立在良好的城市创新环境的基础之上的，企业家的创新是在具备良好的"企业家气候"的创新环境里培育出来的。对这些问题越来越深刻的认识，使得很多城市都在探索依靠内力发展地方经济的道路，并积极将这种理念付诸于实践，寻求以技术为导向、立足于城市经济发展的战略。

以技术为本的城市发展政策高度重视"自下而上"的城市创造力，把技术创新能力看作城市经济发展的核心。目前，在我国，知识密集型产业被许多城市作为未来发展的支柱产业列入总体战略规划之中。然而，我们对于知识密集型产业生长环境研究的重视远远不够。知识密集型产业成长所需的环境条件区别于以硬资源开发为主、追求规模经济的传统工业所需要的发展环境条件，它更加重视范围经济和网络经济。如果城市仍然沿着刚性生产条件下的以"支柱产业"带动其他产业发展这样一个思路来推进知识密集型产业的发展，可能导致严重的后果。例如，如果过分强调组建垂直一体化的企业集团，盲目"上规模"，而忽视扶植中小企业，忽视创造有利于发展合作网络组织的创新环境，知识密集型产业的发展优势就难以产生。

二、城市创新的网络环境

关于知识密集型产业生长的环境条件，国外有过研究。其中，智力密集区、开发性技术条件、基础设施与区域创新环境被认为是知识密集型产业在进行区位选择时优先考虑的因素。在

这四个环境条件中,前三个都可视为"硬环境"条件,后一个则是"软环境"条件。从某种意义上说,"硬环境"条件是先行投资的积累,只要有足够的资金,任何一个城市都可以具备,而"软环境"条件却不是轻而易举的事情。正因为如此,作为影响知识型产业发展的创新环境才会引起人们的重视和探讨。这里所说的"软环境"条件指的就是这样一种创新网络系统,换言之,它是指企业有选择性地与其他企业或机构所结成的持久的稳定关系。通过这种网络系统的构筑,知识密集型产业能获得重要的协同力和技术产品的交叉繁殖能力,从而强化了知识密集型产业的竞争优势。

过去一提到"创新",往往会将它归结为技术创新。殊不知,知识密集型产业的发展过程在一定意义上是组织创新的过程,即建立组织网络的过程。当代许多新技术都是由原有技术重新组合而成的,因此它需要来自多学科的、系统的研究成果和多方面能够解决问题的技术知识。单个企业或机构都很难迅速开发足够重要的新产品,它需要行为主体之间的相互作用,尤其是比较复杂的技术系统,更需要大量企业之间长期的、无限的相互作用才能逐步建立起来。企业间高度关联可减少交易成本,且企业间是平等互惠而不是支配与依存的关系。在这种创新的网络环境中,大企业和小企业并存,国际联系与区内联系并存,贸易联系与非贸易联系并存。而且,这个复杂交织的联系网络,是根植于本地文化之中的,是与城市职能相互配合的。例如,纽约是时装产业集中的地点,这里有专门的剪裁缝纫厂、服饰加工厂与刺绣厂、纽扣与拉链缝纫厂、手工缝纫厂等。由于企业间形成了高度关联的分工协作体系,各厂都拥有一批专业技术水平很高的技师和工人,厂家只要能设计出一种新颖款式,无论加工技术怎样复杂,凡是自己不能完成的加工业务都可交给协作厂去完成,从而可以迅速地推出新产品。时装产业如此,其他产业的发展也类似。

纵观我国城市的发展过程,广泛地存在一种比较普遍的现象,即重视发展与大企业以及与区外、国外企业的合作,忽视了与本地企业的联系和合作,由外部要素嵌入形成的产业基地与当地经济联系薄弱,很难成为促进城市产业结构高级化的增长点。如此下去,也会使城市产业发展失去内生的竞争能力。因此,政府在改善城市创新环境的过程中,必须建立一套能顺利运转的体系,这套体系能促使不同部门之间加强联系与协作,并按过程流向建立网络化的组织,以帮助和促使产业活动的开创和发展。

三、创新转化为城市发展优势的现实途径

城市创新网络资源是城市取之不尽、用之不竭的资源。但是,将创新环境转化为城市发展优势的基础需要我们付出不懈的努力。确立城市创新网络环境优势主要有以下几个途径。

1. 增强创新网络资源的开发利用意识

城市政府及各有关部门应当达成共识,将创新网络资源的开发和培育作为关系城市未来经济发展的重大战略来对待,并将创新网络资源开发和利用的战略作为今后开展城市经济工作的新抓手,列入议事日程。同时,以技术创新为"引擎",增强企业对创新网络环境资源的开发利用意识,将创新规划能力作为衡量企业家的基本准则。

2. 优化创新网络资源的生成发展环境

城市政府应意识到制度建设的关键性，建立有利于创新的制度环境。这种制度环境的形成在很大程度上取决于制度资本的投资。制度资本是组织和以组织为依托而建立的行为规则和社会共识的集合。组织好比制度资本的硬件，而行为规则和共识则是它的软件。制度资本必须通过政府自身的改革而确立。通过政府改革，使政府工作人员养成一种新的与商业运作类似的工作规范。唯有如此，创新网络资源才能得以充分利用和不断衍生。

3. 加强对创新网络环境的投入

创新网络资源的开发也需要相应的投入。目前，各级城市政府应当引导各方面的力量，培植城市的无形资产，提高投资的知识技术密集程度，特别是要建立相应的创新网络资源投入机制，以保证投入产出效率的不断提高。

4. 形成创新网络资源的积累机制

知识积累，特别是人力资本的积累是城市迅速跨越"投资推动阶段"、实现创新网络资源开发的根本力量，而创新资源积累的关键是软环境资源的价值实现。例如，在人力资本的积累过程中，目前，城市人力资源短缺和人才得不到合理使用是并存的两大难题，人力资源价值的实现要求政府变革人才选拔机制，优化人才市场机制。

第十四章

城市经济发展状况的评判

在现实生活中，对城市经济形势和城市经济运行状况的分析和评价是城市管理者的必修课。准确地评判城市经济现状，对于科学地调整城市经济政策，有针对性地提出城市问题解决方案至关重要。本章首先对现行的城市经济指标进行剖析，其次探究城市经济指标改进的方向，最后深入讨论城市经济指标在实践中的应用问题。

第一节　城市经济指标解读

一、城市经济指标的作用

经济指标是反映一定时期内社会经济现象数量方面的名称及其数值。经济现象的名称用经济范畴表述，经济范畴的数量则通过数值来反映。例如，国内生产总值是经济范畴，表现该经济范畴数量方面的名称及其数值"国内生产总值××亿元"就是经济指标或经济数据。经济指标在反映经济现象及其发展规律的数量表现时，是以理论经济学所确定的经济范畴的含义为依据的。

城市经济指标是判断、评价和分析城市经济运行状况及运行绩效的基本依据，也是进行城市经济研究、分析、计划和统计以及各种经济工作所通用的工具。尽管随着体制的转型，经济结构的变革，科学技术的发展，科学技术研究成果的推广应用，城市之间经济联系的扩展，新的经济范畴和经济指标不断涌现，使评判城市经济运行绩效的经济指标更加系统化。但是，在一定时期内，城市经济指标具有相对的稳定性。同时，对于城市经济指标的计算范围、口径、方法、计量单位等，也有统一规定，使其达到标准化和通用化，并以立法的方式固定下来。

城市经济指标的真实性和准确性，对于评判城市经济运行绩效至关重要。因为这些指标不仅是考查城市经济状况和衡量政府政策的尺度，它还是一种市场信号，具有引导资源配置的作用。例如，在金融市场中，人们进行投资时可能会依赖这些数据。当许多投资者决定对一个城市或城市中的某种产业项目进行投资决策时，这种共享的经济指标通常对交易的产生及价格变动有很大的潜在影响力。有时，人们就是在充分了解和跟踪经济指标的情况下，才做出交易决定的。

城市经济指标还有预测的功用。城市经济数据总是在经济开始发展时跟随某一模式或趋势变动的。因此，在把握各方面局限条件的变化的前提下，根据城市经济指标的变化，就能够推测出城市经济运行的基本走向。

一般来说，城市经济指标具有双重功能：解释和推测。其实，解释和推测是一回事，不过，有事前和事后之分。解释是根据城市经济运行的状况，追溯是什么局限条件促成变动的；而推测则是先见到局限条件的变动进而推断在经济运行中有什么状况会随之出现。不论是解释功能还是推测功能，并非指标体系越复杂，这两方面的功能就越强；恰恰相反，城市经济指标越简单，解释和推测的准确性越高。城市复杂无比，复杂的经济活动应以简单的指标来解释和推测。

二、城市主要经济指标

1. 地区生产总值

地区生产总值(gross domestic product，GDP)是指本地区所有常住单位在一定时期内(通常为一年)的生产活动的最终成果。地区生产总值等于各产业增加值之和，其计算方法有三种。

(1) 生产法，计算公式为

$$增加值=总产出-中间投入$$

式中：国民经济各行业的增加值之和等于地区生产总值。

(2) 收入法，计算公式为

$$增加值=劳动报酬+生产税净额+固定资产折旧+营业盈余$$

式中：国民经济各行业的增加值之和等于地区生产总值。

(3) 支出法，计算公式为

$$地区生产总值=最终消费支出+资本形成总额+货物和服务净支出$$

2. 固定资产投资

固定资产投资是建造和购置固定资产的经济活动，即固定资产再生产活动。固定资产再生产包括固定资产更新(局部和全部更新)、改建、扩建、新建等活动。固定资产投资是社会固定资产再生产的主要手段。固定资产投资额是以货币形式表现的建造和购置固定资产的活动的工作量，它是反映固定资产投资规模、速度、比例关系和使用方向的综合性指标。

按照现行统计制度的规定，全社会固定资产投资包括基本建设，更新改造，国有单位其他投资，城镇集体经济单位投资，房地产开发投资，零星固定资产投资，城镇私营、个体经济投资，城镇、工矿区私人建房投资和农村固定资产投资。

3. 公共财政预算收入

公共财政预算收入是指政府凭借国家政治权力，以社会管理者的身份筹集的以税收为主体的财政收入[①]。它是通过一定的形式和程序，有计划、有组织并由国家支配的纳入预算管理的资金。

公共财政预算收入是地方财政收入的来源之一。一般来说，预算收入分为一般预算收入和基金预算收入两部分，用公式表示为

$$地方财政收入=基金预算收入+地方财政一般预算收入$$

$$公共财政预算收入=地方财政一般预算收入$$

基金预算收入是具有指定用途的收入，它指按规定收取、转入或通过当年财政安排，由财政管理并具有指定用途的政府性基金等。例如，国有土地使用权出让金收入、政府住房基金收入、彩票公益金收入等。基金预算收入形成基金预算支出的来源。基金预算收入也可通过调入

---

① 从2012年起，我国各级政府一般预算收入改称为公共财政预算收入，在口径上与2011年以前的"一般预算收入"相同。

资金的方式成为一般预算支出的来源。

4. 城乡居民人均收入

(1) 城镇居民人均可支配收入。城镇居民人均可支配收入是指居民家庭全部现金收入中能用于安排家庭日常生活的那部分收入，它是从家庭总收入中扣除缴纳的所得税、个人缴纳的社会保障费以及调查户的记账补贴后的收入，其计算公式为

$$可支配收入 = 家庭总收入 - 缴纳的所得税 - 个人缴纳的社会保障费 - 其他补贴$$

式中：家庭总收入是工资性收入、经营性收入、财产性收入、转移性收入的总和；其他补贴指居民通过其他途径所得到的现金。

(2) 农民人均纯收入。农民纯收入是指从农村居民家庭全年总收入中，扣除从事生产和非生产经营费用支出、需缴纳的税款和需上交承包集体的任务金额以后剩余的，可直接用于进行生产性、非生产性建设投资、生活消费和储蓄的那一部分收入。它是反映农民家庭实际收入水平的综合性的主要指标。农村居民家庭纯收入包括从事生产和非生产性经营的收入，取自在外人口寄回、带回和国家财政救济、各种补贴等非经营性的收入，既包括货币收入，又包括自产自用的实物收入，但不包括向银行、信用社和亲友借入等借贷性的收入。

5. 社会消费品零售总额

社会消费品零售总额是指批发和零售业、住宿和餐饮业以及其他行业直接售给城乡居民和社会集团的消费品零售额。其中，对居民的消费品零售额，是指售给城乡居民用于生活消费的商品金额；对社会集团的消费品零售额，是指售给机关、社会团体、部队、学校、企事业单位、居委会或村委会等，由公款购买的用于非生产、非经营性使用与公共消费的商品金额。社会消费品零售总额指标反映了在一定时期内人民物质文化生活水平的提高情况，反映了社会商品购买力的实现程度，以及零售市场的规模。

6. 进出口总额

进出口总额是指实际进出国境的货物总金额，包括对外贸易实际进出口货物金额，来料加工装配进出口货物金额，国家间、联合国及国际组织无偿援助的物资和赠送品金额，华侨、港澳台同胞和外籍华人捐赠品，租赁期满归承租人所有的租赁货物金额，进料加工进出口货物金额，边境地方贸易及边境地区小额贸易进出口货物(边民互市贸易除外)金额，中外合资企业、中外合作经营企业、外商独资经营企业进出口货物和公用物品金额，到、离岸价格在规定限额以上的进出口货样和广告品(无商业价值、无使用价值和免费提供出口的除外)金额，从保税仓库提取的在中国境内销售的进口货物金额，以及其他进出口货物的总额。进出口总额可用来观察一个国家在对外贸易方面的总规模。我国规定出口货物按离岸价格统计，进口货物按到岸价格统计。

7. 实际利用外资

在利用外资方面，有几个不同的概念，即新批合同外资、待批合同外资和实际利用外资。新批合同外资是某地区在一个时期内所有新设立或增资的外资企业的外方注册资本的总值。待批合同外资是指已经确立的项目，或意向中的项目的合同外资。实际利用外资是指某地区在和外商签订合同后，实际到位的外资款项，或者是在一个时期内，所有外资企业的外方资本的注

册资本的到位额。只有实际利用外资才能真正体现一个地区的外资利用水平。

三、现行城市经济指标的局限性

现行评判城市经济运行绩效的指标体系基本上是以城市经济增长(GDP)为中心的，而经济增长的驱动力通常被定义为"三驾马车"，即投资+消费+出口。城市经济指标体系就是基于这三个方面展开的。

这样的指标体系意味着GDP是最基本的总量指标，它从总体上反映着一个地区的经济增长水平。GDP是评价与判断城市经济运行状况的一个重要指标。美国经济学家保罗·萨缪尔森曾感叹GDP是20世纪最伟大的发明之一。GDP有很多优点，然而，人们也注意到，GDP指标存在一些缺陷或不足。如果盲目地追求GDP，将导致社会和经济层面中真正需要关注的领域被忽视。

1. GDP不能全面地反映城市经济中的非市场性活动

GDP是按商品和劳务的市场交易价格计算出来的，而非市场交易活动则无法计入经济总量。但在现实中，存在不少非市场性的商品和劳务活动。例如，生产者通过自给自足性质的劳务、家务、物物交换等经济活动所创造的产品和价值，由于没有进行市场交换而没有体现出其交换价格，因而被遗漏于GDP之外。

2. GDP不能真实反映居民福利和收入分配的状况

虽然GDP指标能反映一个城市的经济增长水平及经济总量的变化，但实际上人们的收入不一定能随着每年GDP的高增长率而提高，人们所得到的社会福利也不一定能随着经济总量的增加而得到应有的改善。例如，在GDP高速增长、经济总量大幅增加的同时，人们却因忙于工作而不得不放弃假日和休闲。同时，经济总量作为一个衡量经济增长的数量指标，也无法反映社会分配制度和收入分配情况，因而无法体现社会公平。

3. GDP不能反映经济增长对资源环境所造成的负面影响和资源消耗的代价

GDP无法衡量增长的代价，不能度量因环境变坏所付出的社会成本。进一步说，GDP是一个"数量"概念，不能反映城市经济增长方式和经济增长质量。它反映的是一种以产值、数量、速度为经济突进目标，以物质资源投入为主的经济增长方式下的城市经济运行绩效。

第二节　经济指标改进的尝试与基本方向

一、修正经济指标的努力

对于以GDP为核心的评价指标体系存在的缺陷，学者和专家一直试图加以修正。归纳起来，主要有如下一些思路。

1. 净经济福利指标

在改进GDP核算和数据发布制度的同时，可引进其他反映和衡量社会经济福利水平的指标，以弥补GDP的缺陷。在这方面，一些专家和国际组织正着手编制一些新的指标体系。例如，保罗·萨缪尔森就提出过纯经济福利(净经济福利)的概念，其内容是，在GDP的基础上，减去那些不能对福利作出贡献的项目(如超过国防需要的军备生产)，减去对福利有副作用的项目(如造成污染、环境破坏和影响生物多样性的项目)，同时加上那些对福利作出贡献而没有计入的项目(如家务劳动和自给性产品)，以及闲暇的价值(将所放弃的生产活动的价值作为机会成本来计算)。

2. 绿色GDP考核指标

GDP作为经济增长的总量指标，没有考虑在生产过程中因造成环境污染和资源耗费所带来的损失。为了弥补GDP的这一缺陷，1997年，世界银行设计和推出了"绿色国内生产总值国民经济核算体系"，即将一国或地区经济产出中的能源耗费和二氧化碳排放量等记录于绿色账户中，再将其从GDP中核减，从而形成绿色GDP。绿色GDP是在扣除能源耗费、环境成本之后的国民财富，因而绿色GDP比较真实可靠。绿色GDP占GDP的比重越高，则表明一国或地区经济增长的正面效应越大，而负面效应也就相应越小；反之，绿色GDP占GDP的比重越低，则表明一国或地区经济增长的负面效应越大，而正面效应也就相应越小。绿色GDP是对GDP指标的一种调整。

3. 衡量国民财富新标准

第二次世界大战前，国际社会通常以"国民财富"或"国民收入"来作为衡量一国或地区经济实力的主要指标。第二次世界大战后，改用GDP或国民收入(gross national product，GNP)指标来衡量一国或地区的经济总量及经济实力。世界银行专家比较了第二次世界大战前后这两种统计方法之后，于1995年公布了衡量一个国家或地区财富的新标准。新标准从一个国家或地区的经济产出中减去机器折旧和生产过程的自然资源消耗，计算出一个国家或地区的财产净值，其内容是从人力资源、自然资源和生产资本三个方面计算一个国家或地区财富的总量，然后按美元计算出国家或地区财富的人均水平。显然，人均国家或地区财富指标越高，国家或地区越富裕；反之，则越穷。新标准把经济增长、社会发展和环境保护融为一体，是一个综合性的、能比较全面地衡量一个国家或地区财富状况的总量指标。

4. GDP含金量指标

针对GDP在评判城市经济运行绩效方面存在的局限性，中国学者提出了"GDP含金量"指标。北京大学中国区域经济研究中心主任杨开忠提供了对应的计算方法：先用某地GDP总量除以常住人口数量，得出人均GDP，然后用人均收入除以人均GDP，得出的"单位GDP人均可支配收入"即为"GDP含金量"指标。其中，人均可支配收入可以是近似值，具体的计算公式为

人均可支配收入=(城镇人均可支配收入+农民人均纯收入)×城镇人口占总人口的比重

"GDP含金量"既不是人均GDP，也不是居民收入，而是反映两者的比值，人均GDP是分母，居民收入是分子。如果某地的人均GDP较高，但居民收入相对较低，其"GDP含金量"就较低；如果某地的人均GDP较低，但居民收入相对较高，其"GDP含金量"就较高。因此，"GDP含金量"就是GDP质量的直观表征，它体现了GDP的虚与实，揭示了GDP的"民生含量"，它表示的是居民收入的幸福指数。

二、城市经济指标改进的方向

传统的城市经济指标偏重于城市经济增长的数量和速度。城市经济指标的改进将以提升城市经济质量为基本方向和最终目标。它的出发点是，以资源供给有限为前提条件，通过不断提高要素利用效率、优化结构和重新配置资源来提高城市经济增长质量。通过改进后的城市经济指标，能够科学地判断和评价城市经济运行绩效，从而引导城市功能的协调发展、整体效益的提高、技术进步作用的发挥以及城市的可持续发展。

城市经济增长质量是许多因素变化的结果，毫无疑问，投入更多的资源比资源投入不足的城市将有更快的增长速度。然而，以城市经济增长质量为核心的集约型增长与以GDP为中心的经济增长不同，城市经济增长大大受益于集约发展，其增长的主要来源是要素组合质量、技术发展与资源的合理配置。

改进和完善经济指标体系，无疑具有必要性和紧迫性。加快发展方式的转型，是城市回应国内外多重挑战、实现经济社会可持续发展的关键抉择。它内在地要求对经济指标体系作出调整，以更好地揭示城市经济社会发展的真实状态和趋向。

从城市经济增长质量的角度来看，究竟什么样的经济增长状态才符合标准，而且是可以比较的？显然，要回答这个问题，必须有一整套被大家认可的评价和测定城市经济增长质量的指标体系。然而，在现实中，存在两方面的困难，使得这种指标设计非常复杂：一是城市经济增长的动态性，即增长是一个动态的转变过程，在不同的发展阶段，城市经济增长面临的问题和目标可能不同，因而也会产生不同的数量特征和质量特征。测定指标应该用统一的标准反映城市在不同发展阶段的不同质量特征。二是城市经济增长质量内涵的广泛性，即增长的内容既包括量态变化，也包括质态变化，由于增长质量内容过于广泛，决定了其目标的多元性及其度量指标的复杂性。

城市经济增长质量的综合评价指标体系，应该能较好地反映其质的规定性，便于将增长质量概念实际应用到政策制定和政策评价中去。因此，指标设计应该遵循全面性、相关性、动态性和可比较性的原则。全面性是指测定指标体系应全面涵盖城市增长质量目标的内涵。这就要求必须形成一个多目标、多层次的指标体系，来包容集约增长的主要方面。相关性是指各项指标要有内在联系，而不应该是单项指标的简单相加。为避免指标堆砌、交叉重复，要对一般指标进行取舍，尽可能地选择最能突出表现增长质量特征的指标。动态性是指测定指标体系不应该是一个固定的模式，要以能够正确反映不同阶段的城市发展规律和具体特征为出发点，来进行适当的调整，以适应客观环境的动态变化。可比较性是指所选取的指标应易于进行地区间和国家间的比较，易于在一定时间跨度上进行自身的发展对比。

改进后的城市经济评价指标体系要尽可能地体现指标设计原则。经过对投资、消费、进出口、财税、收入、就业和环境保护等分量指标的调整，最终计算出来的总量指标——GDP及其增长率应当更多地体现城市经济的集约增长和绿色增长。改进后的GDP指标要能更好地反映一个地区经济的总规模和增长质量。在众多经济指标中GDP仍然居于中心地位，它是反映经济运行状况最重要的核心指标和总量指标，目前还没有哪个指标能完全替代它。人均GDP可以用来衡量城市之间的经济实力和富裕程度，这一点也毋庸置喙。

第三节 城市经济指标的完善及其应用

一、城市经济指标体系的进一步完善

对于改进后的经济指标，了解或掌握指标的含义及相互关系很有必要。

1.消费类指标——反映消费能力和结构变动

目前，反映消费支出的指标主要有三大类：最终消费支出，包括居民消费支出和政府消费支出；城乡居民消费支出，包括城镇居民消费支出和农村居民消费支出；社会消费品零售总额。这三类指标之间既有区别也有联系。

最终消费支出是一个GDP核算指标，它是指一个地区的常住单位(包括居民或政府等)在一定时期内(通常是一年)为满足物质、文化和精神生活的需要购买的各种商品和服务的总支出，不管这些商品和服务是从国内购买的还是从国外购买的，只要它是本国居民或单位购买的且用于消费的就算是最终消费支出。一般把最终消费支出占GDP的比重称为最终消费率，它反映了一定时期内社会创造的总财富有多大比例是用于消费的。在GDP一定而且净出口保持基本稳定的情况下，投资和消费是此消彼长的。一个地区的GDP如果用于投资的部分多了，投资率就会提升，而用于消费的部分就会相应减少，消费率则相对降低。

城乡居民消费支出是指城乡居民家庭用于日常生活的全部支出，反映城乡居民实际消费水平的变化。居民消费支出按用途可以分为食品、衣着、居住地、家庭设备用品及服务、医疗保健、交通和通信、教育文化娱乐服务、其他商品和服务八大类。居民消费支出并不是居民家庭的全部支出，居民除了用于家庭日常生活的消费支出外，还有像购买或出售住房时缴纳的各种税费、房屋维修基金等财产性支出，缴纳的税款、捐赠和赡养支出等转移性支出，个人社会保障支出等。城乡居民消费支出作为一种直接来自城乡居民住户的调查资料，能够比较真实地反映居民生活水平和消费结构的变化，可能更接近居民的真实感受。

最终消费支出作为核算指标，更接近理论意义上的"消费"概念，可以更准确地描述消费需求情况，所以在进行深入分析时，一般使用最终消费支出这一指标，但这一指标的缺点是时效性差一些。

社会消费品零售总额介于最终消费支出和城乡居民消费支出之间。它能够及时、概括地反映全社会总体消费状况，时效性强，使用起来比较方便，可以更及时地观察到消费需求的变动情况。但是，社会消费品零售总额不包括服务类消费。最终消费更接近理论上的消费概念，而社会消费品零售总额不完全是消费的概念。从实际数据看，最终消费与社会消费品零售总额存在一定的差距，而且这种差距将越来越大，这说明商品消费占整个消费的比重在降低，而服务消费的比重在增加。

城乡居民消费支出与最终消费支出、社会消费品零售总额最大的区别就是城乡居民消费支出是一个"人均"概念，即平均每个人一年用于消费的支出是多少，而最终消费支出、社会消费品零售总额是总量概念。在使用消费统计指标时，要注意它们之间的联系与区别。

2.投资类指标——反映固定资产投资效率

投资类指标应该能够反映一定时期内一个城市或地区固定资产投资活动的规模和速度、固定资产投资过程中的结构和比例关系及固定资产投资的经济效果。如果从投入转化为产出的效率的角度来描述城市资本的利用水平，借用生产力水平的定义，则有

$$L = O/I \times 100\% \tag{14-1}$$

式中：I表示城市经济正常运行中某时段的固定资产投入；O表示GDP。

对于城市经济增长质量而言，关键的问题是"要素生产率"的提高，提高产出量与资本投入量之比，即提高投入产出效益。那么，资本投入产出率就是一个反映投资集约化程度的重要指标。该指标的倒数为I/O，即单位固定资本投入的产出量，可称为"资本投入效率"，提高固定资本投入产出率，就是提高资本投入效率。

与消费需求不同，固定资产投资对经济的影响具有双重性：一方面，固定资产投资是社会总需求的重要组成部分，它对总需求的总量与结构都有直接影响；另一方面，固定资产投资是增加社会总供给的重要途径，能够提高社会生产能力。因此，投资对经济既有需求拉动作用，又有供给推动作用。需求拉动作用常常直接表现在投资增长与经济增长的同期数值中；供给推动作用则有一定的滞后期，因为固定资产投资要形成产品生产能力需要一定的时间。

当投资增加时，会立即增加对投资品的需求以及投资品生产企业的产量和效益，此时，就业率会上升，居民收入也会增加，并能促进消费增加和经济增长速度加快；当投资增长速度明显下降时，企业效益、居民收入和消费都会下降，整个经济的增长速度也会回落。从历史数据看，固定资产投资增长速度的变动基本上是与经济增长速度同步的。投资增长加快时，经济增长速度一般较快；投资增长放慢时，经济增长速度也会减缓。但是，从历史上看，投资增长速度的波动与物价波动也比较一致。

3. 国际经济类指标——反映外需和资本流入

在消费、投资和出口这"三驾马车"中，投资和消费反映的是一个地区的内需情况，出口则是反映外需的主要指标。进口额、出口额和进出口额三个指标，都是用来观察一个国家或地区对外贸易总规模的指标。

净出口是出口总额与进口总额之差，从总体上反映一国或地区的外贸余额。从对经济增长的影响来看，进口减少和出口增加都会促进城市经济增长。如果进口减少，社会总供给会减少，会有一部分需求得不到满足，这部分富余的需求会转向国内产品，这对促进经济增长是有利的。国内厂商生产的一些产品，可以由国内居民消费，也可以出口到国外，出口增加，也就意味着需求的增加。如果进口增加和出口减少，则会减慢国内经济的增长速度。

事实上，净出口本身就是国内生产总值的一部分。贸易顺差越大，对经济的拉动作用也就越大。从历史数据来看，进口和出口的变动趋势比较接近，基本都是同向运动，而且进口、出口和进出口总额的变动都与经济增长的速度相一致。

在城市经济建设中，一直存在资金短缺的现象，国外资本的流入，成为城市固定资产投资资金来源的重要补充。利用外资这个指标常常会在两个方面用到：在对外经济统计中，反映国际收支的资金往来情况；在投资中，反映在固定资产投资资金来源中利用外资所占的比重。

外商直接投资(foreign direct investment，FDI)是目前利用外资的主要方式。一般来说，如果利用外资规模迅速扩大，不仅表明经济增长前景较好，也往往意味着国际收支状况的改善，对城市经济有拉动作用。因为外资流入会增加社会总需求，如果经济仍有发展潜力，企业会相应

提高产量，促使经济增长速度加快，而外资流入减少则对经济增长有负面影响。从历史上看，利用外资的变动与经济增长速度的变动趋势比较接近。

4. 劳动力市场类指标——反映经济增长部门的状态

目前，我国有两个失业率指标。一是城镇登记失业率。城镇登记失业率所登记的失业人员一般具有非农业户口，男性年龄为16～50岁，女性年龄为16～45岁，无业而要求就业，并在当地就业服务机构进行了求职登记。二是调查失业率。城镇登记失业率不仅指标涵盖面非常小，而且人为调控的痕迹非常明显，没有包括那些再就业服务中心里的下岗职工，而实际上下岗职工与失业人员并没有实质的区别。同时，登记失业率中没有包括外来人口，没有包括农村地区存在的大量失业人口，而且在失业登记程序上进行限制，失业者必须在原户籍所在地进行失业登记，其他未进行登记或无权进行登记的人员均被视为就业，如应用城镇登记失业率指标，则只有那些到当地劳动保障部门登记的，符合上述失业条件的人员才被统计为失业人员，上述大量没有登记的失业人口不被统计为失业人员。城镇登记失业率一方面受各种规定的限制，另一方面由于我国就业服务体系和社会保障体系还不完善，到劳动保障部门就业服务机构登记求职的失业人员受到各种限制而数量不多，再加上就业和失业登记办法还不健全、不规范，导致实际失业率高于登记失业率的现象十分严重，因此，它不能真实地反映城镇失业的情况。

调查失业率采用国际通行定义并按国际标准的调查方式取得调查结果，是通过住户调查系统进行失业统计的。城镇劳动力调查采用了国际通行的失业定义，具体指城镇常住人口中16岁以上、有劳动能力、在调查期间无工作、当前有就业可能并以某种方式寻找工作的人员。对于失业，主要是从劳动力市场供需的角度来定义的，即无论是本地人还是外地人，无论是非农业户口还是农业户口，无论是在就业服务机构进行了求职登记还是未进行求职登记，只要符合失业的定义，就可被作为失业人员进行统计。

劳动生产率是衡量一个地区经济发展水平和生产力发展水平的核心指标。城市劳动生产率能深刻反映城市经济发展的现状，即经济的实际发展质量水平。劳动生产率的提高，关键还要依靠劳动力水平的提高，也就是说，人的因素是提高劳动生产率的关键。传统的城市经济增长过于注重数量增长而忽视了质量提升，过度使用廉价劳动力和依赖政府投资推动经济规模增长而忽视了对劳动力生产技能的培养和知识水平的提高，导致虽然获得了表面的经济繁荣和发展，却并未同步实现劳动生产率的提高。提高劳动生产率，从根本上说，是发展生产力的需要，是提高城市经济发展质量水平的需要，更是推动城市经济长期健康稳定发展的需要。

5. 政府财税类指标——反映政府组织财政收入的程度

地方财政一般预算收入属于地方政府的税收收入和非税收入。地方政府的税收收入是指税收收入扣除上划中央税收后的税收余额。非税收入包括专项收入、行政事业性收费收入、罚没收入、利息收入。

根据分税制财政管理体制的规定，将税收收入划分为中央税、地方税、中央和地方共享税。在一般预算收入中，税收收入只包括地方税收入及中央地方共享税中地方分享的部分，如营业税、城建税等地方税的全额，以及增值税(地方分享50%)、企业所得税(地方分享40%)等中央地方共享税的一部分。非税收入除税收以外，还包括由各级政府、国家机关、事业单位、代行政府职能的社会团体及其他组织，利用政府权力、政府信誉、国家资源、国有资产或通过提供特定公共服务，取得用于满足社会公共需要或准公共需要的财政资金，包括专项收入(如排污费收入)、行政事业性收费收入(如证照收费等)、罚没收入、国有资本经营收入(国有股股息等)、国有资源(资产)有偿使用收入(如机关单位的房屋出租收入)、其他收入(如捐赠收入、主管部门集中收入等)。

此外，有两个概念也需要说明。一个是地方财政总收入。它是由一般预算收入和上划中央税收收入(即75%增值税，60%企业所得税和个人所得税，100%消费税)构成的，但不含基金的财政总收入。另一个是全口径财政收入。为了统计地方经济发展对财政收入总体的贡献情况，在收入体系中引入全口径财政收入指标。它是地方区域内所有财政收入的总和，包含基金的财政总收入、一般预算收入、上划中央"四税"(即75%增值税，60%企业所得税和个人所得税，100%消费税)，还包括政府性基金收入、社会保险基金收入，但不包括海关负责征收的关税和代征的增值税。

财政收入是政府最重要的资金来源，它主要通过税收形式取之于民，以满足政府提供公共服务的需要。政府在一年中组织多少财政收入应该有一个恰当的数量，组织少了，满足不了公共需要；组织多了，纳税人负担太重，会挫伤生产者、投资者、消费者的积极性，甚至引起社会的不安定。

财政收入占GDP的比重是一个反映政府集中财政程度的相对指标，也从一个侧面反映了城市经济增长质量。比重上升，政府组织财政收入(全社会税负)的程度提高；比重下降，则政府组织财政收入(全社会税负)的程度降低。

此外，地方债也是反映地方政府财税能力的一个重要指标。衡量地方债规模大小的一个重要指标是债务率，也就是债务余额与地方政府综合财力的比率。近年来，随着国家对地方政府性债务管理的加强和银行对地方政府及其融资平台公司信贷投放的从紧，一些地方通过各种方式变相举债融资的现象较为突出。然而，由于地方政府、融资平台与影子银行通过信托等方式相互关联和渗透，当前的融资平台模式缺乏清晰的法律构架，地方政府没有成为真正的法律主体，种种因素都将加大融资风险，进而影响城市经济增长的可持续性。

6.收入类指标——反映城乡居民的收入水平

城镇居民人均可支配收入标志着居民的购买力，用以衡量城镇居民收入水平和生活水平。城镇居民人均可支配收入是由国家统计局组织各级调查队，通过抽样调查的方式，收集城镇居民日常收支资料，对所有原始资料进行超级加权汇总得到的。

农村居民纯收入按照农村住户人口平均的纯收入水平来计算，是一个年度核算指标，反映全国或一个地区内农村居民的平均收入水平。它是农村住户当年通过各个来源得到的总收入相应扣除有关费用性支出后的收入总和，等于工资性收入、家庭经营总收入、财产性收入、转移性收入之和，再减去生产经营费用和固定资产折旧、税费支出和赠送农村内部亲友支出。农村居民人均纯收入的计算过程是，先分户调查收集数据，然后分户计算纯收入，由省级国家调查总队汇总全省纯收入，由国家统计局汇总全国纯收入，最后分别计算全国和各省的人均纯收入。

无论是城镇居民人均可支配收入，还是农村居民纯收入，都应该是扣除了物价因素之后的实际收入。只有考虑了消费者价格指数(consumer price index，CPI)的收入指标，才能真实反映城乡居民的实际生活成本和生活水平。

7. 环保类指标——反映城市经济增长的持续性

城市经济增长的"持续性"是评价城市增长质量的一个重要指标，而增长持续性的评价指标是一个复杂的体系。为进一步简化，现在人们通常以"节能减排"来作为评价指标。节能减排有广义和狭义之分。广义而言，节能减排是指节约物质资源和能量资源，减少废弃物和环境有害物(包括三废和噪声等)的排放；狭义而言，节能减排是指节约能源和减少环境有害物排放。在这里，我们用污染物排放年增长率比GDP年增长率和单位GDP能耗来表达。一般来说，污染物排放年增长率比GDP年增长率是小于1的，此值越小，说明生产同样的产值排放了更少的污染物。单位GDP能耗指标当然是越小越好。

二、主要经济指标的应用

作为一名城市管理者，不仅要知道一个经济指标的变化对整个城市经济运行来说意味着什么，而且要清楚一组经济指标变化的含义和趋势。

1. 明确一个指标与整体经济的关系

要明确一个指标与整体经济的关系，必须知道这一指标对整体经济而言是先行指标，还是同步指标，或是滞后指标。

(1) 先行指标，即从时间上看，总是比总体经济更早地发生转折，更早达到高峰或跌入低谷的指标。例如用电量、制造业采购经理指数 (purchasing managers'index，PMI)、景气指数等。

(2) 同步指标，即在时间上与经济波动轨迹基本一致的指标。例如GDP、公共财政预算收入、工业增加值等。

(3) 滞后指标，即总是比总体经济更晚一些发生变化，更晚达到高峰或跌入低谷的指标。例如失业率。

在实际应用中，可以根据指标与总体经济状况变动轨迹的不同，来判断总体的城市经济走向。先行指标可以对城市未来的经济状况提供预测性信息，主要用于判断短期内城市经济总体的景气状况，也可以利用它判断城市经济运行的可能走向，从而进行预警、监测，进而制定相应的应对措施。例如，当先行指数连续几个月下降时，就有理由预测整体经济可能出现下滑。同步指标反映城市经济正在发生的情况，反映当前的经济形势，但并不预示将来的变动趋向。滞后指标反映城市经济运行的转折点一般要比实际经济活动晚，主要用于确认经济波动的高峰或低谷是否已经过去。

2. 要看一组指标，而不能仅看单个指标

要通过一组主要经济指标去认真观察和分析，从相互联系和综合的角度去考查城市经济运行的状况和绩效。例如，为判断城市经济形势，既需要看经济增长率、失业率、公共财政收入等指标，也要看与GDP相关度较高的统计指标，包括税收、银行信贷、用电量、运输量、进出口等。从变动趋势上看，这些之间有着较好的一致性。也就是说，对城市经济走向进行推测，可以找出一组具有预测功能的指标进行系统分析。当这些指标给出的数据或结果出现矛盾时，要进行更深层次的分析，选择更有把握的指标作为判断依据。

3. 要注意与历史数据进行比较

在利用指标对城市经济发展情况进行分析时，要注意与其历史数据进行纵向比较，才有可能看出所公布的数据的真实含义，特别是对一些变化比较大的数据，更应该多问几个为什么，千万不能没有经过分析就直接下定论。

同时，要注意统计口径和统计方法有无变化，即当前公布的数据与过去公布的数据之间是否具有可比性。将两个使用不同方法统计的数据进行比较，或者是将统计范围不一致的统计数据进行比较显然是不合适的，有时甚至会得出错误的结论。要把掌握的数据与观察到的现象进行验证，客观分析指标与社会经济生活的联系，正确运用指标分析城市社会经济现象。

此外，对于增长速度的比较，要注意相关数据是以什么时候的数据作为对比基期而得出的。常用的增长速度主要有三个：同比增长速度，即与上年同期相比的增长速度；环比增长速度，即与上一期相比的增长速度；定基比增长速度，即与固定基期的值相比的增长速度。用环比增长速度反映指标变化，具有时效性强、比较灵敏的优势，不足之处是对一些随着季节变化而波动的指标，将当期数据直接与上期数据相比时，无法避免季节因素的干扰，其反映的增长速度波动非常大，有时甚至连指标变动的方向都会发生变化。同比增长速度的弱点是反映出来的结果比较滞后。由于定基比增长速度可以用来计算同比增长速度和环比增长速度，它的优点和缺点实际上已经隐含在同比增长速度和环比增长速度之中。

三、经济分析工作的能力训练

为了早日成为一名经济分析专家，我们应勤思考、多实践，并做好以下方面的工作。

持之以恒地对选中的指标进行跟踪观察，逐步积累对它们的认识，特别是要提高对这些指标的经济解释力的认识。

当看到公布的经济数据时，可以自己先作分析和判断，特别是要注意分析它对总体经济可能产生的影响，然后再去看专家的分析，并把自己的分析和专家的分析进行比较，找出异同点，明确产生差异的原因。

记录下自己和专家对经济形势的看法，并在下次公布新数据时看看有无差距，找出差距的根源。这样，积累一段时间后，一定会使自己成为经济方面的行家。

借用多种渠道获取多种信息，例如网络、各种年鉴、分析报告等；学会运用新方法对信息加以处理，例如数学模型、回归分析等。掌握观察、分析和理解经济指标的工具的使用方法，并通过不断实践和积累，逐步熟悉、深入理解。

第五篇
城市环境治理

第十五章 | 生态城市建设中的人居环境改善

以建设与自然平衡的人居环境为目标的生态城市建设，是城市环境管理的核心。本章首先从城市环境问题入手，分析生态城市建设的方向和路径；其次围绕城市生态景观的规划与建设，讨论城市的生态再造；最后阐述城市环境质量的评价、整治与监控问题。

第一节　生态城市：建设与自然平衡的人居环境

一、城市环境问题

城市化深刻地改变了人地关系地域系统和基本结构的演化过程。伴随着快速的城市化进程和城市群发展，城市呈现水资源短缺与过度开发、能源利用效率低下、空间发展与土地利用失控、交通拥挤、废弃物排放剧增等严峻态势。城市热岛效应、拥挤效应和环境污染，不仅导致城市居民生存与生活环境的持续恶化，而且还给城市周边地区的生态系统与环境质量带来了严重的影响，已成为城市可持续发展所面临的重大瓶颈问题和挑战。

随着全球化进程的加快以及大都市区和城市带的扩展，城市环境问题的影响范围早已超出城市本身的地域界线，如表15-1所示。

表15-1　不同都市圈层的环境问题[①]

地域规模	家庭/工作场所	社区	都市区	区域	全球
环境基础服务设施	储水设备 卫生设施 垃圾箱 供热设施 通风装置	自来水供应 排水系统 废物回收 街道/小巷	工业园区 道路 污水处理厂 下水道出口 填埋洼地垃圾	高速公路 水资源 发电厂	
主要环境问题	住房不足 用水短缺 缺乏卫生设备 疾病传染 家庭空气污染	水/土壤污染 倾倒垃圾 污水漫溢 街道噪声 自然灾害	交通拥挤 交通事故 空气污染 倾倒有毒垃圾	水污染 生态保护区消失	酸雨 全球升温 臭氧层破坏

上述环境问题在我国各城市都不同程度地存在，但比较突出的城市环境问题主要集中在三个方面。

1.传统发展模式带来的城市生态失衡

城市生态系统是一个以人为中心的复合人工生态系统。由于城市生产者和消费者对能量和

[①] Carl Bartone. Annotaed outline of a report onstategic options for managing the urban environment[M]. Washington，DC：World Band，1991.

物质的消耗量以及废弃物的排放量远超出城市自然生态系统的产出量及净化能力，城市生态环境非常脆弱，突出表现为：城市人口、工业集中，工厂任意排放"三废"，使江河遭受严重污染、空气烟雾弥漫、垃圾堆积如山，造成了城市水污染、大气污染、固体废弃物污染。同时，这些污染进一步导致了土壤污染，从而加剧了城市环境污染，造成城市环境污染的恶性循环。

2. 机动车污染问题更为严峻

道路可以说是城市这个有机体的血管，其通达性决定了整个城市生态系统的运行效率。近些年来，各大城市的出租车及私家机动车数量猛增，而公共交通系统更新较慢，城市路网密度和人均道路面积均处于较低水平，从而导致越来越严重的交通拥挤问题。这种状况降低了人们的出行效率和工作效率，也严重影响了城市居民的生活质量。

3. 城市环境污染边缘化问题日益显现

一方面，大城市发展到一定规模后，需要不断向周围地区分散一部分产业功能和就业功能，而周边地区在充分利用大城市的辐射功能作为自身发展原动力的同时，也更多地承担着来自中心城区生产和生活所产生的污水、垃圾、工业废气等污染。另一方面，大城市低密度的发展模式会加快城市周边生态系统的恶化。因为在城市周边主要分布着农田、绿地、林地等，它们在维持城市生态平衡和提高城市生态环境质量方面起着非常重要的作用，一旦受到破坏，就会迅速降低城市和城市周边地区环境的承载能力和污染净化能力。

城市环境问题对居民的生产和生活都有着重要的影响。表15-2展示了城市环境问题对居民的健康/安全、生产率、舒适性和生态价值所产生的不利影响[①]。

表15-2 城市环境问题及其影响

环境问题	健康/安全	生产率	舒适性	生态价值
环境污染				
市内空气污染	×	×		
周围空气污染	×	×	×	×
淡水污染	×	×	×	×
湖泊、沿海水域污染	×	×	×	×
固体废物污染	×	×		
有害废物污染	×	×	×	×
排泄物污染	×	×		
噪声污染	×	×		
生活环境恶化(拥挤)				
交通拥挤	×	×	×	
城市设施拥挤		×		
高风险土地的占用	×	×	×	
自然支持系统的退化				
淡水枯竭	×	×	×	
土地和生态系统退化	×	×	×	×

---

① Euisoon Shin，et al.Economic valuation of urban envionment problems—with emphasis on asia[M]. Washington DC：Urban Development Division，World Band，1992.

二、城市环境问题产生的根源

城市环境问题产生的深层原因是什么？追根求源，工业化的生产方式和城市经济增长模式使得城市资产的积累是以对更大地域范围内的自然生态资产的掠夺和由此导致的退化为代价的。换言之，我们正在用"掠夺式工业生产方式"破坏我们的家园。当代文明社会对自然资源的掠夺式开发和破坏的主要动力来源于现代城市拥挤的交通对石化燃料的巨大需求，以及由水泥和沥青构成的巨大网络。这个由汽车—城市蔓延—高速公路—石油燃料组成的复合体焕发出一种新的动力——一种特别的经济"生命力"，它吞噬大量的农田、土地，破坏自然生境，造成大量的交通事故，破坏了城市生态系统结构[①]。

美国学者托马斯·贝瑞的这段话或许将加深我们对城市环境问题产生的根源的认识："我们没有意识到自己做了什么及其影响的深远程度。我们试图通过废弃物回收、降低能耗、限制使用私人汽车、减少开发项目等一些小尺度的做法来修复环境，解决城市问题，其实是治标而不治本的。问题在于我们做的这些事情，主要不是停止对地球基本资源的掠夺，而是通过减轻其消耗后果而使我们掠夺式的工业生产模式和生活方式得以延续。我们错误地估计了我们面对的问题的复杂程度和系统范围。我们面对的挑战主要是宏观生态学问题，即地球复合生态系统的整合功能问题。"[②]

托马斯·贝瑞所讲的复合生态系统也就是人们所说的生物圈。城市就是一个复合生态系统，它是一个由自然再生产过程、经济再生产过程、人类自身再生产过程组成的复杂的系统。因此，对于城市环境问题的治理必须从城市生态系统的角度出发，改变城市居民的生产和生活方式。理查德·瑞吉斯特希望把人们从破坏生态的汽车时代唤醒。在这里，"汽车"只是理查德·瑞吉斯特对石化能源消费模式的一种泛指和比喻，他批判的"汽车—城市蔓延—高速公路—石油燃料组成的复合体"，只是当今城市在石化能源取之不尽的假设下，形成的一种追求部门最大利润的畸形生产模式和生活方式。

三、建设融入自然的城市

人类的出路在哪里？建设生态城市就是人们在面对诸多环境问题困扰时找到的一个方向。城市是影响整个地球人类文明的基石。建设生态城市将创造一种崭新的生态文化和生态经济，使我们有可能实现城市良性循环和健康进化的目标。

事实上，一直以来，人们都在考虑按照生态学原理对整个城市进行重新设计和建设。究竟建设一个什么样的生态城市，见仁见智，意见并不统一。但人们在一点上达成共识，即生态城市作为理想的人居环境，应该能更全面地体现城市的本质，即适宜人居住。其中不仅人与自然要和谐相处，而且人与人也要和睦共处，每个市民在其中都能自由自在地生活，并得到充分的关怀，还有足够的机会实现个人的发展。

围绕人居环境，生态城市建设有三个主要的环境先决条件，即保护、循环和生物多样性。从中可以看出，建设生态城市就是要建设一个融入自然的城市。

---

① 理查德·瑞吉斯特.生态城市——建设与自然平衡的人居环境[M].北京：社会科学文献出版社，2002：7.
② Thomes Berry. "The Ecozoic Age"，a lecture delivered to the E. F. Schumacher Society，1991

1) 生态城市设计原则

1993年，理查德·瑞吉斯特提出了"生态城市设计原则"，主要内容如下所述。

(1) 恢复退化的土地。

(2) 与当地生态条件相适应。

(3) 平衡发展。

(4) 制止城市蔓延。

(5) 优化能源。

(6) 发展经济。

(7) 提供健康和安全的生活环境。

(8) 鼓励共享。

(9) 促进社会公平。

(10) 尊重历史。

(11) 丰富文化景观。

(12) 修复生物圈。

2) 可持续发展人类居住区十项关键性原则

1997年，澳大利亚城市生态协会提出了一个类似的生态城市的发展原则。同样，欧盟也提出了可持续发展人类居住区十项关键性原则，为人们描述了建设生态城市的路径，具体内容如下所述。

(1) 资源消费预算。

(2) 加强能源保护和提高能源保护效率。

(3) 发展可更新能源的技术。

(4) 推广可长期使用的建筑结构。

(5) 住宅和工作地彼此邻近。

(6) 建立高效的公共交通系统。

(7) 减少垃圾产生量和回收垃圾。

(8) 使用有机垃圾制作堆肥。

(9) 构筑循环的城市代谢体系。

(10) 在当地生产居民所需求的主要食品。

总结起来，根据建设一个与自然平衡的人居环境的理念，建设生态城市的核心是改变城市的生产和生活方式。建设形态决定城市生产和生活方式，而城市生产和生活方式又取决于城市的价值取向。它不仅体现在城市的物质形态上，也体现在人们的态度、技能、习惯上。生态城市建设要求人们从传统工业社会的生活模式中走出来，摆脱现在的反自然的城市发展模式，从而促进生产和生活方式的转型，找到使城市变得更加宜居的生态模式。

第二节　生态再造：城市生态景观规划与建设

城市生态再造要求城市环境清洁、整齐、宜人，要求城市景观有序、优美、个性化，要求城市生态系统与大自然生态系统保持循环平衡。显然，城市生态景观的规划与建设是城市生态再造的重要方面。

城市生态景观包括自然景观(地理格局、水文过程、气候条件、生物活力)、经济景观(能源、交通、基础设施、土地利用、产业过程)、人文景观(人口、体制、文化、历史、风俗、风尚、伦理、信仰等)。城市生态景观规划与建设的目标就是促使这三种景观之间相互作用，形成人与自然的复合生态网络。

城市生态景观规划与建设的重点包括如下几个方面。

一、城市绿地系统规划

城市绿地系统规划是指对各种城市绿地进行定性、定位、定量的统筹安排，形成具有合理结构的绿地空间系统，以实现绿地所具有的生态保护、游憩休闲和社会文化等功能的活动。

(1) 在规划城市绿地系统时，要统一考虑城市绿地(包括公园绿地、生产绿地、防护绿地、风景林地)和道路绿化与水体绿化以及重要的生态景观区域等，合理安排，以形成一定布局形式。城市绿地系统布局在城市绿地系统规划中占有相当重要的地位，因为即使一个城市的绿地指标达到要求，但如果其布局不合理，那么它也很难满足城市生态的要求以及市民休闲娱乐的要求；反之，如果一个城市的绿地不仅总量适宜，而且布局合理，能与城市的总体规划紧密结合，真正形成一个完善的绿地系统，那么这个城市的绿地系统将在城市生态的建设和维护、为市民创造良好人居环境、促进城市可持续发展等方面起到城市其他系统无可替代的重要作用。

(2) 城市绿地系统规划建设应结合城市其他各项用地规划建设，综合考虑，全面安排。在城市各项用地的布局方面，一方面，要合理选择绿化用地，使园林绿地更好地发挥改善气候、净化空气、美化生活环境等作用；另一方面，要注意少占良田。绿地在城市中的布局要与工业区布局、居住区详细规划、公共建筑分布、道路系统规划密切配合、协作。

(3) 城市绿地系统规划建设必须结合当地特点，因地制宜，从实际出发。城市的现状条件、绿化基础、性质特点、规模范围各不相同，即使在同一座城市中，各区的条件也不同。所以，对于绿地类型、布置方式、面积大小、定额指标的选择，要从实际需要和实现的可能出发，规划建设，切忌生搬硬套，单纯追求某一种形式、某一个指标，致使事倍功半，甚至事与愿违。

(4) 城市绿地规划建设既要有远景的目标，也要有近期的安排，要做到远近结合。

二、城市人文景观塑造与保护

人文景观是人类创造的景观。它主要由文物、古迹、诗文、碑刻等历史景观，人工筑台、水景、绿化等可以改造的自然景观，以及建筑物、道路、广场等人工设施景观等元素来反映。城市人文景观的塑造与保护决定了一座城市的文化品位，甚至直接影响一座城市的生存与发展。

(1) 城市人文景观的塑造与保护，要体现城市功能的完整性和可持续发展。现代城市人文景观的规划设计注重体现一座城市的特色和内涵、发展脉络、人文特色等元素。城市人文景观塑造，要体现人文特色和美化效果。现代城市的发展离不开城市景观设计，更离不开人文景观的衬托。城市人文景观的建设，不仅要遵循可持续发展的原则，还要体现城市功能的完整性。

(2) 城市人文景观的塑造，要注重历史文化传承。城市人文景观要存古求新，既需借鉴国内外各地城市建设的经验，又要传承传统特色文化，体现古为今用、洋为中用的特色。城市人文景观的规划与保护要尊重历史，那些抱着出政绩的心态，人为创造历史文化符号或设计景观建筑，以期拉动地方经济的做法，必须摒弃。

(3) 城市人文景观的塑造和保护，要与城市的山水名胜相融合。那些不顾经济承受能力、不管自然环境等客观情况，实施的"城镇美化运动""景观大道"等具有破坏性的建设行为，其实是对城市人文景观塑造的误解。事实上，自然景观是城市景观建设的有机组成部分，为城市景观的多样性增添了新的创意；人工景观，包括植物造景、水景、石景、标志性建筑等在内的园林景观以及包括单体建筑、建筑群、街景等在内的建筑景观，与自然景观相映成趣。在塑造城市形象时，应合理搭配自然景观和人文景观，使两者比例协调。

三、城市生态廊道的建设

城市生态廊道是指在城市生态环境中呈线性或带状布局，能够沟通和连接在空间分布上较为孤立和分散的生态景观单元的景观生态系统空间类型。根据生态廊道类型的不同，城市生态廊道建设的重点也不一样。

(1) 山脉型生态廊道。山脉廊道是城市的生态屏障，也是重要的生态源地。山脉廊道是城市规划中严格控制的非建设用地，应加以保护。在山脉廊道区域内，禁止挖山、采石、乱砍滥伐等破坏行为。对已破坏的地区进行生态恢复，提高山体植被的覆盖率，建设连续的山脉廊道体系，是山脉型生态廊道的建设重点。

(2) 道路型生态廊道。道路型生态廊道是指在城市交通道两侧设置的一定宽度的绿化带，它能起到分隔交通、净化空气、减少噪声、美化城市的作用。在绿化设置中，首先要确定以何种方式布置绿地，使其在道路总宽度中占有合适的比例。在树种配置上要使高大的乔木、低矮的灌木、花草地被相结合，以形成错落有致的景观效果，从而增强绿化带的抗风能力和行车安全。与机动车道分离的林荫休闲道是城市各景点之间的主要联系通道，在设计形式上应从强化游憩功能的角度出发，乔、灌、草相结合，注重植物的色相和季相，以形成视线通透、赏心悦目的视觉效果。

(3) 河流型生态廊道。以往城市在进行景观规划与建设时，未考虑城市河流的景观价值，河流仅作为城市排污、排涝、航运设施来建设，致使河流水质遭到污染，河道景观遭到破坏。河流廊道的建设是在不破坏河流的自然属性的基础上，恢复河流景观及断面的完整性和河流廊道之间的连通性。它为城市居民创造了涉水空间，可优化城市视觉景观。

第三节　宜居环境：城市环境质量评价与监控

美好的城市环境是一个地方实现经济发展、社会进步的助推器。城市环境质量不仅关系到市民居住和生存的质量，同时也从一个侧面反映出一座城市的文明程度以及市民素质。

一、城市环境质量评价内容与程序

宜居性比较强的城市，是具有良好的居住和空间环境、人文社会环境、生态与自然环境和清洁高效的生产环境的居住地。因此，在评价一座城市是否适合居住时，"交通方便快捷""城市干净整洁无污染"和"空气质量好"等宜居性要素是成为"宜居城市"的必要条件。

城市环境质量评价的基本内容和程序如下所述。

(1) 调查污染源，编制污染源分布图。

(2) 从城市性质和污染特点出发，确定主要环境污染要素和污染因子。

(3) 编制各主要污染因素的浓度分布图，以表明污染物在环境中的扩散分布情况。

(4) 根据国家已颁布的有关环境标准的规定，并参照地区实际情况，确定环境质量评价标准。

(5) 计算单污染要素的环境质量要素。

(6) 进行污染程度分级，编制单要素环境质量评价图。

(7) 进行环境质量综合评价，即在单要素环境质量评价的基础上，选择多个要素作为参数，并进行合理加权，以对环境质量作出综合评价。

城市环境质量评价程序如图15-1所示。

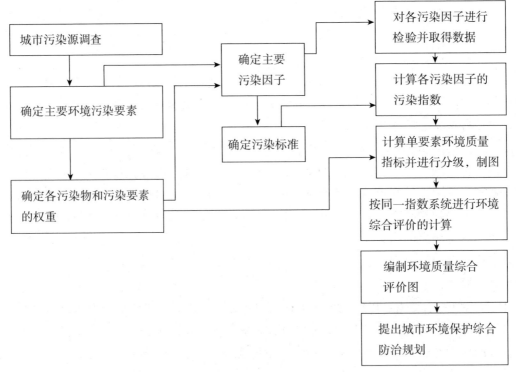

图15-1　城市环境质量评价程序

另外，"环境质量预断评价"也是城市环境质量评价工作中的一个重要组成部分，它主要是指在建设城市各项大型项目之前，预先分析、测定该项目给环境带来的有利和不利影响，从而进行多方案的比较，以选择在技术经济、环境影响等各方面表现最佳的方案[①]。

二、城市环境质量综合评价方法

城市环境质量评价是对一个城市的综合环境质量状况进行分析和评定。城市环境质量评价

---

① 叶南客，李芸.战略与目标——城市管理系统与操作新论[M].南京：东南大学出版社，2001：301-302.

的方法有很多，下面简单说明用因子分析进行城市环境质量综合评价的方法。

为了科学合理地进行环境质量综合评价，必须构建科学的评价指标体系，综合各方面的不同指标。在考虑影响环境质量因素的基础上，本书按照评价指标设计的代表性、可比性、可操作性等原则，将环境状况、环境污染以及环境治理作为环境质量系统的三个子系统，设计了三大评价层及其指标体系。

在环境状况方面，可从大气环境状况、水环境状况以及声环境状况方面，选取若干负向指标和正向指标，例如可吸入颗粒物浓度、空气质量达标天数、环境噪声等指标。

在环境污染方面，可考虑采用二氧化硫排放量、废水排放总量、固体废物产生量等造成环境污染的负向指标。

在环境治理方面，可综合考虑产业发展、居民生活及城市建设等方面的因素，选取废物综合利用率、城市污水处理率、人均生活垃圾无害化处理量、建成区绿化覆盖率等正向指标。

基于因子分析的多因素综合评价法，以因子分析所选的主要因子的方差贡献率为权重，对城市环境质量进行综合评价，其计算公式为

$$F_{ik} = \sum w_j X_{ij}　　\tag{15-1}$$

式中：F_{ik}表示第i个评价单元在第k个主要因子上的得分；w_j表示第j个指标的因子回归系数；X_{ij}表示第i个城市第j个指标的标准化值。基于该公式，用提取的主要因子的方差贡献率作为权重，将因子得分综合，得出城市环境质量的综合得分，计算公式为

$$L_i = \sum F_{ij} \beta_k　　\tag{15-2}$$

式中：F_{ij}表示第i个评价单元的环境质量综合得分；β_k表示第k个主要因子的方差贡献率。

在城市质量综合评价中，先计算一定时期内城市环境质量指标的特征根和方差贡献率，然后利用因子分析结果进行主成分分析，最后作出综合评价。

三、城市人居环境的监控

随着城市政治、经济、文化的发展和社会的进步，人们对城市环境卫生管理、城市排污治理等提出了新的要求。采用先进的科学技术建设一套智能的、基于网络的、数字的、安全的综合管理系统，可以提高城市环境保护管理的工作效率，有力地打击违法犯罪行为，加强城市排污治理，保证人民群众的生命财产安全，提高人民生活水平，保障城市安全，提升人居环境品质和人民满意度。

当前，城市环境监控的重点要放在人居环境品质和环境安全方面。一方面，地方各级政府应该加大财政资金投入力度，建设、完善城市环境监控中心，运用网络和数字远程传输技术、自动监测技术，实时监控，保障城市环境安全。监控中心建设可以集计算机、网络、监测、自控、卫星定位等技术于一体，实现对监测数据、治理设施运行情况的实时采集，通过数据分析及时掌握环境质量情况，并对污染事故作出快速反应。另一方面，要进一步加强环境监督管理，完善环保数字化建设，及时统一发布环境数据信息；加强环境预警应急系统的建设，实现环境监督管理的全覆盖；充实环境监测、信息监测和宣教队伍的力量，配备镇、街专职环保人员，切实提高相关部门环保执法和处理突发事件的能力。

第十六章 循环经济与城市生态环境治理

循环经济是城市环境治理的根本，它可以从源头上减轻环境压力。基于这样的观点，本章首先讨论基于城市循环经济体系的生态城市建设；其次针对城市生态工业园区建设与环境治理问题进行分析；最后根据现实需要，将城市垃圾处理及其资源的有效利用单独列为一节进行阐述。

第一节 循环经济：城市环境治理的根本

一、循环经济的内涵

循环经济(cyclic economy)也称为物质闭环流动型经济，它是指在人、自然资源和科学技术的大系统内，在资源投入、企业生产、产品消费及其废弃的过程中，把传统的依赖资源消耗的呈线性增长的经济，转变为依靠生态型资源循环来发展的经济。20世纪90年代以来，在可持续发展战略的旗帜下，越来越多的有识之士开始认识到，当代城市环境问题日益严重的根本原因在于自工业化运动以来，以高开采、低利用、高排放为特征的线性经济模式的应用，为此提出人类社会应在未来建立一种以物质闭环流动为特点的经济，即循环经济，从而实现可持续发展所要求的环境与经济的双赢，即实现在资源环境不退化甚至得到改善的情况下促进经济增长的战略目标。

循环经济是一种生态经济，它要求运用生态学规律来指导人类社会的经济活动，以资源的高效利用和循环利用为核心，以"减量化(reducing)、再利用(reusing)、再循环(recycling)"（即3R原则)为基本原则组织生产，实现资源利用的"减量化"、产品的"再使用"、废弃物的"资源化"，从而节约自然资源，提高自然资源的利用效率，创造良性的社会财富。循环经济的实质是以尽可能少的资源消耗和尽可能小的环境代价实现最大的发展效益，以最低的经济成本来保护自然，实现人与自然的和谐。

传统经济是"资源—产品—废弃物"的单向直线过程，创造的财富越多，消耗的资源和产生的废弃物就越多，对环境资源的负面影响也就越大。循环经济则能以尽可能少的资源消耗和环境成本，获得尽可能多的经济和社会效益，从而使经济系统与自然生态系统的物质循环过程相互和谐，以促进资源的永续利用。因此，循环经济是对"大量生产、大量消费、大量废弃"的传统经济模式的根本变革。

二、循环经济的发展观和发展模式

循环经济之所以能够从源头上解决城市环境问题，是因为它不仅是一种科学的发展观，还是一种全新的经济发展模式。

1. 循环经济模式的新系统观

循环是指在一定系统内的运动过程，循环经济系统是由人、自然资源和科学技术等要素构成的大系统。循环经济观要求人在考虑生产和消费时不再置身于这一大系统之外，而是将自己作为这个大系统的一部分来研究符合客观规律的经济原则。

2. 循环经济模式的新经济观

在传统工业经济的各要素中，资本在循环，劳动力在循环，而唯独自然资源没有形成循环。循环经济观要求运用生态学规律，不仅要考虑工程承载能力，还要考虑生态承载能力。在生态系统中，经济活动超过资源承载能力的循环是恶性循环，会造成生态系统退化；只有在资源承载能力之内的良性循环，才能使生态系统平衡地发展。

3. 循环经济模式的新价值观

循环经济观对于自然的定位，不再像传统工业经济那样将其作为"取料场"和"垃圾场"，也不仅仅视其为可利用的资源，而是将其作为人类赖以生存的基础，是需要维持良性循环的生态系统。在考虑科学技术因素时，不仅考虑其对自然的开发能力，而且还充分考虑到它对生态系统的修复能力，使之成为有益于环境的技术。在考虑人自身的发展因素时，不仅考虑人对自然的征服能力，而且更重视人与自然和谐相处的能力，以促进人类社会的全面发展。

4. 循环经济模式的新生产观

传统工业经济的生产观念是最大限度地开发利用自然资源，最大限度地创造社会财富，最大限度地获取利润。而循环经济的生产观念是要充分考虑自然生态系统的承载能力，尽可能地节约自然资源，不断提高自然资源的利用效率，循环使用资源，创造良性的社会财富。在生产过程中，循环经济观要求遵循"3R"原则：资源利用的减量化(reduce)原则，即在生产的投入端尽可能少地输入自然资源；产品的再使用(reuse)原则，即尽可能延长产品的使用周期，并在多种场合使用；废弃物的再循环(recycle)原则，即最大限度地减少废弃物排放，力争做到排放的无害化，实现资源再循环。同时，在生产中还要求尽可能地利用可循环再生的资源替代不可再生的资源，如利用太阳能、风能和农家肥等，使生产合理地依托在自然生态循环之上；尽可能地利用高科技，尽可能地以知识投入来替代物质投入，以达到经济、社会与生态的和谐统一，使人类在良好的环境中生产生活，真正全面提高人民生活质量。

5. 循环经济模式的新消费观

循环经济观要求走出传统工业经济"拼命生产、拼命消费"的误区，提倡物质的适度消费、层次消费，在消费的同时就考虑到废弃物的资源化，建立循环生产和消费的观念。同时，循环经济观要求通过税收和行政等手段，限制以不可再生资源为原料的一次性产品的生产与消费的规模。

第二节　基于城市循环经济体系的生态城市建设

一、城市循环经济体系的构成

城市循环经济系统是模仿自然生态系统来研究城市发展的，它全面体现了可持续发展的区域形态。城市循环经济系统的构成包括产业循环体系、基础设施体系和生态保障体系三个部分，如图16-1所示。

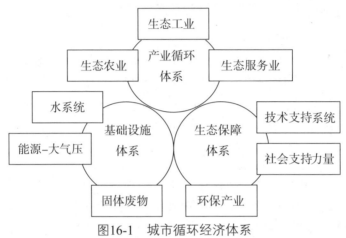

图16-1　城市循环经济体系

1. 产业循环体系

产业循环体系涉及三大产业：生态农业、生态工业和生态服务业。

(1) 生态农业。生态农业要求摒弃过去生产品种比较单一，不顾土地和生态环境的变化及要求，又不考虑对土地进行修复、建设的农业生产模式；注重按照生态环境和资源特点发展多种经营，使用多种农产品互补、轮种等生产手段，在保护环境的同时，注重生态建设，使生态环境得到改善，建立生态良性循环。

(2) 生态工业。生态工业要求改变传统的工业生产模式，通过源头控制和闭合物质流程达到降低资源和能源消耗的目标，减少对外界的污染输出，维持生态环境对经济持续发展的承载能力。

(3) 生态服务业。随着经济的发展、专业化分工的加深、产业结构的调整、科学技术的进步，社会生产和人民生活都对服务业提出了新的要求。城市经济发展需要健康发展的生态服务业。

2. 基础设施体系

城市基础设施是指既为城市物质生产又为城市人民生活提供一般条件的公共设施，它是城市综合服务功能的载体，是城市赖以生存和发展的基础。城市基础设施的建设，重点为水、能源和固体废弃物循环利用系统。城市基础设施在质和量、空间和时间上，必须与城市的经济、社会、资源环境等子系统协调发展。城市基础设施的设计、工艺、用材等都要尽可能使用太阳能、天然气等自然、清洁的能源，尽可能使用有利于提高各种设施性能的新技术、新材料，以减少能源、资源的消耗，减轻对环境的污染。

3. 生态保障体系

城市生态保障体系的建设，包括技术支持系统、环保产业和社会支持力量。其中，技术支持体系由五类技术构成，即替代技术(通过开发和使用新资源、新材料、新产品、新工艺，替代原来所用的资源、材料、产品和工艺的技术)、减量化技术(在源头节约资源和减少污染的技术)、再利用技术(延长原料或产品的使用周期，通过多次反复使用，来减少资源消耗的技术)、资源化技术(将生产或消费过程中产生的废弃物再次变成有用的资源或产品的技术)、系统化技术(从系统工程的角度考虑，构建合理的产品组合、产业组合、技术组合的技术)。环保产业包括三个方面：环保设备(产品)生产与经营；资源综合利用；环境服务(为环境保护提供技术、管理与工程设计和施工等各种服务)。此外，生态保障体系还需要社会各方力量的参与，具体措施包括建立生态法规政策体系、建立相关信息系统、树立绿色消费的理念、建立有效的公共参与机制等。

二、循环经济型生态城市建设的总体框架

从循环经济建设的单元看，循环经济的建设从企业层面到园区层面，再延伸至城市层面，最后实现全社会资源的循环利用。不同层面的循环经济重点技术、建设模式均有所差异。基于循环经济的生态城市建设总体框架如图16-2所示。

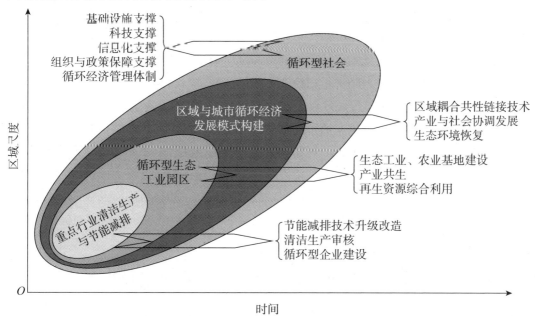

图16-2　基于循环经济的生态城市建设总体框架[①]

基于循环经济的生态城市建设从总体来说要从三个层面展开：企业小循环、园区中循环和城区大循环。

(1) 以企业内部的物质循环为基础，构筑企业、生产基地等经济实体内部的小循环。企业、生产基地等经济实体是经济发展的微观主体，是经济活动的最小细胞。应依靠科技进步，充分发挥企业的能动性和创造性，以提高资源能源的利用效率、减少废物排放，从而构建循环经济微观建设体系。

(2) 以产业集中区内的物质循环为载体，构筑企业之间、产业之间、生产区域之间的中循

---

① 王晓宁. 中国循环经济建设框架与技术体系分析[N]. 中国经营报，2011-12-13.

环。以生态园区在一定地域范围内的推广和应用为主要形式，通过产业的合理组织，在产业的纵向、横向上建立企业间能流与物流的集成，促进资源的循环利用，重点在废物交换、资源综合利用方面，以实现园区内生产的污染物低排放甚至"零排放"，形成循环型产业集群，或是循环经济区，从而实现资源在不同企业之间和不同产业之间的充分利用，建立以二次资源的再利用和再循环为重要组成部分的循环经济产业体系。

(3) 以整个城区的物质循环为着眼点，构筑包括生产、生活领域的整个社会的大循环。统筹城乡发展、统筹生产生活，通过建立城镇、城乡之间以及人类社会与自然环境之间的循环经济圈，在整个社会内部建立生产与消费的物质能量大循环，包括生产、消费和回收利用，构筑符合循环经济的社会体系，建设资源节约型、环境友好型的社会，从而实现经济效益、社会效益和生态效益的最大化。

三、循环经济与生态城市的环境治理模式

基于循环经济的生态城市环境治理模式的构建，要求站在整个城市的角度，遵循"减量化、再利用、资源化"的原则，基于不同城市的产业结构差异，提出不同的城市环境治理模式，以实现最多的经济产出和最少的废物排放，从而使经济、环境和社会效益相统一。

基于不同行业的循环经济建设区域主要包括重化工业区域、传统产业集聚区、高新技术产业集聚区、新兴经济区域。依托不同的城市产业基础，基于循环经济的城市环境治理模式主要包括产业共生与协同模式、新兴经济带动模式、拓展产业链与产品深加工模式、节约使用资源模式、污染物处理模式、能源与资源替代模式以及各种模式的组合等。

基于城区的循环经济建设，生态城市的环境治理模式包括生态环境治理的市场调控模式、生态环境治理的政府强制模式、生态环境治理的多元共治模式等。多元共治模式无疑是对前两种单一主体治理模式的突破。在生态环境治理的多元共治模式中，既需要政府继续发挥其主导作用，又需要市场发挥积极的调控作用，同时，还需要公众、社会组织、企业等社会多元治理主体的优势也能得以充分发挥，从而形成合力，促使生态环境治理水平和能力的提升。

第三节　城市生态工业园区建设与环境治理

一、生态工业：城市生态环境治理的突破口

循环经济及生态环境治理的第一个突破口就在工业领域，或者说，循环经济观念作为一场范式革命第一次就发生在工业领域。

生态工业(ecological industry)是指依据生态经济学原理，以节约资源、清洁生产和废弃物多层次循环利用等为特征，以现代科学技术为依托，运用生态规律、经济规律和系统工程的方法进行经营和管理的一种综合工业发展模式。

以生态工业模式治理城市生态环境，必须针对传统工业的生态结构，从产品、企业、工业

系统三个层面上进行生态结构重组[①]。

1. 产品层面上的结构重组

在产品层面上，进行产品生态评价与生态设计。对产品进行评价的目的在于寻求改善产品对环境影响的机会与方法，从而为产品生态设计提供技术支持。生态设计，即为环境而设计，是指在产品设计与开发过程中，系统地融入环境因素，尽量减轻产品对环境产生的压力。产品生态设计有以下几种类型。

(1) 产品改善。以关心环境和减少污染为出发点，在生产技术一般保持不变的情况下，对现行产品进行调整和改善。

(2) 产品再设计。产品概念保持不变，对产品的组成部分进一步开发或用其他原料代替。

(3) 产品概念革新。在保证提供相同功能的前提下，改变产品或服务的设计概念和思想。

(4) 系统革新。随着新型产品和服务的出现，改变有关的基础设施和组织。

总之，生态设计要兼顾产品的环境表现和经济表现，从产品改善、产品再设计到产品概念革新、系统革新，不断加大创造性和革新的力度，以带来更好的环境表现和更高的生态效率。

2. 企业层面上的结构重组

在企业层面上，要优化反应过程，提高反应效率，重新审视生产工艺和制造过程，开展清洁生产，注意减少废料的产生。工业废弃物的污染程度取决于生产工艺技术对资源的综合利用程度与过程优化集成水平。企业层次上的重组包括：建立"资源—环境"保护新体系的思想方法与实施策略以及源头污染控制与清洁生产策略；运用"环境—经济"综合评价体系，促进过程工业的物质流程、能量流程和信息流程的综合优化与过程集成；发展生物转化技术，借鉴能源和可再生资源替代技术；建立企业内部物质能量分层多能循环优化利用体系。

3. 工业系统层面上的结构重组

在工业系统层面上，生态工业要求改善整个工业系统内的物质与能源利用效率，以及重新确定"废物"价值，使其可作为其他生产过程的原材料，以实现物质在整个工业体系内的循环流动。

总之，生态工业是循环经济的基础，是城市环境治理最重要的突破口。从某种意义上说，城市环境治理的源头在循环经济，而循环经济又始于生态工业。

二、产业循环与城市生态工业园区建设

生态工业园(eco-industry park)是继经济技术开发区、高新技术开发区之后我国的第三代产业园区。它与前两代产业园区的最大区别是，它以生态工业理论为指导，着力于园区内生态链和生态网的建设，最大限度地提高资源利用率，从工业源头上将污染物排放量减至最低，实现区域清洁生产。与传统的"设计—生产—使用—废弃"生产方式不同，生态工业园区遵循的是"回收—再利用—设计—生产"的循环经济模式。它仿照自然生态系统物质循环方式，使不同企业之间形成共享资源和互换副产品的产业共生组合，使上游生产过程中产生的废物成为下游生产的原料，达到相互间资源的最优化配置。

---

① 孙国强. 循环经济的新范式——循环经济生态城市的理论与实践[M]. 北京：清华大学出版社，2005：115-117.

一般认为，生态工业园源于工业共生体，也就是说，产业共生循环体系是生态工业园建设的核心。生态工业园是建立在一块固定地域上的由制造企业和服务设施、产业及其消费体系构成的企业社区。生态工业的循环体系如图16-3所示。

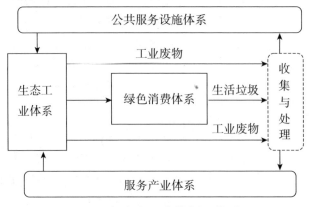

图16-3　生态工业的循环体系

环境问题往往是由不当的工业生产体系造成的。在生产和消费的过程中，应建立生态链，把上游产品产生的废物，作为下游产品的原料，充分利用资源和能源，最大限度地减少污染排放量，以促进环境与经济之间达到相互协调的最高境界。

1. 生态工业循环体系

按照循环经济的要求，工业生产过程应形成一个产业循环的共享体系。工业循环体系建设的重点内容包括以下四点。

(1) 有序开发，开发与保护并重。

(2) 工业的清洁生产。

(3) 延伸产业链，发展深加工。

(4) 建立循环回用网络。

2. 公共服务设施体系

城市公共设施是生态工业的物质基础，城市公共服务设施体系具有溢出效应。因为城市公共设施建设投资主要用于工业用地之旁，例如交通、道路、供水、供热、供气等设施都是作为生产和流通的必备条件而发挥作用的。完善的城市公共服务设施，能从整体上降低生态工业的生产和交易成本，促进生态工业效益的提高。城市公共服务设施体系建设的重点内容主要包括以下四点。

(1) 建立以城市给排水设施为依托的水循环利用保护体系。

(2) 建立以公共交通为主体的清洁运营体系。

(3) 建立以清洁能源为特色的能源体系。

(4) 建立以生态走廊为主旨的绿地体系。

3. 服务产业体系

服务产业构成生态工业的中间投入，或者说，生态工业生产融入越来越多的服务作为中间投入因素，例如物流、金融、营销、信息等服务，从生态工业的生产过程中分离出来，又反过来决定着生态工业的成本和竞争力。服务于生态工业的产业是一个综合性的产业体系。生态工业的服务产业体系建设的重点内容主要包括以下三点。

(1) 建立生态工业生产流程前的服务体系，包括可行性研究、市场调研等。

(2) 建立与生态工业生产过程一体化的即时投入体系，包括标准制定、质量控制、人员培训、财务会计、法律服务等。

(3) 建立生态工业产后服务体系，包括销售网络、广告、物流等。

4. 绿色消费体系

绿色消费体系是生态工业园区建设必不可少的环节。绿色消费是对旧工业文明体系中的消费主义或非持续消费的反省和矫正。绿色消费以5R为基本内涵：节约资源(reduce)、环保选购(re-evaluate)、重复使用(reuse)、垃圾分类(recycle)和救助物种(rescue)。绿色消费体系建设的重点内容主要包括以下五点。

(1) 培育绿色市场体系，建立绿色产品生存空间。

(2) 推动生产供给链的绿色采购，营造绿色需求。

(3) 构建循环经济体系下的水资源消费利用模式。

(4) 构建循环经济体系下的能源消费利用模式。

(5) 提倡适度消费。

三、城市生态工业园区的实践及环境治理效果

生态工业园区正在成为许多国家工业园区改造和完善的方向。一些发达国家，如丹麦、美国、加拿大等工业园区环境管理先进的国家，很早就开始规划建设生态工业示范园区，其他国家如泰国、印度尼西亚、菲律宾、纳米比亚和南非等发展中国家也正在积极兴建生态工业园区。我国的生态工业园区主要有南海国家生态工业示范园、广西贵港国家生态工业示范园区等。自20世纪90年代以来，生态工业园区开始成为世界工业园区发展领域的主题，并取得了较丰富的经验。

城市生态工业园区大致可分为三种园区类型，即改造型、全新型和虚拟型。改造型园区是指对现已存在的工业企业，通过适当的技术改造，在区域内成员间建立起废物和能量的交换关系。全新型园区是指在园区良好规划和设计的基础上，从无到有地进行开发建设，使得企业间可以进行废物、废热等的交换。虚拟型园区不严格要求其成员在同一地区，它利用现代信息技术，通过园区信息系统，首先通过计算机建立成员间的物、能交换联系，然后在现实中加以实施，这样园区内企业可以和园区外企业发生联系。虚拟型园区可以省去一般建园所需的昂贵的购地费用，避免建立复杂的园区系统和进行艰难的工厂迁址工作，具有很强的灵活性，其缺点是可能要承担较昂贵的运输费用。

目前，国际上最成功、最广为人知的生态工业园区是丹麦的Kalunborg生态工业园区，如图16-4所示。

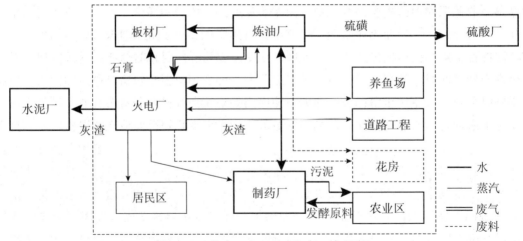

图16-4 丹麦Kalunborg生态工业园区

由图16-4可见,该园区以火电厂、炼油厂、制药厂和板材厂为核心企业,把一家企业的废弃物或副产品作为另一家企业的原料,通过企业间的工业共生和代谢生态群落关系,建立"纸浆—造纸""肥料—水泥"和"炼钢—肥料—水泥"等工业联合体。火电厂以炼油厂的废气为燃料,其他企业与炼油厂共享冷却水;火电厂煤炭燃料的副产品可用于生产水泥和铺路;火电厂的余热可为养鱼场和居民区提供热能。该园区以闭环方式进行生产的构想,要求各个参与企业的输入和产品相匹配,形成一个连续的生产流,每家企业产生的废物至少可作为另一个合作伙伴的有效燃料或原料。同时,对各参与方来讲,必须具备经济效益,如节省成本等。Kalunborg的工业共生仍在不断进化,其取得的成功预示着人为创造这种副产品交换网络的可能性。Kalunborg的工业共生体系为21世纪新的城市工业园区发展模式的建立奠定了基础。

从环境治理效果来看,生态工业园区应使人们在各种社会经济活动中,通过耗费活劳动和物化劳动获得经济成果的同时,保持生态系统的动态平衡,其具体标志为转换系统、支持系统和管理系统的形成。

(1) 高效益的转换系统。生态工业园区的各项活动在"自然物质—经济物质—废弃物"的转换过程中,应达到自然物质投入少、经济物质产出多、废弃物排泄少的目标。通过技术进步使工业生产尽可能少地消耗能源和资源,通过技术体系的建立提高物质转换与再生的效率,促进能量的多层次分级利用,从而在满足经济发展的前提下,使生态环境得到保护。

(2) 高效率的支持系统。生态工业园区大都有功能较为完善的基础设施作为支持系统,为生态工业园区的物质流、能量流、信息流、价值流和人流的运动创造必需的条件,从而使生态工业园区在运行过程中,减少经济损耗和对生态环境的污染。

(3) 高效益的管理系统。生态工业园区一般都配备了高效的园区管理系统,对园区内的各个方面,如人口、资源、社会服务、就业、治安、防灾、城镇建设、环境整治等,实施高效率的管理,以促进工业园的健康运行。

总而言之,城市生态工业园区遵从循环经济的3R原则,对生态工业园区生产和生活中产生的各种污染和废弃物,都能按照各自的特点予以充分处理和合理处置,使各项环境要素指标质量达到较高的水平,从而带来较高水平的环境质量。

第四节　城市垃圾处理与有效利用

一、城市垃圾与环境问题

我国城市垃圾来源广泛，主要包括居民生活垃圾、商业垃圾、行政事业单位垃圾、医疗卫生垃圾、交通运输垃圾、建筑装修垃圾、工业企业垃圾和其他垃圾。其中，居民生活垃圾所占比例最大，约占城镇垃圾总量的一半；其次是商业垃圾和行政事业单位垃圾；工业单位垃圾在不同工业发展水平的城市所占比例变化较大。不同来源的垃圾在城镇垃圾中所占的比例随着城市的不同发展阶段而变化。

城市垃圾的组成很复杂，受到多种因素的影响，如自然环境、气候条件、城市发展规模、居民生活习性(食品结构)、家用燃料(能源结构)以及经济发展水平等，所以各城市垃圾组成有所不同。目前，我国城市垃圾组成结构为无机物多、有机物少。随着城市居民生活与消费水平的不断变化，这种组成结构也在发生变化，呈现无机成分逐年减少，含水率低的纸类、塑料、木质和纤维等有机成分逐年上升的趋势，这无疑为我国城市垃圾的资源化利用创造了有利条件。

城市垃圾一直是城市环境治理中十分棘手的问题。根据住建部2018年发布的城市垃圾统计数据，每年我国城市垃圾产生量已经大于2亿吨，还有1500多个县城产生接近0.7亿吨的垃圾，若加上村镇垃圾，我国城镇生活垃圾每年产生量在4亿吨以上。许多城市垃圾是露天堆放的，不仅影响城市景观，而且污染了对我们的生命至关重要的大气、水和土壤，对城镇居民的健康构成威胁。

与此同时，我国垃圾的总体处理能力明显不足。中商产业研究院提供的数据显示，截至2022年，全国设市城市生活垃圾清运量为1.92亿吨，城市生活垃圾无害化处埋量为1.80亿吨。其中，卫生填埋处理量为1.15亿吨，占63.9%；燃烧处理量为0.61亿吨，占33.9%；其他处理方式占2.2%。无害化处理率达93.7%。全国生活垃圾燃烧处理设施无害化处理力量为21.6万吨/日，占总处理力量的32.3%。显然，具体到各类垃圾的处理方式上，其无害化处理的缺口还很大。

二、城市垃圾分类与产业化处理

垃圾收集是城市生活垃圾处理系统中的一个重要环节，不同的垃圾收集方式会对垃圾的后续处理产生不同的影响。城市生活垃圾的收集方式主要有混合收集和分类收集两类，目前我国一些大中城市已经开始试点从混合收集向垃圾分类转变。

垃圾分类是指按照垃圾的不同成分、属性、利用价值以及对环境的影响，根据不同处置方式的要求，将垃圾分成属性不同的若干种类，其目的是为资源回收和后续处置带来便利。垃圾分类是垃圾减量化、资源化和无害化的最佳途径，是实现垃圾综合处理、减少垃圾产量的重要步骤和关键环节，在城市垃圾资源利用中具有重大意义。"垃圾是放错了位置的资源"，通过垃圾分类，在源头将垃圾分类投放，并通过分类清运和回收使之重新变成资源。

我国城市垃圾分类收集刚刚起步，还存在许多问题，具体包括：城市居民缺乏垃圾分类的意识；城市生活垃圾的组分非常复杂，包括厨余、塑料、纸类、包装物、纺织物、玻璃、铁金属、非铁金属、木块、矿物组分、特殊垃圾等。其中，特殊垃圾主要是有毒、有害性垃圾，如电池、药品瓶等。这给垃圾分类带来了一定困难。分得过粗，不能达到分类效果，还需要后续分类；分得过细，单位和居民的工作量太大。此外，要实现分类收集，居民必须对垃圾类型有很好的识别能力。

城市垃圾分类中存在的问题往往与我国城市生活垃圾产业机制不健全有关。因此，产业化可能是解决垃圾处理问题的最终出路，而要实现垃圾处理产业化，重要途径是对垃圾排放行为进行收费。城市垃圾处置收费制度是规定城市生活垃圾收费标准、收费模式、费用使用、监督与管理、法律责任等一系列内容的法律制度。推行垃圾收费制度的目的，一是体现"污染者付费"的原则；二是补偿投资和运营成本。通过用收费补偿运营的方式吸引社会资金，包括私营企业资金，投入到垃圾处理设施的建设和运行，有助于建立起符合市场经济要求的垃圾处理运行机制，解决当前垃圾处理能力不足的问题。

城市垃圾处置收费制度是发展循环经济的重要内容，然而，由于该制度的收费主体、收费标准、收费方式和监督机制等方面存在一些问题，垃圾收费制度还不足以彻底解决城市垃圾处理问题，要从根本上解决城市垃圾问题，必须寻找适合中国城市特色的城市垃圾处理的产业化机制和制度安排。

城市垃圾处理产业化机制首先要考虑垃圾产品的需求。如果垃圾通过处理能够满足某种社会需求，那么，在政策鼓励下，就会有人从事垃圾加工处理活动，自然会刺激垃圾收集商从事大规模垃圾收集活动，以获取其中的利润，如图16-5所示。

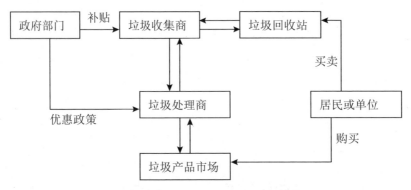

图16-5　城市垃圾产业化处理模式

采用上述模式处理垃圾是否比现有方式更有效率，取决于能否为每个环节设计合适的运作流程。首先，为了保证垃圾处理商的积极性，政府应通过优惠政策或适当的财政补贴，鼓励他们投资于城市垃圾处理。在垃圾加工有利可图的情况下，可以通过招标等竞争性程序选择垃圾处理厂。其次，垃圾收集商以企业化方式运作，它一般可通过建立若干带有连锁性质的垃圾回收站点完成垃圾采集工作，并进行分类和无害化处理。由于初期垃圾处理成本和设施投资较高，政府应该根据垃圾回收价与垃圾处理价格之间的差价给予垃圾处理商适当的财政补贴。这样，既可以弥补各项投入，又可以对垃圾回收和处理形成一种激励机制。再次，居民或企业作为垃圾的生产者与垃圾收集商之间存在类似于商品市场的交易行为。在这种交易中，居民或企业支付垃圾清运费，垃圾清运商负责收购和采集垃圾。消费者在垃圾销售过程中有充分的选择权，他们既可以自己去回收站，也可以购买垃圾商的代送服务。然后，对于那些有用的垃圾，经过加工处理后可以通过垃圾产品市场来实现商品化交易，使其再次进入生产系统，促进稀缺资源的充分利用。由于回收站的垃圾实现了严格分类，垃圾的无害化处理和回收利用都会比原来的方式更有效率。最后，居民或企业同时也可以是垃圾处理产品的消费者。对于垃圾处理的延伸产品，需要政府产业政策的大力扶持。

三、静脉产业与城市垃圾的综合利用

1. 静脉产业

当前处理垃圾的国际潮流是"综合性废物管理"，就是动员全体民众参与"3R"行动，减少垃圾的产生量。"3R"行动，即减少浪费(reduce)、物尽其用(reuse)、回收利用(recycle)。为此，日本学者提出了"静脉产业"的概念。"静脉产业"就是指垃圾回收和再资源化利用的产业，如同人体血液循环系统中的静脉一样。作为解决废弃物快速增长的一个有效途径，"静脉产业"成为21世纪具有相当潜力的产业之一。

从城市垃圾处理的角度来看，"静脉产业"有两方面作用：一是利用其再生机制，通过对废旧物资等有价值的城市垃圾资源进行回收、加工，为有关产业部门提供资源；二是通过其再制造机制对废旧设备和产品等进行修补、组装，向社会直接提供产品。一般来说，"静脉产业"分为回收、处理、拆解、再生、再制造等环节，不同的环节承担不同的职能，各环节之间相互关联、相互作用，构成了静脉产业体系，如图16-6所示。

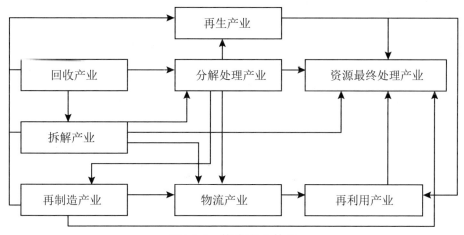

图16-6 静脉产业体系

其中，回收产业的作用是对生活领域产生的报废、闲置、失去价值或淘汰的城市垃圾资源进行回收再利用，以及对生产领域产生的废弃物、边角料、报废、闲置、淘汰资源进行回收处理后供相关产业使用。拆解产业包括对淘汰的电子、家电、机械设备设施、废旧物料、运输工具等资源的拆解。再制造产业的作用是在拆解的基础上对资源功能的修复。再利用产业的主要作用是对那些不能恢复原来功能的再生资源，改变其物理、化学、机械性能，使资源再被社会所用。资源最终处理产业的作用是对那些暂时没有找到用途而被闲置的资源进行处理并储藏。

在"静脉产业"体系中，回收产业是起点，拆解、分解处理产业是基础，再生、再制造产业是核心，物流产业是纽带，再利用产业是关键和目的，资源最终处理产业是辅助。它们共同构成了有价值的城市垃圾资源产业化处理的系统过程[①]。

2. 城市垃圾的综合利用

在建立健全"静脉产业"体系，提高城市垃圾的资源化综合利用过程中，需要处理好如下几个方面的问题。

(1) 把"静脉产业"和垃圾综合利用纳入战略性新兴产业规划。城市在推动产业结构调整、产业升级、转变经济增长方式的过程中，应将推进节能减排、发展"静脉产业"以及城市垃圾资源化综合利用提到城市发展战略的高度予以重视。

(2) 建立健全"静脉产业"发展和城市垃圾综合利用的政策体系。由于正常的市场机制不能全面反映自然资源的价值，为促进"静脉产业"的发展，需要有相应的政策支持。在国家相关产业政策不完善的情况下，一些试点城市可以在"静脉产业"的每一个细分产业领域尝试制定可以量化、指标化、具有可执行性的评估和考核体系及促进政策。

(3) 加快"静脉产业园区"建设，探索城市垃圾资源化利用模式。"静脉产业园区"是指以"静脉产业"为主导的生态工业园。通过"静脉产业"，尽可能地把传统的"资源—产品—废弃物"的线性经济模式改造为"资源—产品—再生资源"的闭环经济模式，实现生活和工业垃圾变废为宝、循环利用。由于各城市的实际情况不同，"静脉产业园区"建设可以探索不同的模式。

(4) 以科技和制度创新推动"静脉科技"的使用和推广。我国在节能减排、循环科技、"静脉科技"领域并不缺乏创新，源自需求、跨领域融合将成为未来"静脉科技"的重要研发方式。要扩大市场推动规模，建立和孵化新兴产业，"静脉产业"还面临商业模式的创新、行业门槛的突破、新领域运营经验的积累等一系列问题。对于正在大力发展的新兴产业，城市需要加大对科技和制度的创新力度，同时更加详尽地规划产业集群的构建。

---

① 任一鑫，等. 基于循环经济的静脉产业体系构建分析[J]. 工业技术经济，2009(5).

城市环境综合治理是应对城市环境问题的一种新理念、新方法、新模式。本章首先讨论城市环境综合治理的主体、特征、范围和方法等一般机理；其次重点关注城市环境综合治理模式及其现实选择问题；最后分析由城市环境管理向城市环境综合治理转变的基本路径。

第一节 城市环境综合治理的一般机理

一、城市环境综合治理的内涵

关于城市环境综合治理的含义，目前尚无定论。根据学术界的研究，所谓城市环境综合治理，可以定义为：城市各类环境治理主体在遵循城市生态环境规律与经济发展规律的前提下，运用一定的手段和方法，对城市环境事务进行合作参与、多元化治理的过程或一系列行为活动的总称。

1. 城市环境综合治理的特征

城市环境综合治理是现代城市环境治理的一种新趋向，它具有以下几个特征。

(1) 治理主体多元互动。城市环境综合治理存在多个治理主体，治理过程是政府、非政府组织、公众三方作用相互渗透的过程。无论什么样的城市环境综合治理方案，归根结底都是为了更好地解决城市环境问题，在治理过程中需要城市主体各方的互动和共同努力。

(2) 治理行为非强制性。各类治理主体的行为是自愿的而非强制的，政府不再是城市公共环境治理的唯一中心，企业、民间组织都可以参与到城市环境综合治理中来。城市环境综合治理的方式是自上而下或自下而上，抑或两者相互结合，可以自主选择。

(3) 治理过程的综合性。城市环境综合治理是一项复杂的系统工程，其治理对象、内容和手段具有高度的综合性，既涉及城市自然生态系统，也涉及城市社会、经济、科学技术、管理、政治、法律等社会经济系统。在环境治理过程中需要综合运用经济、法律、技术、行政和教育等多种手段，对人们的社会经济行为进行限制、约束或鼓励。

(4) 治理模式的差异性。城市环境状况差别很大，不同地区的城市面临不同的环境问题，这是城市环境综合治理的一个重要特点。治理模式选择的差异性，意味着城市环境综合治理必须根据所处区域或城市的环境特征，因地制宜地制定有针对性的环境治理目标和治理措施。

(5) 治理方式的动态性。城市环境综合治理是一个动态过程，一方面，随着城市社会经济迅速发展，城市生态系统会发生变化；另一方面，人们对环境质量的要求不断提高，环境治理的技术水平也会发生相应变化。这就要求相关部门适时调整环境治理目标、对策和方法，实行动态治理，使城市社会经济活动不超出城市环境的承载能力和自净能力。

2.城市环境综合治理与传统的城市环境管理的根本区别

(1) 城市环境管理具有强制性、行政性和垄断性的特点，政府是唯一主体；而城市环境综合治理主体是多元的，治理过程体现为多个主体的广泛参与，它是政府与社会各种力量的互动过程。

(2) 城市环境管理强调的是政府自上而下实施管理、管制、监控等；而城市环境综合治理关注的是合作、参与、共赢、多元化等，其基本精神为上下互动、左右协调、内外结合、多元合作、多赢共治。

(3) 城市环境管理采用单一体制机制，政府强制性主导，不重视市场作用；而城市环境综合治理采用多中心和多元化治理机制，重视行政与市场两种机制的共同作用。

(4) 城市环境管理手段单一，重惩罚、轻激励；而城市环境综合治理手段多样化，内容丰富，奖惩并用，重视治理的内在动力的激发。

二、城市环境综合治理的主体、范围与方法

1.城市环境综合治理的主体

城市环境综合治理的主体是指城市环境综合治理实践中的治理机构与组织体系。城市环境综合治理的主体有三个特征：一是主体多元化，包括政府、企业、民间组织与非营利性组织、城市公民，他们都是城市环境综合治理的主导者。二是主体权力非垄断性。治理主体既有权力主体，也有非权力主体，两者都不能垄断对方，彼此相互支持，共同发展。三是主体互动性。治理主体之间不是相互排斥的，而是通过互动合作，发挥能动性与创造性。

2.城市环境综合治理的范围

城市环境综合治理的范围与城市环境结构及其环境损害程度有密切关系。通常城市环境结构由两个要素组成：一是城市人工环境，它涉及城市生产、生活、交通等方面带来的环境问题。二是城市自然环境，它涉及城市地质地貌、土地、水文、气候变化带来的环境污染。城市环境具有复合性、人为性、开放性和脆弱性的特点。由于城市环境是高度人工化的环境，受到人类活动的强烈影响，人类活动又具有太多不确定性，而且影响城市环境的因素众多，各因素间有很强的联动性，一个因素的变动会引起其他因素的连锁反应，因此城市环境结构和功能表现出相当的脆弱性。在这种情况下，城市环境综合治理的范围既包括城市人工环境治理，也包括自然环境治理。凡是破坏城市自然生态的物质或非物质形式的事物，且达到一定的程度，超出环境自我净化能力，均在综合治理范围之内，诸如超标排污、大气污染、固体废物、噪声等。

3.城市环境综合治理的方法

城市环境综合治理主要运用行政、法律、经济、教育和科技等综合手段，控制生态环境，促进经济社会协调发展，包括直接治理、间接治理、直接和间接治理兼而有之三种方式。

就实践工作而言，城市环境综合治理的方法很多。比如，环境全面治理规划、责任制、预防保护、公众参与、分类指导、依法治理、环境评价等，应针对不同性质的城市环境问题，采用不同的治理方法。

三、城市环境综合治理的实现条件

城市环境综合治理的实现需要具备一定的条件，既需要行政、政策、法律条件，也需要经济、技术条件以及社会和市民的参与支持，更离不开城市环境制度的创新。

1. 城市环境治理体制创新

建立健全城市环境综合治理的领导责任体系、企业责任体系、全民行动体系、监管体系、市场体系、信用体系、法律法规政策体系，落实各类主体责任，提高市场主体和公众参与的积极性，形成导向清晰、决策科学、执行有力、激励有效、多元参与、良性互动的环境治理体系。

2. 城市环境治理目标适宜

城市综合环境治理的愿景是城市生态环境良好、生活环境宜居，将城市建设成生态城市、绿色城市和山水园林城市。为了达到城市环境治理预期，要制定与城市经济、社会、文化和生态相适应的环境治理目标。现代城市环境综合治理不能简单地突出强调单一的指标，应当与城市经济发展指标、社会发展指标、文化发展指标、市政建设指标和自然生态指标等相互协调、相互配合。

3. 考虑社会各组织的意愿

城市环境综合治理政策的制定应当充分考虑辖区内企业、团体和公众的意愿，鼓励非政府组织参与城市环境综合治理政策的制定，调动社会力量积极参与城市环境综合治理与管理决策、环境公共服务提供，同时要消除城市环境综合治理中政府"一方独大"的局面。

4. 培养多元环境治理主体

城市环境综合治理的行为与过程，实际上就是城市环境综合治理的各类主体相互之间进行利益博弈与均衡的过程，各类治理主体会根据所掌握的环境治理信息及对自身能力的认识，作出有利于自己的决策。因此，在城市环境综合治理中，要明确政府、企业、民间组织和公民的地位和作用，鼓励并扶持各类非政府组织，使其发展和壮大，培养多元化的城市环境综合治理主体。

5. 法律规章制度有效保障

多方参与城市环境综合治理，离不开法律规章制度的保障，这是各主体有序参与城市环境综合治理的前提条件。多元主体参与城市环境综合治理是构建新型环境治理模式的一种积极努力，它需要通过司法保障、体制安排和政策调控手段，明确政府、企业、民间组织和公众等利益相关方的权利和义务，从而建立起多元参与、协同治理的长效机制。

第二节　城市环境综合治理模式

一、几种典型的城市环境综合治理模式

城市环境综合治理模式是指治理主体对城市环境问题所采取的一切行动的规则、标准与方

式。根据国内外的实践和经验，比较典型的城市环境综合治理模式有以下几种。

1.政府直控型环境治理模式

这种模式强调发挥政府的环境管理主体作用，各种环境政策和制度大部分是由政府部门自上而下直接操作和推动，作为一种行政行为通过政府体制实施，这使得环境治理具有浓郁的行政色彩。这种模式有四个特征：一是管理主体与被管理主体之间不对等；二是政府行政管理权泛化；三是以行政性治理手段为主；四是高度集权式的管理机制。政府直控型环境治理模式在协调和组织、应对偶发性环境事件等方面有一定的优势，但是，它不适应现代城市环境治理的发展趋势。

2.市场运作型环境治理模式

这种模式是在城市环境基础设施管理领域引入市场竞争机制，以提升环境基础设施运行质量与效率。该模式打破政府主导环境基础设施建设运营的传统，充分利用社会资本，建立多元化的投资主体，实行建设与运营的产业化和市场化，从而达到弥补城市环境基础设施建设资金缺口和提高运营效率的目的。

3.合作自治型环境治理模式

这种模式是由各类环境治理主体之间自主参与和协商达成的一种公私合作治理模式。该模式强调广泛的社会参与性，重视组织和个人在环境治理行动方面的创新性、主动性和自觉性的发挥。现实中，可以采取地方政府参与协商并执行环境管制的方式，也可以采用投资者与地方居民通过协商的形式达成公私合作关系的方式。合作自治型环境治理模式有利于地方各治理主体自行确定环保目标，针对特定环境问题找到有效的解决方案。

4.社会契约型环境治理模式

社会契约型环境治理模式也是一种有效且公正的治理方式。环境治理契约有很多形式，常见的有公害防止和补偿协议、社区共管和水流域契约等。公害防止和补偿协议是针对企业经济自由和居民环境权平衡所设计的新型治理方式。缔结公害防止和补偿协议的目的，是使本来属于居民的环境权复归于居民，将本来属于私人的责任还给私人承担。因此，它并非传统意义上的普通契约，它是对传统治理污染的行政强制措施的补充。社区共管是根据自然保护区当地群众生存发展的需要，通过促进参与和利益共享使周边民众和社区从自然保护区的可能破坏者变成共同管理者。水流域契约是一种在跨行政区的环境主体之间形成的协作治理和伙伴治理的社会契约安排。

二、城市环境综合治理的实践模式

所谓实践模式，是指城市环境治理模式的现实选择。城市环境治理没有统一的模式，治理模式都有其孕育、兴起与发展的演进过程。因此，城市环境治理模式的选择必须要考虑城市规模、城市性质和城市区域的差异。

城市环境综合治理是一种环境治理模式的创新。综合治理，意味着治理主体、手段、方式、制度等诸多方面具有多元化、集成性和复合性特征。现实中，在有限政府的主导下，城市中各类治理主体对城市环境实施多方合作、市民参与、协同共进的治理模式，可能更符合中国城市环境治理现状，各类治理主体相互关联、相互促进、相互补充，通过若干系列性、综合性治理，形成一种新的综合治理模式①，如图17-1所示。

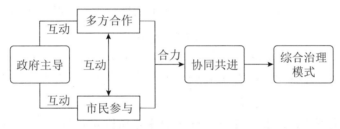

图17-1 城市环境综合治理实践模式

实践模式是一种政府主导的多方合作参与、协同共进的城市环境综合治理模式，它既有探索性，也有可行性。该治理模式的基本治理结构及其内涵如下所述。

1. 政府主导

政府代表环境公权力，但这里的"政府"是指法治政府、有限政府、服务型政府，而不是全能政府，也不是强权政府。政府主导，就是政府在城市环境综合治理中，直接或间接地制定规划，出台相关政策，实施监督，处于有限主导地位的行为过程。政府不再以"命令—控制"为主进行环境管制，政府扮演环境治理的决策者、监督者、协调者和服务者等多重角色，以有效组织各项城市环境治理工作。

2. 多方合作

城市环境综合治理视角的"合作"含义广泛，一般来说，它是指多元治理主体通过采取互助与协作的形式共同对城市环境进行治理。城市环境治理主体多元化，这一点毋庸置疑。除此，合作方式也是多样化的，包括政府间合作、公私合作、社区合作、跨行政区合作等。多方合作治理力图解决复杂的城市环境问题。从资源整合角度看，多方合作治理强调利益相关者之间的博弈，强调环境问题不仅是技术问题，更是制度安排问题。

3. 市民参与

参与治理是公众、居民通过各种途径直接或间接参与城市环境治理有关行动的一系列活动的总称。市民参与的形式主要有各类环境保护环节的参与、决策的参与、立法的参与、监督和执法的参与、环境质量评价的参与等。在综合治理体制下，要不断拓宽市民参与环境治理的途径，最大限度地发挥市民在保护和改善城市生态环境中的作用。

4. 协同共进

城市环境治理是靠各方分工合作才能完成的任务。协同是指协调两个或者两个以上的不同环境治理主体，共同完成某一环境目标的过程或能力。共进是指多元环境治理主体之间要同舟共济，互帮互助，相扶相携，携手并进。城市环境协同治理适用于公共部门或者单一的非政府组织无法顺利解决某一环境问题的情况。环境治理中引入多元主体之后，各主体之间的协同治理是必然选择。不同治理主体之间通过相互合作，明确各自的利益、责任与义务，有利于发挥各主体优势，打破行政分割和部门利益局限，提升环境治理效果。

城市环境综合治理的实践模式，既可以解决当前城市环境治理中存在的严峻问题，也可以

① 陈海秋. 转型期中国城市环境治理模式研究[M]. 北京：华龄出版社，2013：188-196.

预示未来城市环境治理的基本方向；既能充分调动政府、企业与公民的环境治理积极性，又能集思广益，谋求共赢，从而形成综合治理能力，确保环境治理质量和治理效率。

第三节　城市环境管理向城市环境综合治理转变

一、城市环境管理向城市环境综合治理转变的现实背景

从城市环境管理向城市环境综合治理转变是当今城市应对环境问题的基本趋势。改革开放以来，中国城市快速发展的同时，也产生了严重的环境问题，突出表现在以下几方面。

(1) 城市化加速与人口快速增长给城市资源与环境造成巨大压力。城市水资源短缺，机动车保有量快速增长，交通拥堵，空气污染加重，生活污水、垃圾等废弃物排放量大幅度攀升，污染物排放总量超过环境容量。

(2) 城市环境基础设施建设滞后于城市化速度。许多城市污水处理、生活垃圾的无害化处理能力不足，垃圾处理处置设施运行效率低下，城市环境基础设施建设薄弱，迫使周边地区更多地承担来自中心城区的各种污染。

(3) 一些城市在开发建设过程中片面追求城市规模和发展速度，使水、空气、土壤、植被等生态环境受到威胁。

(4) 城市环境污染事故、突发事件多发，造成严重的环境安全问题。日益严峻的城市环境问题不仅降低了城市居民的生活质量，严重危害人体健康，也破坏了城市经济发展的自然物质条件，制约了城市经济可持续发展的潜力。

面对复杂的城市环境问题，传统的城市环境管理体制由于以下一些无法克服的弊端，无法及时有效地应对城市快速发展过程中出现的新挑战：一是管理职能分散化。一般来说，城市中与环境保护管理有关的职能分散在若干个部门，分散管理，导致环境管理这一系统性很强的领域被人为地割裂开来，极大地影响了环境管理效能。二是管理方式单一化。在城市环境管理工作的运作方式上，存在单方面强调政府行为、强调自上而下布置和执行，环境问题在一定程度上成了企业或市民的负担。三是管理治理力度小。城市环境治理进程难以满足公众对环境质量的要求。很多城市受制于政府财力，现有的城市环境治理投入规模难以快速改善城市环境。因此，从传统的城市环境管理向现代的城市环境综合治理转变，是一项十分迫切的任务。

二、城市环境管理向城市环境综合治理转变的基本路径

1. 树立城市环境综合治理理念，转变政府环境管理职能

从城市环境管理向城市环境综合治理转变，首先需要环境治理理念的创新。城市环境综合治理改变了城市环境管理的传统认知，实现了城市环境管理作用与方式的根本转变。城市环境综合治理理念的精髓在于上下互动、左右协调、内外结合、合作参与、多方共赢。因此，城市环境综合治理不仅是政府行为，也是经济行为，更是一种社会行为，它几乎涉及城市管理领域的方方面面。

在城市环境综合治理实践中，要彻底改变传统城市环境管理中单纯的"环卫""环保"和"污染治理"等观念，打破"环境建设就是投资""环境管理就是加大惩戒力度"等传统做法，建立起全新的环境综合治理理念和可持续发展的新思路。要实现从环境管理到综合治理理念的转变，政府转变环境管理职能至关重要。在城市环境综合治理中，政府应由传统的"命令—控制"型管理模式转变为现代新型的城市环境综合治理模式。政府职能转变的关键是做到有所为有所不为，政府要真正成为"有限政府"，更多地向社会提供公共服务。

2. 推进城市环境综合治理制度创新，切实保障综合治理模式的实施

城市环境综合治理制度的创新，应改变传统的城市环境管理制度，创建一种适应城市环境综合治理的制度体系。这种全新的制度体系主要包括三个方面：一是构建多元化环境综合治理的制度体系。在这种制度中，政府、企业、民间组织、NGO(Non-Governmental Organizations，非政府组织)和城市公民都成为城市环境综合治理的主体，多元化治理主体取代以政府为主导的单一治理主体，让大量的社会力量来参与环境治理。二是逐步形成政府主导与市场力量相结合的制度。一方面政府在城市环境综合治理中要承担起制度创新的主体及其推动者职责，为各类治理主体提供更多激励；另一方面要大力推进其他治理主体市场取向的制度创新。市场化取向的环境治理制度创新，关键在于明确产权，建立有效的制度。三是加快环境政策法规的建设步伐。要围绕城市环境综合治理模式的实施，修改现行的环境法规政策，在产业准入退出、污染治理、循环经济、生态补偿、环境标识、价格、税收等方面，按照综合治理的原则，作出重大调整，完善环境规划、环境监测预警、治理标准、执法监督等制度体系，尽快出台一些关于城市环境综合治理的公众参与、民间组织管理、环境治理合作机制、综合考评办法等政策规章，以确保新的综合治理模式的落实。

3. 构建全新的组织治理机制，形成城市环境综合治理新格局

从城市环境管理向城市环境综合治理转变，应改变传统的组织治理模式，建立新的更灵活、更多元的组织治理机制。主要措施：一是构建环境综合决策机制。建立健全城市发展与环境治理统筹兼顾的决策体系，包括环境影响评价、决策咨询、决策的公众参与、监督和责任追究等制度体系。二是创新城市环境综合治理的市场化机制。积极探索有利于多主体参与、多方投入、多形式的经济激励和利益分配机制，创新推进污染物排放总量初始权分配、排放交易市场、排污费征收使用、环保投融资等市场化运营机制。三是打造环境治理优补机制。充分考虑环境优先与生态补偿的关系，探索优先发展清洁产业、优先安排环保设施和采用环保型技术，探索建立多类型的生态补偿机制。四是建立健全环境综合治理考核问责机制。完善环境治理政绩考核体系，建立严格的节能减排考核体系，将环境监管指标纳入政绩考核。五是构建环境治理公众参与机制。通过多种形式组织公众参与，多种载体拓展参与渠道，建立健全公众参与环境治理的知情、表达、监督及诉讼机制，鼓励引导公众参与环境保护。

4. 引入现代城市环境治理手段，提高综合治理水平

城市环境综合治理离不开必要的治理手段的支撑与保障。传统的以行政管理为核心的城市环境管理手段，无法应对越来越复杂的城市环境问题。为适应现代环境治理的需要，一批新的城市环境治理手段应运而生。

城市环境综合治理的现代手段包括环境规划、环境审计、环境标准、环境状况报告、环境系统分析、环境生命周期分析、环境政策评估、环境突发事件管理、战略环境影响评价、环境预警、环境风险评估、环境政策工具、环境新技术、多边环境协议等。城市环境综合治理手段的筛选与选择，应基于以下原则：一是根据城市环境治理现状、治理水平和治理能力，选择环境治理手段；二是根据城市发展实际，或者特定城市环境现实，因地制宜地选择环境治理手段；三是根据城市各类行业或产业特点，选择环境治理手段。

5. 加快建立科学的城市环境综合治理评价体系

城市环境综合治理评价不同于传统的以政府为核心的城市环境管理评价，它是对城市环境系统状况的价值评定、判断，涉及环境治理的不同行业、不同区域和不同主体。这个评价体系包括以下内容：一是对整个城市环境综合治理水平高低、质量好坏的评价；二是对城市环境综合治理工作政绩好坏的评价；三是对城市环境综合治理费用及治理效果的评价；四是对专项专门性城市环境综合治理的评价；五是对城市环境综合治理政策法规执行情况的评价。

我们需要构建一个具有可操作性的城市环境综合治理评价体系框架，该体系由综合类评价、技术类评价和效果类评价构成。综合类评价主要是对城市环境综合治理的整体状况的评价，需要采用具有综合特征的评价方法；技术类评价主要是针对环境影响、环境周期、环境风险、大气污染等进行专业性评价；效果类评价主要是对环境政绩、环境政策、公众满意度进行评价。

第六篇
城市社会管理

第十八章

城市基础性服务的供给与管理

在城市提供的公共服务中，有一些公共服务属于基础性服务，是不可或缺的服务。本章首先讨论城市就业、失业与贫困扶助问题；其次分析教育、养老和医疗卫生问题；再次介绍TOD与城市公共交通的相关内容；最后阐释城市基本住房保障制度。

第一节　城市就业、失业与贫困扶助

一、城市就业、失业和劳动参与状况的判断

一般来说，描述劳动力市场的劳动供给主要使用劳动参与率、就业率和失业率三个指标。劳动参与率是指在全部劳动年龄人口中经济活动人口所占的比例；就业率是指有工作的人口占全部劳动年龄人口的比例；失业率则是指没有工作者占经济活动人口的比例。根据上述定义，三者之间存在一种恒等关系，用公式表示为

$$U+O=T-E \tag{18-1}$$

式中：U 表示失业者；O 表示退出劳动力市场者；T 表示劳动年龄人口；E 表示就业者。

正因为这种恒等关系，在分析劳动力市场的供给行为时，仅仅使用上述三个指标中的某一个是不够的。例如，作为劳动力市场中劳动力没有被使用的程度的度量，失业率往往是人们观察失业严重程度时最常用的指标，但在有些情况下，只依赖失业率一个指标似乎并不能完全说明失业问题的严重程度。因为那些想工作但因找工作屡遭挫折而被迫放弃找工作想法的人，按照定义常常被归入非经济活动人口之中，不被计算为失业人员。从劳动供给的角度看，这部分人其实和失业者相比并没有本质的区别，只不过因为无法满足他们的劳动供给愿望而在失业统计中被视为退出劳动力市场，这部分人被称为"遭受挫折的劳动者"，与所谓的失业者相比，这些"遭受挫折的劳动者"的情况通常更为严重。

因此，在研究劳动供给问题时，应同时观察就业率、失业率和劳动参与率的变化趋势，才能较为全面地把握劳动力市场中存在的关键问题。如果在失业率攀升的同时，劳动参与率上升，这也许表明失业问题并没有多么严重，因为失业率的上升在很大程度上可能是由过去退出劳动力市场的人又重新回到劳动力市场上寻找工作造成的。如果在失业率上升的同时，劳动参与率保持不变，这就意味着劳动力供给的总量并没有发生大的变化，只是在愿意供给劳动的总体中，失去工作的人增加了，失业率的增加很可能是因暂时的经济波动或经济结构调整所引起的。劳动供给中最为严峻的问题莫过于在失业率上升的同时伴随着劳动参与率的下降，因为这不仅意味着失去工作的人在不断增加，而且在失去工作的人中，由于长时间无法找到工作而沦为"遭受挫折的劳动者"人数也可能在增加。"遭受挫折的劳动者"人数的增加也许比纯粹失

业人数的增加更糟糕，因为失业者似乎并没有丧失工作的信心，而"遭受挫折的劳动者"可能连信心都丧失了。这是一种相当严峻的就业形势。

二、非正规就业劳动力的教育培训

国际劳工统计大会对非正规就业进行如下定义：如果雇员的劳动关系在法律或者实际意义上不受国家劳工法规、收入所得税制度、社会保护以及一定的员工利益所要求的社会保障或权利的约束而建立起来，他们就被认为是非正规就业。非正规就业包括"非正规就业部门就业"和"正规部门非正规就业"两部分。前者指在非正规部门的就业。非正规部门主要包括微小型企业、小型住户企业、家庭型生产服务单位、农民工工作单位、自给自足的经济部门、独立的自营就业者等。后者主要表现为正规部门中的不规范用工行为，即雇佣关系松散的临时工、非全时工、派遣工等[①]。

创造更多的就业机会是解决城市就业、失业和贫困问题的根本出路。在城市就业途径中，非正规就业越来越重要，特别是在农村剩余劳动力大量涌入城市的情况下尤其如此。一般来说，城市中所有正式行业所提供的就业机会都主要针对高技能的劳动者。但进入城市的大多数潜在劳动力是低技能和低收入群体，他们没有能力去从事那些需要高技能的工作。因此，他们在很大程度上依靠非正规部门提供工作或者做临时工，如在建筑部门。

现阶段，我国城市中非正规就业劳动力的构成主体是农民工、城镇下岗失业人员、个体从业人员等社会弱势群体。这个群体相对于正规就业劳动力而言，在人力资本上的基本特点表现为：就业前大多数人只接受过较少的学校教育，几乎没有接受过任何职业技能培训，就业后接受继续教育的机会少，因而人力资本存量低，主要依靠体力从事低技能要求的简单的生产和服务工作。对非正规部门就业劳动力的教育培训是政府基本的公共服务职能所在。为此，政府应该充分发挥主导作用，把对非正规就业劳动力的职业技术培训工作放在重要位置。政府应着力制定财税信贷等各方面政策，培育和促进非正规就业劳动力培训市场以及公立和民办培训机构的发展，具体可采取以下四项措施。

(1) 建立多元化培训投入机制。在市场经济条件下，非正规就业劳动力培训的投资主体应该是多元化的，政府应建立有效的激励机制，充分调动社会各界的力量，利用市场对资源的配置功能，拓宽融资渠道，积极引导市场建立起以政府投入为主，以企业、个人合理分担为辅的多元化投入机制。对参与职业教育和培训的企业和个人，在审批、税收、信贷等方面给予适当的优惠措施，同时，地方各级财政应设立劳动力转移培训专项资金，以扶持农村剩余劳动力转移培训工作。

(2) 提高就业主体参与的积极性。由于劳动力市场需求的技术结构的不断变化以及信息的不对称，使得参与培训的劳动力面临较高的投资风险，就业培训会使投资者面对高风险低收益的问题。因此，政府需要成立教育培训专项基金，对接受教育的就业主体给予培训补助，切实减轻他们的经济负担，提高其参与培训的积极性。

(3) 整合培训资源、完善培训体系。广泛调动各类教育资源参与非正规就业劳动力就业培训。优化培训资源配置，引导和鼓励培训机构与劳动输出(派遣)机构建立合作伙伴关系。同

---

① 燕晓飞.非正规就业劳动力的教育培训研究[M].北京：经济科学出版社，2009：33.

时，要有针对性地设置培训课程，创新培训方式，通过定点、定向等培训方式，实行培训与学历教育、技能鉴定、就业的三结合，积极探索校企联合办学模式。

(4) 完善就业市场准入制度。逐步建立"先培训后就业"的就业制度，充分调动和发挥行会的作用，将职业技能资格认证的权限授予行会。

三、对城市贫困家庭或人口的扶助

一般情况下，人们常用"贫困线"作为衡量城市贫困程度的标准。贫困线是在一定的时间、空间和社会发展阶段的条件下，维持人们的基本生存所必需消费的物品和服务的最低费用。它基本上是一条最低生活保障线，是以城市居民的生理方面的需要为基础的，是衡量城市贫困程度的绝对标准，即低于该线就属于绝对贫困。但是，如果把贫困线划在这里，就大大地低估了城市贫困的范围。因为现在的生活保障标准已相对化，相对贫困成为城市贫困的普遍现象。因此，衡量城市贫困不能仅看绝对贫困，还必须考虑相对贫困。绝对贫困可通过一定的社会救济政策来改善，相对来说容易解决。但是，对那些相对贫困者或家庭而言，尽管他们在劳动，有劳动能力，但收入低，工作不稳定，没有改善生活的希望，这样，问题则是严重的。对于这样的贫困，仅提供收入保障是不行的，还需要采取多种政策加以扶持。

1. 把城市贫困阶层作为特殊政策目标

社会保障本质上是分配关系问题。城市贫困并不是经济增长的必然结果，从一定程度上说，它与"制度安排"有直接联系。对于城市贫困现象，有些是由收入、资源和机会分配的不均衡造成的，对于这种城市贫困，城市居民个人是无力解决的。在这种情况下，政府必须通过一定的社会经济政策，在全社会范围内调节各社会阶层的利益关系，以保障社会的贫困阶层的基本生活，维护社会的安定，保证社会再生产的顺利进行。因此，对社会贫困阶层实行特殊的公共扶助政策应该是政府不容推卸的社会责任。

2. 完善城市居民最低生活保障制度

最低生活保障制度是社会保障制度中的最后一道安全网，它主要是针对那些由于各种原因使收入低于最低生活保障线的绝对贫困者或家庭而言的。在一般情况下，对于这部分城市居民的生活，基本上是通过单位内部的互助来给予保障的，但有些亏损严重或破产的企业，职工的基本生活难以得到稳定的保障。社会上老、弱、病、残和退休职工等的实际经济收入的增长跟不上通货膨胀的速度，生活水平的改善受到影响。因此，从长远看，必须建立健全由政府提供的保障体系，对这部分城市居民进行救助。明确城市居民最低生活保障线和相应的资金来源是建立最低生活保障制度的关键。最低生活保障线根据全国各地经济发展水平的不同而不同。

3. 对城市相对贫困者或家庭采取多种保障措施

对城市中的低收入者，若给予公共救助，当然可以为他们摆脱贫困提供一个机会，但这会造成政府财政上不堪重负的局面。在这种情况下，除了制定国家收入分配调节政策之外，还应根据贫困者的不同情况，实行多种社会保障措施。例如，失业救济、退休保险、生活补贴、职业培训等。

第二节　教育、养老和医疗卫生

一、基本公共教育服务均等化

1. 城乡义务教育均衡化发展

城乡义务教育均衡化发展，关键是建立破除身份的二元分割制度，使农村人口和城镇居民共享城市教育资源和均等的发展机会。

义务教育作为政府提供的基本公共服务，具有强制性、免费性和普及性，是最能体现教育公平的领域。抓好城乡义务教育均衡发展，就抓住了促进教育公平的关键。城乡义务教育均衡发展，要以保障城乡公民依法享有受教育的权利为基本要求，以提高教育质量、促进内涵发展为重点，通过合理配置教育资源，推进城乡基本公共教育服务均等化。具体来说，包括如下几个方面。

(1) "抓质量"。在"人人都有学上"之后，人们对城乡教育公平的关注主要体现在教育质量上。促进城乡教育均衡发展要把提升质量作为根本，更加注重教育的内涵发展。要全面贯彻党的教育方针，推进素质教育，深化教学内容、课程体系和教学方法改革，促进学生德智体美全面发展。切实减轻学生课业负担，让学生从应试教育的重压下解放出来，以实现"生动活泼学习、健康快乐成长"的教育目标。

(2) "缩差距"。城乡义务教育全面实现后，城乡发展不均衡上升为义务教育的主要矛盾之一。促进均衡发展，就要加强对农村地区义务教育发展的支持。在财政拨款、学校建设和教师配置等方面向农村倾斜，尽快形成城乡同标准、一体化发展的格局。

(3) "重配置"。合理配置资源是促进城乡义务教育均衡发展的根本措施。要从硬件、软件等各方面促进城市区域内教育资源的均衡配置，努力办好每一所学校。推进学校标准化建设，取消设置重点校和重点班，统一学校公用经费和生均教育经费标准，加大薄弱学校的改造力度。实行区域内教师和校长交流制度，加强薄弱学校教师队伍建设。加强教育信息化建设，搭建优质教育资源共享平台。

(4) "建机制"。城乡义务教育均衡发展是一个长期的过程，也是一项复杂的系统工程，必须建立长效机制。要打破校际和城乡之间的分割，形成城乡和地区义务教育共同发展机制。同时，要创新教育管理运行机制，强化督导评估，建立义务教育均衡发展评估和激励机制。要促进城乡义务教育均衡发展，而不是"削峰填谷"搞平均主义，更不是一个模式办学，千篇一律、千校一面。在大力扶助薄弱学校的同时，要鼓励优质学校继续办出水平、办出特色。

2. 农民工子女受教育的权利

随着我国城镇化进程和剩余劳动力转移的加快，进城务工的农民工数量逐年增加，农民工子女的教育问题也日益突显。如何让这些孩子像城市的孩子一样接受义务教育、健康成长，是促进教育公平、实现基本公共教育服务均等化必须解决的重大课题。

(1) 要强化流入地政府责任。广大农民工为流入地城市的经济社会发展作出了重要贡献，流入地政府要切实负起责任，保障农民工子女平等接受义务教育。将农民工子女义务教育纳入当地教育发展规划，指导和督促公办中小学认真做好接收就学和教育教学工作。建立农民工子女接受义务教育经费保障机制，将所需经费纳入地方财政保障范畴，对接收农民工子女人数较多的学校给予补助。制定农民工子女接受义务教育的收费标准，做到与当地学生一视同仁，采取措施帮助家庭经济困难的农民工子女就学。

(2) 要发挥公办学校主渠道作用。充分挖掘公办中小学潜力，合理调整和完善学校布局，新建、改建、扩建一批学校，尽可能多地接收农民工子女就学。降低入学门槛，简化入学手续，不得随意设置入学限制条件。对于农民工子女接受义务教育，在收费、管理等方面要与当地学生同等对待，不得违反国家规定加收借读费及其他任何费用。

(3) 要扶持社会力量办学。农民工子女在短时期内完全进入公办学校就读还不太现实，必须进一步发挥民办农民工子女学校的作用。要将农民工子女学校纳入民办教育管理范畴，制定审批办法和设置标准，在办学场地、办学经费、师资培训、教育教学等方面给予支持和指导。加强对这类学校的督导工作，规范其办学行为，促进其办学水平和教育质量的提高。解决农民工子女入学问题，从根本上要解决农民工的"身份"问题，应推进户籍制度改革，使农民工子女真正享受"同城待遇"。

3. 家庭经济困难学生就学扶助

为保证家庭经济困难学生顺利入学，全国高校普遍建立了"绿色通道"制度，经济困难学生一律可先办理入学手续，再根据核实的情况，采取不同的措施予以资助。"不让一个孩子因家庭经济困难而失学"是教育公平的重要体现，是切实保障全体人民特别是困难群体受教育权利的必然要求。

因此，有条件的城市要在国家资助政策体系的基础上，不断完善家庭经济困难学生资助政策，建立健全相应的奖、助学金制度以及助学贷款制度。确保每一个学生接受教育的基本权利，无论在哪个教育阶段，都不能让学生因家庭经济困难上不起学。同时，要扩大资助范围，提高资助标准。逐步建立起从学前教育到研究生教育的全过程资助体系，实现"应保尽保"。应根据城市经济发展水平和财力状况，建立奖、助学金标准动态调整机制。要善于动员社会力量，继续在全社会大力弘扬崇文重教、扶危济困的文明风气，完善各项引导激励政策，形成社会各界关心教育、帮助困难家庭学生的良好氛围。

二、构建多元化城市养老服务体系

1. 城市养老服务模式

我国城市中普遍存在的养老服务模式有家庭养老、居家养老、社区养老以及机构养老。

(1) 家庭养老。家庭养老是指完全依靠家庭，如依靠老年人自己，或者依靠儿女来满足老年人对物质生活的需要，实现对老年人日常生活的照料以及精神生活的慰藉。在我国，家庭养老是一种具有悠久历史的传统美德，直到20世纪90年代，它一直被视为我国城市养老的主要模式。但随着经济的发展、社会的进步，传统的家庭养老模式正经历着变革，主要表现为：一是家庭养老的内容和形式出现了分离。许多时候，在家养老并不一定就是家庭养老。二是家庭养老的功能日益弱化。受计划生育政策以及人们观念的不断转变等多方面因素的影响，独生子女家庭越来越多。此外，由于经济的持续发展，人们的生活水平有了显著提升，平均寿命不断延长，子女数量减少，多代同堂的现象越来越少，在诸多因素的影响下，家庭养老功能有弱化的趋势。但是，我们并不能因此全盘否定家庭养老的作用。家庭养老模式在满足老年人的情感需求方面是其他任何养老模式都无法取代的。

(2) 居家养老。居家养老是指老年人在家中居住，但养老服务是由社会来提供的一种社会化养老方式。也就是说，要调动社会各方面的力量，构建一个最符合老年人意愿的、最有利于保持和加强老年人自立能力的、切实可行而又有效的，以家庭为核心，以社区养老服务网络为外围，以养老制度为保障的居家养老体系。在居家养老服务提供的过程中，政府可以不必花更多的钱建设集中养老的机构，老年人仍然可以生活和居住在自己的家里，他们不必脱离熟悉的环境。在这样的情况下，老年人所生活的街道或者社区，可以通过各种社会服务，给老年人提供包括购物、清扫以及一些护理等服务。居家养老和家庭养老的区别在于：家庭养老不需要社区、街道等提供的服务，完全依靠子女或者老年人自己；而居家养老除依赖子女、老年人自身，街道和社区等组织也会为老年人提供必要的服务。

(3) 社区养老。社区养老是指把家庭养老和机构养老的最佳结合点集中在社区，让老年人住在自己家里，在继续得到家人照顾的同时，由社区提供除了居家养老之外的其他多样化的养老服务活动。社区为各种养老服务方式的开展提供了一个可供利用的平台。依托社区开展的各种养老服务活动是一种助老服务，它既可以解除家庭养老的后顾之忧，又可以为家庭之外的养老服务活动的开展提供具有亲情感和归属感的空间。

(4) 机构养老。机构养老是指让老年人入住养老机构而进行养老的一种养老方式。这些机构主要包括养老院、敬老院、老年公寓等。机构养老主要分为福利机构养老和老年公寓养老两种类型。福利机构一般由政府出资创办，例如敬老院。政府鼓励城镇人口中的"三无"老人(无法定赡养人、无固定生活来源、无劳动能力的老人)进入敬老院等福利机构养老。而老年公寓包括养老院等，一般以民营机构为主，主要面向不符合进入福利机构的条件但又不能在家养老的老年人。机构养老具有多样性，可以使具有不同需求的老年人找到适合自己的养老方式。机构养老弥补了传统的家庭养老的不足，一些独身且生活不能完全自理或者需要专业护理的老年人，在养老机构里可以得到生活上的照顾。

2. 多元化城市养老服务体系框架

整合多方服务主体的服务资源，构建有中国特色的多元化养老服务体系，既是满足城市老年人日常养老服务需求的主要出路，也是我国城市社会养老保障事业蓬勃发展的生动体现。

1) 多元化养老服务体系的内容

(1) 投资主体多元化。形成国家、集体、社会组织和个人的投资渠道，以多种形式发展养老服务事业，通过社会力量的广泛参与，弥补国家财力的不足，增加服务设施，提高服务水平，缓解供需矛盾，加快养老服务社会化的进程。

(2) 服务内容和方式的合理化与多样化。养老机构要从老年人日常生活中的困难及他们的切身需要出发提供养老服务，所提供的服务要具有针对性和敏感度，以便回应老年人的不同需要。同时，所提供的服务要具有弹性，让老年人有从中选择的余地，但所提供的服务不应多过老人的需要，以免产生老年人过分依赖外界照顾的负面后果。同时，要充分以家庭、社区养老服务网络和社会养老机构为载体，因地制宜地开展集中、分散、上门包户等多种形式的养老服务，形成社会化养老服务的完整体系，满足不同人群、不同层次的需求。

(3) 服务人员要专、兼及志愿相结合。养老服务事业的社会化就是要充分调动各方面的积极性，通过招募专职、兼职、志愿者的形式来为社会成员提供各种各样的养老服务。

2) 多元化服务体系中各个元素的功能和作用

(1) 政府是多元化养老服务体系的主导。为老年人服务是一项具有公益性和福利性的事业，在市场经济转轨时期，政府有责任加大对老年人服务的指导和管理力度，给予法律上的保证和政策上的引导。没有政府的政策支持和适当的资金投入，是不可能吸引社会资金、人力、物力的主动投入来发展养老服务的。

(2) 家庭是多元化养老服务体系的基础。家庭是社会的基本单位，是社会的细胞。家庭稳定和睦、其乐融融，社会安定才有基础。家庭的责任主要体现在三个方面：一是经济方面。因为在城市中并不是每个老人都能享受社会养老保险，即使是能够领取到养老金的老人，由于养老金没有与物价挂钩，退休金的提高滞后于物价上涨，生活质量也会受到高物价的冲击。因而家庭成员仍需要在经济上对老年人给予关怀，以确保老年人有能力接受或购买服务。二是日常照顾方面。由于老年人的主要生活场所是家，家庭成员除了出钱，还要出力，即进行照顾护理。三是精神方面的慰藉。家庭成员要在精神上给予老年人关心，老年人由于生理机能的衰退，晚年时进行社会活动的能力下降，因此，家庭成员要通过交谈、开展家庭娱乐活动等方式予以安慰，给予温暖，消除老年人的寂寞感和孤独感。

(3) 社区是多元化养老服务体系的核心。老龄化、高龄化的加剧，使家庭和政府的压力越来越大，社会广泛参与养老服务是必然的趋势。社会广泛参与就是充分发挥社区的力量，组织利用各方社会资源，通过组建各种服务队伍，尤其是社会团体，使多元化养老服务能有序开展。如果说家庭是老年人最主要的生活领域，社区就是他们晚年生活的第二空间。城市老年人社区养老服务应以满足老年人日常照料和精神慰藉需要为主要目标，其主要目的都是弥补家庭照顾的不足，减轻家人照顾的压力。

(4) 机构是多元化养老服务体系的补充。机构养老服务在我国过去较长一段时间内主要以收养城市中的"三无"老人为服务内容，主要提供基本的、低水平的养老服务。随着人口老龄化进程的加快以及由此而产生的日益增长的养老服务需求，越来越多的机构在保障对"三无"老人服务的同时，也面向社会收养许多要求自费寄养的老年人，同时，许多民办养老机构也纷纷建立并参与到养老服务市场的竞争之中。机构养老服务应以提高服务专业化程度为重点。大力发展机构养老服务，扩大养老机构的数量、规模以及改善硬件设施和提高服务质量是发展我国城市养老服务事业的一个重要途径。

3. 城市养老服务体系建设与完善

(1) 加大政府的政策、财政支持力度。政府应当在土地供应、财政补贴、税费优惠、费用减免等方面提供相应的扶持政策，降低养老服务机构的运营成本，为城市养老服务供给主体的多元化发展提供良好的制度和环境平台。此外，随着城市的发展和社会的进步，政府应该逐步强化财政资金的支持。养老服务的财政来源主要有三个渠道，即个人出资、政府出资、养老保险的保险费支出。其中，政府直接的财政支出主要用来为老年人提供免费的养老服务。同时，建立社会性的老年护理保险制度也是提供养老服务的重要保证。

(2) 建立高素质的养老服务专业队伍。养老服务应基于老年人的身心特点不断趋于科学化、专业化、多样化和规范化，通过服务倡导科学、文明、健康的生活方式。多元化养老服务体系的发展与完善，在很大程度上取决于养老服务人员的专业知识和技术水平。养老服务的对象是不同层次和具有不同需求的老年人，因此，要有不同层次和不同技能水平的服务人员来满足各种服务需求。因此，要依托专业化、社会化培训机构，进一步完善护理员、医护康复人员培训体系；建立从业人员执业证书制度，强化管理人员的行业准入，不断提升从业人员职业素质。社区和养老机构引进服务人员时，应按不同的要求对服务人员进行专业知识和技能培训，按服务人员培训技能考核等级分配相应的服务工作，实行职业资质和技术等级认证制度，保证从业人员持证上岗，不断提高服务人员的专业化水平。

(3) 大力发展志愿者组织。多元化养老服务体系的构建，除了政府、家庭、社区以及机构的努力之外，广大志愿者的参与也是一个重要的系统支持。地方政府有关部门要加大对志愿服务理念和宗旨的宣传力度，大力弘扬尊老敬老的传统文化，为志愿服务活动营造良好的社会氛围。同时要使志愿服务与人们的日常生活紧密结合起来，使之成为人们日常生活的一个部分，成为人们实实在在的行动。要根据养老服务的实际需要来确定志愿服务的内容和方式，做到内容重于形式，以保证志愿服务能够真正富有成效并得到持续发展。政府还要加强现有志愿服务组织的规范化建设，进一步加强志愿服务组织与社区政府的协调配合，使志愿服务建立在定义科学、协调完善、组织严密的基础之上，尽可能发挥志愿组织在养老服务体系建设中的作用。

(4) 全力推动养老服务产业的开发。养老产业并不是传统意义上的独立产业，它是随着财富阶层的增加和人口老龄化的加剧以及人口年龄结构的转变，为满足一部分人群的需求而出现的新兴产业；它是为有养生需求的人群和老年人提供特殊商品、设施以及服务，满足有养生需求的人群和老年人特殊需要的、具有同类属性的行业以及企业经济活动的产业集合；它是依托第一、第二和传统的第三产业而派生的特殊综合性产业，具有明显的公共性、福利性和高盈利性。关于养老产业的开发，当前亟须确立一个法律框架，以规范产业发展。同时，政府应出台相关政策，引导社会资金特别是长期性资金投资养老产业，并加大对养老产业的监管力度；应尽快研究并出台养老产业的准入标准、养老社区的建设标准、运营管理标准和动态评估机制，以保障养老产业科学、健康地发展。

三、建立以社区为基础的城市医疗卫生服务体系

城市基本医疗卫生制度的框架包括公共卫生服务、医疗服务、医疗保障和药品供应保障四大体系。但目前四大体系还缺乏密切联系，难以发挥整体作用。发展社区卫生服务体系有利于在城市内把四大体系联系起来，发挥社区卫生服务的基础和纽带作用，为群众提供安全、有效、廉价、便捷的基本医疗卫生服务。

社区服务体系应坚持以为群众提供健康服务为中心，实现预防、治疗、康复相结合，坚持公益性质，忠实为社区居民服务。因此，发展社区卫生服务不仅能够满足群众多方面、多层次

的医疗卫生服务需求，而且有利于有效合理地利用卫生资源，有利于促进医疗保障制度的改革。

当前，构建以城市社区为基础的城市医疗卫生服务体系有如下几个基本途径。

1. 明确社区医疗卫生服务的公益性定位

要构建新型的社区医疗卫生服务体系，首先应明确对社区医疗卫生服务体系的认识，社区医疗卫生服务体系是一种社会公益事业，是政府履行国家社会职能的一种体现和要求，是满足人民群众不断增长的物质文化需求的有效途径，所以，它的投入和建立必须以政府为主导，并纳入政府的日常事务，以不断壮大和完善。

2. 构建完善的城市社区医疗组织体系

除了改革和完善公立医院的社区医疗组织制度外，还要鼓励社会力量包括民营医院参与社区卫生服务。政府应当给予必要的财政补助，采用购买公共服务的方式，对民营医疗机构中非营利性的基本医疗服务实行免税，或通过专项资金购买的方式予以扶持。当民营医院定位为社区卫生服务机构以后，对其从事公共卫生服务的部分，政府要给予补偿，要使其享受与政府办的社区卫生服务机构同样的政策和同等的待遇。

3. 将社区医疗服务纳入社会医疗保险体系

为避免出现社区居民因医保定点机构的限制而舍近求远，继续在大型综合医院看小病，客观造成社区医疗服务点资源空置的情况，可以将社区卫生的就诊费用统一列入医保范畴，按医保政策享受医保待遇。

4. 重视培养社区医疗卫生服务人才资源

只有加大政策倾斜和经费投入的力度，真正解决人才缺乏的问题，才能促进社区医疗卫生服务持续健康发展。因此，要采取相应的措施，吸引高素质医疗服务专业人才到社区工作，为他们解决职称、待遇和业务发展等问题。同时，要探索建立将医生派到社区轮转、返聘离退休医生到社区医院任职等一系列机制。

第三节　TOD与城市公共交通

一、TOD模式及其特征

1. TOD模式的内涵

TOD(transit oriented development)模式，是指以公共交通为导向的发展模式。公共交通类型主要有轨道、道路交通、航空交通、水上交通。城市TOD模式以公交站点为中心，以400～800米(5～10分钟步行路程)为半径建立中心广场或城市中心，具有集工作、商业、文化、教育、居住等于一身的"混合用途"，可使居民和雇员在不排斥小汽车的同时能方便地选用公交、自行车、步行等多种出行方式。城市重建地块、填充地块和新开发土地均可以TOD的理念来建造，它主要通过土地使用和交通政策来协调在城市发展过程中产生的交通拥堵和用地不足的矛盾。

TOD模式具有三个基本要素：一是transit，即大容量公共交通，也就是交通载体为地铁、轻轨或快速公交等的大容量公共交通系统。二是oriented，即引导，以追求高强度、可获利的房地产开发项目为目标，通过"大容量公共交通的发展"来合理引导城市空间的有序开发。三是development，即开发，开发对象应具有邻近公共交通设施、用地布局紧凑、土地混合使用及能提供高质量的步行环境的特征。

2. TOD的原则和特征

TOD的概念最早由Peter Calthorpe在1992年提出，他在1993年出版的 *The American Metropolis- Ecology，Community，and the American Dream* 中提出了"公共交通引导开发"，并针对TOD制定了一整套详尽而又具体的准则。"公共交通引导开发"与"交通引导开发"虽然只有两字之差，但却有本质区别。首先，"公共交通引导开发"体现了公交优先的政策；而"交通引导开发"则根本没有反映这一关键内涵。公共交通有固定的线路并能保持一定间距(通常公共汽车站距为500m左右，轨道交通站距为1 000m左右)，这就为土地利用与开发提供了重要的依据，即重点开发公交线路的沿线地区，尤其应高强度开发站点周边的土地，由公共部门优先使用。

一个时期以来，人们对"交通引导开发"的准确含义并未进行认真思考，只是从字面上进行简单理解：一种城市开发模式，城市在开发某地之前，首先把路开通到那里，让道路先行，这就是交通引导开发。这与国内近年来十分流行的"服务引导开发"(service orient development，SOD)似乎是配对的开发模式。最为突出的现象就是城市要重点发展哪里，就把市政府或行政中心率先迁到那里。两者都是基于"交通/服务设施与土地利用"相互关系的土地开发模式，但这其实是对TOD的片面理解。

TOD是一种新思路，许多城市尝试使用TOD规划模式，无论什么性质的城市，都应遵循TOD规划设计与建设的基本准则。

(1) 组织紧凑的、有公交支持的开发活动。

(2) 将商业、住宅、办公楼、公园和公共建筑设置在步行可达的公交站点附件。

(3) 构建适宜步行的街道网络，将居民区各建筑连接起来。

(4) 混合建造多种类型、密度和价格的住房。

(5) 保护生态环境和河岸带，留出高质量的公共空间。

(6) 使公共空间成为建筑导向和邻里生活的焦点。

(7) 鼓励沿着现有邻里交通走廊沿线实施填充式开发或者再开发。

较高密度是TOD的基本特征，TOD的目标原则之一就是通过增加密度来提高土地使用效率。混合利用是TOD的另一个主要特征。另外，TOD的特征还包括平衡居住就业关系，从而减少小汽车出行次数、提高社区活力等；增加必要的、一定数量的公建和商业用地。宜人的步行环境是TOD的基本标志，TOD街区的界定主要取决于步行出行的距离。高质量的公交服务是TOD的核心要素。

二、基于TOD的城市公共交通规划

1. 城市公共交通规划思路

作为一种全局规划的土地利用模式，TOD为城市建设提供了一种交通建设与土地利用有机结合的新型发展模式，同时，它也是在当前国内外交通规划、建设中得到快速发展并广泛应用的建设模式。

TOD理念是实现土地利用与交通系统互动的重要途径。从交通规划的角度来说，土地利用的形态决定了交通的发生、吸引和分布的形态，并在一定程度上决定了交通结构；从土地利用的角度来说，交通的容量和服务的质量改变了城市结构和土地利用形态。从公共交通规划的角度来说，公共交通枢纽是一个实现交通功能转换的场所，是不同交通方式、不同方向客流的转乘点，因此，作为公共交通系统中的重要基础设施——换乘枢纽将成为土地利用(源)与交通需求(流)之间的导流设施[①]。

在TOD理念的指导下，成长型城市的公共交通规划思路应建立在枢纽导向型基础之上，即在公共交通规划过程中，客流组织围绕枢纽展开，公共交通网络以不同类型的枢纽为核心分层分级展开，从而实现土地利用与交通需求的源流并控。

2. 城市公共交通规划模式

在多中心分散组团的城市结构下，比较适宜采用枢纽导向型的城市公共交通规划模式，如图18-1所示。

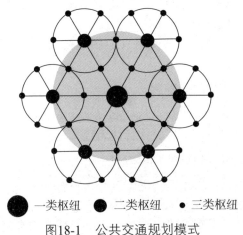

● 一类枢纽　　● 二类枢纽　　· 三类枢纽

图18-1　公共交通规划模式

枢纽导向型的城市公共交通规划模式可概括为换乘枢纽分类、公交服务分区和公交线路分级。

(1) 换乘枢纽分类。通常，城市公交枢纽可分为以下三个等级。一类公交枢纽宜布设在中心组团土地利用集中、客流量大、衔接主次干道的功能区(商业区或其他公共事业区)。作为市域性的公交换乘枢纽，一类公交枢纽具有统领各级枢纽发展的核心作用，主要承担城市各个区域至城市中心区客运交通的集散及中转换乘功能。二类公交枢纽应均匀布设于中心组团的边缘带，主要承担该边缘组团与中心组团之间及各边缘组团之间的集散、中转换乘功能。三类公交枢纽应布设在出行需求大、客流量较为集中的片区中心，主要承担城市(包括中心区、外围

---

① 俞洁，等. 基于TOD模式的成长型城市公共交通规划[J]. 交通运输工程学报，2007(3).

区、边缘组团)内某一个或某几个片区内部的交通集散及中转换乘功能。

(2) 公交服务分区。为了避免使城市陷入小汽车导向发展的泥潭，协调公共交通与个体交通的关系，最好在公交规划过程中以枢纽为中心划分公交服务分区，通过换乘枢纽实现对各分区客流的集疏组织。首先，公交优势发展区一般位于城市中心组团区域，它是城市金融、商务、办公等公共建设用地的高度聚集区域。该区域可通过建立以公共交通为骨干的多层次、立体化的综合交通系统，来实现公共交通的高分担率，同时通过对道路使用及对停车进行收费的手段抑制交通需求，鼓励和提倡群众使用公交系统。其次，公交与个体交通协调发展区一般位于中心组团的边缘带，用地类型为中等密度以上的居住区及提供密集就业岗位的工业区等。该区域公交与小汽车处于竞争、合作状态。该区域必须提升公交竞争力，为居民提供多样化的交通选择，以促进公交与小汽车交通的协调发展。最后，个体交通优势发展区一般位于边缘组团区域，用地类型为低密度开发的居住区及新建的工业开发区等。该区域对公交依赖性差，可通过新兴的公交服务方式为乘客服务，如需求响应巴士、接驳巴士等，以延长公交的吸引半径，扩大公交服务范围。

(3) 公交线路分级。根据客流服务的对象及衔接枢纽的等级，城市在公共交通规划期内将架构层次分明、功能明确、衔接顺畅的线网体系，以满足不同出行目的、不同层次的乘客的交通需求。首先，骨架线路是实现跨区域客流在空间上快速、集中转移的公交线路，是土地集中利用的功能区之间的联系纽带，是城市各级组团间及组团内部的主要客流走廊，在公交线网体系中起支架作用。其次，基本线路是对骨架线路的补充和完善，以满足城市各组团或各组团区域内部的乘客的中短程距离出行的交通需求，并承担与轨道、骨架线路、公路及客运港口等交通线路与枢纽点的衔接换乘功能，其设置应依据骨架线路和换乘枢纽的布局来确定。补充线路以填补公交空白或公交稀疏区域为主，以满足城市边缘组团区域的出行交通需求。最后，补充线路主要通过抽疏中心区重叠线路产生，或根据客流需求在公交空白区新开线路。补充线路对解决城区边缘组团区域居民乘车难的问题将起到较大的积极作用。

3. 城市公共交通规划流程

为了更好地体现交通与土地协调规划的思路，并将换乘枢纽分类、公交服务分区、公交线路分级的规划模式落到实处，城市公共交通规划必须严格遵守科学的方法流程，如图18-2所示。

与传统的公共交通规划方法相比，图18-2所示的规划方法流程作为TOD内涵的体现与延伸，真正做到了城市公共交通对土地利用的有效引导。因为这种方法以枢纽布局规划为核心，而传统的公交规划将线网布局规划作为其规划的关键与核心内容，忽视了枢纽在公共交通系统中所发挥的客流组织与疏散的重要作用。事实上，公交枢纽用地属于不可再生资源，一旦形成，不易改动，而公交线路可根据社会、经济等因素，围绕枢纽灵活设置。此外，这种规划方法由被动适应型转向主动引导型，而传统的公交规划仅仅把土地规划作为其输入条件，忽略了交通对土地利用的反馈作用，即交通可以诱导和改变土地利用的强度与性质。基于TOD的主动引导型公交规划方法体现了土地利用与公共交通规划之间是一个互为协调与反馈的动态平衡过程。

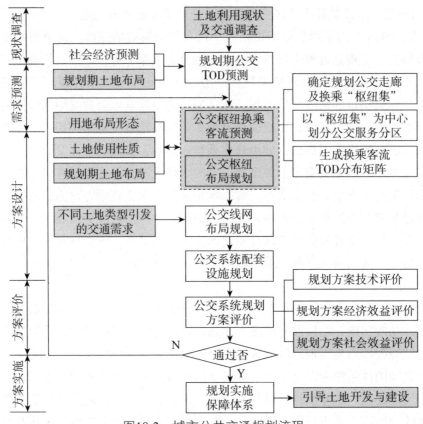

图18-2　城市公共交通规划流程

三、TOD在中国城市的实施对策

国外城市对于TOD项目大多以房地产开发、区域建设为主要目的，而在我国高密度的局部土地利用开发和"摊大饼"式的城市蔓延的趋势下，TOD需要从城市规划与城市交通规划一体化的角度出发，实现交通与土地利用之间、不同交通方式之间、交通网络与交通枢纽之间、交通规划与管理运营之间的高度整合和一体化，真正构建以公共交通为主体的畅通、安全、高效、舒适、环保、经济、公平的城市综合交通系统。

1. 公共交通优先战略是我国城市必然的选择

从城市TOD的角度而言，城市扩展和郊区化在所难免，而我国国情决定了城市如果出现私家车过量发展的情况，必然会对城市的可持续发展带来巨大压力。从土地资源、能源、环境的持续发展和利用的角度来看，多数大城市尤其是特大城市，必须从以小汽车为导向的低密度发展模式转变为TOD支撑的集约式发展模式。因此，明确以公共交通为导向的城市发展模式是我国城市的必然选择。

2. 因地制宜地选择快速公共交通工具

在交通结构方面，我国多数城市的公交系统尚不发达，而小汽车交通量的增长趋势却十分迅猛。公交分担率低、服务水平不高和缺少大运量的公交方式给TOD的发展带来很大困难。城市公共交通有多种形式，在快速公共交通领域也有地下轨道交通、轻轨和快速公交系统(bus rapid transit，BRT)等可供选择，只要设计得当，这些交通形式都能发挥其最大特点。我国城市或者城市不同区域不应盲目选择快速公交工具，应该根据自身区域特点，选择最合适的工具，通过精心规划设计，来达到最佳的使用效果。

3. 土地利用与交通规划一体化整合

对城市土地及交通进行综合性协调规划以及建设高质量的城市公共交通系统是实施TOD的重要前提。在城市人口、就业需求、土地利用密度等方面，我国均明显高于西方国家，西方国家发展TOD的目的主要是集中人口，而我国应考虑的宏观问题是如何适当地疏散人口，引导城市重新布局。因此，应针对交通与土地使用进行整体规划，不可将交通作为土地规划的后续延伸。

4. 在规划和交通管理中导入经济手段

在提供完备的公共交通设施以后，城市形态的改变和土地利用的变化将通过市场的自主选择体现出来。良好的市场运作也是TOD模式能够成功实施的基础之一。例如，快速公交系统的造价高昂，而其由于具有公益性，往往运营利润较少。由于我国城市未能建立良好的溢价回收机制，造成城市对快速公交系统的资金投入压力巨大。学习我国香港的"地铁+物业"模式，设计适应城市发展情况的溢价回收机制，是实现轨交建设与运营良性发展的关键。

5. 加强对社区型TOD的规划与管理

社区型TOD并没有布置在公交主干线上，仅通过公交支线与公交主干线相连。从社区型TOD的角度出发，对于那些未能很好发挥已建轨交站点功能的城市，应该尽快规划站点周围的土地利用和项目建设，以避免出现轨交单向大容量运行的情况。除了在卫星城实现居住与就业平衡之外，还要在卫星城站点设计商业、办公、餐饮等多功能项目，保证轨交各站点组团形成的居住与就业平衡，解决单向大容量通行的问题。

第四节　城市保障性住房供给

一、城市保障性住房供给体系

目前，我国城市中已形成多元住房供给体系，如图18-3所示。高、中等收入家庭通过商品住宅市场改善居住条件，无力通过市场机制解决住房问题的中低收入和最低收入居民家庭可以消费政府资助的经济适用房、限价房、公租房和廉租住房。随着城市保障性住房的大规模建设，住房保障范围从城市低收入住房困难群体逐步扩大到棚户区居民，先扩大到中等偏下收入群体，再扩大到包括新市民在内的无房户家庭(共有产权房)，越来越多的家庭享受住房保障政策的阳光。住房保障主要模式已从砖头补贴转向货币补贴，住房保障体系趋于成熟，保障制度得到细化与完善。

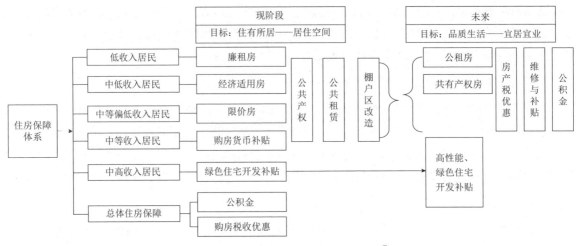

图18-3　城市住房保障体系框架[①]

我国现阶段的城市住房保障体系主要以面向低收入居民的廉租住房制度，面向中低、中等偏低收入居民的共有产权房制度(限价房、经济适用房)，面向"夹心层"的公共租赁住房制度等为主。公积金制度是普惠性的住房保障政策制度，但是普及率仍然较低。这一阶段城市住房保障的基本目标是住有所居，有条件的居民家庭可逐步改善居住空间。

未来的城市住房保障体系要建立多层次、多渠道的保障性住房制度，逐步完善以点盖面的全民保障性住房体系，使低、中、高收入阶层均享受社会发展的成果，改善居住环境，实现全民"宜居宜业"，创建"体面、舒适"的高品质居住环境。未来，将充分循环利用存量的公共租赁房和共有产权房解决中低收入居民住房问题，通过房产税优惠和公积金制度实行可动态调整的住房保障，扩大住房保障范围，同时实行维修、环境补贴和高性能、绿色住宅开发补贴制度，大幅提高住宅品质，完善住宅过滤机制，鼓励阶梯式住宅消费，逐步形成住宅市场和住房保障互动的良性循环。

二、城市住房保障制度

1. 产权式保障性住房

所谓产权式保障性住房，是指拥有或部分拥有建筑物所有权的保障性住房。经济适用房、限价房、拆迁安置房、棚户区改造房和旧城改造房的购买者具有建筑物的所有权，这些住房属于产权式保障性住房。共有产权房的购买者拥有部分产权，因此也属于产权式保障性住房。

(1) 经济适用房。经济适用房是指具有社会保障性质的商品住宅。它具有经济性和适用性的特点。经济性是指住宅价格相对于市场价格比较适中，能够适应中低收入家庭的承受能力；适用性是指在住房设计及其建筑标准方面强调住房的使用效果。经济适用房是国家为解决中低收入家庭住房问题而修建的普通住房，这类住宅因减免了工程报建中的部分费用，其成本略低于普通商品房。随着时代的发展，经济适用房的适用性也会发生质的变化，即随着经济发展水

① 姜雪梅. 中国住房社会保障：历史梳理与未来趋势[M]. 广州：南方出版传媒，广东经济出版社，2019：230-231.

平的提高而不断提高住房质量。

(2) 限价房。限价房按照"以房价定地价"的思路，采用政府组织监管、市场化运作的模式，在土地挂牌出让时限定房屋价格、建设标准和销售对象，政府对开发商的开发成本和合理利润进行测算后，设定土地出让的价格范围，从源头上对房价进行调控。限价房就是国家给的硬性指示，开发商没有权力更改。简言之，它就是限房价、限地价的"两限"商品房，其价格比经济适用房高。

限价房作为政府在一定时期内调控房地产市场、调节住房供需矛盾的有效手段，由政府成立的全资国有公司负责建设。销售价格实行政府定价，定价原则按照比周边同类商品住房低20%～25%确定。销售价格在预售时向社会公布，公布价格应为该限价房楼盘的最高价。限价房属于政策性住房，购房人拥有有限产权。但是，购买限价房自购房合同备案五年后方可上市交易。

(3) 共有产权房。共有产权房是地方政府让渡部分土地出让收益，然后低价配售给符合条件的保障对象家庭所建的房屋。保障对象与地方政府签订合同，约定双方的产权份额以及保障房将来上市交易的条件和所得价款的分配份额，即中低收入住房困难家庭购房时，可按个人与政府的出资比例，共同拥有房屋产权。房屋产权可由政府和市民平分，市民可向政府"赎回"产权。

共有产权房作为经济适用房的变异形式，其显著特点在于价格形成机制。共有产权房用地性质由划拨改为共有产权房出让，并完全按照商品房进行开发，且销售价格计算也等同于商品房，房价实际上是"随行就市"。另一个显著特点是"共有产权房"的出资方式，它是由政府按照"三七开"或"五五开"垫资，并不影响购房者向银行申请商业贷款。

(4) 棚户区改造房。棚户区是指商品房和棚厦房屋集中区。通常说的"城中村"，就是属于棚户区性质的区域。棚户区改造是我国政府为改造城镇危旧住房、改善困难家庭住房条件而推出的一项民心工程。

棚户区改造房有两层含义：一层含义是指棚户区内将要被改造拆迁的住房，房主依法拥有被拆迁房屋的所有权；另一层含义是指棚户区改造后建设的住房。

2. 租赁型保障性住房

对住宅和土地，公共租赁房和廉租房的消费者只有租赁使用的权利，没有其他权利。因此，公共租赁房和廉租房属于租赁型保障性住房。

(1) 公共租赁房。公共租赁住房是指由国家提供政策支持，限定建设标准和租金水平，面向符合规定条件的城镇居民出租的保障性住房。公共租赁住房不归个人所有，而归政府或公共机构所有，用低于市场价或者承租者承受得起的价格出租。出租对象包括部分大学毕业生、退休老人、残疾人、从外地迁移到城市工作的群体。

(2) 廉租房。廉租房是指政府以租金补贴或实物配租的方式，向符合城镇居民最低生活保障标准且住房困难的家庭提供的社会保障性质的住房。廉租房只租不售，出租给城镇居民中最低收入者。廉租房的分配形式以租金补贴为主，以实物配租和租金减免为辅。

3. 住房公积金制度

住房公积金制度是指由职工所在的国家机关、国有企业、城镇集体企业、外商投资企业、城镇私营企业以及其他城镇企业、事业单位及职工个人缴纳并长期储蓄一定的住房公积金，用以日后支付职工家庭购买或自建自住住房、私房翻修等住房费用的制度。

住房公积金制度是一种社会性、互助性、政策性的住房社会保障制度，同时住房公积金制度也是一种强制性、长期性和保障性的住房储蓄制度。住房公积金制度有利于筹集、融通住房资金，大大提高了城市职工的商品房购买能力。

三、城市保障性住房提供的三方合作模式

城市保障性住房的供给，由政府统一规划、统筹，将其提供给特定的中低收入群体使用，并对住房的建造标准和销售价格或租金标准给予限定。政府组织建房的过程是公共资源集中使用的过程，期间所显现的政府绩效高低直接决定保障性住房问题解决的成败。

城市保障性住房提供模式的有效性取决于两个方面：一方面要满足对提供模式的内在要求，即提供模式必须与保障性住房的属性相适应；另一方面要满足对提供模式的现实要求，即现实中的保障性住房的提供必须是有效率和有效果的。

城市保障性住房具有准公共物品的属性，其提供绩效可以用"政府绩效"来衡量。然而，从经济效率和居住需求的角度来说，保障性住房的提供不一定由政府包揽。政府、企业和保障对象是保障性住房提供涉及的基本主体单元，由此可供选择的保障性住房模式可能包括政府单独提供、完全市场提供和公私合作提供三种基本模式。实践证明，政府单独提供保障性住房缺乏竞争机制、监督机制，也缺乏提高效率的动机；完全由市场提供保障性住房会造成保障性住房的生产和销售不足，社会净收益受到损害，不具备配置效率。从城市的现实出发，政府、企业和保障对象三方合作是一个可以选择的模式[①]，如图18-4所示。

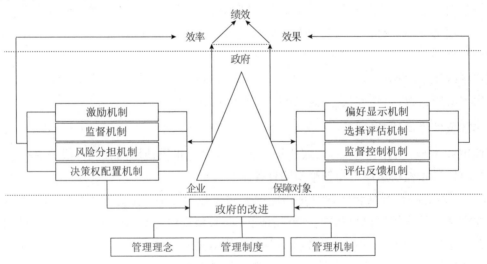

图18-4　城市保障性住房提供的三方合作模式

城市保障性住房提供的三方合作模式以保障性住房提供的三方主体(政府、企业、保障对象)为基础，衍生以政府为中心的两组合作关系。三方合作模式由激励、监督、风险分担及决策权配置四个机制组成，用以提高保障性住房的提供效率；保障对象参与机制明晰政府与保障

---

① 邓大伟.城市保障性住房提供的三方合作模式研究[M].上海：同济大学出版社，2015：77-79.

对象的关系，由偏好显示、选择评估、监督控制、评估反馈四个机制组成，用以提高保障性住房的供给效果。通过两种机制的有机结合，系统解决城市保障性住房提供中存在的效率和效果问题，从而提高政府绩效。三方合作模式下的机制决定着政府在管理理念、管理制度和管理机制方面的改进。

城市保障性住房的三方合作模式的构建，关键在于使三方关系达到平衡。单纯以公私合作方式提供保障性住房往往会失之片面，政府和房地产企业的合作或许可以提高供给效率，却不能保障提供效果。也就是说，通过公私合作能以更少的资源提供更多的住房，但不能保证这些更多的住房可以带来更多的满意。而对于保障性住房而言，如果保障对象不满意，他们"用脚投票"会直接导致保障性住房空置，从而造成资源的极大浪费。同样道理，如果人为地将保障对象排除在保障性住房提供过程之外，而仅仅将其选择的权利控制在保障性住房建成之后，就可能会造成政府提供的保障性住房与保障对象的需求之间产生偏差，从而造成提供效果不佳。通过合理设置保障对象的参与机制，使保障对象成为提供主体，就可以进一步制衡政府权力、约束开发商行为，使三方利益关系达到平衡。

城市公共安全是城市市民和城市管理者都十分关心的问题，也是城市管理者必须面对的重要公共事务。一座城市应对风险的能力和机制，反映了这座城市整体的文明水平和综合竞争能力。本章首先分析城市公共安全及其管理原则；其次讨论如何建立一个高效的城市公共安全管理体系；最后针对食品安全、社会治安和灾害防治等城市公共安全管理的重点领域展开分析。

第一节 城市公共安全及其管理原则

一、城市公共安全问题及其风险

城市公共安全是指城市中的安全问题，包括城市中人们生产、生存、生活范围内的诸多方面。传统意义上的城市公共安全问题仅限于社会治安方面，而现代意义上的城市公共安全问题包括三类：第一类是来自自然界或主要由自然界引起的安全问题。如在宇宙演化、天体运动过程中引发的对整个地球及人类安全的威胁，地球运转过程中地壳变化引发的对地球局部地区的人类安全威胁(如火山爆发、地震、海啸等)，以及地球大气层运动变化引发的对整个地球局部区域人类安全的威胁(如水灾、旱灾、台风、冰雹等)。第二类是由社会人文环境引发的安全问题。如战争(常规战、核战、生物化学战等)、恐怖与暴力(劫持人质、释放生物病毒及有毒化学物质等)、经济犯罪(抢劫银行、伪造货币证券、网上诈骗等)、信息网络犯罪(非法入侵、窃密、网上攻击等)。第三类是由自然和社会两种因素相互影响、综合作用而引发的安全问题。如动植物疫情、人类传染性疫病、食品及药品(食物中毒)安全事故、危险品(各类化学品、易燃易爆物品、放射性物品等)安全事故、生产安全事故(由煤矿、建筑、压力容器、大型娱乐设施、核设施等引发的事故)、交通(公路交通、铁路交通、水上交通、空中交通等)安全事故、消防安全事故(各类民间火灾、森林火灾、恶性爆炸事故等)、环境卫生安全事故(电磁辐射污染、有毒有害气体污染、有毒有害液体排放等)、生态安全事故(生态失衡、水土流失、草原沙漠化等)。简而言之，城市公共安全就是社会和公民在时间域和空间域上多层次、多维度的安全。

城市公共安全问题由来已久。一方面，城市灾害的种类繁多，人类对自然资源的破坏使得自然灾害的发生频度和强度不断上升，时刻威胁着城市的公共安全；另一方面，城市规模的扩大导致城市人口密集和财产密集，使得各类事故造成的直接损失巨大[1]。城市公共安全问题及其风险具体表现为如下几个方面。

---

[1] 欧益科. 论城市公共安全. 中国财经报网[EB/OL]. http://www.cfen.com.cn，2011-07-06.

1. 城市工业危险源风险

工业化是城市化的一个重要方面，随着工业化步伐的加快，产生与此相关的各类重大安全事故的可能性也大大增加。如工业原材料因其化学、物理或毒性特性，容易导致火灾、爆炸或人员中毒的危险；储罐区、油库、生产场所、压力管道、锅炉、压力容器等因疏于管理引发重大事故。

2. 城市人口密集的公共场所风险

城市的基本特点就是高密度的人口聚集形式以及高频率的人员流动，而公共场所作为人群聚集的地方，更是隐含了众多的安全隐患。商场、超市、车站、码头、公园等人员聚集的场所，都不同程度地存在各类安全隐患。例如，安全设施陈旧、通道不畅、安全标志不清等。近年来，公共场所安全事故频发，使得密集人群的安全问题成为社会关注的重点。

3. 城市公共设施风险

城市是人们生活、生产以及开展商业活动的中心，具有功能多样、结构复杂的特点，特别是对水、电、气、油、信息、交通等资源的高度依赖性，使得城市地下纵横交错的自来水、煤气、天然气管网和电信、电力、网络管线系统特别脆弱，任何一个方面出现问题，都会威胁到城市的公共安全。

4. 城市自然灾害风险

我国历来是自然灾害多发地区，容易受到大规模自然灾害的威胁，地震、台风、水灾、地质灾害、雪灾等自然灾害不断发生，每年沿海省市因台风损失巨大。由于生态环境受到影响，也加大了自然灾害的发生概率和严重程度。

5. 城市公共卫生风险

疾病具有不可预测性、难以控制性。而城市是人口聚集的地方，一旦出现流行性疾病，城市公共卫生系统将面临重大的考验。这些影响城市公共卫生安全的突发性公共卫生事件，主要包括传染病疫情、群体性不明原因疾病、食品安全和职业危害、动物疫情以及其他严重影响公众健康和生命安全的事件。

6. 恐怖袭击与破坏风险

公共场所人员聚集，往往会成为各种恐怖分子袭击的目标，这必然给城市安全带来更多隐患。恐怖活动主要是指使用爆炸、劫机、投毒、暗杀等严重暴力手段所进行的犯罪活动。这些犯罪活动的危害包括：滥杀无辜，制造负面影响；破坏稳定，严重危害公共安全，并在一定范围内造成不特定人群普遍的心理恐慌。

7. 城市生态环境风险

城市是生产单位与城市居民的集中地，在生活和生产过程中，往往会产生大量的废气、废渣、废水等，从而造成大量的生活污染与工业污染。在城市化进程中，对自然资源无节制开发也会对生态环境造成不良影响，进而引发一系列社会问题。

8. 社会治安或犯罪风险

随着城市外来人口的增多，社会成分日趋复杂，社会治安案件的数量或犯罪率也呈逐步上升趋势。当前，我国城市社区犯罪主要表现为以侵占财产为目的的财产犯罪，如盗窃、抢劫、诈骗、侵犯人身权利等。此外，妨碍社会管理秩序的行为，如购买赃物，倒卖车票、船票及其他票证等行为在大城市里也屡禁不止。

二、城市公共安全问题的特点

1. 突发性和不确定性

城市公共事件会在何时、何地或何种情况下发生，具有极大的不确定性。引起突发事件的原因是多方面的，还会出现一些以前所知甚少或全然无知的新风险因素，而且风险因素与安全问题在因果关系上不是简单的线性关系。城市规模越大，相应的安全隐患也就越多，而且越不容易被发现。由于各种风险的不确定性比较高，为我们防止公共安全事件的发生和选择采取应对措施的时机增加了难度。

2. 复杂性

城市公共安全问题由多种原因、多种因素、多种条件引发，而且这些原因、因素和条件往往相互联系、相互影响，甚至相互转化。因此，既要进行科学分类管理，又要加强相互协调和沟通，采取科学、系统、综合的措施来应对。

3. 长期潜伏性

一些城市公共安全问题具有长期潜伏性，尤其是自然灾害，在很大程度上是由长期以来人们对自然环境的破坏而导致区域自然生态失衡造成的。这是一个量变过程，具有隐蔽性。所以，应当极其重视这一阶段，加强科学研究，尽可能地化解这种量的积累，防止量的扩张和质的突变。

4. 破坏性

城市是一个复杂的有机体，城市公共安全涉及人们生活的方方面面，一旦出现问题就会牵涉各方利益，影响整个社会的稳定和发展，而后果往往会随着危机的恶化而加剧，单体的突发事件极易被放大为群体的社会危机，造成巨大的损失。有些城市公共安全事件可能会给社会大众的财产和生命安全带来灾难性和毁灭性打击，这种损害是刚性的，是不可逆转的。一旦发生，必须动员必要的力量和利用资源进行紧急救援，力争把损失降低到最低程度。

5. 共振性

公共安全事件一旦发生，往往会造成连锁反应。如洪水不仅影响农业，而且影响教育、交通运输、工业生产、商业流通等，洪水消退后还可能导致大面积的流行病疫情暴发，而房屋和基础设施的损毁会影响建筑业的发展等。为此，必须采取一系列应对措施，不能单打一，以防连锁反应的产生。

三、城市公共安全管理的原则

1. "预防为主、防治结合"的原则

在城市公共安全管理中遵循"预防为主"的原则，有两方面含义：一方面，对主要由人为因素引起的城市公共安全问题，必须通过采取科学、切实、可靠的措施，消除产生公共安全问题的原因和隐患，从而做到基本上避免这类公共安全问题的发生；另一方面，对自然灾害等不可避免的公共安全问题，必须事先做好充分的救灾准备，为及时、有效地救灾创造前提条件。在城市公共安全管理中遵循"防治结合"的原则，就是在公共安全问题发生时，根据事先准备的公共安全问题治理预案，及时组织力量，投入物力，采取措施，控制公共安全问题的影响范围，尽量把危害降低到最低程度。

2. 统一性与协同性的原则

城市公共安全事故发生后，来自各个领域的人员和力量将参与危机应对，如交通、医疗、通信、消防、食品生产等，因此统一和协同一致的动作特别重要。统一性原则的含义之一是由最高行政领导个人作出决定，把这种决定作为命令统一下达，该行政领导对所处理的公共安全事件负责。含义之二是组建一个由多个相关专业部门的负责人参与的委员会，其功能是集思广益，取长补短，发挥集体智慧的优势，为最高行政领导作出决定提供咨询意见；在执行层面，分工负责，执行最高行政领导的决定。含义之三是在处理公共安全事件的整个执行系统中，每个成员都只对一个直接上级负责，服从其指挥，听从其命令。

协同性原则是指各专业力量的分工与协作。在分工方面，其含义是各方力量各司其职，运用专业的技术和设备，行使政府部门的专门职能，发挥专业队伍的作用，解决公共安全事件中与专业队伍相对应的专业领域问题。在协作方面，含义之一是对产生职能交叉的事务，明确某个部门负有主要责任，其他部门负有次要责任；含义之二是明确负有次要责任的部门，具有主动配合负有主要责任部门工作的义务，对不认真履行主动配合义务的负责人或工作人员应追究其责任；含义之三是各方都有向其他方提供必要信息、保持及时沟通的义务。

3. 时间性和效率性原则

从时间性来看，采取紧急处置手段，及时控制危机事态的发展是危机管理的第一原则。从效率来看，公共危机蔓延速度很快，因此要求政府快速反应，有效动员社会资源，特别是要确保处置城市公共安全事件所必需的物资的及时充分供应。城市公共安全问题会造成相关物质资料的缺少、损坏或变异等。为了从根本上解决公共安全问题，必须补齐所缺少的物质资料，修复被损坏的物质资料，纠正变异物质资料的功能。因此，补齐、修复或纠正相关的物质资料，是解决城市公共安全问题的决定性、关键性环节。处置城市公共安全事件各方面的工作，都要围绕和服务于补齐、修复或纠正物质资料的工作；解决城市公共安全问题的其他各项原则，也相应要围绕和服务于确保处置城市公共安全事件所必需的物资的及时充分供应。

4. 管理科学性原则

城市公共安全管理是一项政治性、科学性、专业性很强的工作，在实践中必须遵循科学性

的原则。科学性原则包括五个方面：一是科学决策。有关公共安全的每一项决策，都关系到人民群众的生命和财产安全，涉及切身利益，因此，在决策中要贯彻"尊重科学、安全第一、以人为本"的原则。二是科学防范。建立统一、科学的城市应急指挥系统，完善各类公共突发事件应急预案是十分必要的，但更重要的是建立健全日常防范机制，一方面预防和减少危机的发生，另一方面能够有效处置突发事件。三是科学管理。坚持属地管理的原则，要从公共安全管理对象的客观规律和实际情况出发，协调人和物、人和事、人和人之间的关系，最大限度地发挥管理和调处机制的效能。四是科学教育。加强对市民的公共安全教育与培训，使其掌握紧急避险的常识，提高自防能力，最大限度地减少灾害带来的破坏。五是科学处置。公共安全事件现场处置要把握好专业前置、专家参与、领导决策三个环节。所谓专业前置是指现场处理首先由专业人员进行，由其掌握公共安全事件的事态性质、状态并进行初步处置；所谓专家参与是指相关专家根据专业人员报告的情况和信息，进行综合分析，提出进一步处置的建议和实施方案；所谓领导决策是指相关领导根据专业人员报告和专家建议，进行综合判断，决定启动何种处置方案并组织实施。

第二节　城市公共安全管理体系

一、城市公共安全风险控制与预警系统

1. 城市公共安全风险分析

城市管理者应结合自己辖区的具体情况，认真应对公共安全的挑战。从控制事故的角度来讲，应大力避免事故的发生，即做好事故预防工作。首先，要加强风险管理意识，建立评价和预警预防机制，降低事故发生的概率。其次，风险管理的基本思想是预测，发现和确认可能存在的风险，进行风险评估，明确可接受及不可接受的风险，对于可接受的风险进行管理和监控，对于不可接受的风险要采取降低风险的各种技术及管理措施，使其达到可接受风险的要求，然后再进行管理和监控。

相关人员和部门应针对可能出现的具体风险(如地震、台风、洪水、火灾、爆炸、毒气扩散、疫病传播等)，预测其发生、发展的过程，对其影响作出评估并且制定各种级别的应对或应急措施来控制和降低风险，然后再对整个风险管理过程进行评估，并对以后的风险管理方案作出改进。

城市公共安全风险分析包括对城市工业危险源、城市公共场所、城市公共基础设施、城市自然灾害、城市道路交通、城市恐怖袭击与破坏、城市突发公共卫生事件等的风险分析，其原理如图19-1所示[1]。

---

① 刘茂，赵国敏，陈庚. 建立城市公共安全系统的研究[J]. 城市公共安全(学术卷)，2005，6(1).

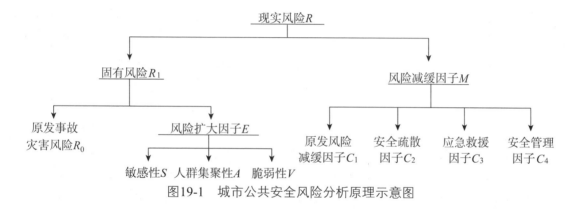

图19-1　城市公共安全风险分析原理示意图

城市公共安全风险分析的重点是研究城市的复杂系统对原发事故的放大作用，并作出定性、定量的估计，确定事故的影响范围。根据图19-1，城市公共安全风险的表达式为

$$R = R_1 M$$
$$\quad = R_0 EM \tag{19-1}$$
$$\quad = R_0 SAV C_1 C_2 C_3 C_4$$

除了考虑风险发生概率和风险影响，还可以考虑所需时间、潜在机会收益或概率估量的可靠性。在这种情况下，城市风险的估值公式为

$$风险估值Q = \alpha(概率 \times 影响) - \beta(所需时间) + \gamma(有效控制的概率) \tag{19-2}$$

式中：α、β、γ表示各部分所占的权重，可根据具体情况确定其值。这样可以预估风险发生概率及影响、进度、危险程度(风险控制或缓解计划必须何时完成)，并将计划的成本和功效并入决策过程。

城市公共安全风险管理与控制的本质是降低事故发生概率或降低损失程度。风险管理的重点是根据城市公共安全风险分析的结果，由风险矩阵确定风险等级，进而确定需采取的风险控制措施等级，分析并确定城市系统的脆弱及敏感部位或环节，设计有针对性的风险管理方案。

以事故的严重程度作为表的列项，以事故发生的可能性等级作为表的行项，制成二维矩阵风险表格，在行列的交点上给出定性的等级，即为风险矩阵，如表19-1所示。

表19-1　城市公共安全风险管理矩阵

风险发生可能性	风险严重程度				
	V (可忽略)	IV (轻度)	III (中度)	II (严重)	I (灾难)
A：频繁	M	M	H	H	H
B：很可能	S	M	M	H	H
C：有时	L	S	M	H	H
D：极少	L	L	S	M	H
E：不可能	L	L	S	M	M

表19-1中，H类为高风险，即"不可接受"的风险，需采取减少或防范风险的措施；M类为中等风险，即"不希望发生"的风险，需采取措施减少风险；S类为较低的风险，即"在一定条件下可接受"的风险；L类为低风险，即"可接受"的风险。

城市公共安全风险的监测预警系统，主要是应用城市管理信息技术，对城市公共安全目标和风险进行监测，如发现危险"征兆"，及时进行预警，以保障城市公共安全。监测预警系统由对城市公共安全固定危险目标实施监测和对城市公共安全移动危险目标实施监测两部分组成。对城市公共安全固定危险目标实施监测预警主要有两种方式：一是运用网格技术，由城市监督员进行监控；二是利用公安、交通、城管、社区和单位内部已安装的电子探头，对各类固定危险目标进行监控。对城市公共安全移动危险目标的监控，主要是在使用上述监控手段的基础上，利用可移动的GPS监控系统，实现对运送易燃、易爆、有毒物质的运输环节的监控。针对各类危险目标，通过借助自动检测、传感器以及微电子与计算机技术，把影响安全的有关参数检测出来，传输到城市公共安全检测信息平台，当信息平台按照设计的模式发出预警信号时，协调管理部门应及时进行应急处置，根据风险严重程度，申请确定由常态转入应急状态的等级。

2. 风险控制和处理方案

根据监测系统针对公共安全目标提供的预警信息和风险矩阵所确定的风险等级，就可以对不同的城市公共安全风险采取相应的风险控制和处理方案。具体的风险控制和处理方案包括以下几种。

(1) 避免。有时候人们不从事某项活动就不会产生某种风险，所以避免从事这项活动是风险处理的首选措施。但需注意的是，由于风险存在负面效应，不合适的风险避免可能导致另外一些风险的发生；在处理风险时，一些风险避免的决策可能导致一些可利用的信息丢失，从而招致一些潜在的损失。

(2) 减少。减少风险产生的主要措施有：运用政策和程序；审计、监督、检查或程序控制及规划；项目管理，质量保证；标准与规范的培训。减少风险产生的后果的主要措施有意外事故预测、应急救援和安全管理。

(3) 转移。风险转移对象包括其他系统风险或部分风险，风险转移机理包括利用契约和保险形式。

(4) 保留。当风险被减少或转移后，剩余的风险可能被保留下来，在制定规划时应提出管理这些风险的方案。风险也有可能被默认保留，例如低水平的风险因被人们认为可以承受而保留。

(5) 实施。理论转换为行动并不能自动发生，由各相关部门派出代表成立委员会来承担风险管理的责任是非常有必要的。

(6) 检查与回顾。对于风险管理项目来说，检查和回顾是非常有必要的。最后，应对风险管理程序的每一个阶段进行文件化，以便为以后的意外事故预测、应急救援和安全管理提供参考。

二、城市公共安全危机管理的运行与处理机制

城市公共安全危机管理的运行与处理机制，应该做到集常规防范与应急处理于一体，具体包括如下几个方面。

1. 危机处理决策机制

城市公共安全危机的处理决策，要求政府官员责任制度与专家委员会咨询制度相结合，建立多级政府危机综合管理决策中心。应对公共安全危机，政府有着首当其冲的责任。地方政府部门应设立政府公共安全防护常务和应急责任体系，以此为基础，逐级建立危机综合管理决策

中心，并以法律法规明确和规范其相应的职责。

2. 公共安全事务的日常运行机制

一般来讲，政府通过执法监督、发布相关的行政规章、采购等手段来支持公共安全事业的发展，采用行政许可的方式对关系公共安全的机构、人员的资质与设施进行控制，同时对企业和组织的公共安全行为进行监管，对相关的中介机构依法进行监管。企业和其他在市场经济社会中活动的法人，要对自身行为的公共安全事故后果负责任，这其中包括对这些单位的成员负责，对他们所服务的第三者负责，也要对造成的后果所涉及的其他人负责。具体来讲，包括依法取得公共安全方面的准入资质、提供必需的公共安全保障条件、达到各项公共安全标准、进行相应的培训、办理相应的保险、发生事故时如实并及时报告等。

与公共安全相关的中介机构，如开展评价、培训、认证、咨询、检测检验等活动的机构，以及承担各类与事故相关业务的保险机构等，应当按照符合市场规律的机制来运作，提供满足企业、政府等公共安全业务需求的技术支持。公共安全事务中相应的当事人，无论是单位内部人员，还是其他人员，都有遵守相关公共安全法律法规的义务，同时也有根据相关的法律维护自身权益并提出诉求的权利。此外，由于公共安全事务的社会属性，社会上的其他成员或者组织、工会、媒体、志愿者等，都能起到积极的推动作用。

3. 公共安全信息统计、情况通报和形势分析制度

掌握辖区公共安全状况是地方领导和城市管理者的职责，也是领导和管理者判断形势、进行决策的基础。首先要建立统一、科学的统计指标体系和统计标准，其次要制定一套科学的统计方法。在市场经济条件下，对于公共安全的信息统计，应该通过立法来进行。这可以使政府更为全面、精确地掌握本地区公共安全的相关数据，定期及不定期地进行公共安全形势分析，根据分析作出相应的决策，并可根据监测的信息对决策措施进行相应的评价和调整，以达到可以接受的效果。此外，在管理公共安全风险的问题上与上级领导及辖区内的群众取得共识，也是一个很重要的问题。

4. 城市公共安全信息管理网络系统平台

城市公共安全信息管理网络系统平台是通过计算机网络、城市公用电话网(public switched telephone network，PSTN)或一线通网络(narrowband integrated service digital network，N-ISDN)，结合现代通信技术、视频和音频数字压缩传输存储技术、计算机及计算机网络技术集合而成的自动监控、辅助指挥的网络平台。

城市公共安全信息管理网络系统平台的组建需分步实施。第一步，完成二级公共安全信息管理网络系统的构建，实现某区域内的公共安全联网报警、实时视频监控、实时事件处理指挥以及设备和值班人员管理等功能。第二步，在系统正常运行后，完成城市整体公共安全信息管理网络系统(一级系统)的构建，实现整个城市的公共安全联网报警、实时视频监控、实时事件处理指挥以及设备和值班人员管理等功能。第三步，建设城市公共安全系统数据库，包括数据库总体结构设计、基础信息数据库设计、安全信息数据库设计、多类数据协同管理等。

城市公共安全管理网络化技术的应用首先要研究基于Internet网络环境的城市重大危险源的网络管理技术和方法，建立实时在线智能监控管理系统，将智能系统(专家系统、智能搜集器及计算机视觉等)、因特网、通信、地理信息系统、数据处理及数据库融为一体，实施监控

及事故预报和预警。其次要进行城市重大事故应急救援体系的网络化建设，形成市、区、厂的三级应急救援体系，包括培训体系、信息网络体系、现场抢救和抢险体系以及救援支持保障体系，以实现信息的统一管理、数据的规范和资源的共享。

5. 管理与决策监督机制

建立管理与决策监督机制，应该坚持公众参政议政、评价督导、信息公开的原则。由于政府在事故处理中的特殊地位和作用，极易使政府权力无限放大，产生权力越位的问题。因此，在危机管理中，监督机制的建立是不可或缺的。建立规范的政府管理决策监督机制将涉及行政管理制度、法律制度、社会舆论管理制度等多方面重大制度的改革与调整。除了建立专家委员会的决策参与制度外，监督机制的目标至少还应包括公众参政议政、评价督导、信息公开。

三、城市突发事故的应急联动系统

1. 城市突发事故的应急预案与应急救援计划

重大事故都具有突发性和紧迫性的特点，为了应对这样的挑战，城市管理者需要了解并且建立重大公共安全事件危机管理机制并制定相应的应急预案。

1) 应急预案内容[①]

(1) 明确在什么样的情况下、在什么样的范围内启动应急机制。

(2) 确定怎样建立统一高效的应急救援指挥系统、由哪些人参加、各自负什么责任，并根据预案要求或者实际情况，提出控制事故的决策意见及指挥决策。

(3) 明确应急救援力量的组成。通常来讲，应急救援力量包括抢险、救援、治安及交通管制、信息(涉及现场、物证及信息沟通等)和特定的专业人才等。

(4) 确定事故抢险及应急救援、搜寻、记录的相关保障条件，以及器材、装备的配置及调配。

(5) 明确事故发生的直接技术原因及对管理因素的调查。

(6) 重大事故的危机公关。危机公关的作用一方面在于最大限度地减少事故所造成的间接损失和负面社会影响；另一方面可安抚与事故有关的相关方(如受难者家属等)，从而减轻事故应急工作的压力，为减少事故的不良影响和事故后果平抑工作创造条件。

2) 应急救援计划内容

应急救援计划是指用于指导应急救援行动的关于事故抢险、医疗急救和社会救援等的具体方案，是应急救援系统的重要组成部分。针对各种不同的紧急情况制订有效的应急救援计划不仅可以指导应急人员的日常培训和演习，保证各种应急资源处于良好的备战状态，而且可以指导应急行动按计划有序进行，防止因行动组织不力或现场救援工作的混乱而延误事故救援，从而减少人员伤亡和财产损失。应急救援计划的内容主要包括以下五个方面。

(1) 对紧急情况或事故灾害的预测、辨识、评价。

(2) 对人力、物质和工具等资源的确认与准备。

(3) 指导建立现场内外合理有效的应急组织。

---

① 向衍莘，王志勇. 城市公共安全：一道不容忽视的难题[J]. 新安全，2005(6).

(4) 设计应急行动战术。

(5) 制定事故后的现场清除、整理及恢复等步骤。

应急救援计划包括特定应急计划、综合应急计划和应急行动计划三类,可以根据事故的具体类型和影响程度来选择适用的计划类型。特定应急计划(专项计划)是针对已识别的危险采取的应急行动计划。对于危害后果较小的事故灾害来说,特定应急计划是非常有效的,但对于具有多重危险性的事故灾害来说,反而可能会引起应急行动的混乱,而且会导致人力和财力的浪费。应急行动计划是针对紧急情况采取的行动指导计划,以行动的模式来制订计划方案并指导非事故期间的应急训练。综合应急计划是全面考虑管理者和应急队员的能力和责任,对在紧急情况下,应急救援体系的预防、准备、现场应急、恢复等过程进行指导的综合计划。

2. 应急救援系统及救援程序

应急救援系统是指由若干负责事故预测和报警接收、应急计划制订、应急救援行动、事故应急培训和演习等事务的中心组成的工作机构。应急救援系统主要包括紧急运转中心、事故指挥中心、支持保障中心、媒体中心和信息管理中心。应急救援系统的组成如表19-2所示。

表19-2 城市公共安全事故应急救援系统的组成[1]

机构	工作内容
紧急运转中心	协调事故应急期间各大、小中心的运作,统筹安排整体应急行动
事故指挥中心	负责事故现场的应急指挥工作,进行应急任务分配和人员调度,有效利用各种应急资源
支持保障中心	应急的后方力量,提供应急物资和人员支持、技术支持和医疗支持
媒体中心	负责与新闻媒体接触,处理一切与媒体报道、采访和新闻发布会等相关的事务
信息管理中心	负责系统所需一切信息的管理工作,提供各种信息服务,实现资源共享

应急救援系统各中心都有其各自的功能职责及构建特点,每个中心都是相对独立的工作机构,但在执行任务时各中心相互联系、相互协调,呈现系统性的运作状态。城市事故灾害应急救援是一项涉及面广、专业性很强的工作,单靠城市某个部门是很难完成的,必须把各方面的力量组织起来,形成统一的救援指挥部,在指挥部的统一指挥下,安全、公安、消防、环保、卫生、部队等部门密切配合,协同作战,才能迅速、有效地组织和实施应急救援,尽可能地避免和减少损失。

城市公共安全事故的应急救援程序是应急救援系统的重要组成部分,应急救援必须严格按照应急救援程序进行[2],如图19-2所示。

3. 城市突发事故的应急循环管理体系

城市突发事故应急管理机制是指调动各种可利用的资源,采取各种可能或可行的方法和方式,限制乃至于终止事故的行为,从而使现存的事故得到控制、解决,使事故造成的损失达到最小化。一个完整的应急管理体系应包括预防、准备、反应和恢复四个阶段。尽管在实际情况中,这些阶段往往是交叉的,但每一个阶段都有单独的目标,并且成为下一个阶段内容的一部分。城市突发事故应急体系的循环管理过程如图19-3所示。

---

① 刘茂,赵国敏,陈庚.建立城市公共安全系统的研究[J].城市公共安全(学术卷),2005,6(1).

② 刘茂,赵国敏,陈庚.建立城市公共安全系统的研究[J].城市公共安全(学术卷),2005,6(1).

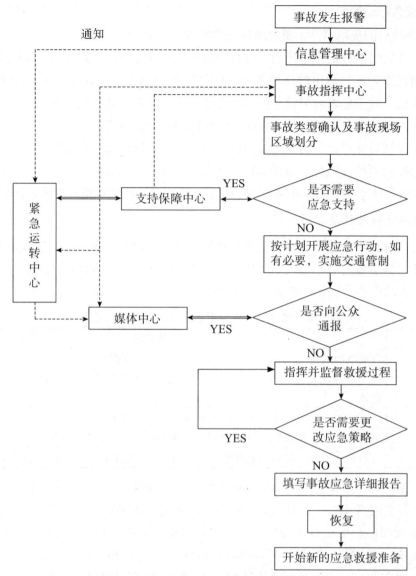

图19-2　城市公共安全事故的应急救援程序

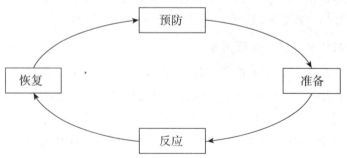

图19-3　城市突发事故应急体系的循环管理过程

其中，预防是起始阶段，它是指为预防、减缓事故和紧急情况发生所进行的活动。如通过制定城市公共安全规划，可以提高城市的本质安全化程度。准备是事故灾害发生前进行的预备性工作，主要包括建立应急管理体系、加强应急的准备性，一旦事故发生，能够做到来之能战、战之能胜。应急准备阶段的重点是制订应急预案和建立完善的应急救援体系，保证城市各单位预案与政府预案的协调统一，培训人员，进行演习，对大众进行宣传教育等。反应是指在准备阶段之后和事故灾害发生之前、事故期间以及事故后立即采取的挽救生命和减少损失的行动，主要是实施应急预案，启动应急救援指挥中心，发出警报，指挥、调配资源，进行工程抢险、疏散、搜寻和营救，实行交通管制，以及提供避难所、医疗救护、社会援助等，以使人员伤亡及财产损失降低到最低程度。恢复是紧随事故灾害发生后立即进行的行动，可使事故灾害影响的城市区域恢复最起码的功能，并继续通过长期的努力，使之恢复到正常状态。立即要求开展的恢复工作包括事故灾害调查、损失评估、理赔、清理废墟、食品供应、提供避难所和其他装备。长期恢复工作包括重建受灾区以及实施安全减灾计划。整个应急机制是一个不断循环的过程，在事故发生之前，预防和准备阶段可能持续几年或几十年，事故一旦发生就会进入反应阶段，再进入恢复阶段。这样周而复始，不断重新开始应急管理过程。

第三节　城市公共安全管理的重点领域

一、食品安全

"民以食为天，食以安为先"，随着时代的进步和人们生活水平的不断提高以及对健康长寿的追求，食用优质食品、绿色食品成为人们追求的目标和愿望，食品安全越发重要，对食品安全的管理也越发紧迫。

食品安全管理的重中之重在于制度和体制，因此应做好以下几项工作。

1. 要建立信息共享、快捷高效的全程食品安全监管体制

由于食品安全涉及食品生产、加工、储藏、运输、流通和消费等诸多环节，任何一家监管部门都难以单独承担安全监管的责任，因此现行食品安全监管体制被迫选择了多家部门分段监管的思路。其中，农业部门负责初级农产品生产环节的监管，质检部门负责食品生产加工环节的监管，工商部门负责食品流通环节的监管，卫生部门负责消费环节的监管，食品药品监管部门负责对食品安全的综合监督、组织协调和依法查处重大事故。分段监管体制虽然有助于督促相关部门各司其职，避免"一个部门管不了"的现象产生，但也出现了"多个部门管不好"的弊端，监管部门之间既存在监管重复，也存在监管盲区。从"田头"到"餐桌"的各个食品生产经营环节，似乎都有农业、质监、工商、卫生等部门"重兵把守"，但有毒有害食品仍在市场上泛滥成灾。例如，"三鹿事件"堪称这一监管体制弊端的经典脚注，作为三聚氰胺源头的奶源收购站就不属于上述任何部门的监管范围；而在消费者投诉产品质量问题后，相关部门之间要么缺乏信息互通，要么相互推诿。再如，食品安全风险评估、食品安全标准制定、食品安全信息公布等事项不属于任何一个部门的监管范围，由哪个部门负责并不明确，客观上产生了部门职能交叉、问责不清的严重问题。由于职责分工不清，有些部门在小集团利益的驱使下，

采取了"有利就抢着管，无利就让着管"的实用主义思维，必然会降低监管部门的监管效率，甚至贻误最佳监管时机。

2. 要从源头抓起，建立统一的食品安全标准制度

食品安全标准的科学性、合理性、安全性与可靠性直接关系到广大消费者的人身安全。制定并且实施严格的食品安全标准是真正实现食品安全源头治理、防患于未然的前提条件。我国食品安全标准"不标准"一直是食品安全监管的软肋。因此，必须进行食品安全标准制度创新，具体措施包括：确立食品安全标准的统一性；确立食品安全标准的动态调整机制；确立"以人为本"的食品安全标准制定理念；鼓励企业慎独自律，出台严格的食品安全标准。总之，食品安全管理的当务之急就是参照国际标准尽快修订现有标准，补充一些空白领域的安全标准。在修订老标准、制定新标准时，一要简化标准体系的层次，由现行的国家标准、行业标准、地方标准、企业标准四个层次简化为国家和行业两个层次；二要增加公信力，广泛吸纳具有公信力的业界专家参与，过程要公开透明，广泛征求意见，消除"企业噪声"的干扰；三要及时吸收食品行业最新研究成果，使标准经常处于更新状态。

3. 要强化政府官员违反法定职责的法律责任追究机制

在现实生活中，一些地方政府部门和行政机关玩忽职守，怠于履行保护消费者合法权益和净化食品市场环境的安全监督管理职责，导致唯利是图的食品生产经营者有恃无恐地制造食品安全问题，一些重大食品安全事故屡屡发生，社会影响极坏。为督促相关部门各司其职，要以《中华人民共和国食品安全法》为依据，严格规定相关部门拒绝或怠于行使监管职责以及滥用职权的法律责任，相关人员的问责机制不能取代国家对受害消费者的赔偿责任。此种法律责任既包括对相关人员给予行政处分，也包括对受害消费者承担国家赔偿责任。

二、社会治安

为了增强民众的安全感，现代化的城市必须具备良好的公共安全性，而稳定的社会治安环境和有序的工作生活氛围则是这种安全性的重要体现。

随着社会经济的不断发展，城市人口逐渐增多，城市社区建设快速发展。但是随着城市外来人口的增多，社会成分的日趋复杂，人际关系的日趋淡化，邻居间团结互助的意识减弱，给某些犯罪分子提供了犯罪机会。社区治安"久治不安"和社区违法犯罪"常打不息"已经成为社会治安治理的顽症。作为一种综合性的社会现象，应对城市社会治安进行综合治理。

城市社会治安综合治理是指在党和政府的领导下，由城市社会治安管理机构主持，动员社会各方面力量，运用法律、行政、教育和经济等手段，预防和打击违法犯罪活动、改造违法犯罪分子。城市社会治安综合治理主要包括两个方面的内容。

1. 主体方面的综合治理

市委和市政府是城市社会治安综合治理的领导者，其主要职责包括：一是制定预防犯罪的总体和具体方针、政策，以作为各部门开展工作的准则；二是统一部署在全市范围内对重大违法犯罪活动的打击与预防工作；三是协调各单位、各部门关系，组织社会各方面力量，形成齐心协力、齐抓共管的治安工作态势。公安行政机关、司法机关在城市社会治安综合治理中，担

负着贯彻落实党的方针政策的具体组织工作的责任，尤其公安行政机关是预防和打击城市违法犯罪的中坚和骨干。城市街道、企事业单位、工青妇组织及其他社会团体和社会基层组织，是贯彻执行党的方针政策和国家法律政令的基础组织，应积极参与和承担城市社会治安综合治理的具体工作，在职权范围内采取切实可行的措施，预防违法犯罪行为的发生。家庭是社会的细胞，是社会成员社会化的第一站。婚姻家庭问题、家庭成员或邻里关系都直接影响着社会安定。因此，在城市社会治安综合治理中，家庭也负有重要的责任。

2. 措施方面的综合治理

首先，应加强思想教育，特别是通过家庭、学校、社会加强犯罪心理预防，其重点是进行政治思想教育、理想教育、法治教育和道德教育，削弱和排除形成犯罪的不良心理因素，促使市民培养和树立正确的人生观、法治观和道德观。其次，采取经济与社会措施。政府部门及有关机关应扎扎实实地解决社会实际问题，如就业问题、住房问题、文体活动问题以及解除劳教和刑满释放人员的妥善安置问题等，减少引发违法犯罪的社会问题因素。再次，采取治安与司法措施。这主要是指城市公安保卫部门通过加强对复杂场所的控制、对特种行业的管理，以及对刑事犯罪嫌疑分子的调查和控制、对违警的处罚和强制劳动教育等专门工作，来预防和减少犯罪。同时，还要动用强制手段特别是刑罚手段惩治犯罪分子。最后，采取法治措施，即制定和执行有关城市社会治安与安全的法律、法规和各项规章制度。

社会治安综合治理的状况可通过一系列指标反映出来。这些指标能够反映社会治安综合治理目标的实现程度，它们是评价城市社会治安状况的参照系。反映社会治安综合治理目标实现程度的指标包括如下几个。

(1) 发案率。它是指每年发生的案件(包括刑事犯罪案件、经济犯罪案件和治安案件等)数与特定区域人口总数之比。

(2) 破案率。它是指在一定地区、一定时间内发生的案件数与侦破查获案件的比例关系，一般用百分比表示。

(3) 突发性事件的发生数。它用来描述群众性哄抢、游行、示威、静坐、绝食等突发性事件发生的次数、规模以及持续时间，这一指标标志着该城市社会稳定程度和政府权威性。

(4) 重新犯罪率。它是指在特定时间和范围内刑满释放人员又犯罪的比率。重新犯罪现象是社会治安综合治理陷入恶性循环的一种表现。

(5) 初犯率。它是考查一个地区的犯罪预防工作状况，考查和研究青少年犯罪一般情况，考查犯罪低龄化趋势、犯罪演变趋势，反映滋生社会犯罪的土壤、条件及犯罪原因和变化状况，检验社会治安综合治理各项措施的实际效果的一个重要指标。

(6) 安全感。它是指城市市民对社会安全状况的直接感觉，它是一个具有可靠性、真实性的测试社会治安综合治理成果的指标。为了便于分析研究，可以把安全感划分为不同的安全度，即高度安全感、适度安全感、起码安全感、无安全感。

三、灾害防治

城市灾害是指由自然、人为因素或两者共同引发的对城市居民生活或城市社会发展造成暂时或长期不良影响的灾害。城市灾害通常被分为三类：一是自然灾害，如地震、洪水、龙卷风等；二是技术灾害，它一般由人类的疏忽或错误导致，常见的技术灾害包括火灾、爆炸、核电事故、交通事故等；三是人为(社会)灾害，如战争、骚乱、恐怖活动等。

随着我国经济的发展、城市化水平的提高，各种自然灾害、突发公共卫生事件、事故灾难类事件频发，城市灾害应急事件管理成为政府执政为民的重要内容。一个城市的灾害应急能力，其实就是该地区或城市在应对灾害突发事件时，其所拥有的组织、人力、科技、机构等资源要素表现出来的敏感性和综合处理机制。

城市灾害应急管理的关键是建立一个灵活而高效的管理体系。城市灾害应急管理体系由实体维、管理维和技术维三个维度构成，如图19-4所示。

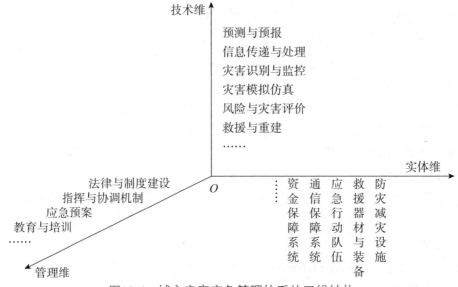

图19-4　城市灾害应急管理体系的三维结构

从技术维的角度来说，要实现城市灾害应急管理的科学化，需要有完备的城市灾害应急管理信息系统作为关键平台。城市灾害应急管理体系业务功能的实现主要依赖城市应急管理信息系统(emergency management information system，EMIS)。EMIS包括信息资源共享系统、应急业务处理系统、应急管理决策系统、数据库系统、安全管理系统、GIS管理系统、灾害评估系统、预警预报系统、监控系统、应急预案管理系统、信息发布系统等。该系统是多个系统的集成，庞大而复杂，建立并逐步完善需要一个过程。从系统功能的角度来说，EMIS可以划分为五个层面：核心层，主要指政府应急决策中心的决策支持系统以及专业应急指挥中心的指挥调度系统；资源管理层，应急指挥需要许多应急资源，应急资源分为服务(应急)资源和信息资源；通信层，通信层联结指挥中心、应急处置分中心及现场指挥中心等；协助力量层，包括相关应急机构力量，如气象、消防、医疗、交通、电信等提供相关资源和信息的部门；处置力量层，指用于突发事件应急处置的资源，如消防车辆、巡逻车、抢险车辆、医疗队伍等。要建立完备的EMIS，需要地方政府和社会力量通力合作。

从管理维的角度来说，城市灾害应急管理是一个庞大而复杂的管理系统，是考验政府管理水平的风向标。借助科学的管理手段、管理技术，秉持科学的、协同合作且责权清晰的管理理念等，才能使如此庞大的管理系统正常有效地运转。对现行行政体制下的城市灾害应急管理体系，需采用科学的管理制度、运行机制、责任体系划分、协同管理信息技术平台等进行全方位构建，以期采用科学的管理理念和手段来保证此复杂管理体系的高效、协同运转。

城市灾害可分为初始阶段、预警阶段、爆发阶段和恢复阶段。针对城市灾害阶段性的特征，城市灾害管理也应该有与之相适应的流程，如图19-5所示。

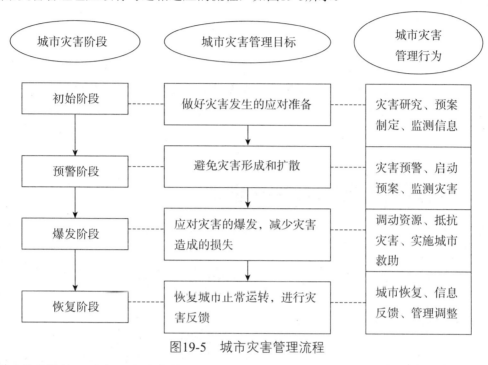

图19-5　城市灾害管理流程

需要说明的是，城市灾害应急管理是一项公共性很强的管理活动。如果把它看成一项公共服务，则政府不应被视为唯　的供应者和生产者。企业、非政府组织和个人在防灾减灾工作中扮演着重要角色，应被视为合作供应者或生产者(co-providers or co-producers)。唯有如此，灾害应急管理才能取得预期的效果。

从实体维的角度来说，城市灾害应急管理必须有强有力的保障系统。这个保障系统是指城市灾害应急管理所涉及的人力、财力和物力，包括防灾减灾设施、救援器材与装备、城市生命线系统、预警与检测网点、应急行动队伍、通信保障体系、物资保障系统、资金保障系统等。排在应急保障体系首位的是信息与通信系统。集中管理的信息通信平台是应急体系最重要的基础设施之一，事故发生时，信息通信平台可快速、顺畅、准确地汇总所有预警、报警、警报、报告和指挥等活动信息并能实现信息共享。对于物资与装备，不但要保证足够使用，而且要实现快速、及时供应到位，还要界定和明确负责不同应急资源管理、使用、维护和更新的相应职责部门和人员。对于用于应急的通信和通信联络设备，以及进入事故现场实施救援人员的防护用品，一定要保证充足的数量和合格的质量。应急活动中除了常用的一些救援装备以外，在遇到特殊情况时，还需要一些特种救援装备，如破拆、吊装、起重、运送设备，建筑破拆、金属切割和挖掘设备，探测、支撑、防护设备，以及其他特种设备、侦检装备等。企业应了解哪里有这些设备，通过什么途径能在需要时迅速得到这些设备，这对于在紧急情况下成功实施救援是非常重要的。

第二十章 | 社区管理与城市人居空间营造

社区管理是城市社会管理最重要的方面。社区管理的精髓在于居民自治。本章首先介绍了几种典型的社区模式，希望能为我国城市社区管理提供可借鉴的成功经验；其次围绕社区居民参与、自治管理的组织架构及其创新展开讨论；最后探讨了城市转型过程中邻里空间的嬗变带来的居住隔离和社区空间重构问题。

第一节 社区治理模式及其借鉴

1887年，德国社会学家斐迪南·滕尼斯撰写了《社区和社会》一书，标志着社区研究的开始和社区理论的诞生。经过多年的发展，全球已有一百多个国家和地区执行了全国性的社区发展计划，社区组织管理方式也日益受到全世界的普遍重视。同时，西方的社区理论和建设亦日趋成熟、完善，形成了一套行之有效的社区行政经验，为其他发展中国家提供了理论与实践上的支持。欧美发达国家在促进社区发展和管理方面，基本采取"政府负责规划、指导，给予资助，社区组织负责具体实施"的运作方式。政府每年要制定社区发展的整体规划，出台相应的政策，把社区拟办的事情公布于众，征求居民意见并加以修改。同时，政府每年要拨出资金，专门用于社区发展和管理。但是，由于世界各国的社会文化背景、思想价值观念和经济发展水平存在差异，各国的社区管理模式也不尽相同，而导致这种差异的根本原因就是社区与政府相结合的关系程度不同。从全世界范围来看，目前具有代表性的城市社区管理模式有新加坡模式、美国模式和日本模式。

一、新加坡的政府主导模式

新加坡模式是政府主导模式的典型代表。这种模式的特点是政府行为与社区行为紧密结合，政府对社区的干预较为直接和具体，并在社区内设有各种形式的派出机构，社区管理的行政性较强、官方色彩较浓。在新加坡，政府设有国家住宅发展局，专门负责对社区工作的指导和管理，主要职能包括：对住宅小区、邻里中心和社区中心及其公共服务设施的规划；对居民顾问委员会、社区中心管理委员会及社区居民委员会等社区组织领导人进行培训；为居民委员会提供办公场所和设施，以及沟通政府与社区的联系渠道；发起某些社区活动，倡导特定的社会价值观；对社区建设予以财政支持，而社区管理工作则主要由社区居民顾问委员会(即议事层)、社区中心管理委员会(即决策层)和社区居民委员会(即执行层)三个组织来完成。其中，居民顾问委员会地位最高，主要负责社区内的公共福利事务，并协调另外两个委员会和其他社区组织的工作。社区中心管理委员会负责社区中心的运行并制订从计算机培训到幼儿体育活动等的一系列工作计划。社区居民委员会是社区的第三层次组织，相当于我国城市中的居委会，主要承担治安、环卫(专业工作由服务公司完成)、组织本小区内的活动等任务，同时也为居民顾问委员会和社区中心管理委员会提供人力帮助并反馈信息。新加坡的政府主导模式的特点是政社分开，组织管理机构健全，权限职责清晰。政府主要致力于规划、培训、提供场地和资金支持。

新加坡的社区治理模式有以下几点可供借鉴：第一，应构建社区自治组织，完善组织管理体制，明确权限职责。第二，确定政府的指导和规划地位，杜绝"行政化"治理社区的倾向，在社区管理中，政府应通过政策调整、规划指导、财力资助来规范社区的管理与发展。第三，理顺社区组织与政府各职能部门的关系，通力合作，保障社区建设与事务管理的顺利进行。第四，学习新加坡政府重视对社区、社团组织领导人的培训，用政府的要求来统一社区活动组织者的思想。

二、美国的社区自治模式

美国模式也称社区自治模式或分散模式。这种模式的主要特点是政府行为与社区行为相对分离，政府对社区的干预主要以间接的方式进行，其主要职能是通过制定各种法律法规去规范社区内不同集团、组织、家庭和个人的行为，协调社区内各种利益关系并为社区成员的民主参与提供制度保障，而社区内的具体事务则完全实行自主自治，与政府部门没有直接关系。虽然在这种模式下，社区发展规划仍是由政府部门负责编制并拨款实施，但规划过程却充分体现了自上而下与自下而上相结合的原则。

美国城市社区管理具有以下特点：第一，注重科学规划，进行分类管理。第二，依靠社团组织、承揽社区工作。美国的社区管理组织体系是由政府各职能部门、政府资助的社区组织和民间团体举办的非营利性机构组成的，即"三大板块"。政府通过积极培育和推动非政府组织的发展来承担许多具体的社会服务和社会管理工作，并监督、检查非政府组织的工作情况。第三，社区自治功能提高，实行民主管理。美国城市社区没有政府基层组织或派出机构，实行高度民主自治，依靠由社区居民自由组合及民主选举产生的社团组织，如社区管理协会、社区管理委员会、社区管理服务中心等来行使社区管理职能。在美国，涉及社区的城市规划编制、土地使用法规审批、区域开发及改建计划审批，都要召开听证会听取市民意见，并通过媒体向大众公布。政府充分吸收这些意见，修改规划方案，直到获得居民的认同。另外，美国社区还为居民购房提供担保，一旦有了社区的担保书，居民便可顺利地向信贷银行取得低利率的贷款。由于社区确实能够解决居民生活中的重大问题，居民自然对社区有归属感。第四，强调法治功能，依法实施管理。自20世纪60年代以来，联邦政府通过若干包括税收和资助内容的法律法规来推进社区建设。1974年颁布的《住宅和社区发展法》、1977年颁布的《社区再投资法》及随后颁布的《联邦历史保护税收激励项目》，较有成效地促进了美国的社区复兴，《国家和社区服务合作条例》又进一步规范了社区服务项目。除了联邦法律和法规外，美国各州和市也分别制定相关的法律条文。这些法律法规要求本社区居民做事合法、合规、公开、公正，并保证社区居民一切活动的自由民主，只要不违法政府就不得干预。

美国的社区治理模式有以下几点可供借鉴：第一，培育公民社区意识。首先，加大社区建设与管理的宣传力度。通过各种宣传媒体，广泛介绍社区建设与管理的基本内容、社区功能、社区的作用和重要意义，做到家喻户晓，使全社会居民都来关心、支持和积极参与社区事务。

其次，可积极推进社区居民委员会的直接选举。加强社区民主管理和民主监督，完善社区事务公开、民主评议和社区居民代表会议等多项制度。探索、总结和推广居民听证会制度和民主议事制度，使社区居民有更多的渠道参与社区民主决策和民主管理。最后，将居民群众迫切要求解决和热切关注的问题引入社区，使居民在社区中能够寻求帮助，让问题在社区中得以解决。第二，发展非政府、非营利性组织。随着社区建设的推进，在市场经济体制下，我国社区中介组织在社区管理中必将承担重要职能。因此，只要是符合国家法律法规、受群众欢迎、有利于促进社区发展的社区中介组织，我们都应采取积极扶持的态度，以充分发挥其作用。同时，要充分发挥社区力量，建立社区居民自治管理和社区服务的组织网络，形成政府主导，社区居委会主办，社区中介组织、企业事业单位、居民群众广泛参与的新格局。第三，法律先行，依法治区。现代文明社区应通过各项法规调整社区中各单位、各利益集团、各家庭和个人在社会中的各种关系，以及解决矛盾和冲突，社区一切行为都要受法律法规的制约。我国的社区应建立保障社区组织正常运作的法律制度，创造社区组织健康发展的法治环境。将社区组织的活动经费、人员组成、管理权限和运作方式等用法律的形式固定下来，使社区组织能够独立地工作，既不受制于任何组织，也不受制于任何人，真正发挥社区组织自治的功能，调动社区力量，整合社区资源，提高工作效能，使社区工作能以最少的投入产出最多的效益，使社区的管理与建设走上一条法治化的健康发展道路。

三、日本的混合模式

日本模式也被称为混合模式，其特点是政府与社区相结合，但以社区自身力量为主、政府力量为辅，社区事务自治水平相当高，政府的主要职能仍是规划、指导并提供经费支持，官方协助与民间自治的特点体现在社区工作的许多方面。日本在政府系统中，由自治省负责社区工作，地方政府设立地域中心，相当于我国的街道委员会。地域中心内设机构有地域担当系、青少年担当系、公益团体、公民事务办理部门、居住管理委员会等，同时设有高龄者会馆和儿童馆等社会事业单位。地域中心的主要职责包括：收集区民对地域管理的意见；对市民活动和民间公益团体活动给予支持和援助；对地域内的各项事业进行管理；在执行中对计划进行调整；为居民提供窗口服务和设施服务，以及负责青少年健康教育，目的是满足各阶层居民的多种需求，使居民的生活不断改善和提高。地域中心的经费来源主要是政府拨款。在城市基层社区层面，日本设有町会联合会和町内会这两个层次的带有行政色彩的自治组织，由居民自愿参加，其主要任务是针对区政府的中、长期计划和任务进行讨论，把区民的意见反馈给区政府和地域中心。

日本社区治理模式有以下几点可供借鉴：第一，地域中心作为一定区域的行政管理机构，其职能比较单一，职责非常明确，主要侧重于地区事务管理和为驻地居民服务。在社区管理方面，地域中心与有关职能部门的职责划分也很清楚，没有形成交叉的情况，能够集中力量把该办的事办好。第二，区政府针对各项事务的管理都制定了比较全面、完善的行政法规和规章制度，从大的开支项目到向居民提供设施的收费标准，都作出了明确规定，使社区管理工作能够做到有章可循、有法可依，避免长官意志、因人而异和工作随意性的现象出现。第三，从地域中心工作的总体规划、资金投向、机构设置到办公楼的设计安排，处处体现了以人为本的思想，把尊重人、方便人、为居民服务作为工作的出发点，以满足人们物质和精神的不同需求为工作目标，特别是社区从多方面体现了对老人、儿童和残疾人的重视和关怀。

四、中国的三元复合社区模式

中国城市在社区治理实践中，根据各地市情不断探索，形成了各具特色的社区模式。如果对中国社区模式做一个归纳，可以称之为三元复合社区模式。所谓三元复合，即政府、街道和社区三大治理主体相结合。尽管各城市的社区治理存在运作机制、管理方式和制度设计上的不同，但大多数都是围绕这三大治理主体进行的组织安排。

在社区改革实践中，比较有代表性的社区模式有上海、深圳、武汉、沈阳和青岛等社区模式。上海模式是以政府为主导、以社区为支点、以居民参与为核心的一体化社区治理体系。它的最大特点是将社区定位于街道，即所谓的街道社区。在实际的社区管理中，存在街居一体化的倾向，并依靠行政力量，在街居联动的过程中发展社区各项事业。深圳模式的特点是在政府的统一规划指导下，在一些可以实行市场化的社区服务领域中，引入市场运作机制，以建设安全文明小区为切入点，化整为零，分散管理，将居委会的社会性职能与物业管理公司的商业性运营较好地结合在一起，形成了一种高度市场化的社区建设和管理模式。武汉模式着眼于培育社区管理的自主性，理顺关系、下放权力，将本该由社区支配而不适合集中到政府手中的权力下放给社区；建立"权随责走，费随事转，责权利配套"的工作机制，改变过去只做事而无权也无费用的被动状态，从而创造出城市政府行政调控机制与社区自治机制相结合的社区管理模式。沈阳模式借鉴我国国家政权机构的设置，创造性地在社区设立了社区成员代表大会、社区协商议事委员会和社区居民委员会，同时借鉴国家层面政权机构之间的权利和义务关系，通过建章建制，明确了三个自治主体组织之间的关系、社区党支部的地位与作用，因此它是一种以政治模仿为鲜明特征的社区模式。青岛社区管理具有自己的特色，主要体现在以围绕社区服务为龙头的社区文化、社区教育、社区环境、社区互助、社区治安等几个方面，建立起"五位一体四配套"的管理模式。

中国的社区管理正处于改革创新中，基本方向是转变政府职能，把应该赋予社区的功能还给社区，进一步理顺市、区和街道三者的关系，明确街道与社区各自不同的职能定位，推动社区的居民自治，大胆探索和创造符合各自城市实际的社区治理模式。

第二节　社区居民自治管理

一、由政社合一到社区居民自治

社区最初是指人们生活的共同体和亲密的伙伴关系。许多年来，学者们又从不同角度给"社区"下了百余种定义，"社区"先后被界定为地域、群体、共同体、生活方式、互动关系等。可见，"社区"即居民共同居住、共同营造的家园，而社区建设与管理理应采用居民自发参与、社会自治的模式。自20世纪80年代以来，我国城市开展的社区建设基本上是由政府推动和直接领导的。一方面，政府运用大众传播媒介等多种手段宣传社区建设的重要意义和基本知识，积极倡导和营造社区建设和发展的氛围；另一方面，政府直接部署和指挥社区建设，对城市社区建设提建议、定方案，甚至具体组织实施。因而，我国形成了独具特色的以行政为主的"政社合一"城市社区建设模式。例如，我国社区建设起步较早的上海，就明确提出"以城市政府为主导，以街道社区为支点，以居民参与为核心，建立起一体化的管理体系"。这种模式的优势在于能充分发挥政府在城市社区建设中的主导作用，便于整合、协调社会各方面力量，强力推动社区建设的起步与发展。这种以行政为主的"两级政府、三级管理、四级网络"的街道社区管理体制，虽然对推动上海社区在全国的率先发展，改变城市社区环境面貌，规范社区治安秩序，建立便民、利民的服务网络和营造健康、和谐的社区文化氛围起到了积极的作用，但是这种"政社合一"的模式并不利于社区未来的发展。一方面，它会使街道办事处与居委会的角色与职能不分，存在"政社混淆"的倾向，与我国正在进行的行政改革的重心——转变政府职能是相违背的；另一方面，政府长期主导和操作社区建设，加重了"强政府""弱社会"的影响，压抑了社区内部自治机制的发育和成长，与社区管理最初的含义——居民参与和自我管理也是相违背的。

因此，随着我国城市社区建设向纵深方向的发展，城市社区模式必然要由"政社合一"模式逐步向社区居民自治模式过渡，回归社区建设与管理的本来面目。社区居民自治的关键在于建立社区居民自治组织。社区居民自治组织要由社区居民民主选举产生，它不仅要承担社区内部的日常管理职能，而且拥有社区事务的决策权和财务自主权，政府不再直接干涉社区事务。社区组织定期将社区的规划、建设、管理以及涉及成员利益的事项公开讨论、评估，接受全体居民的监督，使社区的资源、人力、智力得到合理、公平、和谐的配置和利用。另外，社区自治模式的运行离不开城市居民社区意识的增强。社区自治需要社区居民共同分担社区责任，社区居民自觉、自助、自为、参与和主动的精神是社区自治持续健康发展的深层动力。通过积极拓宽居民参与管理的途径、增进社区人际沟通、促进社区公益活动的开展等方式，可增强城市社区自治的能力，夯实社区自治的基础。例如，"沈阳模式"就在社区内构架了自治的整体框架，同时设有社区议事会作为社区自治组织的监督机构，社区自治组织机制较为健全。然而，在这种社区自治模式中，一方面，组织机构设置参照了国家管理中"政、议、行合一"的模式，增添了自治组织的政治色彩。如按照"社区自治，议行分设"的原则，在各居民委辖区内组建"社区成员代表大会""社区协商议事委员会"和"社区居民委员会"。另一方面，社区自治组织人员的直接普选工作还不够完善，不利于社区基层民主意识的培育。如社区居委会是按照"公开招贤、定岗竞争、择优入围、依法选举"的原则与方法间接选举产生的。这些都反映了我国社区在由"政社合一"模式向社区自治模式过渡的过程中，两种模式交替呈现的特征。

二、社区居民自治的组织架构与创新

社区组织是社区功能的载体，社区居民自治的组织建设是社区居民自治的核心。社区居民自治体制有两种基本类型：一种是委员会体制；另一种是议事会体制。委员会体制是20世纪初在西方城市管理体制改革过程中产生的。这个委员会由居民直接选举产生，一般由3～7人组成，通常下设若干部门，其委员分别主管一个执行部门，同时对委员会负责。社区议事会体制是与现代企业制度相类似的一种组织制度。公司制企业实行董事会和经理相分离的治理结构，也就是政策制定与政策执行相分离的体制。在居民自治组织中引入现代企业体制的做法，实行议政分离(即议决权与执行权分别由两个不同机构行使)的治理结构，是社区自治体制创新的基本取向。上述两种体制的区别在于其常设机构是议政合一还是议政分离。委员会体制是议决与执行两种职能合一的社区居民自治体制，而议事会体制则是两种职能分离的社区居民自治体制。两者各自有不同的优点，适用于不同的环境。委员会体制适用于规模较小的社区，它的弱点是不便于开发组织资源；议事会体制适用于规模较大的社区，它的弱点是机构数量多，工作复杂。

根据社区组织体制的发展趋势，本着"自我管理、自我教育、自我服务"的自治价值理念，采取议行分离的居民自治模式可能比较适合我国的实际情况。不过，这种模式还需要结合各城市具体市情，进行体制创新。

城市基层社区组织是城市社会管理的基本单元，基层社区组织机构设置的创新，应着眼于两个要求：一是符合社区居民自我管理的发展趋势和需求；二是有利于加强社会的区域管理，促进社会稳定发展。在21世纪经济全球化、知识化、信息化的时代，我国经济体制和政治体制的改革方向是寻求建立集权与分权相结合、政府宏观调控与市场配置相结合、正式组织与非正式组织相结合的新社会治理模式。在这种"小政府、大社会"的社会治理模式中，社区组织扮演着极其重要的角色，是与政府相互配合、相互制约的社会管理参与者和监督者。在某种程度上，社区组织的发育程度及其功能履行程度，直接决定了新社会治理模式能否真正实现。现行城市社区组织机构主要是街道和居委会，其法律地位、功能、性质等方面无法满足角色需要，因此必须进行相应的组织机构创新。

从目前来看，城市社区组织机构创新必须应对以下问题。

(1) 随着政治、经济体制改革的深化，社会管理职能外移，现有的城市社区组织机构和功能难以承接。在计划经济体制下，企事业单位承担大量的社会事务，也就是通常所说的"企业办社会"，负担沉重，影响经济效益；而各级党政机关也直接管理或包办许多应由社会去办理或者应推向市场的事务，影响了管理效率。随着经济体制、政治体制改革的不断深入，这类本应由社会管理的事务应逐步向社会管理职能的承担者——社会和社区释放、转移，而且近年来这方面的转移速度日益加快。但问题在于，由政府、单位释放和转移的社会职能，原有的城市社区组织机构难以胜任，因此必须要进行相应的改革。

(2) 城市社会人口结构变化剧烈，基层社会管理和维护稳定的难度增大。自20世纪90年代以来，我国城市人口构成越来越复杂，一些不稳定的因素在滋长，对原有基层社会管理体制形成巨大压力。首先，人口老龄化趋势明显。从我国人口结构总体来看，我国社会尚处于成年型，但有向老年型社会急剧变化的趋势。其次，管理体制外人员和流动人口增多。在旧的管理体制下，居委会只管理本居住区的居民，各单位管理本单位人员。改革开放以来，尤其是近几年，个体工商户、私营业主、进城农民工、外地流动或暂住人口等不在旧的管理体制内的人员越来越多，而且增长速度越来越快。最后，城市贫困人群开始出现。改革开放以来，部分城市居民的生活水平有了显著提高，同时也有部分失去工作单位的下岗、失业居民，因个人社会资本、人力资本不足等因素的影响而不能再就业，陷入贫困境地。仅能维持温饱甚至在最低生活保障线以下的人口在各个城市都占一定比例，且有增长的趋势。面对这种复杂的人口结构，旧的基层社会管理体制陷入力不从心的被动局面。

(3) 城市文明社区建设和管理任务日益复杂，又被赋予了新的使命。首先，随着社会经济的发展和城市居民生活水平的提高，居民生活向高质量、高层次需求方向发展，已不满足于低层次的吃、住方面的需求，而追求居住环境优美、生活安全舒适、人际关系和谐、心情愉悦舒畅等高层次、高质量的生活;其次,随着居民整体素质的提高和国家民主政治向基层的渗透,广大居民对民主政治漠不关心、被动接受管理的局面有了很大的改观,而对政治生活的关心程度越来越高,自治意识越来越强,对维护自己的合法权益越来越重视,基层民主政治建设已经到了不容忽视的边缘;最后,随着经济体制的改革,企业成为独立法人实体,不再承担社会管理职能,原先的"单位人"逐渐脱离单位向"社会人""社区人"回归。失去了单位依托的居民急需融入社区中,寻求安全感、认同感、归属感和精神依靠。上述情况的出现,对文明社区建设工作提出了新的、更高的要求,旧的组织机构设置和管理体制架构必须进行相应的调整后才能胜任其职能的变化。

三、居民参与和社区居民自治

居民的广泛参与是社区组织机构运行机制的核心。社区居民是社区的主人,社区居民自治不仅要发挥自治组织的作用,更要依靠广大居民的积极参与。只有居民积极参与社区工作,社区居民自治才能真正落到实处。居民不仅要参与社区服务活动,而且要参与民主选举、民主监督、民主决策、社区治安、社区环境、社区医疗卫生、社区文化等活动。

社区居民自治体制运行的关键,在于要不断探索居民参与社区事务管理、依法行使民主权利的渠道及机制。首先,要切实保障和落实社区居民的民主权利。民主是社区居民自治的灵魂。民主选举、民主决策、民主管理和民主监督,既是社区民主的重要内容,也是社区居民参与社区公共事务、公益事业管理的基本形式。其次,要加强社区居民参与制度的建设。社区居民的参与权利,必须以制度为载体,通过一系列科学、合理的制度设计和制度安排来体现。包括创新社区民主选举制度、完善民主决策制度、建立一整套有序的民主管理制度、落实有效的民主监督制度。这些制度的健全和落实,将会拓展社区居民参与社区内重大事务管理、决策、监督的渠道,使社区居民自治逐步走向规范化、制度化。再次,要发挥利益纽带作用,调动居民参与的积极性。利益是社区居民参与管理的最重要的驱动力。社区可通过拓展社区服务、发展社区卫生、繁荣社区文化、美化社区环境、加强社区治安,来拉近社区居民委员会与居民的距离,增强居民对社区的认同感和归属感。最后,要不断挖掘社区的公共资源,推动社区居民公共利益的形成,扩大社区公共服务的覆盖面,满足全体社区居民日益增长的公共服务需要和多层次、多样化的生活需要,从而充分调动社区居民参与管理的积极性。

第三节 居住隔离与社区空间重构

一、城市转型过程中邻里空间的嬗变

1. 以居所功能为特征的邻里空间

20世纪90年代末以前,我国城市住房制度带有很强的福利性质,一切围绕着"单位"进行,提供住房成了单位福利的重要组成部分,于是产生了以"单位大院"为主导的细胞型居住风貌。单位大院是一个"熟人社会",邻里空间内部的职业构成相对单一,由此形成一个相对封闭的社区空间。在这样的邻里空间中,邻里之间互动频繁,单位大院成了真正的"精神家园"。

2. 以居住分异为特征的邻里空间

伴随着我国的经济转型，城市住房供给和消费经历了深刻的变化。自1998年住房改革在全国范围内实施以来，原来以居所功能为特征的邻里空间逐步转向了居住分异。城市住房改革致力于在福利式住房制度中引入市场机制。在私房建造得到允许和公房被私有化的同时，人们有了选择住房的自由。这个过程不仅导致了前所未有的住房产权分化，而且造成了商品房和公房之间以及商品房内部的分异。在获得了住房选择和迁居的自由后，城市家庭和邻里间在空间和社会上的分选得以展开。过去相对单一的城市社区，开始出现显著的分层和分级。

3. 以身份彰显为特征的邻里空间

城市社区的邻里空间正由过去的平均走向分异，日益加大的居住隔离现象是这种趋势的一种体现。社区类别往往成了一种以居住地点来暗示其社会和经济地位的一种微妙的表达方式。社区类别标明了身份和地位，同时也代表了截然不同的生活方式和生活环境。邻里关系也必然在特定的邻里空间中呈现独特的阶层内交往的特征。随着阶层的分化，不同阶层之间的邻里互动将存在明显的分异和区隔。

二、居住隔离的形成及其测度

居住隔离是指城市中属于不同社会群体的个人或家庭居住在不同社会属性的社区。随着城市发展和社会收入财富分化，城市中出现了富人社区(高档住宅区、别墅区)、平民社区(介于高档与贫民社区中间的住宅区)和贫民社区(棚户区、公租房小区)之间分隔的现象。居住隔离为城市社区治理带来了新的挑战。

一般来说，社区居住隔离来源于人们对于社区空间价值的认识和追求。在最初的社区分异中，人们可能关注与居住空间相联系的领域，这些居住空间分异可能建立在家庭支付条件基础上，也经常与其他先赋因素差异相关联。只要城市居民的购买力是有差异的，或者是贫富分化到一定程度，这种居住空间上的分异就会客观存在。但是，这个阶段的居住空间分异，主要是基于财产占有状况而产生的居住品质的不平等。

家庭拥有的经济资本是获取社区空间资源的重要能力，但仅凭经济能力只能决定按自己的意愿选择社区空间或住房面积，却并不一定能够获得充分的社区资源，或者按自己期望的方式生活。作为获得资源途径之一的社区空间隔离，还存在更复杂维度的其他因素。比如，文化和教育在获取社区空间资源过程中的重要程度不断增加；又如，在社区空间隔离中，在其他人眼中一个人的社会声望以及谋求社会地位的方式等似乎是更重要的决定因素。因此，社区居住隔离主要的动因来自居民利用自身控制的社区资源对社区居住功能和空间利益的追求。城市居住空间收益=居住条件+共享资源+附加利益。居住条件是社区提供的基本功能性收益；共享资源是由邻里外部性带来的社区周边的公共资源和服务收益；附加利益包括声誉、荣誉、自豪感和互动网络等带来的无形收益。家庭对居住空间利益的追求形成了不同的邻里空间。在这种情况下，经济、社会和文化资本的组合形成的社会位置对于人们确定其在社区中的位置更具有决定性。城市社区居住隔离形成的原因如图20-1所示。

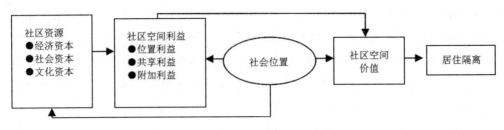

图20-1　城市社区居住隔离形成的原因

现实中，我国大城市中存在越来越多的社区空间形态，比如，未经改造的老城区社区、单一或混合的单位社区、保障性住房小区、普通商品房小区、别墅区或高级住宅区、近郊飞地社区、由农村社区转变过来的城市社区，等等。社区空间隔离程度可用居住隔离指数来测量。城市社区居住隔离指数有两种不同的测量方法。

1. 差异指数

$$D = \frac{1}{2} \sum_{i=1}^{n} \left| \frac{b_i}{B_r} - \frac{w_i}{W_r} \right| \tag{20-1}$$

式中：$i=1$，2，3，...，n，表示某城市或区域空间单元数量；b_i表示i单元B类人的数量；B_r表示该城市或区域B类人的总数量；W_i表示i单元W类人的数量；W_r表示该城市或区域W类人的总数量。

指数值越大，说明居住隔离20程度越高；指数值越小，说明隔离程度越低；指数为0，说明没有隔离现象。

2. 隔离指数

$$\Pi = \sum \left(\frac{b_i}{B_r} \times \frac{w_i}{Br + W_r} \right) \tag{20-2}$$

式中：$i=1$，2，3，...，n，表示某城市或区域空间单元数量；b_i表示i单元B类人的数量；B_r表示该城市或区域B类人的总数量；W_i表示i单元W类人的数量；W_r表示该城市或区域W类人的总数量。

三、城市社区空间重构

社区空间本质上是邻里空间。社区作为生活的地点对居民生活的品质有重要影响。在城市转型过程中，社区发生了一些重要的、明显的变化，尤其是在结构和空间上出现了鲜明的分隔，社区分异、分层和隔离现象越来越严重。因此，城市社区面临空间重构的现实问题。

(1) 城市居住空间重构的任务之一，就是通过调整相对价格，让社区溢出价值杠杆发生调节作用，调整人们的社区偏好。所谓相对价格，就是那些由邻里效应和社会资本决定的不同社区空间带来的各种居住空间利益的集合。它包括家庭邻里空间选择行为的诸多变量，其中，居住空间的溢出价值和机会成本是较为重要的影响参数，以空间溢出价值(效应)与居住机会成本权衡为导向的邻里选择行为，意味着影响这些变量和参数的因素是不一样的，而且是变化的。家庭对居住空间需求的变化将带来邻里溢出价值和机会成本的改变，这时的居住空间的相对价格成了一个重要的市场信号，引导家庭主体在不同社区和邻里之间作出选择，从而完成邻里的有效配置。

(2) 邻里空间的重组是城市转型和制度变迁的产物。社区空间重组中的一系列制度调整，不仅带来了城市社区邻里关系的巨大变化与重构，而且深刻地影响了社区内各方利益单元的博弈格局。一种基于内外因素共同作用的转型环境而生成的社区治理关系，将成为理解城市社区空间格局生成、演变的深刻依据。因此，在竞争环境和不断分权治理的条件下，城市社区空间的发展与重构已经不只是为了解决城市居民住房需求或实现空间规划，而成为一种应对激烈的竞争环境、增强城市竞争力的重要途径。从这个意义上说，空间重构已经成为一种手段。社区改造、空间重构不仅给地方政府带来了税收，而且带来了现代化的城市社区景观。由此城市社区产生了不同的发展能力，这种发展能力的不平衡导致城市社区之间的非均衡发展，而且以前相对同质的内部社区空间正在演化为一种更加异质的空间秩序。

(3) 社区空间重构是邻里互动网络的重构。在现代城市邻里互动方面，物质利益关联日益弱化，人们的精神需求的满足变得越来越重要。邻里互动成为一个以利益、兴趣、情感为背景的更加复杂的互动系统。因此，从邻里各层次需求出发，邻里互动网络是城市社区空间价值重构的核心。针对目前城市社区邻里间关系松散、人情冷漠、结合度弱的问题，互动网络重构应对城市邻里社区不同空间载体的社会资本进行引导和培育，以激活社会网络组织和文化形态。在邻里互动网络构建中，多样化的非正式的邻里互动网络扮演着非常重要的角色。基于社区业缘、地缘、机缘关系的各种非正式社区互动网络承担着广泛的邻里联系功能，它们构成了维护邻里关系的媒介空间，因而各种微妙的非正式邻里互动网络及其各类活动是社区空间秩序重构的基础。

第二十一章

城市人力资源管理

"人"是城市最重要的资产，也是提升竞争力的关键因素。本章首先介绍城市人力资源管理的特征与基本职能；其次讨论城市人力资源管理涉及的激励理论、激励方式和激励机制；最后针对城市面临的技能型人才短缺的情况，对技能型人才培养和引进问题进行专题讨论。

第一节　城市人力资源管理概述

一、城市人力资源管理内涵的界定

城市人力资源管理，是指运用现代化的科学方法，对与一定生产力相结合的人力进行合理的培训、组织和调配，使人力、物力经常保持最佳比例，同时对人的思想、心理和行为进行恰当的诱导、控制和协调，充分发挥人的主观能动性，使人尽其才、事得其人、人事相宜，以实现组织目标。

根据定义，可以从两个方面来理解人力资源管理：一是对人力资源外在要素——量的管理。对人力资源进行量的管理，就是根据人力和物力的情况及其变化，对人力进行恰当的培训、组织和协调，使两者经常保持最佳比例和有机的结合，使人和物都充分发挥出最佳效应。二是对人力资源内在要素——质的管理，主要是指采用现代化的科学方法，对人的思想、心理和行为进行有效的管理(包括对个体和群体的思想、心理和行为的协调、控制和管理)，充分发挥人的主观能动性，以达到组织目标。

作为一个崭新且重要的管理学领域，现代人力资源管理远远超出传统人事管理的范畴。两者的根本区别在于，传统人事管理将人的劳动看作一种在组织生产过程中的消耗或成本，主要关注于如何降低人力成本，提高人员的使用效率和生产率，避免人力成本的增加；而现代人力资源管理把人看作"人力资本"，这种资本通过有效的管理和开发可以创造更高的价值，能够为城市发展带来长期的利益，即人力资本是能够增值的资本。

二、城市人力资源管理的特征

1. 人本取向

城市人力资源管理关心的是"人的问题"，其核心是认识人性、尊重人性，围绕人，关心人本身、人与人的关系、人与工作的关系、人与环境的关系、人与组织的关系等。因此，城市人力资源管理应采取人本取向或秉持"以人为本"的理念，始终贯彻人力资源是城市的宝贵财富的主题，强调对人的关心、爱护，把人真正作为资源加以保护、利用和开发。说到底，现代城市人力资源管理就是人力资源的获取、整合、保持、激励、控制、调整及开发的过程。通俗点说，现代城市人力资源管理主要包括求才、用才、育才、激才、留才等内容和工作任务。

2. 双赢性与互惠性

城市人力资源管理采取互惠取向，强调管理的目标是获取城市发展的绩效和人的满意感与成长的双重结果，强调城市发展和人才之间的"共同利益"，重视发掘劳动力的主动性和责任感。尤其是在新经济时代，人才具有更多的就业选择权与工作自主权，人才不是简单地通过劳动获得工资性收入，而是要与城市共享创造成果。为此，城市要尊重人才的就业选择权和工作自主权，站在人才内在需求的角度，去为人才提供服务，以赢得人才的满意与忠诚。

3. 模糊化管理

城市人力资源管理的核心是对知识型员工的管理，人才的核心是知识创新者与企业家。城市管理者要关注人才的特点，重点开发与管理知识型人才。一般来说，知识型人才由于拥有知识资本，在组织中有很强的独立性和自主性，同时具有较高的流动意愿。他们对于终身就业能力的追求增加了城市人力资本投资的风险。知识型人才的工作过程难以直接监控，工作成果难以衡量，使得价值评价体系的建立变得复杂而不确定；知识型人才的能力与贡献差异大，呈现混合交替式的需求模式。知识型人才的这些新特点要求领导方式的根本改变，要求领导与被领导者之间建立信任、沟通、承诺、学习的互动方式。为此，城市人力资源管理应着重于建立知识工作系统和创新机制，实现模糊化管理。

4. 全过程管理

城市人力资源管理聚焦于能为城市创造财富、创造竞争优势的人员上，即以知识型和技能型人才为中心和导向。城市人力资源管理是针对城市全部劳动力资源开展的招聘、任用、培训、发展的全过程的管理。城市人力资源管理应当采取系统取向，强调整体地对待人和组织，兼顾组织的技术系统和社会心理系统；强调运作的整体性，一方面是人力资源管理各项职能之间具有一致性，另一方面是人力资源管理要与其他城市发展战略相配合，让各种人力资源参与到城市管理过程中来，把人力资源管理与城市发展战略结合起来。城市与各类劳动者一起建立共同愿景，在共同愿景的基础上就城市核心价值观达成共识，才能实现城市与个人的共同成长和发展，达到双赢的目标。

三、城市人力资源管理的基本职能与主要活动

1. 城市人力资源管理的基本职能

一般来说，城市人力资源管理具有以下五种基本职能。

(1) 获取。根据城市建设目标确定所需人力资源的条件，通过规划、招聘、考试、测评、选拔的途径获取城市所需人才。

(2) 整合。通过城市文化、信息沟通、人际关系的建立、矛盾冲突的化解等的有效整合，使城市内部的个体与群众的目标、行为、态度趋向城市发展的要求和理念，使之形成高度的合作与协调，以发挥集体优势，提高城市竞争力和综合效益。

(3) 保持。通过薪酬、考核、晋升等一系列管理活动，保持人才的积极性、主动性、创造

性，维护劳动者的合法权益，保证劳动者在工作场所的安全、健康、舒适，以增进他们的满意感和对城市的归属感。

(4) 评价。对劳动者的工作成果、劳动态度、技能水平以及其他方面作出全面考核、鉴定和评价，为管理人员作出相应的奖惩、升降、去留等决策提供依据。

(5) 发展。通过职业培训、工作丰富化、职业生涯规划与开发等途径，促进劳动者的知识、技巧和其他方面素质的提高，使其劳动能力得到增强和发挥，最大限度地实现其个人价值和提高对城市的贡献率，达到个人和城市共同发展的目的。

2. 城市人力资源管理的主要活动

具体来说，城市人力资源管理的主要活动包括以下几个方面。

(1) 人力资源规划。人力资源规划的宗旨是使组织对人力资源数量和质量的需求与人力资源的有效供给相协调。根据城市发展战略和产业规划，评估城市的人力资源现状及发展趋势，收集和分析人力资源供给与需求方面的信息和资料，预测人力资源供给和需求的发展趋势，制定与人力资源招聘、调配、培训、开发及发展等相关的政策和措施。

(2) 招聘、甄选与录用。在招聘之前，要进行工作分析。在此过程中，要先对某一产业或组织部门的员工职责进行仔细分析，并作出岗位描述，确定每一个工作岗位对员工的具体要求，具体包括：技术水平及能力要求；学习、工作与生活经验；身体健康状况；工作的责任、权利与义务等方面的情况。这些具体的要求即形成所谓的工作岗位职责说明书，它不仅是开展招聘工作的依据，也是对劳动者的工作表现进行评价的标准。然后招聘人员根据应聘该岗位候选人的能力，选择最合适的招聘方式，进行甄选和录用。

(3) 报酬与奖惩。这项工作的范围很广，包括工资级别和水平的确定，福利与其他待遇的制定，奖励和惩罚标准的制定与实施，以及工资测算方法(如岗位工资、计件工资或绩效工资等)的确定和各种补贴标准的制定。合理、科学的工资报酬福利体系关系到城市人才队伍的稳定。人力资源管理部门应综合考虑劳动者的资历、职级、岗位及实际表现和工作成绩等方面，制定具有吸引力的工资报酬福利标准和制度。工资报酬应随着劳动者的工作职务的升降、工作岗位的变换、工作表现的好坏与工作成绩的高低进行相应调整，不能只升不降。员工福利是社会和组织保障的一部分，是工资报酬的补充或延续，它主要包括政府规定的养老保险、医疗保险、失业保险、工伤保险、节假日等，以及为了保障劳动者的工作安全与卫生，所提供的必要的安全培训教育、良好的劳动工作条件等。

(4) 培训开发。为了提高广大劳动者的工作能力和技能，有必要开展富有针对性的岗位技能培训。对于管理人员，尤其是对于即将晋升者，有必要开展提高性的培训和教育，目的是促使他们尽快具备胜任更高一级职位的全面知识、熟练技能、管理技巧和应变能力。在培训开发过程中，要帮助劳动者进行职业生涯发展规划。人力资源管理部门和管理人员有责任鼓励和关心劳动者的个人发展，帮助其制订个人发展计划，并及时进行监督和考查。这样做有利于促进组织的发展，使劳动者对城市产生归属感，进而激发其工作积极性和创造性，提高组织效益。

(5) 绩效评估。工作绩效考核就是对照工作岗位职责说明书和工作任务，对员工的业务能力、工作表现及工作态度等进行评价，并给予量化处理的过程。这种评价可以采用自我总结式，也可以采用他评式，或者采用综合评价的方式。考核结果是劳动者晋升、接受奖惩、享受薪酬待遇、接受培训等的有效依据。绩效评估有利于调动劳动者的积极性和创造性，便于人力资源管理部门检查和改进人力资源管理工作。

第二节　人才管理中的激励

一、激励的一般理论

行为科学认为，激励可以激发人的动机，使其内心渴求成功，朝着期望目标不断努力。目前，人本管理的激励理论与实践风靡全球，各种新鲜的理念在城市人才管理中得到深度重视和广泛应用。

1. 人际关系理论

人际关系理论提出了与传统管理不同的四种观点：第一，传统管理是以事为中心，人际关系理论则"以人为中心，在鼓励人的积极性上下功夫"。第二，传统管理把人假设为"经济人"，认为金钱是刺激积极性的唯一动力；人际关系理论认为，人是"社会人"，除了物质金钱的需要以外，还有社会和心理等方面的需要。第三，传统管理认为出产率单纯地受工作方法和工作条件的制约，人际关系理论则证实，出产率的上升和下降在很大程度上取决于职工的立场。第四，传统管理只关注组织对职工积极性的影响，人际关系理论认为，非组织因素也会影响人才的情感和积极性。

2. 公平理论

公平理论认为，一个人对他所得的报酬是否满足，不能只看其绝对值，还应进行社会比较，看其相对值，即把个人的报酬与贡献的比率同他人的相关比率作比较。若比率相等，则个人会认为公平公道并感到满足，从而心情愉快，情绪高昂；若个人的比率小于他人的比率，个人就会感到不公平，从而情绪低落，怨气横生。这种比较，还包括本人当下的报酬与贡献的比率与历史比率相比较。

3. 双因素理论

双因素理论提出，影响人的工作立场的因素有两种：一种是保健因素；另一种是激励因素。理论根据：第一，不是所有的需要得到满足就能激励起人们的积极性，只有那些被称为激励因素的需要得到满足才能调动人们的积极性；第二，不具备保健因素时将引起人们的强烈不满，但具备保健因素时并不一定会调动人们强烈的积极性；第三，以工作为核心的激励因素，主要是在工作时产生的。

4. 期望理论

期望理论的基本关系式为

$$激发力量(F) = 效价(V) \times 期望值(E) \tag{21-1}$$

式中：激发力量(F)是指调动一个人的积极性，激发其内在潜力的强度，它表明人们为达到目标而努力的程度；效价(V)是指目标对于满足人们需要的价值，即一个人对某种结果偏爱的强度；期望值(E)是指采取某种行为可能导致的绩效和满足需要的概率，即采取某种行为实现目标的可能性的大小。

5. 困难理论

困难理论包括两个方面：一是阻碍个体动机性流动的情况；二是个体遭受阻碍后所引起的心理状态，也就是说，当个体向目标流动时，在环境中碰到阻碍或干扰，致使其不能获得知足时的情绪状态。形成困难的原因分为天然的和社会的两类，前者如生老病死、天灾人祸等，后者如经济、工作、家庭及风俗习惯等。

6. 权变理论

权变理论认为，参加组织的人是各不相同的。不同的人有不同的需要、不同的成就感，管理者要让不同的人实现各自的成就感，并使组织形式和领导方式与管理对象相结合，这样才能推进工作效率。管理者在管理时应进行多变量分析，要根据工作性质、工作目标、职工素质等方面的不同情况进行考虑，而不应采取千篇一律的方式，个人的成就感是可变的，当一个目标达成以后，应继续激发员工的成就感，使之为达到新的、更高的目标而努力。

7. 强化理论

强化、改造、操纵和学习是构成强化理论的主要环节。所谓强化，是指通过刺激使某种行为加强或抑制；所谓改造，是指人的行为是可以改造的，通过一定的手段，可使行为中的某些因素加强、某些因素削弱，从而使人的行为得到改造；所谓操纵，是指对正负强化不起作用的一类行为的控制引导；所谓学习，是指对可控行为的改造，即通过强化实践，使人的行为方式得到某种永久性改变。

二、人才管理的激励方式

"激励"是一种普遍适用的管理手段，但激励是一个复杂的过程。人才的能力和天赋并不能直接决定他对城市的价值，其能力和天赋能否发挥在很大程度上取决于其动机水平的高低，因此激励人才的工作动机，成为城市管理者的重要任务之一。在城市管理中，常用的人才激励方式有如下几种。

1. 危机激励

将城市经济、社会发展的现状和困难告诉人才，真诚听取和采纳人才的意见和建议，从心底唤起人才对城市发展的危机感和紧迫感，让"危机激励"深入人心，同时提出城市发展新的目标与要求，促使各方人才与政府紧密配合、携手共进。

2. 物质激励

在物质生活还没有极大丰富、劳动还没有成为人们的第一需要之前，金钱仍是人们的最大需求，也是人们工作的强大动力之一。虽然人们的生活水平已经显著提高，金钱与激励之间的关系渐呈弱化趋势，然而，物质需要始终是人们的第一需要，是人们从事一切社会活动的基本动因。所以，物质激励仍是激励的主要形式。常见的物质激励有工资、其他鼓励性报酬、奖金、优先认股权、公司支付的保险金等。但是要使物质成为一种激励因素，管理者必须记住：第一，金钱的价值不一。相同的金钱，对不同收入的员工有不同的价值。对于某些员工来说，金钱是最重要的，而另外一些员工可能并不那么看重金钱。第二，物质激励必须公正。一个人对他所得的报酬是否满意不能只看绝对值，而要进行社会比较或历史比较，通过比较，人们能够判断自己是否受到公平对待，这将影响工作情绪和工作态度。第三，物质激励必须避免平均主义，平均分配等于无激励，除非员工的奖金主要是根据个人业绩发放的，否则即便公司支付了奖金，也不会产生很大的激励作用。

3. 目标激励

目标激励就是确定适当的目标，诱发人的动机和行为，达到调动人的积极性的目的。目标作为一种诱引，具有引发、导向和激励的作用。只有不断启发一个人对高目标的追求，才能激发其奋发向上的内在动力。人们除了具有金钱目标外，通常还有权力目标或成就目标等。城市管理者要将每个人内心深处这种或隐或显的目标挖掘出来，并协助他们制定详细的实施步骤，在随后的工作中引导和帮助他们努力实现目标。当人们迫切地需要实现目标时，他们就会对城市的发展产生热切的关注，对工作产生强大的责任感，不用监督也能自觉地把工作做好。目标激励会产生强大的效果，然而要想实现目标激励，城市管理者还需要改变城市管理风格，与人才进行全面沟通，这样才能发现他们内心深处真正的需求，目标激励在双方相互了解和信任的基础上才能较好地发挥效能。

4. 尊重激励

以人为本、尊重人才，这是现代城市管理的重要基础，也是城市管理观念的一场革命。尊重人才不能作表面文章，"重视人才的价值和地位"也不只是一句口号。尊重激励是一种基本的激励方式，相互尊重是一种强大的精神力量，它有助于城市团队精神和凝聚力的形成。

5. 参与激励

现代人力资源管理的实践经验和研究表明，人们都有参与管理的需求和愿望，创造和提供机会让人才参与管理是调动他们积极性的有效方法。让人才恰当地参与管理，既能激励他们，又能获得对于城市发展来说有价值的知识。而人才通过参与管理，也能形成对城市的归属感、认同感，进一步满足自尊和自我实现的需要。

6. 工作与事业激励

工作本身具有激励力量。为了更好地激发人才的工作积极性，城市管理者要考虑如何才能使工作本身更有内在意义和挑战性，给人才一种自我实现感。城市管理者要进行"工作设计"，使工作内容丰富化和扩大化，并创造良好的工作环境；还可通过人才与岗位的双向选择，使人才对自己的工作有一定的选择权。如果能让优秀的人才在城市开创自己的事业，这种事业激励能够很好地留住人才。

7. 培训和发展机会激励

随着知识经济时代的到来，当今世界日趋信息化、数字化、网络化。知识更新速度的不断加快，导致人才知识结构不合理和知识老化的现象日益突出。虽然人才可以在实践中不断丰富和积累知识，但仍需要对他们采取岗位技能再培训、专业知识学习、进高校深造、出国培训等培训激励措施，充实他们的知识储备，提升他们的能力，给他们提供进一步发展的机会，满足他们自我实现的需要。

8. 荣誉和提升激励

荣誉是众人或组织对个体或群体的崇高评价，是满足人们自尊需要、激发人们奋力进取的重要手段。从人的动机看，人人都具有自我肯定、获得光荣、争取荣誉的需要。对于一些工作表现比较突出、具有代表性的人才，给予必要的荣誉奖励，是很好的精神激励方法。荣誉激励成本低廉，但效果很好。提升激励是对表现好、素质高的人才的一种肯定，对人才实行"能上能下"的动态管理制度，有助于激发人才的潜力。

9. 情感激励

现代领导科学认为，领导的本质就是协调人与人的关系。一个好的现代城市领导者，应能通过这种人与人的关系，以自己的模范行为影响他人，激发其积极性，并通过对他们无微不至的关怀，使他们感受到城市的温暖，从而增强其主人翁责任感和归属感。

10. 负激励

根据人才不同的情况采取恰如其分的激励措施是非常有必要的，一味地给予正面激励有时容易使人才生出骄躁之心。负激励可以让心浮气躁的人保持头脑冷静，使整日沉湎于幻想的人能看清现实。按照激励中的强化理论，激励可采用处罚方式，即利用带有强制性、威胁性的控制技术，如批评、降级、罚款、降薪、淘汰等来营造一种令人不快或带有压力的环境，以否定某些不符合要求的行为。

三、人才管理的激励机制的完善

1. 建立公平合理的激励机制，树立竞争意识

激励制度应体现公平的原则，首先要建立一套行之有效的管理制度，在激励中严格按制度执行并长期坚持；其次要和考核制度结合起来，这样能激发人才的竞争意识，充分发挥人才的潜能；最后制定制度要体现科学性。只有贯彻竞争机制，才能使人感到有压力、有动力、有活力，才能够出成果、出效益、出人才。城市人力资源管理部门应系统地分析、搜集与激励有关的信息，全面了解人才的需求和工作质量，不断地根据情况的改变制定相应的政策，建立一套公开透明的人才聘用机制，让人才在开放平等的环境下展示自己的才能，最大限度地激发人才的积极性。人才的个人利益在规范的制度下得到保障，有助于管理者与人才之间建立彼此信任的关系，可促进人才不断学习业务知识，更好地为城市发展作出贡献。

2. 实行差别激励的原则

影响工作积极性的主要因素有工作性质、领导行为、个人发展、人际关系、报酬福利和工作环境，这些因素在不同城市所产生的影响力不同。城市管理者应综合考虑上述因素，同时根据个体差异制定激励制度。例如，在年龄方面的差异，较高学历和较低学历的差异，管理人员和一般员工之间的差异。

3. 充分授权，权责相符

城市管理者应给予人才充分的权利，不过分干预他们的具体做法，他们才能大展拳脚。授权不仅仅是为了给予人才权利，更重要的是通过授权来促使人才尽快成长，这样城市管理者才

有时间和精力去处理更为重要的事务。

4. 完善绩效考核机制，建立高效的反馈渠道

对于绩效考核，一方面要根据不同的工作性质确立基本的工作考核原则，给出相应等级的考核结果，将其作为晋升、奖惩等方面的依据；另一方面要建立特殊贡献记录，这既是对优秀人才个人能力的认可，又是城市选择和提拔人才的依据。

5. 加强对人力资本的投入和开发

当人才的物质利益得到基本满足时，他们更愿意获得进修、培训、出国考察的机会等作为奖励，以提高自身的技能水平，以求在未来的竞争中占有一席之地。城市在这些方面加大投入，为各类人才提供施展才能的条件和环境，使他们能发挥所长、不断成长，是对他们最大的激励。

第三节　技能型人才迁移与引进

一、技能型人才短缺与引进效应

1. 技能型劳动力的含义与特点

技能型劳动力是指城市各产业发展需要的具有一定技能的创新型人才。"技能"一词是指一种已经获得并经过实践的能力，或指履行某项工作或胜任某项任务的一种资格。因此，技能型劳动力也就是通常所说的技术工人，简称技工。按照技术工人业务水平的高低，可将其分为高级技工、中级技工和初级技工三个层次(国家把实用性技术工人分为初级技工、中级技工、高级技工、技师、高级技师，通常把拥有高级技工职称以上的人员统称为高技能技工)。这三个层次的技术工人基本上都属于企业中的蓝领阶层，但也有部分高级或中级技术工人兼任企业的领导职务，属于白领阶层。但在统计口径上，我们将其统一归为蓝领范畴。

技能型劳动力与一般的劳动力性质不同，他们是承载着一定的人力资本投资的劳动力。也就是说，技能型劳动力的技术水平与操作技能不仅受其基本文化底蕴的影响，更是接受职业技术教育与在职培训的结果。鉴于此，我们将技能型劳动力的特征概括为如下几个方面。

(1) 技能型劳动力是知识型劳动者。对于一个城市的经济发展来说，技能型劳动力的工作有其特殊性和不可替代性，因为他们属于创新型人才，创新是知识的承载者和传播者，他们不断改进和创新技术，为城市提供源源不断的发展动力。他们的职业能力来自个人经验的积累，也来自有计划、有目的的职业培养。

(2) 技能型劳动力是具有专用性的人力资本。人力资本按其经济适用范围可以分为通用性人力资本和专用性人力资本两大范畴，前者是指具有跨企业甚至跨行业的普遍适用性的科学知识与生产技能，后者则是指专门适用于某一企业或某一行业的专业知识与技术能力。技术工人属于后者。因此，技能型劳动力具有很高的职业转换成本和投资风险。

(3) 技能型劳动力对创新环境有强烈的依赖。要使技术工人的职业能力变成现实生产力，城市应营造一种高层次的文化与创新环境。也就是说，城市应有能力培育人才、吸收人才，除了提供具有刺激性的工作环境外，还应具备一种能与其他城市竞争的高质量的社会文化环境。如果技

能型人才的需要得不到满足，或制度激励不够，技能型人才就难以留住，富有竞争力的企业也会另找安身之地。

(4) 技能型劳动力迁移具有更高的机会成本。由于技术工人在职业培训、人际关系、发展环境等方面的长期积累，使他们在一个地区或企业的沉没成本非常高，在作出居住迁移选择时面临巨大的机会成本。

2. 技能型人才短缺及其测量

在我国城镇中，技术工人特别是高技能工人短缺的情况相当严重，已成为阻碍地方经济运行的瓶颈，因此，技能型人才成为各城市竞相争夺的稀缺资源。例如，具有一定技能的技术工人已成为沿海企业高薪抢聘的人才。一些城市为了吸引技能型人才，出台了一系列优惠政策。这种劳动力短缺和城市竞相争夺的现象，突显的是我国一些发达地区的城市对技术工人的大量需求与外来务工人员和本地下岗人员职业素质不高之间的结构性矛盾。它同时也表明，技能型人才对于一座城市的经济发展来说具有重大的意义。

一般来说，城市技能型人才的缺口可用求人倍率公式来计算和测量，公式为

$$求人倍率=需求人数/求职人数 \tag{21-2}$$

如果求人倍率小于1，说明人才状况是供大于求，不存在人才缺口；如果求人倍率大于1，说明人才状况是供小于求，存在人才缺口。求人倍率越大，就说明人才缺口越大。下面以S市技能型人才供求缺口为例，来分析其求人倍率情况，如表21-1所示。

表21-1　2022年S市按技术等级分组的供求人数及求人倍率

技术等级	需求人数/万人	求职人数/万人	求人倍率
初级技工	11.47	3.75	3.1
中级技工	7.66	1.69	4.5
高级技工及以上	2.95	1.07	2.8
合计	22.08	6.51	3.4

从表21-1中可以看出，2022年S市的技能型人才的求人倍率要远大于1，各等级求人倍率(即需求人数与求职人数之比)平均在3以上，说明该市存在技能型人才严重短缺的情况，必须采取一定措施来解决或缓解。技能型人才缺口的计算公式为

$$缺口=需求人数-求职人数 \tag{21-3}$$

根据上述数据可以求得以下结果。

高级技工缺口=需求人数-求职人数=2.95-1.07=1.88(万人)

中级技工缺口=需求人数-求职人数=7.66-1.69=5.97(万人)

初级技工缺口=需求人数-求职人数=11.47-3.75=7.72(万人)

2022年S市总的技能型劳动力的缺口为22.08-6.51=15.57(万人)。

3. 技能型人才的引进效应

(1) 技能型人才是创新城市建设的核心力量。大量的文献和实践经验表明，城市经济和社会持续而稳定的发展，最终取决于本地技术能力的提高和良好创新环境的营造，而技术的竞争在很大程度上是城市创新型人才的竞争。对这个问题越来越深刻的认识，使得很多城市都在探

索和实践依靠内力发展地方经济的道路和方法，寻求以技术为导向、立足于城市经济发展的战略。海尔总裁张瑞敏提出的"斜坡球体理论"则说明了这一点，如图21-1所示。

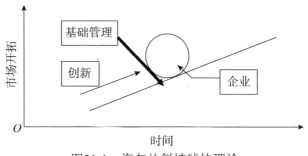

图21-1 海尔的斜坡球体理论

图21-1中的球体代表企业，其实将其换成城市，道理是一样的。城市在发展中也像斜坡上的一个球，支持力就是创新，实质也就是人才。以技术为本的城市发展政策高度重视"自下而上"的城市创造力，把技术创新能力看作城市经济发展的核心。在这种情况下，产业发展中的技术工人扮演着关键的角色，他们肩负着技术改造和技术革新的历史重任。企业创新是城市建设创新的主体，而技术工人又是企业技术创新的核心力量。

(2) 技能型人才是提高城市产业竞争力的基础。经验表明，城市经济繁荣的决定性因素是拥有成本低廉和操作熟练的技术优势。城市拥有技能型人才，才能适应结构调整，向高附加值产品生产转移，进而提高城市的产业竞争力。城市产业调整既包括劳动密集型产业向技术或资金密集型转移，也包括产业的向外迁移。要实现这一目标，必须以强大的职业技能力量作基础，以完善的职业技能培训体系和制度作保证。

此外，为获得国际竞争力，跨国公司也往往倾向于到那些能提供其所需的技能工人的国家和地区，或至少有能力迅速获得技能工人的国家和地区去投资。虽然可以引进某些高水平的技工，但对于跨国公司来说，长期竞争力的提升主要还是靠当地提供的技术和管理人员。因此，一座城市从自身经济和产业结构规划、布局需要的角度出发，加大职业培训的力度，是获得企业升级、高技术含量投资和优质项目的关键。

(3) 技能型人才是城市经济增长的重要保障。世界银行资料表明，劳动者受教育时间平均增加一年，GDP可增加9%。随着全球化的加快、技术的发展和工作组织方式的变化，城市经济发展对技能型人才的需求一直在增长。越来越多的证据表明，一座城市的经济运行状况在很大程度上取决于对新技术和劳动力技能的获得和运用。技能型人才作为城市经济增长的基本生产要素，其投入量及投入结构都会影响经济增长的质量与速度。

为了计量技能型人才对城市经济增长的贡献，可以引入人才概率的概念，即越是高层次技能人才，其出现的概率越小。技能型人才效益评估的公式为

$$B = W \sum_{i=1}^{n} \sum_{j=1}^{m} \frac{S_{ij}}{P_{ij} H_j} \tag{21-4}$$

式中：S_{ij}表示i城市j类部门的人才引进数；P_{ij}表示i城市j类部门人才出现的概率；H_j表示j部门的修正参数；W表示人才创造的价值；B表示城市人才引进效益。

二、技能型人才城市间迁移模型

1. 技能型人才迁移的条件

城市发展过程中的技能型人才短缺，造成了城市间对稀缺的人力资本的激烈竞争，从而引起了技能型人才在不同城市之间的迁移。

以前对于劳动力迁移的经济学研究，大多是基于刘易斯-费-拉尼斯模型、托达罗模型以及克鲁格曼模型。其中，以托达罗的"绝对收入差距假说"最具影响力[①]。按照这种假说，劳动力迁移是劳动力对城乡之间存在的预期收入差距作出的反应。"绝对收入假说"虽然对非技能型劳动力从农村到城市的迁移作出了一般性解释，但它尚不能完全解释我国技能型人才在不同城市间迁移的现象。因为技能型人才与一般劳动力的性质不同，技能人才是承载着一定的人力资本投资的劳动力，而且是一种具有专用性的人力资本。也就是说，技能型人才的技术水平与操作技能不仅受其基本文化底蕴的影响，更是接受职业技术教育与在职培训的结果。技能型人才的固有特点，不仅决定了其迁移存在巨大的机会成本，而且迁移动机可能会更多地受到迁移地未来发展机会或环境效应的支配。

假定不存在人为的城市间迁移障碍，并暂时不考虑迁移中的信息不完全和不确定性等情况，我们可以把技能型人才的城市间迁移看成一种投资活动，技能型人才迁移的成本与收益如图21-2所示。

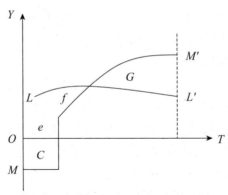

图21-2 技能型人才迁移的成本与收益

图21-2中，横轴代表时间，纵轴代表取得的收益，成本则是负收益。MM'表示技能型人才在迁移时希望得到的收益，即预期收益；LL'表示技能型人才不迁移时的收益；C部分表示迁移费用；e部分表示迁移的机会成本或失去的收入；如果迁移后初期的收益低于未迁移时的水平，可用f部分表示，而且也应该把这部分看作费用；G部分表示未来收益。

考虑到迁移费用，不难发现，只有当迁入地区的预期收益超过原区位的初始收益并至少能弥补迁移费用时，迁移才具有经济可行性。现实中，机会成本也需要考虑在迁移成本之中，因此，更为充分的条件应该是

$$预期收益 > 迁移费用 + 机会成本 \tag{21-5}$$

迁移费用加上机会成本，我们称之为转换成本。在这里，迁移费用包括滞留费用、迁徙费用和职业再培训费用。其中，滞留费用(sunk cost)是指获取与原来相同或相近的职业所支出尚

---

① 刘乃全. 劳动力流动对区域经济发展的影响分析[M]. 上海：上海财经大学出版社，2005：232-238.

未得到补偿且迁移后也不会得到补偿的那部分费用。其他各项费用的含义一目了然，无须解释。机会成本是指技能型人才迁移到新的城市区位以后，不得不放弃的在原城市区位上的一些好处。预期收益除了预期的奖金或工资收入以外，还包括其他方面的利益，如生活环境改善、文化发展、就业机会增加、晋升的希望等。因此，只有满足上述条件，技能型人才在不同城市间的迁移才有可能发生。

总之，技能型人才不仅注重工资水平，而且也重视发展环境，同时还要考虑机会成本。也就是说，技能型人才迁移追求的是工资收入、发展环境效应和机会成本的综合均衡。

2.技能型人才的迁移决策

在传统意义上，人们认为技能型人才的迁移动力受城市收入水平的影响。但是，很显然，当城市收入超过一定水平后，技能型人才的迁移动力不只受收入因素的影响，也受他所居住的空间所能带来的城市舒适收益的影响。因此，技能型人才对城市收益的预期应该是这两个方面效用的综合。这里，我们可以用城市预期收益(效用)模型表达这一思想，其表达式为

$$U=\ln[(Y-\bar{Y})Z]\ ,\quad Y\geqslant\bar{Y} \tag{21-6}$$

式中：U表示预期收益(效用)；ln表示自然对数；Y表示个人(或家庭)收入；$\bar{Y}$表示社会平均收入水平；Z表示城市舒适收益。鉴于城市舒适收益描述的复杂性，我们主要关注那些有普遍意义的舒适信息——一些关键性的舒适因子，它包括环境品质、治安状况、教育质量、健康服务。

事实表明，在不存在迁移障碍的情况下，技能型人才可以通过选择城市来生活和工作以改变舒适条件。当一个家庭选择一座具有吸引力的城市居住和生活时，他消费的是什么？消费的正是舒适。那么，迁移者对居住城市的选择是如何受实际收入和舒适差别影响的呢？假设存在甲、乙两座城市，甲城市人均收入水平高于乙城市，但乙城市的舒适供给强于甲城市。在这种情况下，如果一个技能型人才选择在甲城市生活，就意味着他必须承受由于城市舒适条件差带来的负外部性；相反，如果这个技能型人才选择在乙城市居住，他获得的城市舒适收益可能部分地抵补了由于薪酬降低而带来的损失。如图21-3所示，若某人(或家庭)在乙城市生活的效用曲线是U_D，在甲城市生活的效用曲线为U_F，他会作出怎样的居住迁移决策呢？

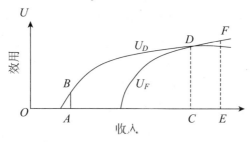

图21-3　甲、乙城市"效用-收入"曲线

一般情况下，技能型人才在进行居住迁移决策时会对收入和舒适的得失进行权衡，图21-3表明，这种权衡存在一个收入上的分界线CD，在CD之前，生活在收入水平相对较低的城市中的居民，由于舒适的正外部性的存在不会随意地作出迁移决策。但是，超过了CD这条分界线之后，他就可能会选择迁往甲城市生活，因为甲城市的舒适条件得到了改善，使得城市生活总效用提高，即$EF>CD$。由此，我们可以作出基本判断：在收入分界线CD之前，一座实际收入略高的城市未必能用金钱吸引能创造巨大社会利益的人才。也就是说，吸引技能型人才

迁移的动力远不止工资收入或城市补贴，城市舒适收益也必须计入人们的预期收益之中。城市之间舒适条件的差别，是引起人才迁移的一个重要原因。而在许多情况下，这种城市舒适条件是难以被资本化为工资收益的。同时，我们还发现，技能型人才的层次不同，对工资收入和城市舒适改善收益的追求也不一样。一般情况下，越是高级技术人才，越看重城市舒适和事业环境为他提供的收益；而越是技术层次低的人才，越看重工资收入。

三、技能型人才迁移行为与城市引智策略

针对技能型人才迁移的特点，为了吸引稀缺的技能型人才资源，城市应采取的基本策略，就是设法降低迁移成本给技能型人才迁移设置的障碍，同时改善发展环境，提高预期收益的净值。

1. 预期实际收入对于技能型人才迁移行为的影响及相应的城市策略

从劳动力市场均衡的角度来说，在任意两座城市之间，技能型能够获得同样的报酬，他们才不会迁移。技能型人才迁移是对城市之间存在的预期收入差距作出的反应。如果将城市甲与城市乙的劳动力市场统筹考虑，城市甲劳动力市场的工资水平高于城市乙劳动力市场的工资水平，将成为城市乙的技能型人才向城市甲迁移的主要原因。这也是"绝对收入差距假说"的基本观点。

实际上，不同城市之间的收入差距历来存在。实践证明，具有较高工资水平的城市能够吸引更多技能型人才的流入。然而，我们也观察到，近年来不同城市之间的收入差距有进一步扩大的趋势，而这种扩大不仅体现在工资收入水平上，更主要体现在相对收益水平的差距方面。在这里，相对收益指的是一种变相的实际收入，可能包括住房补贴、固定津贴、搬家费、科研启动经费以及其他费用。相对收益的增加提高了城市实际的预期收入水平，技能型人才从中得到的经济福利与工资收入没有本质上的不同。正是基于此，一些城市出台了以增加相对收入为目标的激励政策。城市补贴就是这样一种被许多城市所采用的、通过直接或间接增进技能型人才的实际收入和经济福利进而吸引人力资本流入的竞争手段。在城市对高素质劳动力的争夺中，工资待遇的小幅度提高并不会增加很多效用，其原因在于，由于较高的迁移成本的存在，小幅度提高工资待遇不足以使一座城市具备吸引其他城市高素质技能型人才的能力。为了从竞争对手城市处争夺高素质技能型人才，城市必须大幅度提高除工资之外的整体性待遇。显然，城市补贴的强度会改变技能型人才在城市间配置的均衡状态，从而促使实际收入高的城市吸引越来越多的高素质人才，进而使城市竞争力不断增强。

2. 降低迁移成本是城市吸引技能型人才的有效策略

城市的高收入和更多的经济福利构成托达罗理论上较高的城市预期收入，然而，这样的预期收入未必能引起技能劳动力的迁移，因为它没有将迁移成本考虑在内。考虑到迁移成本，不难发现，只有迁入城市的预期收益超过原城市的初始收益且至少能弥补迁移成本时，才具有可行性。现实中，机会成本也需要考虑在迁移成本之中。因此，更为充分的条件应该是

$$预期收益 > 转移费用 + 机会成本 \tag{21-7}$$

在这里，我们需要对影响技能型人才迁移的成本进行进一步分析。如前文所述，技能型人才的迁移成本包括许多方面，既有因放弃在原城市发展而形成的机会成本，也有在迁移过程中发生的各种直接和间接费用，同时还有为了提高劳动生产率而支出的人力资本投资。此外，可

能还有迁移的心理成本，即由于对陌生环境的不适应以及对家乡亲人的思念所造成的心理负担。从影响技能型人才迁移行为的角度，我们把技能型人才的迁移成本概括为转移费用(CH)和机会成本(CC)两部分，这两类成本(转移费用和机会成本)具有不同的性质。前者是迁移者直接支出形成的费用，表现为"支"；而机会成本不是直接的货币支出，它具有隐成本性质，是指因把资源用于特定投入而放弃的把资源用于其他投入所获得的收入。在这里，技能型人才潜在收入的损失，表现为"少得"。对于技能人才来说，有形的"支出"容易得到补偿，而无形的"少得"却很难计量并得到回馈。因此，机会成本是技能型人才迁移决策中一个最重要的变量。很多城市看到了这一点，在制定激励政策时充分体现了降低迁移者机会成本的原则，以便让其在迁入地获得更多的好处。

3. 事业发展环境效应越来越成为吸引技能型人才迁移的重要因子

从某种意义上说，技能型人才主要追求事业上的发展机会。在城市收入水平相当的情况下，哪里能提供更好的事业环境，哪里就对技能型人才更有吸引力。这意味着城市在吸引技能型人才的过程中必须采取差别化策略，而不仅仅是展开城市补贴强度的竞争。这种差别主要源自两个方面。

(1) 城市舒适。吸引技能型人才迁移的动力远不止工资收入或城市补贴，城市舒适收益也必须计入预期收益中去[①]。城市舒适收益包括的范围很广泛，诸如城市文化底蕴、自然条件、国际色彩、市民素质等都可以归在其中。不同城市之间舒适条件的差别，是引起技能型人才迁移的一个重要原因，因为他们可以通过选择去一座城市生活和工作来改变舒适条件。当然，这种城市舒适条件在很大程度上是难以被资本化为工资收益的。

(2) 外部效应。由人力资本和信息的集聚导致的正外部效应也可以带来差别化引力。一座城市拥有更多的技能型人才而对其他欲迁入的技能型人才带来的激励效应起到了城市补贴的作用，它自身的磁力就足以吸引其他城市的技能型人才，或者对原有的技能型人才起到固化作用。从差别化策略出发，城市吸引技能型人才政策的立足点应该放在改善城市舒适和人才发展环境上，对于那些规模较小的城市来说尤需如此。当缺乏人力资本集聚或城市舒适效果较差时，城市补贴才在城市之间起到调整的作用，以使效应在给定城市差别的情况下相等。城市补贴是外生变量，因此这种调整应该随城市舒适或人力集聚情况的不同而有所变化。

总之，技能型人才在不同城市之间迁移是资源重新配置的过程。在劳动力市场处于完全竞争的条件下，这种重新配置能够带来明显的帕累托改进。然而，在现实生活中，由于"锁定效应"的存在，技能型人才在不同城市间迁移需要更充分的条件。所谓的锁定效应是指技能型人才被锁定在一种"劣"制度路径上，虽然城市创造了更好的舒适收益或其他预期收益，但现实很难自发实现以人力资源优化配置为目标的技能型人才迁移。事实上，这种"锁定"在很大程度上是政府行为对技能型人才的配置过度介入的结果。因此，依靠市场自身力量难以打破这种"锁定"状态，原因有三：一是"迁移成本"过高。技能型人才在某城市的连续投入和多年累

[①] 舒适是对任何消费的现实描述，但我们对于它的重要性的认识仍然是有限的。大量的西方微观经济学家关于政策与舒适供给以及家庭满意度之间的关系的研究为我们重新认识技能型人才在城市间的迁移动机提供了参考。

参阅埃德温·S.米尔斯.区域和城市经济学手册[M].北京：经济科学出版社，2003：420-459.

积开支使其在迁入另一座城市时要承受巨大的转移成本；二是即使迁移到新的城市对社会和个人都有好处，但由于缺乏迁移行动的协调机制，无法实现正常的迁移；三是作为技能型人才的拥有者将会不遗余力地阻止其他城市"挖墙脚"，因为那意味着竞争优势的丧失。如果存在"锁定"状态，有效打破城市对技能型人才的"锁定"的基本路径，就是促进劳动力市场制度的创新，让技能型人才的迁移行为成为其自主决策的结果。

第七篇
城市空间管理

第二十二章

城市公共基础设施的空间组织

自本章开始，我们将转入对城市管理的空间方面的学习。本章主要阐述城市公共基础设施的空间组织问题，首先分析城市公共基础设施的区域配置，包括作为公共投入的基础设施空间配置的经济功能、效应，以及城市区域的网络化配置与协调；其次讨论城市公共基础设施的选址和规划设计；最后专题讨论城市邻避设施的选址及其规划建设问题。

第一节　城市公共基础设施的区域配置

一、作为公共投入的基础设施

城市公共基础设施是城市赖以生存和发展的重要基础条件，是城市经济不可缺少的一个组成部分。公共基础设施通过四个途径影响城市区域的经济活动：一是作为不支付的生产要素；二是提高其他投入的生产率；三是吸引来自其他地方的投入；四是刺激对基础设施和其他服务的需求。

本书重点讨论第一种情况。尽管城市公共基础设施不是完全通过市场过程来提供的，并且也不是由市场来定价的，但作为不支付的生产要素，公共基础设施具有私人物品的特点，这是由公共基础设施的基础拥挤性造成的。以公路为例，随着区域内工商活动的扩张，不断扩大使用固定设施的规模，进而产生了拥挤。这种拥挤，实际上相对降低了每个厂商可使用的公路设施数量。因此，从厂商的角度来看，由于公共投入具有私人投入的一些特征，这种不支付的生产要素应采用与私人投入一样的方式纳入生产过程中。企业不直接为公共投入支付，就能够按照公共投入的边际产出价值获得利润或租金。为了把公共基础设施计入企业的生产函数，假设城市地区的制造商可以加总为一个制造业部门，这时其生产函数模型可表示为

$$Y_{ij}=g(S_j)f(K_{ij},\ L_{ij},\ G_{ij},\ Z_{ij}) \tag{22-1}$$

式中：Y_{ij}表示总产出；K_{ij}、L_{ij}和Z_{ij}分别表示私有资本、劳动力和其他私有投入；G_{ij}表示公共资本存量。

作为公共投入的公共基础设施，它也为城市地区居民生活质量的提高提供了条件。随着城市规模的不断扩大，城市各项功能的不断演变和不断强化以及城市居民对生活质量和环境质量要求的不断提高，作为城市社会经济活动载体的公共基础设施，其作用正日益受到人们的重视。无论何种城市公共基础设施，其服务对象都是整座城市的社会生产和居民生活。依据有关资料，城市自来水总量的30%、城市煤气总量的50%、城市道路运输量的30%都是为城市居民生活服务的。

城市居民生活质量的高低主要取决于国家经济发展水平的高低，取决于国家综合国力的强

弱及人均国内生产总值水平的高低，但城市公共基础设施的完善及良好与否也对城市居民生活质量的高低有着重要的影响。很难想象，一座现代化城市，没有了电力和燃气供应，居民的生活会出现什么样的状况。一座城市如果交通不畅、通信不灵、电力燃气供应不足、给排水能力低下等，就谈不上城市居民生活的高质量，充其量也就是维持居民基本生活而已，最终，城市将会逐渐衰落。相反，完善而良好的城市公共基础设施能为城市居民创造清洁、卫生、优美、舒适的工作条件和生活环境，提高城市居民生活质量，增强城市居民对城市的向心力、凝聚力，从而促进城市经济的发展。良好的城市公共基础设施，既能使城市居民在生活上直接感受到实惠，也能使城市经济的持续发展获得推动力，其影响是潜在而深远的，因而，其作用是不容忽视的。

二、城市公共基础设施区域配置的经济功能与效应

城市公共基础设施的区域配置，是指公共基础设施在城市区域或大都市区范围内的空间配置。城市公共基础设施一次性投资建设和投资数额大的特点，决定了公共基础设施建设不可能在城市区域内均衡地开展。一般来说，只能从某一点开始，逐步展开，通过局部性经济发展而带动整体空间范围的经济增长。

对于一座城市或一个大都市区来说，城市公共基础设施区域配置的经济功能和效应主要表现为如下三个方面。

1. 城市公共基础设施在一个地区的工业化过程中起着关键性作用

当城市面对需要把处于不同地点的市场连接起来的运输和通信活动时，公共基础设施在地理空间上的配置就变得尤其重要。因为公共基础设施区域配置将导致经济活动趋于集中，从而形成进一步强化这种集中过程的某种外部经济。从根本上说，城市公共基础设施的区域配置对地区的工业化影响源于两种不可分性：一是生产的不可分性，特别是公共基础设施供给上的不可分性，公共基础设施是在城市发展过程中外在经济的最重要源泉，它最重要的产品是在其他工业发展中制造投资机会。二是市场的不可分性，这源于落后经济社会中的需求的低价格弹性，这与需求结构中一些强烈的互补性密切相关。当总收入开始迅速增长时，如果经济增长能力快速加强，成功的发展战略要求相关部门提出一个大规模投资计划，这种投资计划需要考虑供给和需求两个方面的各种互补性和不可分性。

2. 城市公共基础设施的区域配置对产业布局和产业结构转换有重要影响

一个地区发展过程中的产业布局，常常是在一些矛盾的选择中进行的，既要考虑到资源利用，又要考虑到区位成本，同时，布局还得服从于产业联系、地区经济增长率和创造就业机会的需要。低效率的工业化布局导致稀缺资源的浪费，并常常会给运输系统或其他公共基础设施服务增加不必要的负担。公共基础设施负担加重，反过来会导致产业布局低效或无效。一般认为，产业结构随着需求结构的变动和技术的不断进步而逐渐演变和高度化，没有考虑公共基础设施的空间配置对于产业结构转换的作用。其实，合理的公共基础设施空间配置，能够扩大市场范围，提升交换能力，在增加对产品需要量的同时，促使需求多样化和需求结构的变动。公共基础设施投资还会带动公共基础设施供给品产业的发展，促进这些行业的产业结构转换。进

一步说，公共基础设施本身就是产业结构的构成要素，增加公共基础设施投资，能够促进服务业产值增加、就业人数增长，改变第一、二、三产业间的比例关系，从而推动产业升级。

3. 城市公共基础设施区域配置对于城乡统筹发展来说至关重要

城市公共基础设施的区域配置能够改善乡村运输条件，降低农民的生产成本。例如，改善交通运输和通信条件能为城乡(特别是城市)提供获得其他商品和服务的机会，建设某些公共基础设施特别是公路和供水系统，可以通过提供直接就业岗位来降低贫困率。显然，合理的公共基础设施区域配置对大都市区内城乡经济的互惠发展具有非常重要的作用。

三、城市区域的网络化配置与协调

城市区域或大都市区的公共基础设施配置具有网络化的自然特征。也就是说，城市公共基础设施的影响范围远远超出某一城市，形成一个地区的网络体系。城市区域性大型公共基础设施是一个整体的、有机的系统，承担着保证整个区域经济正常运转的职能，各类公共基础设施按照自身的属性以及布设需求组合成网络，并在功能、布局以及建设次序上互补。

事实上，城市区域公共基础设施网络总是依托于一定的区域空间而存在，受区域间的各种客观条件的制约，公共基础设施网络一旦形成，很难移动并且仅能服务于当地。这个特点容易导致基础设施配置失当，以致服务的低效率，所以必须对城市区域公共基础设施网络体系及其协调发展进行必要研究。

总结成功地区的公共基础设施综合开发经验，城市区域或大都市区由于存在发展的不平衡，在公共基础设施的空间配置上也存在超前型、平行型、滞后型和随后同步型四种情况。在大都市区内，发达的中心区域的公共基础设施建设可能超前，一些发展水平相当的城镇的公共基础设施建设可能是同步的，还有一些发展落后的地区，其公共基础设施建设相对滞后，但也有一些城市在公共基础设施建设上出现后来居上的情况。

一般来说，在城市公共基础设施网络体系的建设过程中，对交通类、电力、能源和给排水等基础设施的建设宜采用适度超前型开发模式，而为满足其他居民生活以及经济生产部门的需求所进行的公共基础设施建设宜采取随后同步型开发模式。为节省在公共基础设施建设上的开支，应在整个城市区域内对交通、给排水、电力、电信等公共基础设施做好规划，形成一体化的公共基础设施走廊体系。除此之外，在城市群规划中，要充分利用城市地区经济发展网络间的公共基础设施体系对区域内各城市发展的引导作用，把整个城市圈纳入市场范围，增强区域内的经济交换，促进整体产业的发展，进而推动城市区域一体化发展进程。

第二节　城市公共基础设施的选址

一、选址目标

在城市公共基础设施选址目标方面，人们注重的往往是公共基础设施与受益人之间的关系，以及公共基础设施的利用效率。因此，服务从公共基础设施向各个需求点辐射的可能性得到了认同。不失一般性，我们可以假设，一组合适的公共基础设施置放点恰好是一组需求点和公共基础设施网络的节点。那么，这个问题就可以看成一个规划问题[①]，即寻找总人口公里数(Z)最小的公共基础设施建设地点，公式为

$$\min Z = \sum_{i=1}^{n} \sum_{j=1}^{n} a_i d_{ij} x_{ij} \tag{22-2}$$

约束条件为

$$\sum_{j=1}^{n} x_{ij} = 1 \qquad i = 1, 2, \ldots, n$$

$$x_{ij} - x_{jj} \leqslant 0, \ j, \ j = 1, 2, \ldots, n, \qquad i \neq j$$

$$\sum_{j=1}^{n} x_{jj} = p$$

式中：x_{ij}表示(0，1)，$i = 1, 2, \cdots, n$，$j = 1, 2, \cdots, n$；a_i表示需求节点i上的人口；d_{ij}表示节点i到节点j的最短距离；n表示节点数；p表示公共基础设施数。

目标是使总人口公里数达到最小化，平均距离可以通过总人口公里数除以总人口数得到。在设施数量约束下，最小化平均距离或最小化总人口公里数的经济意义在于最大化服务价值并获得服务成本之差，也就是实现公共基础设施的社会收益最大化，其表达式为

$$\max E = v \sum_{i=1}^{n} a_i - c \sum_{i=1}^{n} \sum_{j=1}^{n} a_i d_{ij} x_{ij} \tag{22-3}$$

它等价于

$$\min Z = c \sum_{i=1}^{n} \sum_{j=1}^{n} a_i d_{ij} x_{ij} \tag{22-4}$$

式中：E表示公共设施的社会收益；v表示服务对于个人的价值；c表示每分钟或每公里的成本。

在给定的预算约束下，后一种形式意味着最小化总人口公里数可以最大化地区服务的价值。

另外，对于城市公共基础设施选址的判别还会对城市居民的生活质量、城市生产效率等多方面产生重要影响，如果把这些影响考虑进去，那么，公共基础设施区位选择与受益人之间的关系也可以表述为

$$E = \sum \{BN(1-m)\}a \tag{22-5}$$

式中：E表示公共基础设施社会收益；B表示单位居民区人数；N表示环境影响系数；m表示方便利用系数；a表示公共基础设施人均利用率。

也就是说，在城市总人口既定的情况下，公共基础设施的选址主要受环境、方便系数的影响。因此，公共基础设施选址要兼顾公共基础设施收益、方便性、利用效率和环境外部性等多方面因素。

二、选址原则

1. 效率与公平相协调原则

在选择地方公共基础设施区位时，既要考虑效率目标的实现，又不能影响公平目标的实

---

① 埃德温·S.米尔斯.区域和城市经济学手册(2卷)[M].北京：经济科学出版社，2003：293-294.

现，应兼顾效率与公平。一方面，应充分考虑地方公共基础设施选择在"何地"建设能够最大限度地满足区域公众对地方公共服务的需要，从而获得较高的投入产出比，进而达到提高区域经济运行效率、改善区域投资环境和优化区域资源地域空间配置的目的；另一方面，应充分考虑到地区经济发展的地域空间公平性，为不同地方的区域公众提供平等消费地方公共品的机会和条件，使区域内的不同经济活动主体享有参与市场竞争和社会分工的平等机会。

2. 中心与外围发展相协调原则

城市区域空间由中心区、边缘区与周边城镇三部分构成，中心区、边缘区与周边城镇通过经济网络形成"中心—外围"结构，地方公共投资的一个重要原则是促进中心及外围的协调发展和区域经济一体化发展。因此，在进行地方公共基础设施区位选择时，要考虑到外围区域对公共基础设施和服务的需求，使公共投资在中心区域和外围区域之间得到合理配置。如果不考虑中心区域与外围区域之间的协调发展，对任何一方的偏颇或忽视都有可能导致区域生产力地域空间布局的不合理与资源配置的低效率。中心区域与外围区域协调发展原则要求在进行地方公共基础设施区位选择决策时，要从经济中心区域与外围区域之间的分工合作关系和私人品供求的地域空间分布结构出发，合理引导公共投资活动和布局地方公共基础设施。

3. 政府决策与公共选择相结合原则

地方公共基础设施区位选择既可以由地方政府来决策，也可以由区域公众和相关利益主体通过区域性政治程序如投票、协商等公共选择过程进行决策。地方政府决策具有决策时间短、效率高的优势，但地方政府在了解区域公共品需求方面存在信息不对称的问题，会导致片面决策、盲目决策等问题。区域公众通过政治程序进行地方公共基础设施区位选择决策能够反映多数人的需求，从而容易获得广泛的政治支持，有利于减少地方公共基础设施区位选择决策的失误。通过政治程序进行公共基础设施的区位选择决策也有一些不足，如存在决策程序复杂、决策时间较长、决策成本较高等问题。因此，在进行相关决策时，既要充分发挥地方政府决策的灵活性和高效率性，也要充分发挥公共选择在信息方面所具有的优势和政治程序上的正当性。

4. 供给与需求相均衡原则

在进行城市公共基础设施选址时，在兼顾效率和公平的同时，还要兼顾供给与需求。根据市场的需求合理布局，如当体育场馆设施供过于求时，不能再重复建设，甚至可以适当迁移部分设施到市场潜力更大的区位空间；反之，在体育场馆供不应求的情况下，应适当增建或扩建体育设施。总之，只有遵循供给与需求相均衡的原则，才能通过合理的地方公共基础设施区位选择改善区域经济结构，优化区域内外的分工合作关系，为区域公众提供优质的公共服务，在地域空间上实现地方公共品的有效供给。

三、选址决策

1. 宏观选址决策

宏观选址决策是指根据城市现有资源的分布规律、城市未来若干年的规划发展战略、现有城市公共基础设施布局的综合信息，调整公共基础设施的规划思路、制定公共基础设施选址总体指引的决策过程。对于一座城市而言，宏观决策主要分析现有公共基础设施的总体情况和分布情况、城市规划重点和发展方向，还应特别关注人口、企业、交通条件等要素的资源分布情况，目的是准确、快速地反映与城市公共基础设施选址决策有关的信息及分布规律，并以此为依据进行公共基础设施选址总体规划的制定和调整。在宏观选址决策中，还要明确该区域所能承受的公共基础设施提供服务的规模与能力，城市公共基础设施应根据当地实际情况及需求建设，考虑当地所能承受的服务规模，不能一味地求大、求全，如果规模太大可能造成建设投资及资源的浪费，造成资源闲置，导致投资多、效益少，甚至造成亏损；如果规模太小，可能导致公共基础设施供不应求、场地紧张等问题的发生。

2. 中观选址决策

中观选址决策是在宏观决策结果的指导下，通过分析人口、交通、环境等因素的分布情况及综合影响，结合城市近期规划目标确定综合条件好的选址区位的过程。中观选址决策过程涉及区位评价、影响范围分析(服务半径分析)、缓冲区分析等多种空间分析模型和方法。中观选址决策主要应考虑以下几个方面：公共基础设施项目要合理配置；按照公共基础设施与居民生活的密切程度确定合理的服务半径；公共基础设施的分布要结合城市道路与交通规划考虑；根据公共基础设施本身的特点及其对环境的要求进行布置；公共基础设施布置要考虑城市景观组织的要求；公共基础设施的分布要考虑合理的建设顺序，并留有余地；公共基础设施的布置要充分利用城市原有基础。中观选址分析的意义在于调整整座城市按一定规律分割成的具体区位，通过区位评价结果将区位分成若干等级，为新设施的选址或现有公共基础设施的调整提供有针对性的参考区位。

3. 微观选址决策

微观选址决策是在中观决策结果的基础上选择合适区位、确定具体设施点的过程。首先，要了解服务区内的人口数量和消费水平及总体消费能力和消费量的分配。其次，必须进行一定量的市场调查，了解本地区甚至毗邻地区相关设施的数量、规模及其效益，分析市场的发展空间和潜力。最后，区位选择和地价、交通有很大的关系，了解不同区域内的土地价格和交通状况，对区位选择非常有利。当然很多城市的土地开发受行政干预，因此有必要了解政府针对土地开发所制定的优惠政策，它在一定意义上影响着公共基础设施区位选择的决策。如果宏观、中观选址决策分析是概括性的、模糊性的、大范围的、多区位的，那么微观选址分析能使选址决策更加准确、合理，能够更好地解决设施服务与地域需求之间的矛盾，尽可能满足公民对城市公共基础设施的需求。

总之，要解决好城市公共基础设施建设选址的问题，应以服务区位理论为依据，从点到线，从线到面，从宏观到微观，制定好城市公共基础设施发展规划，遵循公共基础设施选址的效率和公平性原则，兼顾福利和效益，使城市公共基础设施选址更加科学、布局更加合理，从而使公共基础设施功能得以发挥，为城市居民提供良好的社会环境[①]。

---

① 　王晓慧，郑旗. 城市公共文化体育设施区位选择的探析[N]. 吉林体育学院学报，2008(4).

第三节　城市公共基础设施的规划设计

一、控制性规划

我国传统意义上的城市总体规划是指综合研究和确定城市性质、规模、容量和发展形态，统筹安排城市各项建设用地，合理配置城市各项基础工程设施等。在过去，对于城市公共基础设施一般只制定重点设施的发展目标和总体布局。但随着市场经济的发展，传统意义上的总体规划太宽泛，控制深度不够，而且与分区规划、详细规划之间缺乏整体性衔接。城市公共基础设施的控制性规划强调区域规划与城市总体规划的宏观控制，它要求在城市总体规划中进行专项规划，对城市公共基础设施、社会服务设施、交通设施和园林绿地等定点、定规模逐个落实，提高其法律地位，以保证规划的实施。

在区域规划与城市总体规划的宏观控制层面上，城市公共基础设施规划的定性、定量、定位分析是关键，具体涉及如下几个方面。

1. 人口密度空间分布

以城市中心为圆心，计算距离市中心x公里圆环内的人口密度，并生成人口密度分布图。人口密度是表现人口分布及其变化的常用指标，它被定义为对象地域内每一单位面积的人数。若设对象地域的总面积为A，人口数为P，则人口密度可以表示为

$$D = P/A \qquad\qquad (22\text{-}6)$$

2. 人口密度空间分布变化

人们通常运用函数模型对城市人口分布变动情况进行分析。其中，人口密度梯度模型就是分析人口空间分布变化的常用工具，具体公式为

$$d_x = d_o e^{-bx} \qquad\qquad (22\text{-}7)$$

式中：d_x表示距离市中心区x处的人口密度；d_o表示市中心区的人口密度；b表示常数；x表示距市中心的距离。

计算出人口密度之后，再以距市中心的距离为X轴，以两个比较年份在距离市中心x公里圆环内的人口密度为Y轴，生成人口密度分布变化图。

3. 公共基础设施密度空间分布

以市中心为圆心，计算距市中心x公里圆环内的设施密度，生成设施密度分布图。

4. 人口密度与公共基础设施密度的空间相关关系

计算公共基础设施密度随距市中心距离变化的分布曲线和人口密度随距市中心距离变化的分布曲线，求两者之间的相关系数，以确定公共基础设施分布密度是否与人口密度相适应。同时，为了了解动态情况，还需要根据不同年份的人口密度分布变化与公共基础设施密度空间分布变化，定量描述总体规划实施的空间效果。

5. 门槛分析

门槛分析即进行人口规模的门槛分析。一般来说，当人口增长超过某一门槛时，必须增加新的公共基础设施。

二、分区块规划

对于城市公共基础设施的分区规划分析，重点要考虑每个分区地块公共基础设施的使用效果与效率，以及设施服务范围。一般可用交付服务给居住地的效果与设施地提供服务的效率两个指标分别代表服务设施的供给与需求。

设区块i拥有人口P_i，j区块有规模为W_j的公共基础设施供给，S_{ij}为j区块的设施提供给i区块使用的可能性的度量。研究区域内共有n个分区地块，有m个服务设施，则有

$$\hat{W}_i = \sum_{j=1}^{m} \frac{S_{ij}}{S_j} W_j \qquad (22\text{-}8)$$

式中：W_i表示区块i得到的随机或然总供给；$S_i = \sum_{j=1}^{m} S_{ij}$表示$i$区块使用的可能总消费；$\frac{S_{ij}}{S_i}$表示$i$区块消费$j$服务所占$i$总消费的或然比例，那么则有

$$\Pi_j = \sum_{i=1}^{n} \frac{S_{ij}}{S_i} \qquad (22\text{-}9)$$

式中：Π_j表示j设施汇集的总人口。

典型的效果指标(i区块得到的总供给／i区块总人口)用公式表示为

$$\text{EC}_i = \frac{\hat{W}_i}{P_i} \qquad (22\text{-}10)$$

典型的效率指标(j设施规模／总汇集人口)用公式表示为

$$\text{EZ}_j = \frac{W_j}{\Pi_j} \qquad (22\text{-}11)$$

例如，假设公共基础设施为医院，供给以病床数W_j为指标，而需求以总居住人口数为指标，那么则有

$$\text{EC}_i = \left(\sum_{j=1}^{m} \frac{S_{ij}}{S_j} W_j \right) / P_i \qquad (22\text{-}12)$$

设S_{ij}与i区块的人口数成正比，与i到j的距离的平方成反比，即

$$S_{ij} = \frac{P_i}{D_{ij}^2} \text{（引力模型）} \qquad (22\text{-}13)$$

则

$$\text{EC}_i = \frac{1}{P} \sum_{j=1}^{m} \left[\frac{P_i}{D_{ij}^2} \left(\sum_{i=1}^{n} \frac{P_i}{D_{ij}^2} \right)^{-1} W_j \right] \qquad (22\text{-}14)$$

则空间效率的公式为

$$\text{EZ}_j = W_j / \left[\sum_{i=1}^{n} \frac{S_{ij}}{S_i} P_i \right] \qquad (22\text{-}15)$$

把引力模型$S_{ij} = \frac{P_i}{D_{ij}^2}$代入，得

$$\text{EZ}_j = W_j / \left[\sum_{i=1}^{n} \frac{P_i}{D_{ij}^2} \left(\sum_{j=1}^{m} \frac{P_i}{D_{ij}} \right)^{-1} P_i \right] \qquad (22\text{-}16)$$

空间效果指标和效率指标的计算范围应按公共基础设施的服务范围来确定。对于市级公共基础设施，如综合医院，在进行指标计算时应该考虑全市范围内的所有地块、所有公共基础设施。对于居住区、小区级设施，计算某一地块的空间效果指标时，应考虑周围区域内可为该地块提供服务的所有公共基础设施，即服务半径与该地块相交的范围内的所有公共基础设施。同理，计算某一公共基础设施的效率指标时，应考虑与其服务半径相交的所有周围地块。

三、详细规划设计

在进行详细规划时，对于微观的居住区、小区级等公共基础设施的设计也要做到根据具体项目定位定规模。通常需要计算公共基础设施服务半径的供给与需求情况、人均指标、效果指标和效率指标等。比较重要的是千人指标分析，即针对居住区、小区级公共基础设施，通过用简化的空间效果指标EC_i(计算公式见式22.14)代替原千人指标分析(地块设施总量/地块人口)的算法，来求某地块的千人指标。此外，服务半径分析也是详细规划设计时要考虑的重点。利用服务半径的概念进行设施规划时，应考虑地块的人口分布情况。如从供给方的角度(服务设施)来计算人均指标，则涉及地块总面积按人口分配的问题，可采用GIS的overlay(叠置)分析与属性平均分配功能进行开发；如从需求方(人口)的每个地块重心的角度来计算公共基础设施的人均指标，则会出现公共基础设施的重复计算问题，可利用GIS的分析功能改进其计算模型与方法[1]。

第四节　城市邻避设施选址及其规划建设

一、邻避设施概述

1. 邻避现象及其特点

邻避现象是指城市居民对其居住地周边地区建设公共基础设施采取的抵制态度和相应的集体行动。"邻避"的英文是"not in my backyard"，意为"不要建在我家后院"。城市中的邻避现象通常是由邻避设施建设引发的邻避冲突。引发冲突的这些邻避设施具有一些共同特点，那其提供的公共产品或服务对整个区域的经济和社会发展有积极作用，是该区域必需的公共产品或服务，但同时这些公共基础设施会对附近居民的利益造成一定程度的损害，或产生某种程度的负面影响。

近些年来，随着我国城市建设步伐加快，邻避现象呈现如下几个特点：邻避事件数量增多。爆发频率密集；以环境群体事件为主；引发公共建设与居民的利益冲突；在互联网背景下邻避事件传播快速而广泛；爆发的节点区通常位于经济发展较快的城市。因此，邻避冲突成为广受关注的一种集体行动，邻避问题也因此构成新时期城市治理面临的严峻挑战。

2. 邻避设施的分类及邻避效应

邻避设施是指那些兴建之后能够带来整体性社会利益但对周围居民产生负面影响的设施。邻避设施通常是公共基础设施，用以生产和提供公共产品或服务，一方面，它们具有区域范围

---

① 陈顺清. 城市增长与土地增值[M]. 北京：科学出版社，2000：265-271.

内的广泛正外部性，因此邻避设施的建设主体往往是政府或公共企业；另一方面，邻避设施具有程度不等的无法回避的负外部性，可能会给环境、公众健康和居民日常生活带来不利影响，而且相比于它带来的社会效益，它的负外部性往往只影响设施周边小范围内的公众。

按照预期损失和不确定性两个维度，可将邻避设施分为四类，如图22-1所示。

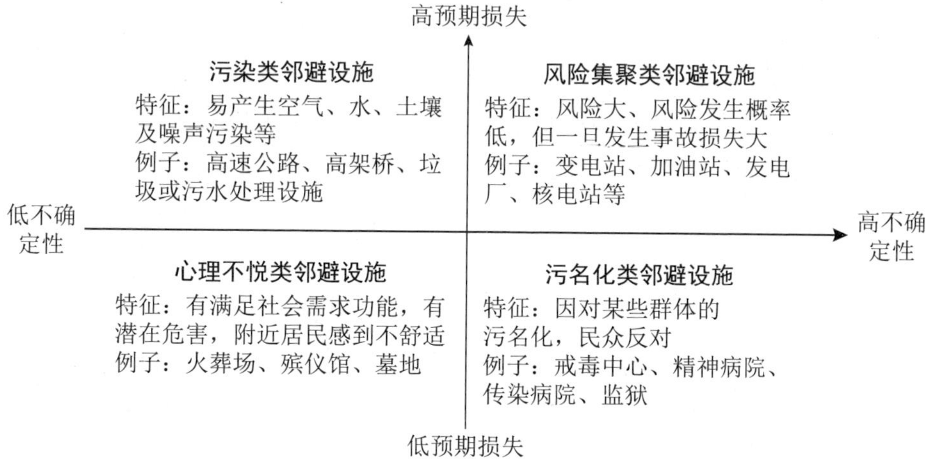

图22-1　邻避设施的分类

邻避设施分为污染类、风险集聚类、心理不悦类和污名化类四种类型。污染类邻避设施存在高预期损失，即人们对于污染引起的身体伤害及财产损失存在较高的预期，但这类设施造成损失的不确定性很低。风险集聚类邻避设施一旦发生危险，也将给周边居民带来极大的身体伤害，且这类设施具有高度的不确定性，人们可能会因为信息不对称和对政府信任的缺失而对其风险进行主观构建。对于心理不悦类邻避设施，相比之下，人们的预期损失较少，但会造成人们的不适感，其造成损失的不确定性较低。污名化邻避设施所引致的损失具有潜在性和间接性[①]。

由于邻避设施的性质不同，邻避设施对周围地区产生的影响也不同。根据邻避效应的大小，可将城市邻避设施及其效应分为四个等级，如表22-1所示。

表22-1　邻避设施及其效应等级[②]

等级	邻避效果	邻避指数	设施名称
一级	不具邻避效应	0	公园、图书馆等
二级	轻度邻避效应	0～18	文教设施、学校、公园、购物中心、邮电设施、车站、医疗卫生设施
三级	中度邻避效应	18～44	疗养院、性病防治中心、高速公路、市场、自来水厂
四级	高度邻避效应	44～100	丧葬设施、垃圾焚烧厂、污水处理厂、飞机场、屠宰场、核能发电厂、加油站、变电所

表22-1中，邻避指数为0～100，指数越大，邻避效应越大。现实中，大量的公共基础设施都或多或少带有邻避属性，会对设施周边的居民产生影响。

①　陶鹏，童星. 邻避型群体性事件及其治理[J]. 南京社会科学，2010(8).
②　李永展，何纪芳. 台北地方生活圈都市服务设施之邻避效果[J]. 都市与计划，1995(1).

二、邻避设施选址中的利益冲突

由于对邻避设施正负外部性双重属性认识上的差别，在邻避设施建设的选址规划中，不同利益群体存在各自的利益诉求，由此引起的利益冲突称为"邻避冲突"。

美国学者洛根(J. R.Logan)和莫洛奇(H. L.Molotch)从利益分化的角度，将城市中的利益群体分为两大相互对立的联盟：一个是"增长联盟"，主要由地方政府和开发商等构成，致力于推动城市开发；另一个是"反增长联盟"，又称"社群联盟"，地方公众是这一联盟的主体，在城市开发过程中，他们为保障自身权利不受增长联盟侵害而同其展开博弈。邻避设施建设选址规划中的利益冲突，就表现为这两大联盟之间的利益冲突[①]，如图22-2所示。

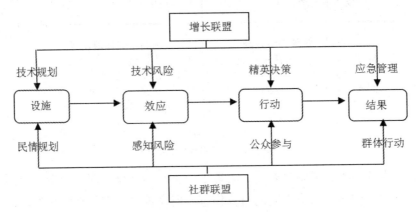

图22-2　增长联盟和社群联盟之间的博弈

对于邻避设施的选址，增长联盟和社群联盟基于各自的立场和利益诉求往往有不同的建议。对于在何处建设邻避设施，增长联盟往往是出于全局和技术层面的考虑，主张获得最大限度的地方整体效益，他们认为邻避效应仅是一种技术风险，多数情况下，他们是从专业技术角度进行的风险评估，由此来评价一项公共基础设施可能带来的邻避效应。增长联盟通过诉诸精英化的决策途径来实施行动。当邻避设施选址引发公众的不满与抗议行为时，增长联盟会通过应急管理来平息公众不满，以保障邻避设施的建设。

社群联盟更关注邻避设施给周边地区带来的负面影响，认为其选址规划不是一个技术性问题。从社群联盟的立场来看，邻避设施引发的邻避效应是一种主观构建下的感知风险。地方公众将这种感知诉诸对邻避设施决策的参与，发出自己的声音以影响政府的决策。当公众受到政府封闭式决策的阻碍而无法表达自己的利益诉求，或公众认为自己的声音与立场被忽视时，他们就会通过集体行动来阻止邻避设施建设。

三、邻避设施的选址决策与邻避治理

邻避冲突集中体现在邻避设施的选址过程中。那么，怎样的选址决策才能尽可能避免邻避冲突，达到邻避治理的目标？解答这个问题，需要从邻避设施选址决策过程进行分析，如图22-3所示。

① 王佃利. 邻避困境：城市治理的挑战与转型[M]. 北京：北京大学出版社，2017：43-44.

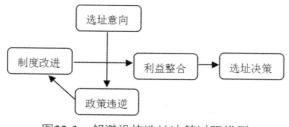

图22-3　邻避设施选址决策过程模型

1. 选址意向

选址意向往往是通过城市规划中政府的政策立场表现出来的。政府从城市治理主体的视角出发，通常认为邻避设施的选址能够反映民众的需求和意愿。然而，事实并非如此。政府选址意向是否符合相关利益者的民意，受到三个条件的制约：一是治理能力。在邻避设施规划建设中，针对各利益主体的诉求、冲突与对立，有能力作出切实可行的制度安排。二是现实需求。邻避设施的规划和兴建真正能够反映城市发展和民众的现实需求。三是公平正义。在利益分配和风险规避时，不为特殊利益集团的不合理诉求所支配，民众要有通畅的利益表达渠道，同时邻避风险不能由部分居民无偿承担。

2. 政策违逆

政府选址的现实立场，与相关民众的立场并不完全吻合，因而出现社群民众不顺从的现象，也就是所谓的政策违逆。通过对各类邻避事件中地方政府行为逻辑的考查，可以发现，邻避设施选址中政府与民众的博弈通常要经历"孤立—冷漠—被动—妥协"四个阶段。在孤立阶段，地方政府出于城市发展或施政政绩考虑，通过与专家、建设方等内部协商，提出选址意向，并以政策文件的方式公示于众。在冷漠阶段，由于对公民知情权的漠视，相关民众对选址意向或政府的政策立场进行自发性抗争，以维护自身利益。在被动阶段，面对民众强硬的态度和抗议，政府被动地采取措施对民众诉求进行回应，并试图以各种手段平息抗争。在利益诉求差异极大的情况下，双方不断进行抗争与平息的博弈。在妥协阶段，地方政府通过搁置争议的方式与相关社群达成妥协。

3. 制度改进

相关社群出现政策违逆的主要原因，是邻避设施选址决策中存在利益分歧，公民的利益表达不畅，政府又常常采取强制性的政策执行方式。针对公众不同程度的抵制，制度改进就是通过对各方利益进行选择与调整，制定出相应的行为准则。在邻避设施选址决策过程中，这种制度改进包括：邻避决策问题的识别；邻避设施建设和补偿方案完善；邻避设施效应评估；邻避决策过程的监督；不合理政策的变更或终止。可见，制度改进就是通过制度安排对复杂利益关系进行调整的过程。

4. 利益整合

邻避设施选址决策的核心是利益整合。将邻避设施所在地周边居民的利益诉求通过制度化的途径整合到邻避决策的制定及执行过程中是化解邻避冲突的关键所在。这既需要优化政府邻避决策的制定过程，又需要改变强制性的政策规划执行模式。以人为本是建设邻避设施的首要之义。在邻避设施选址决策过程中，政府不能以"整体利益"的名义强迫设施所在地周边居民承担邻避设施的负外部效应，要健全利益补偿机制，对利益受损群体进行合理补偿。同时，实现邻避选址决策中利益相关者的有效参与，通过建立法定的决策程序，真正实现与公民共享邻避设施决策的权利。

5. 选址决策

邻避设施选址决策是一项系统化的邻避治理工程，它贯穿于设施规划、选址意向、利益表达、制度改进和利益整合等邻避现象治理全过程。因此，选址决策应遵循现代治理理念，转变封闭式的决策思路，完善邻避治理体系，促进多元主体通过平等协商机制，构建公平正义的邻避设施选址决策机制。

四、邻避设施的空间规划建设

邻避设施在实践中的建设过程是以政府的规划决策为起点的，城市邻避设施的空间规划建设涉及如下几个关键问题。

1. 邻避设施规划建设的技术属性和社会属性

邻避设施是城市规划中的重要内容和难点，突出表现为规划实践中对其技术属性和社会属性的取舍。邻避设施作为一种具有显著负外部性的特殊设施，在内涵范围上常与一般的市政公共基础设施多有重合。例如，作为城市重要的市政基础设施，填埋场对于城市发展具有重要作用，而负外部性又凸显了其作为邻避设施的属性定位。城市规划作为指导城市发展的重要纲领性文件，对于包括邻避设施在内的市政公共基础设施的建设有着较为明确的设定。然而，邻避设施的负外部性使其不同于一般意义上的市政公共基础设施，城市规划必须充分考虑其技术属性和社会属性。在技术理性的前提下，邻避设施应遵循效率与效益最大化原则，以确保邻避设施能够在最大程度上服务于城市发展。而邻避设施的社会属性又要求城市规划体现一定的人文关怀，承认并尊重所在地居民的合理诉求。

2. 邻避设施规划建设中利益主体之间的关系

邻避设施相关主体包括规划方、建设方、邻近居民以及媒体等，不同主体在邻避设施规划建设中存在复杂的合作博弈关系，邻避冲突往往贯穿始终。政府相关部门作为邻避设施主要规划主体，在履行规划职能的过程中，应设法将邻避设施的负外部性降至最低，不逃避邻避冲突，积极推进邻避设施的建设。企业是邻避设施的主要建设力量，政府与企业的"合谋式决策"是推动邻避设施建设的主导性合作模式。在此过程中，规划方以满足城市发展需要和政绩诉求为动机，赋予邻避设施合法性；而建设方以获取更多利益为目的，承担邻避设施具体的建设任务。邻近居民的抵制情绪并非无视邻避设施的公益性，而是出于对其负外部性的考量，也与决策过程中的参与权、补偿标准等密切相关。因此，综合考虑各方利益诉求，处理好利益主体之间的关系，是邻避设施规划建设的重要环节。

3. 邻避设施规划建设的封闭性和开放性决策

政府的封闭式决策在邻避设施规划建设中会造成权力的过度集中，常常导致公民认为个体利益受到侵犯。因此，政府不应垄断邻避设施规划建设的决策权，其权力应当受到公民的制约与监督。邻避设施需要空间正义导向的规划。空间正义要求在邻避设施的规划建设中应避免政府的强制干预，实行开放式的决策体制和决策过程。而推动邻避设施选址的公众参与，设计多元化补偿方案，是实现邻避设施空间程序正义和分配正义的必然选择。

4. 刚性的邻避设施规划建设与公民权利保护

邻避设施规划建设的专业性、技术性增加了公民参与的难度，这使得邻避设施规划建设活动在一定程度上成为"增长联盟"的专利。公民参与的弱化将大大提高邻避风险出现的可能性。基于技术属性的邻避设施规划有其权威性，规划的法定制定程序、审批与落实，主体合法、程序合法与内容合法是邻避设施规划权威性的重要来源和表现。但是，健康权、财产权等公民权利同样由法律明确界定和保护，在法律框架下具有至高无上的地位。因此，邻避设施规划建设与公民权利同时具有合法性，当两者产生冲突时，孰轻孰重、孰前孰后就需要谨慎权衡。

第二十三章

城市产业的空间布局

城市产业的空间布局是城市空间管理的重中之重。本章主要关注产业布局的几个重要方面，首先介绍城市CBD的规划与建设；其次讨论作为生产力布局载体的城市工业园区的建设问题；最后讲解大都市区的产业空间布局。

第一节 城市CBD规划与建设

一、城市CBD概述

1. 城市CBD的内涵与特征

中央商务区(central business district，CBD)是指一座大城市里主要进行商业活动的地区。CBD的概念产生于1923年的美国，当时将其定义为"商业汇聚之处"。随后，CBD的内容不断发展丰富，成为一座城市、一个区域乃至一个国家的经济发展中枢。现代意义上的CBD是指大都市中集中大量金融、商业、贸易、信息及中介服务机构，拥有大量商务办公楼、酒店、公寓等配套设施，具备完善的市政交通与通信条件，便于开展现代商务活动的场所。CBD不仅是一个国家或地区对外开放程度和经济实力的象征，而且是现代化国际大都市的主要标志。

现代意义上的CBD具有一些显著的特征。

(1) 地理空间特征。CBD局限于一座大城市，且该城市是公认的国际性城市。CBD在一定意义上已经成为一座城市的代名词，它代表着整座城市的精华、超景观的区域。从建筑上看，CBD往往高楼林立，体现了高密度建筑量的特点；从地价上看，因为CBD位于黄金地段，它的楼价在这座城市内部或者一个区域内应该是最高的。

(2) 产业功能特征。CBD以第三产业为主导，但并非传统的第三产业，而是那些当今时代最先进、最发达的第三产业，如金融、保险、证券、中介、会计等。CBD具有经济控制的功能，在市场经济条件下，经济控制功能往往集中在金融、贸易、保险等领域跨国公司总部云集的区域。这一区域对经济的支配能力、主导能力、控制力是比较强的，因此，CBD实际上是市场经济体制下的经济枢纽机构之一。

(3) 时代性特征。首先，在规划建设、管理服务、商务环境以及经济影响力方面，CBD要体现国际水平，并能推动区域经济与世界经济的交往，成为区域经济对外开放的窗口。其次，CBD注重人性空间的塑造，突出以人为本的主题，注重公共活动空间的规划，建有绿化带、步行道等公共空间，组成绿化系统，使人与自然更加和谐。

2. 城市CBD的形成条件

CBD的形成是有条件的，不是任何城市的商业中心都可以称为CBD。现代意义上的CBD至少应满足如下几个条件。

(1) 现代服务业比较发达。CBD的形成建立在城市现代服务业充分发展的基础之上。衡量城市现代服务业的发达程度，通常有三个重要指标：一是第三产业比重增大；二是服务业网络系统形成，如出现完整的三级商业网络，并形成分工关系；三是服务业中现代服务业所占比重增大。在这三个条件都具备的情况下，面向城市的综合性服务中心功能才能凸显出来。

(2) 城市规模达到一定水平。CBD与城市规模密切相关，具体包括人口规模、用地规模和经济规模。有些城市用地规模较大，但人口规模较小，虽有多个小型、分散的服务中心，但缺少高层次、综合性的服务中心，也不能称之为现代意义上的CBD。

(3) 功能结构趋向高级化。现代意义上的CBD由两大功能构成：中心商业功能和中央商务功能。应该说，这两大功能相互补充，缺一不可。但前者形成于初期，后者层次更高，相对地位在上升，但这并不意味着前者消失。事实上，传统的中心商业功能也很重要，因为它除具有交易功能外，还有吸引人气的功能。因此，把CBD建设成"纯中央商务区"的规划思路是错误的。

(4) 辐射范围超出城市边界。辐射范围即CBD的开放性和功能的外延性，尤其是金融业，其总部经济活动半径不限于一座城市。如果一座城市仅能满足本市市民服务需求，只能称之为商业中心区，而不能称之为国际化大都市。

3. 城市CBD的演进过程

1) 从功能演讲过程来看

从功能演进过程来看，对于CBD的建设，虽然不同城市有其不同的特点，但大多数城市都经历着"小商业点(以商业为中心)—传统商业中心(商业与商务办公混杂)—现代商业中心(以商务办公为中心)"这样一个由初级向高级过渡的过程。

(1) 初级发展阶段——以商业为中心。CBD发展的初期主要以商业为中心，兼有仓储业、批发业、服务业、娱乐业等。在这一阶段，CBD多项功能高度集中，并且也是城市的功能中心，因而称其为"down town"。初期的CBD发展特点是城市功能较为集中，交通便利，人流、车流量大，昼夜间人口数量变化大，城市用地处于峰值状态，土地利用率极高，并保持向CBD外围地带急速扩展的趋势。

(2) 中期演化阶段——商业与商务办公逐步分化。随着城市的进一步发展，商业与商务办公等城市功能的过分集中已渐渐显露其弊端，用地紧张、人口过于集中、交通拥挤、建筑十分密集等诸多缺陷开始出现。此时，办公等商务功能应逐步脱离城市的功能中心。

(3) 现代CBD的发展——商务功能的独立。随着城市产业信息化、商贸化的加强和金融地位的持续提高，在要求城市提供更多环境良好的商务空间的同时，城市外围地区将产生大规模集中化的商务空间。因此，现代CBD的概念已经升级为特指国际中心城市的特定地区，它与全球经济的发展密切相关，无论是在功能构成、空间形象方面，还是在交通运转方式、设施配套等方面，CBD都已经演化为一个相当独立的地域，它的功能已经超出城市本身的意义，变成全球或区域经济一体化系统中的一个单元。

2) 从演讲扩展方式来看

从演进扩展方式来看，城市CBD的演进过程呈现"中心性—分散性—更高层次"的中心化过程。鲍登(Bowden，1971)认为CBD有三种演变扩展方式，城市、人口、经济的波动式增长导致三种方式交替出现。

(1) 蔓延扩展，即新增加功能圈层或已有圈层向外发展。这是最常见的增长方式，增长边界变化规模小、不规则，CBD整体变化小，仅是CBD内部的主要建筑群被邻近地区的新核心建筑取代，形成一些连续地带，事实上是CBD核心的变化、迁移或是CBD的扩展，而不是真正意义上的区位变化。

(2) 爆发增长方式，即在城市快速增长时期，CBD在短期内迅速扩张。这种扩张主要发生在同化圈层，其功能变化的典型过程为从金融区开始向服装业区扩展，再向旅馆业区扩展，如此循环达到新的动态平衡。这种爆发增长同时还将广泛导致CBD中心建筑群被重新取代和定位，成为CBD功能结构的外在表现。

(3) 次区分化，即某些功能的跳跃性迁移。功能不同，跳跃时间不同，零售业是最先跳跃的，之后，剧院、旅馆、家具店发生跳跃，公共管理机构和批发业一般留在原地。金融区跳跃性发展非常罕见，这种跳跃将造成不同功能圈层更大程度的空间分化，形成功能不同的多核结构。一般而言，这种分化的状态改变得很慢，在特大城市中，这种分化的状态将成为CBD的固定形态。

3) 城市CBD的形成与演进动力

城市CBD的形成与演进动力主要来源于市场力量，包括以下几个方面。

(1) 聚集效应。聚集经济，即规模经济和范围经济引起成本降低的系统力量，它包括共享经济、劳动力市场经济和信息经济利益。在信息化经济和全球经济一体化的背景下，企业对信息的依赖度加大，现代服务业向CBD集聚能带来成本的节约。

(2) 关联效应。集聚带来了产业的价值链分工，由于外部经济性的作用，一种产业的发展通过其前向和后向联系，可能对多个产业降低成本作出贡献，从而引起CBD的产业多样化发展。

(3) 乘数效应。知识性、集约性赋予CBD乘数效应。CBD集中了企业价值链中知识含量较高的部分。同时，CBD体现了集约性特点，即可以最大限度地利用中心城市服务业发达、智力资源密集的优势，最大限度地利用生产基地土地、劳动力、能源等要素优势，最大限度地提高资源的配置效率。以此特点为基础，中心城市发展CBD可以带来产业乘数效应。在产业乘数效应的影响下，总部的聚集，可带动信息、咨询、金融、保险、会计、评估、法律、会展、现代物流等现代服务业的发展；在消费上，可带动总部商务活动、研发活动的开展，以及包括住宅、交通、子女教育、健身、购物在内的高级白领的个人消费；在社会资本效应的影响下，大批国内外企业总部入驻，可促进区域政府提高服务质量、改善商务环境，改善城市基础设施和人居环境，从而加快城市国际化进程。

二、城市CBD的内部结构与功能提升

1. 城市CBD的空间结构

英国著名城市规划学者彼得·霍尔认为，以面对面的交流和专业化为特征的现代服务业正在经历一个"集中式的分散"的复杂过程，高端生产性服务业在一个广阔的城市区域尺度下扩散，但同时又在区域内的特殊节点上重新积聚。因此，区域公交网的重要枢纽地区，即人流、信息和服务高度集中的区域，也是服务业发展最有潜力的地区。

数十年来，欧洲很多大城市的发展格局是依托公交枢纽集聚形成三级"区域CBD"：一级CBD——由高端服务业(如银行业、保险业、政府和总部等)集聚形成的传统CBD，主要位于城市中心区的公交枢纽地区；二级CBD——新型服务业(如公司总部、媒体、广告业、公共关系和设计业等)在距离核心区5～8公里范围内集聚形成的新型CBD；三级CBD——由特定的专门化功能(如教育、娱乐和运动、展览和会议等)在距离核心区35～65公里范围内集聚形成的专门化CBD。

作为城市的核心功能区，CBD的空间结构模式呈现多样性的格局，归纳起来，大致有三种模式：一是整体发育模式。它是指整个核心CBD处于同一个连续的空间中，其间既无自然的障碍，又无其他功能区的隔离。这种CBD空间结构模式的主要特点是空间的连续性和地域的完整性。二是分合有序的空间结构模式。它通常是因自然体的阻隔，而把统一的CBD一分为二。例如，上海的传统CBD采用整体发育模式，但随着浦东开发进程的加快，CBD重心东移，在浦东新区小陆家嘴地区，形成了一个新的CBD。三是飞地模式。它是指城市CBD的各个组成部分不但在空间上不连续，而且彼此之间还相隔着其他功能区，结果形成城市副中心的Sub-CBD。

2. 城市CBD的职能结构

一般而言，城市CBD的职能结构由三大板块组成，三大板块的职能内涵如表23-1所示。

表23-1 城市CBD的职能结构[①]

中心商业职能	中央商务职能	非CBD职能
食品	金融	居住
服装	总部办公	批发
家具	普通办公	工业
汽车(包括零配件)	服务贸易	公共单位和团体组织办公
百货	运输	空置地
杂货	公寓住宅	
	停车	

除了非CBD职能外，城市CBD应由中心商业职能和中央商务职能组成，两大板块缺一不可。以零售业为主体的传统商业称为中心商业职能，以服务、金融和办公等为主体的现代服务业称为中央商务职能。虽然在这两大板块中，中心商业职能的层次相对较低，中央商务职能的层次相对较高，而且在此消彼长的过程中，中心商业职能的地位相对衰落，中央商务职能的地位相对提升，但这并不意味着中心商业应该从CBD内消失。

3. 城市CBD的功能提升

保持CBD三大板块的完整性，并不是说CBD的功能不能提升。事实上，CBD由萌芽到成熟，其功能内涵必然会经历由简单到复杂、由低级到高级的发展变化过程。在现代大都市中，随着城市商品经济的规模化、专业化不断加强，服务于生产组织、产品经营的各种商务行业成为城市经济运行中不可或缺的要素，且地位日趋重要。一方面，随着职能单位数量的增加，商

① Raymond E.Murphy. Internal Structure of The CBD[J]. Economic Geography. 1995，31(1)：32.

务办公职能从依附性的次要门类跃升为城市经济的主体行业类群；另一方面，商务办公职能对经济活动的渗透和控制作用日益增强，CBD成为商务办公职能集聚的理想场所，因此，商务办公职能在CBD中的比重不断增加[①]。据统计，在当今世界发达城市的CBD中，商务办公、金融和服务类三大职能的比例关系一般为2：1：1，即以办公职能为主，兼具金融和服务类职能。如巴黎拉德芳斯的这三大职能分别占50%、25%、25%。商务办公职能的加强是CBD近年来发展的一大特征，而商务办公职能向CBD的集中化，必然引起CBD功能内涵的巨大变化。随着CBD内部商务职能比重的不断增加，现代大城市CBD大多进入了以商务办公职能为主的新阶段。根据城市CBD的发育阶段，提升商务办公职能是一个基本方向。

CBD功能的提升还要注意城市的个性和功能的多样性。城市是经济、居住、文化、休闲、教育等多种功能的集合。由于自然和经济条件所限，城市管理者总是会根据一座城市各个区域客观资源条件的差异性，决定优先发展某一项特定的城市功能。这样既能避免重复建设又能突出城市个性，从而达到有效利用城市资源的目的。因而，在进行CBD规划建设时，首先强调为企业提供大量商务、金融、交通、通信、法律、财务等商业运行基础条件以及与政策、文化等相关的发展软环境无疑是合理的，但仅仅如此还不够，CBD建设不能忽视城市生活的整体性。CBD发展重视城市功能多样性的好处不仅体现在可以为员工提供完善的生活环境方面，其重要意义还可以从以下几个方面来反映：一是生活环境的完备是吸引更多人才向CBD所在区域流动的物质基础条件；二是城市功能多样化直接关系到该区域关联产业链的完整性，是CBD乘数效应发挥更大作用的机制条件，由此可为该区域带来更多的GDP、税收及就业增长；三是城市功能多样化及其结构的合理性是城市形象和CBD形象的重要体现，能够维持CBD的可持续发展。

此外，国际化大都市CBD的功能内涵呈现全球化趋势。随着经济全球化进程的加速，世界上涌现越来越多的国际化大都市，这些城市CBD的影响范围不仅包括其城市本身，还将超越区域甚至国界。这些城市CBD的经济能级已经超越一般的CBD范式，它们已经成为全球或地区经济的控制、管理和指挥中心。在其CBD内部，金融和办公机构高度集中，CBD的国际化水平很高。反过来，金融、办公机构在CBD的高度集聚和国际化已经成为国际大都市CBD的重要特征。

三、城市副中心的Sub-CBD布局

1. Sub-CBD的含义与类型

Sub-CBD是指特大城市核心CBD以外的城市经济流的高效集聚区，它是城市新兴第三产业的集中分布区，是在城市空间结构分散化的过程中形成的核心CBD的外延部分，具有疏散或补充核心CBD的功能，并与之共同构成城市CBD网络。

CBD与Sub-CBD虽共处于一个城市CBD系统中，但彼此在系统中扮演不同的角色。Sub-CBD的存在在功能特色上补充了CBD的功能缺陷。实际上，CBD与Sub-CBD在功能内涵上存在彼此独立、相互联系、此消彼长、互为补充的辩证关系。

Sub-CBD与城市副中心相对应。在规划设计的时候，并不强求Sub-CBD的综合性，因此，Sub-CBD不是核心CBD的简单重复，其功能内涵不像CBD那样复杂多样，即使是综合性的Sub-

---

① 陈瑛. 城市CBD与CBD系统[M]. 北京：科学出版社，2005：13，50.

CBD，其综合程度也远不如核心CBD高。其实，建设Sub-CBD的初衷不在于营造"小而全"的服务中心，而在于构筑富有特色的服务业新高地。因此，在各地现有的Sub-CBD中，真正具有综合性功能的Sub-CBD为数不多，大多数Sub-CBD以自己独有的特色，跻身于各自的CBD系统中。Sub-CBD的分类如表23-2所示。

表23-2　Sub-CBD的分类[1]

分类方法	Sub-CBD类型		实例
区位分类法	交通枢纽型		东京新宿、香港荃湾、重庆杨家坪
	大型公共设施区位型		汉城奥运城、莫斯科会展中心、上海花木街道
	城镇区位型		巴黎拉德芳斯、上海真如、重庆沙坪坝
功能分类法	综合型		东京池袋、上海徐家汇
	主导功能型	金融主导型	纽约特利花园城、北京建国门
		商务办公型	伦敦MM21、多伦多滨湖区、北京东三环、大连星海湾、深圳福田
		文化、旅游型	东京上野、南京夫子庙、广州天河
		会展型	上海花木、莫斯科会展中心
		科技型	东京大崎、北京中关村、上海五角场
		国际贸易型	东京临海
		零售商业型	东京涩谷、大连青泥洼

2. Sub-CBD的区位布局模式

一般来说，CBD的区位布局较为简单，它往往地处城市中心，拥有出行便利的优越区位条件和绝对的中心区位优势。而Sub-CBD的区位布局较为复杂，Sub-CBD通常位于城市的外围地区，与核心CBD保持一定的空间距离，在城市的某一局部空间范围内具有相对的中心区位优势。依据不同的区位特点，Sub-CBD有以下几种布局模式[2]。

(1) 交通枢纽导向的Sub-CBD布局。这是Sub-CBD最常见的区位布局方式。节结点是城市交通枢纽，具有组织城市经济流的功能。核心CBD固然是城市交通的集结之处，但是一个特大城市通常在建成区外围都设有若干个交通节结点。这些交通节结点犹如一道屏障，缓冲了巨大的城市交通流过度向CBD集结。当然，外围的交通节结点也能起到缩短市民出行距离和缩小服务半径的作用。从Sub-CBD布局的角度而言，外围节结点因其对各种经济流的强大聚散功能而具有形成Sub-CBD的区位优势，在此基础上规划和建设的Sub-CBD往往具有较强的生命力。

(2) 公共设施导向的Sub-CBD布局。一些特大型的现代化公共设施，如奥林匹克体育中心、世博园等，在运营期间能吸引大量客流，但在闲置期间人迹稀少。为了使以保证大型公共设施的正常运营为目的而建设的交通网络和服务中心等配套设施充分发挥效益，城市可以有计划地统筹兼顾大型公共设施和Sub-CBD的规划建设，在其周围建设商务中心、居住中心和购物中心，当大型公共设施的特定目标实现后，即可发挥Sub-CBD的功能。

(3) 新型城镇导向的Sub-CBD布局。在特大城市扩张的过程中，一些周边的小城镇被中心

---

① 陈瑛. 城市CBD与CBD系统[M]. 北京：科学出版社，2005：137.

② 陈瑛. 城市CBD与CBD系统[M]. 北京：科学出版社，2005：133-134.

城区的外延浪潮所吞没。这些城镇按照新城模式建设之后，一方面成为中心城区的有机组成部分，另一方面又成为其所在区域的核心。正是这种区域核心地位的确立，使其具备规划建设Sub-CBD的可能性。其中，有一些区位条件特别优越的新型城镇，最终被接纳为特大城市CBD系统的成员。

四、CBD——总部经济的重要空间载体

1. 总部经济的特点与效应

近几年来，出现了企业总部向中心城市集中、产业加工基地向成本较低的远离中心城市的地区集中的现象，从而出现了所谓的总部经济。总部经济是指通过创造各种有利条件，吸引跨国公司和外埠大型企业集团总部聚集，从而形成合理的价值链分工。

总部经济具有五个特点：一是知识性，在制造业企业中，其总部以知识密集为重要特征，无论是研发、资本运作还是战略管理，都属于知识劳动范畴，充分体现知识经济的特点；二是集约性，企业总是追求最小范围内的最大产出，实施资源再配置后，出现了规模收益，体现集约性；三是延展性，即能够从制造业延展到服务业，从高端的资产评估、金融保险等专业服务业延展到低端的商业、餐饮等一般服务业；四是辐射性，大城市的战略资源，如资本、人才、信息等可以通过总部经济链条辐射到经济欠发达地区，如果没有这样一种关系，欠发达地区是没有机会得到制造资源的；五是共赢性，总部经济在为大城市发展找出路的同时，也为欠发达地区企业寻求更大的发展寻找出路。

总部经济对于城市和区域的发展具有五种效应：一是税收供应效应，企业结算中心一般就设在总部，部分税收都须上交总部所在地；二是产业效应，一个企业总部入驻一座城市，往往能带动当地第三产业的发展；三是消费拉动效应，一个企业总部的研发、生产、投入及交通运输、个人消费等活动都在本城市内实现；四是就业乘数效应，商务服务产生的就业需求与生活服务产生的就业需求往往能带动新的就业需求；五是社会资本效应，一座城市内的企业总部越密集，说明这座城市的条件较优越，越能吸引企业总部，从而能使城市设施条件更趋完善。

2. 总部经济的区位要求

一般来说，企业总部趋于选择在主要的大都市区内落成，因为大都市区具有以下三种优势：具有不同企业之间当面接触的可能性；具有金融、法律、广告等方面服务的便捷性；与其他大都市区具有高度接近性。在全球范围内，大多数跨国公司的总部和区域总部位于少数主要的大都市区，这些大都市被称为"全球性城市"(global cities)或"世界城市"(world cities)，它们是全球经济的地理控制点。

跨国公司总部和金融机构主要集中在CBD地区。纽约是目前公认的国际城市，也是全球总部经济的成功典范。这座国际大都市的竞争优势和独特魅力来自它在银行、证券、保险、外贸、咨询、工程、港口、新闻、广告、会计等领域为美国甚至全球提供的优质服务及其由此奠定的难以取代的国际地位。曼哈顿是纽约市的中心区，也是纽约核心CBD的所在地。这里不仅云集全球相当数量的金融机构，特别是外国银行及从事金融交易的其他公司，而且也是世界最大跨国公司总部最为集中之地。正是依靠CBD的影响，纽约市确立了其国际城市形象，进而带动并支撑了纽约其他产业的发展，CBD成为纽约经济增长的重要动力源泉。曼哈顿地区经济增

长量占纽约市总经济增长量的80%以上。CBD及其衍生效益促进了纽约市的繁荣，曼哈顿CBD每年都要接纳数百万外来客商及游客。

"总部经济"大多"良禽择木而栖"，CBD因其卓越的区位条件成为总部经济最重要的空间载体。在CBD中，吸引总部集聚的城市地区必须具备区位优势、完整的城市服务体系、发达的金融服务业和科教事业。此外，广阔的市场辐射面、优越的投资软硬环境，以及人才、资金、信息、技术、物流等要素也是必不可少的。

3. 依托CBD规划与布局总部经济

总部经济是企业在空间上实现分离的经济产物，它截取了产业链的高端部分，以办公、研发、商务作为具体的功能形态，具有明显的内聚功能与扩散功能。城市CBD为总部经济发展提供了相应的良好条件。依托CBD发展总部经济，体现了集约型特点，可以最大限度地利用中心城市服务业发达、智力资源密集的优势，最大限度地利用生产基地土地、劳动力、能源等要素优势，最大限度地提高资源配置效率。

因此，在对总部基地或CBD进行规划建设时，要为企业总部提供大量的商务、金融、交通、通信、法律、财务等商业运行基础条件以及适应总部政策、总部文化等的相关总部发展软环境。但仅仅如此还不够，总部基地建设也不能忽视城市生活的整体性。此外，在制定总部经济发展战略和CBD规划过程中，应该加强环保意识和注重人文关怀，考虑CBD或总部基地与周围环境的整体性和协调性，在具体规划过程中还应更多地考虑市民的需要。在总部环境营造的过程中体现更多的人情关怀，不仅可以丰富企业文化、深化总部文化的内涵，而且能促进城市CBD与社会的同步发展。

第二节　城市工业园区与产城融合

一、城市工业园区发展模式

1. 三种城市工业园区发展模式

根据工业发展的动力特征，可将工业园区分为内源型模式、植入型模式和依势型模式。

(1) 内源型模式。内源型模式是指依靠市场力量，以乡镇企业和农村工业为主体，由民间资本和本地生产要素的投入及其集聚来推动县域工业发展，从而实现农村工业化和城镇化的工业园区发展模式。一种情况是，园区内的企业大多数是由农村或乡镇工业企业经过转制后进入园区继而发展壮大起来并成为园区产业发展的龙头企业的。因此，它往往建立在本地良好的商业传统、市场意识和一定的工业化基础之上，从而使这些地区的工业经济能够迅速发展起来。另一种情况是，受所在区域内大中城市的产业、技术、信息、管理经验等的扩散影响，通过本地资金投入发展大城市淘汰的产业或不利于在大城市发展的产业，再把产品返销到大城市市场。因此，采用内源型模式发展的地区的农村工业化和城镇化主要是本地人口的非农化推动的结果，它是一种以引入市场机制为核心的工业园区发展模式，而且这种发展模式很好地实现了工业化和城镇化方式与当地文化传统的结合。

(2) 植入型模式。植入型工业园区发展的动力来源于园区外部,由外部力量直接植入县域的工业园区。这类工业园区包括两种情况:一是由上级政府部门规划,作为整个城市工业体系一部分的工业园区。由于这类园区不是当地内生的、由市场力量自发推动形成的,它与当地经济联系不十分紧密。二是两头在外"以外资带发展"的工业园区。这类园区内部的要素聚集和产业发展主要依靠招商引资,所以它往往利用国际与国内产业转移的机遇,凭借自己独特的区位优势,大力吸引外资发展本地经济。上述两种情况通常是结合在一起的,具有典型的"自上而下"的战略布局和战略规划特征。

(3) 依势型模式。依势型模式是指凭借当地的资源、区位优势来推动工业园区发展。由于自身优势不同,这类工业园区有很多类型,例如,工矿型园区、农产品加工型园区、旅游型园区、物流型园区、傍海型园区等。打"资源牌"是这类发展模式的主要特征。煤炭、铁矿、有色金属及稀有金属、海产品等自然资源的开发利用,是对外招商引资、发展工业、增加税收的主要支撑。这类园区中有相当一部分企业是初粗加工的资源型企业,一般产品附加值低、消耗较高。还有一些工业园区是借助了当地的区位优势发展起来的,如近海优势、交通优势等。

上述三类工业园区发展模式的选择决定了工业发展的战略取向。当然,三种园区发展模式可能会同时存在于一地,只不过有主要地位、次要地位之分,但是,这三种工业园区模式所依赖的发展条件和内在要求有很大的不同。

2. 不同类型工业园区的比较

三种工业园区发展模式在基本功能、形成机制、经济增长源泉和对当地经济的作用等方面各不相同,如表23-3所示。

表23-3 不同工业园区发展模式比较

特征	类型		
	内源型模式	植入型模式	依势型模式
基本功能	乡镇工业集中发展,活跃民营经济	承载产业转移,拉动城市经济发展	通过农业产业化、招商引资促进当地经济发展
形成机制	依靠当地创业项目及专业市场或销售网络	依靠外来投资项目、专业化分工与协作及政府政策推进	以特色项目为基础,制定园区优惠政策
经济增长源泉	私营与合作经济、工业的专业化	外商、外资、外来打工者	乡镇企业、中小企业、资源经济
工业化	以轻工业为主体	"两头在外"的工业组织方式	以资源型产业为主体
资金融通	土地经营、借贷、捐赠	对外转让或出租土地、厂房和公共设施投资经营权,银行贷款	自身积累,政府支持,担保贷款
市场特点	拓展外地市场,形成专业市场	原料、市场两头在外	市场半径小
城镇化力量	农民进城为主	外来人口为主	农转非人口为主
对当地经济的作用	活跃民间投资,促进中小企业发展;推进产业聚集和城市化进程	成为当地经济发展的重要增长极;吸引外来资金,扩大出口	促进资源型产业发展;增强品牌影响力;促进产业集中,有利于特色产业升级

采用内源型模式的工业园区的发展完全依靠本地区的资金积累、个体的能人优势、以家庭手工业为主体的工业组织方式，以及以进城农民为主体的城市化力量和当地政府的全力推动，它在发展初期受外来力量的影响十分有限。采用植入型模式的工业园区的发展主要依靠外来力量。采用依势型模式的工业园区大多凭借自身的农业积累或大城市的支持，在传统资源型工业的基础上逐渐发展起来。三种发展模式有各自的形成背景和土壤条件，其县域工业发展的道路也显示出独特意义。

三种类型的工业园区在形成过程中所要求的条件也不一样。内源型模式要求注重发展民营经济，培育中小企业，并形成分工协作关系，行业协会也很重要；植入型模式要求注重公共平台的建设，加强产业链招商，以形成集群优势；依势型模式要求注重龙头企业与农户的产业组织建设，同时关注生态环境保护。

需要指出的是，随着发展环境的变化，各种不同工业发展模式之间的差异性将逐渐变得模糊，相似性增多，呈现相互借鉴、模仿学习的发展趋势。其中，内源型模式与植入型模式相互融合的迹象更为明显，依势型模式随着发展环境的改善也逐渐向前两者靠拢。这主要是因为，经过多年的发展探索，地区之间的体制差异性会趋于淡化，不同地区之间通过经济往来、文化传播等方式，使发展经验和体制知识得到迅速传播，使得地区之间的共性越来越多，从而使工业园区的发展也出现了相互认同、相互借鉴的情况。

二、基于产业链网络的城市工业园区建设

1. 产业链网络是城市工业模式的重构

从一定意义上说，工业园区建设实质上就是传统产业模式的转换。转换的基本方向是从刚性的产业发展模式转向培育城市产业链、精心构筑区域创新环境特别是产业配套环境上来。

构筑产业链网络是生产模式由刚性转向柔性的一次变革。在目前的城市产业发展中，以刚性生产为主的生产模式还普遍存在，这种生产模式追求规模经济效应的垂直型结构。与此不同，新产业区是区域性的生产协作网络，它以柔性生产方式为特征，它强调各个部件生产商之间的协作与配合，强调聚集效应。在这种新的产业模式中，通过细化的产业分工，每个企业可以专注于某一个部件或产品的一个部分，获得规模经济效应；同时，不同企业之间相互配合，又可以获得范围经济效应。因此，整个产业链条上各组成部分具有强烈的灵活性。

城市工业园区的培育就是生产模式由"刚"至"柔"的一次变革，即将点状的企业拉成链条产业，把产业链条变成产业"板块"。柔性化最显著的结果是降低交易成本，提升产业竞争力。

产业链网络是城市工业园区发展的内在动力，生产模式的柔性化是通过企业结网的方式进行的。结网是指企业与辅助部门连接，供应商与客商连接，区域内的各种机构在研发活动中进行合作，技术、信息等资源在各个经济主体之间扩散等，所有这些连接的网络都可以看作一种产业链网络。

产业链网络将企业连接到更广泛的创新系统中。产业链网络的构建，不仅能够在区域内的企业相互信任的基础上实现竞争过程中的合作，同时能够吸引外来企业(带来先进技术、管理经验、资金等)及其研发部门机构的进入，并使之"黏附"在网络中。网络中企业间的有效合作，能降低企业间交易成本，增强产业的竞争力。

在产业链网络不完善或不健全的情况下，工业园区建设就只能靠外力推动。实践表明，依靠外力推动不可能实现产业发展的目标。城市工业园区建设必须建立在一个城市经济增长的内生力量基础之上，而这个内在机制应该以产业链网络为支撑点。因为实现产业链网络建设的根本力量是市场，一旦形成产业链网络，产业就会在自组织机制的作用下更多地依赖市场力量，并逐步发展、壮大。

产业链网络的建设要求我们将产业配套环境作为一种城市发展的"基础性战略资源"，使之转变成现实生产力，同时要求我们必须从过去那种依靠外力(政府、外资)推动型经济转向依靠企业创新推动型经济。

2. 工业园区产业链网络的形成和衍生过程

产业链网络的形成和衍生来源于分工。随着社会的发展和需求的不断增加，社会分工越来越细，专业化程度越来越高，社会生产过程日益被划分为一系列有关联的生产环节，各产业部门(或企业)不能承担所有的生产过程，而必须和其他部门(企业)协同配合完成产品的生产，于是就出现了经济关联。产业中各子环节和子系统的依赖性、关联性越来越强，从而形成了与经济活动相关的有序结构，即产业链网络。社会生产分工是产业链网络形成的基础。随着人类社会经济活动的深入，市场机制和政府计划共同作用于社会生产过程，产业链网络的形成和衍生更多地体现为"看不见的手"和"看得见的手"共同作用的有机统一。

产业链网络的形成和衍生有四种基本模式。

(1) 分解。当产业链中某一个环节的生产要求高于单个企业的生产能力和生产效率时，分解就会发生。分解实际上是分工的深化。分解现象可以用图23-1和图23-2来说明，在图23-1中，a、b代表两条生产链，$P_i(i=1, 2, \cdots)$代表一条产业链上不同的生产环节，方框代表一个企业。a产业链中P_2、P_3生产过程在同一家企业中完成，而当企业无法满足产业链对P_2、P_3环节的生产要求时，企业不得不专注于一个生产环节的生产，而放弃另一个生产环节。从整条产业链看，链条上的生产环节没有变化，但是链条上的节点出现了裂变。图23-2代表另一种分解情形，a、b仍然代表两条生产链，$P_i(i=1, 2, \cdots\cdots)$代表每条产业链上不同的生产环节，方框代表一家企业。a产业链中每个生产过程在不同的企业中完成，而当单一企业无法满足产业链对P_3环节的生产要求时，企业不得不对P_3生产环节进行分解，将P_3环节分解成P_{31}和P_{32}甚至更多的生产步骤以提高生产效率和专业化程度。从整条产业链看，链条上不仅节点增多了，生产环节也增加了。

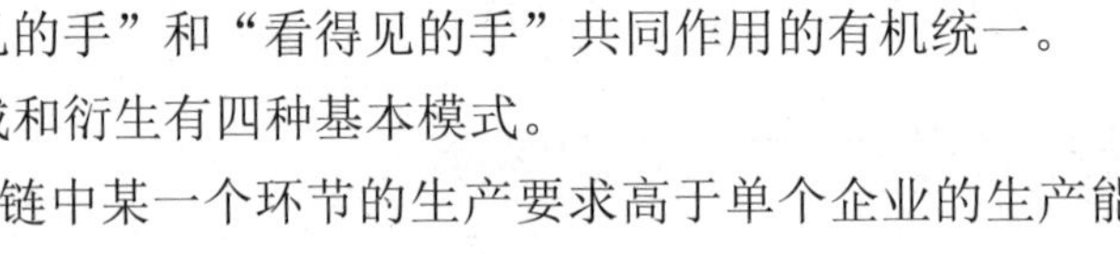

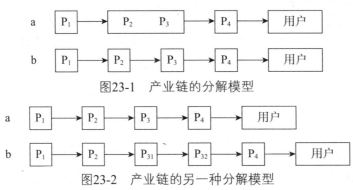

图23-1　产业链的分解模型

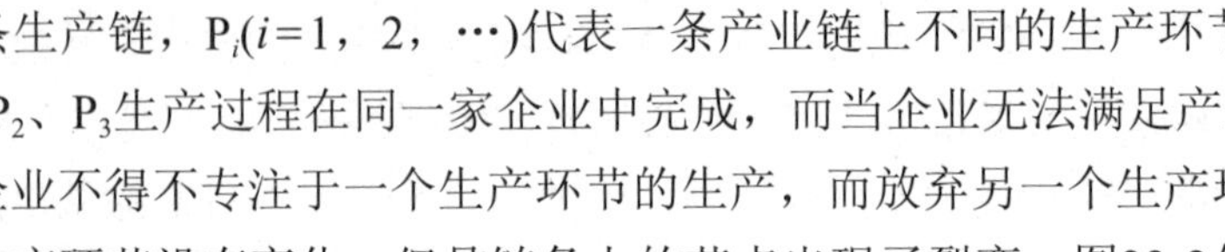

图23-2　产业链的另一种分解模型

(2) 转包。转包是指企业通过契约，将那些非核心业务承包给其他独立的企业的活动。转包起因于企业组织的纵向分解，它把中小企业与大企业之间的活动通过契约关系有效地联系起来，从而使原有的等级制度变成一种以长期稳定关系为基础的网络结构。因此，转包是产业集群和工业园区协作网络建立的基础。图23-3对转包这一模式进行了说明。方框代表生产链上的一个关键节点，方框中的阴影部分代表核心业务，非阴影部分代表非核心业务。通过两种不同方式的转包，形成了产业链的扩张。第一种方式的转包(图23-3中的a)，属于企业采用委派技术指导或监理的方式将部分订单转包给其他同类、同级别的企业；第二种方式的转包(图23-3中的b)，属于企业将非核心业务转包给其他工艺技术水平较低的企业。

通过转包关系建立起来的产业链网络，不仅能够实现区域内企业之间的竞争与合作，更重要的是能够吸引外来企业及其生产要素的进入，并使之成为整个地区产业链网络的一部分。

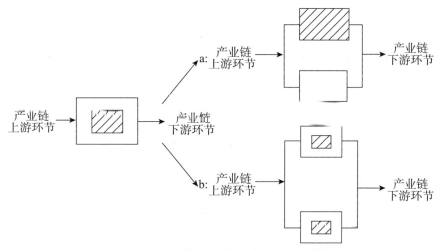

图23-3 两种转包方式形成的产业链模型

(3) 剥离。剥离是企业繁衍的一种经常性行为。一方面，大企业为了应对管理困难，对复杂冗余的生产部门进行剥离，或者对复杂产品的生产过程进行拆分；另一方面，大企业中的技术人员或者管理人员由于不满足现有企业发展环境，或基于对个人成长的更高期望，离开原企业创办新企业，一边与原有企业展开竞争，一边借用良好的信任关系开展协作，承接转包业务。在图23-4中，大圆表示母企业；小圆表示从母企业中剥离出来的小企业；灰色的小圆代表为母企业服务的小企业，承接母企业分配的生产任务；阴影的小圆代表与母企业展开竞争的小企业。

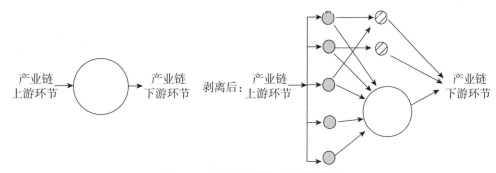

图23-4 剥离形成的产业链模型

(4) 移植。移植是招商引资的产物。随着经济全球化的加快，发展中国家利用劳动力成本、自然资源等方面的比较优势，积极主动地承接了来自发达国家由于产业结构升级而产生的制造业转移(包括部分装备制造业的转移)。各地政府在招商引资的过程中，往往以"大项目"的引进为牵动，将为"大项目"做配套的中小企业或者为"大项目"提供辅助性服务的部门整体引入，在较短的时间内构筑相对完善的产业协作体系。在这个过程中，产业链几乎是从一个地区整体地移植到另一个地区。一些有远见的地方政府在引进重点企业的同时，积极围绕这些企业的上下游产业招商引资，取得了较好的效果。

这种以政府主导作用为主，以移植模式形成或者生成产业链的案例，在国内外较为常见。例如位于奥地利格拉茨市的施泰尔汽车产业集群(acstyria)，格拉茨市政府和施泰尔经济发展机构(SFG，由一家私人咨询企业资助)以及IV Steiermark工业协会是施泰尔汽车产业集群的主要创办者和组织者。格拉茨市政府与Joanneum Research(研究机构)合作制定了支持地区经济(产业集群)发展的政策，一批科技服务、金融服务机构面向政府支持的汽车产业提供中介服务。在奥地利政府和格拉茨市政府的努力下，克莱斯勒集团的欧洲之星装配厂落户施泰尔，同时格拉茨市政府积极引进克莱斯勒集团的供应商在施泰尔落户，逐步形成了施泰尔汽车产业集群，并在集群内生成较为完整的汽车产业链。

3. 基于产业链视角的城市工业园区的产业升级

工业园区的升级意味着要从产业链视角研究工业集群的升级，研究工业集群产业链的价值链表现。根据产业链和价值链的关系理论，产业链不仅是一条有效的价值链——创造价值、利润，也是一条有效的供应链——降低成本。产业链要想有效提高竞争力，使创造的价值最大化，供应链与价值链应该有效地整合，既要价值的创造过程，关注消费者迅速变化的各种需求，也要在价值增值既定的情况下，有效地组织供应流程，使成本最小化。产业链与价值链均体现了最核心的价值创造和价值获取活动与环节。

Raphael Kaplinsky & Mike Morris等人从全球价值链的角度对产业集群的升级进行了研究分析，结合工业园区的特性，提出了基于价值链的四种集群升级模式，即过程升级(process upgrading)、产品升级(production upgrading)、功能升级(functional upgrading)和链条升级(chain upgrading)，如表23-4所示。

表23-4　价值链视角下的集群升级模式

升级类型	升级的实践	升级的表现
过程升级	过程变得更有效率	降低成本，增加传输体系，引进过程新组织方式
产品升级	比对手更快的研发速度和更明显的质量提升	新产品市场份额扩充，新品牌市场份额增大，改进产品市场份额增加
功能升级	改变企业在价值链中所处的位置	提升企业在价值链中的地位，专注于价值量高的环节而把低价值的活动外包
链条升级	移向新的、价值更高的价值链	在相关产业领域、相异产业领域获得高收益

(1) 过程升级模式。通过提升产业链上某个环节或者某个企业的生产加工工艺，来提高该环节的生产效率和经济效益，继而实现整个产业链和集群经济效益的提高。从现状看，我国制造业集群处在全球产业链的低端环节，生产工艺落后，生产效率低下，制造业集群可以通过引进先进工艺、提高产业工人熟练程度、增强生产流程管理等方式，来提升产业链各环节的生产效率，从而实现整个集群的升级与发展。

(2) 产品升级模式。通过研发或引进新产品，来提高市场占有率，增强影响力，从而实现企业竞争力的提高，继而带动整个产业链和集群的升级。从现状和实例看，国内制造企业往往采用先引进国外先进产品，然后走贴牌生产、模仿生产、消化吸收再创新的路子，新产品的开发速度越快，企业的竞争力就越强。通过制造业集群的产品升级，用新产品、新品牌不断占领市场，继而带动整个产业链和集群竞争力的提高。

(3) 功能升级模式。企业和集群通过调整、改变自身在全球价值链中的环节等途径，提升在价值链中的位置，从而获取更高利益，继而推动产业链和集群升级。在这一模式中，企业或者集群抛弃原来所从事的低附加值的经济活动转向从事高附加值的经济活动，如抛弃简单加工、初级制造、零部件生产等活动，转向从事产品总装、研发设计、销售服务、技术咨询等活动。在这样的过程中，企业或者集群在产业链中的功能地位发生变化，占领了产业链的高端环节或者"战略性环节"，所获得的经济效益显著提升。

(4) 链条升级模式。链条升级模式其实是一种企业或者集群跨部门或者跨行业发展的行为模式，比较常见的是企业或者集群从某一低端产品领域转移到另一高端产品领域。制造业集群产业链的升级通常表现为企业或者集群整体在原有产业、产品基础上，把生产领域扩大或转移到另一个具有较高收益的产业领域，使企业和集群获得更高的收益，并提高竞争力。例如，中远船务大连工程有限公司将其经营业务从修船转向改装专业船舶，又转向造船，最后转向生产深水钻井平台，虽然都是在装备制造业领域发展，但是从一条产业链转到另一条产业链，企业获得了更高的经济效益，并带动了为其提供配套服务的企业一起实现升级，最终使整条产业链和集群都实现了升级。

三、工业园区建设中的产城融合

"产城融合"是指产业与城市融合发展，以城市为基础，承载产业空间和发展产业经济；以产业为保障，驱动城市更新和完善服务配套，进一步提升土地价值，以达到产业、城市、人之间有活力且持续向上发展的模式。产城融合强调，产业是城镇发展的经济基础，城镇是产业发展的平台载体，而人是产城融合的核心因素和主体。产城融合发展的核心，是促进居住和就业的融合，即居住人口、就业结构与区内服务相匹配。

过去的工业园区建设大多忽略了"产城融合"的谋划，要么在规划产业园区时，偏重于"单一的生产型园区经济"，缺乏城市的依托；要么在规划城镇时，偏重于"土地的城市化"，缺乏产业和人口的支撑，从而陷入"产城脱节"的误区。实践证明，城市与产业是相伴而生、共同发展的。城市没有产业支撑，就是"空城"；产业没有城市依托，就没有可持续性。城市化与产业化要有对应的匹配度，不能相互脱节分离。

从工业园区的发展历程来看，通常情况下，功能上都经历了"从纯工业，到工业和配套功能，再到综合新城"的发展过程；空间上经历了"从生产空间主导，到生产空间和配套服务，再到消费空间主导"的发展阶段。产城融合的提出是工业园区产业功能转型、城市综合功能提升的必然要求。工业园区建设由注重功能分区、产业配置，转向关注人的生活品质、城区的综合发展能力。产城融合发展的主要实施路径有以下几条。

1. 做好产城融合发展规划

工业园区产业甄选以及布局的时候，一定要结合城区今后发展定位来进行相应设计，确保产城两者之间的吻合性，同时还需要满足城市发展规划性质。在规划中，确保产业和城镇在空间和功能上相匹配。从空间上看，按照生产空间集约高效、生活空间宜居适度的原则，科学规划新城区的空间发展布局，形成新城区城镇功能与主要产业的空间分布基本匹配的发展状态。从功能上看，产业的经济功能和城镇的服务功能在发展中能够互相促进，形成良性循环。产业发展方向是产业高端化、集聚化和绿色化发展，新城区要为产业的发展提供基础设施及公共服务体系，以吸引劳动力和其他生产要素尤其是创新要素的集聚，促进产业发展和升级。

2. 城市产城融合发展激励机制

对于工业园区来说，最重要的是人力资本，有人力资本才会有吸引力。因此，在产城融合发展中，首先要适当增加优质的医疗中心以及高品质的学校，提升当地医疗水平和教育水平，打造更加宜居的环境。其次，推动园区工资待遇水平的适当增加，促进就业。最后，要针对产业发展所需人才出台一些政策，吸引人才、留住人才。除了对人的激励之外，对企业的激励也至关重要。新城区要优化自身的服务水平，为企业提供优质高效服务，进一步减少行政服务收费，完善审批项目的流程，对一些特殊的、有需求的项目做到专事专办，从而吸引更多的企业前来投资，同时也为当地的企业提供优良的成长环境。

3. 完善产城融合配套设施

转变传统工业园区建设中重产业发展、轻配套服务的思想，坚持以人为中心的基本理念，协同推进生活性公共服务设施建设，搭建完善的社区公共服务体系，为在新城区居住与就业的人员提供完善的、高品质的生活服务。同时，积极对新城区社会管理、生产以及生活配套功能进行拓展，在坚持政府主导的前提下积极鼓励社会资本参与到生活服务设施建设中来，促进现代服务业的全面发展。此外，要积极构建生产服务平台，围绕主导产业配建商务办公、金融服务、会展服务、技术咨询、物流配送、检验检测、研发设计以及科技孵化等生产性服务设施，为新城区企业提供专业、多元化的生产性公共服务。

4. 提高产城融合发展地区的环境质量

要做到产业和城市的融合发展，达到"以产兴城""以城促产"的目的，实现产、城、人之间和谐共生的美好愿望，其中非常重要的一点是重视新城区的环境质量，具体可采取以下做法：加强企业环保，发展绿色经济、循环经济；通过废物再利用来减少工业污染物，严格控制、监测工业污染排放；高标准建设新城区环境基础设施，重视新城区生态与绿地系统搭建；在工业生产区与居住区间保留生态廊道等，为新城区创造良好人居环境。

5. 优化产业结构和功能定位

围绕园区主导产业，积极发展上下游产业，结合产业链发展规律，有效引导产业结构向附加值高的领域延伸，实现产城融合的高质量发展。从产业功能定位来说，新城区的产业发展方向是产业高端化、集聚化和绿色化发展。因此，在产业结构调整的同时，要发挥产业集聚优势，发展网络经济和数字经济，以新产业、新业态为发展导向，吸引创新资源的集聚，加快创新创业服务体系和平台建设，提升全要素生产率，促进产业发展的质量变革、动力变革和效率变革，实现高质量发展。

第三节　大都市区的产业空间布局

一、大都市区的产业分工与空间布局

1. 大都市区的产业分工

从发展趋势看，区域产业分工和专业化的演变大体经历了三个阶段：第一个阶段为部门间分工，就是不同地区发展不同的产业，这种专业化称为部门专业化，它是经济发展早期阶段的产业分工形式；第二个阶段为部门内分工，就是不同地区都在发展同一个产业部门，但其产品是不一样的，这种专业化称为产品专业化；第三个阶段为产业链分工，也就是说，虽然很多地区都在生产同一种产品，但是各个地区按照产业链的不同阶段和环节进行专业化分工，这种专业化称为功能专业化。各个阶段地区分工与专业化的演变如表23-5所示。

表23-5　地区分工与专业化的演变

阶段	分工类型	专业化形式	专业化特点
第一阶段	部门间分工	部门专业化	不同部门在空间上的分离
第二阶段	部门内分工	产品专业化	同一部门不同产品在空间上的分离
第三阶段	产业链分工	功能专业化	同一产品价值链的不同环节在空间上的分离

产业链分工是大都市区产业分工的基本趋势。一个企业的价值链可以分为不同的环节，即从研发、产品设计、原材料采购、零件生产、装配、成品储运、市场营销到售后服务，每一个环节都可以选择在不同的地区进行投资。在这种情况下，随着经济全球化和区域一体化的加快，在一些地区如大都市区内将出现按产业链的不同环节进行分工的新型分工格局。例如，大都市中心区着重发展研发、设计、培训、营销、批发零售、商标广告管理、售后服务等，由此形成两头粗、中间细的"哑铃形"结构；大都市郊区和其他大中城市侧重发展高新技术产业和先进制造业，由此形成中间大、两头小的"菱形"结构；其他城市和小城镇则专门发展一般制造业和零部件生产，由此形成中间粗、两头细的"棒形"结构，如图23-5所示[①]。

---

① 魏后凯. 现代区域经济学[M]. 北京：经济管理出版社，2006：160，161.

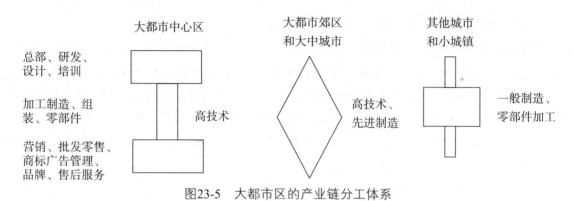

图23-5 大都市区的产业链分工体系

2.产业链分工与城市产业空间布局

在工业化社会，以制造业为主导的城市，其产业空间与城市生活、商业空间是一种对立和冲突的关系，产业对城市的贡献度不大。当进入后工业社会、信息社会之后，制造业外迁与产业升级，服务业的高度集聚，城市人"消费即生产"，使城市的产业空间与整体的城市空间形成了融合、和谐的关系，产业对城市空间的贡献度明显加大。这种关系的变化，是建立在全球产业价值链产业升级模式的集成体现的基础之上的。在以全球价值链为主导的产业分工中，高新技术产业、高端服务业等具有高附加值的行业所引领的新产业价值链，则是促进城市产业空间布局优化、环境友好、集群竞合、集约发展的动力系统。

城市的空间是有价值的，这种价值是由城市能级决定的，而城市能级在很大程度上由经济实力以及可持续的创新能力所决定。对于在经济和市场力量作用下的城市空间而言，优化、重组的过程就是追求空间价值最大化的过程，土地的价格、房产的价格、收入和消费水平等都是空间价值的直接体现，也就是说，每个空间单位的平均"经济密度"，是衡量空间价值最直接的指标。从价值链的角度来审视产业空间布局，研发机构或部门往往倾向于大学和科研机构的密集区，生产加工基地则倾向于交通方便、土地便宜且产业配套能力强的区域，至于展示销售区域往往安排在城市的门户和窗口地区。一些高度国际化的城市，其主城空间已经不再有生产加工业基地，只有企业的管理总部，产业的主体为高端服务业，正是因为其空间价值太大，占地多的工厂车间无法达到"经济密度"的要求。城市产业空间的价值链效应还强化了城市中心区的"经济密度"，"寸土寸金"的现象司空见惯，"高密型"城市也越来越多。自1990年后期以来，中国大城市在空间演化中，伴随着国际产业的转移，地区管理机构、研发机构以及制造基地纷纷进入，产业空间的"圈层化"日趋明显，北京、上海、深圳、广州、南京等城市，主城区形成了以高端服务业为主导的总部经济区、商业消费体验区，围绕主城区形成的多个次中心则是商业、居住以及研发、创意机构的集聚地带，而高科技产业园区、加工业基地、物流基地等则分散到了由快速公路连接的郊区，明显顺应了产业价值链引导下的开放式产业空间布局变化潮流[1]。

---

① 李程骅. 优化之道——城市新产业空间战略[M]. 北京：人民出版社，2008：42.

二、大都市区空间结构演化与产业布局调整

1. 新增长中心的崛起与多中心结构

大都市区(metropolitan area)是以大城市为核心、与周边地区保持密切社会经济联系的城镇化地区。国外城市发展实践表明，以信息化为标志的"新经济时代"并没有导致经济活动的空间化，大都市区是城镇化在集聚、扩散、再集聚的循环反复过程中，在更大空间范围内推进城镇化而出现的一种新的城市空间组织形式。大都市区是实现城镇化的最高空间形态，是实现区域产业布局调整和城乡协调发展的最佳载体。

在大都市圈范围内，大城市增长本身带来了新的形态，即形成了我们称之为新增长中心的新城市区或新产业空间。这种新增长中心充满活力，已成为一个地区实现经济增长的重要推动力量。新增长中心倾向于在更大的地理范围内扩散，它引导大都市区向多中心城市演进，逐步形成了一个与大都市核心区具有互补与竞争关系的现代多中心城市结构模式。

新增长中心的崛起，使得大都市圈内部的经济结构和社会景观变得非常复杂。根据新增长中心与大都市区的关系及新增长中心的功能的不同，可以将新增长中心分为以下五种。

(1) 副中心区。副中心区与城市中心区保持快捷便利的交通联系，从空间分布来看，它一般与城市中心区在空间上保持一定的距离(陈劲松，2006)。当城市中心区出现集聚经济时，城市通常会通过建立副中心的途径把部分功能分散出去，以避免因中心区商务功能过度集中对城市造成负面影响。

(2) 边缘新区。边缘新区一般居于大城市核心区边缘，有些以"飞地"的形式存在，它是伴随着城市郊区化发展的加速以及中心城区功能的逐步外迁，而在大都市边缘逐步形成的功能比较完善且相对独立于大都市的新城区。

(3) 新产业空间。它是以中心城市为依托，以新的生产方式或新的产业组织模式为基本特征的区域。新产业空间往往是基于以一种或多种产业为主导的工业园或产业园的形式建立起来的相对独立的地理区域。新产业空间之"新"，根本之处在于它是新产业、新技术、新模式与新的城市空间的有机结合。

(4) 发展走廊。由两个大城市或多个大城市相互向对方扩散形成新的发展区域，这些新区域大多沿着交通通道发展，比较容易被纳入大都市圈的空间经济系统之中，故称发展走廊。发展走廊是一种"准城市化地区"，它是城市与农村中的各种要素在一定地理区位上高度混合而形成的一种特殊的空间结构形态。

(5) 专业化城镇。它是指在大都市外围形成的具有相当规模和实力的专业特色城镇。这些专业化城镇或者依靠兴办专业市场而发展壮大起来，从而带动城镇产业和人口的集聚，或者依靠自身的区位交通、商贸物流、历史文化、自然资源、农优产品等优势条件而发展起来，成为独具特色的小城镇。

上述五种新增长中心之间有时存在重叠关系。例如，边缘新区可能同时又是副中心区和产业园区的载体。20世纪80年代以来，我国一些沿海发达大都市中的企业纷纷向城市边缘区迁移，新兴产业在边缘区兴起，一些大规模的工业园和商业服务网点也落户于此，具有完善的城市功能的新城区逐渐形成。这些新城区有的是在新产业区的基础之上形成的，有的则依托边缘城镇发展起来，不论哪种情况，它们往往都是异军突起，扮演了区域新增长中心的角色。

新增长中心的崛起，不但使大都市由单中心城市结构向多中心城市结构演进，而且新增长中心自身的结构也呈现明显的变化。一方面，大都市的部分职能逐步分散到这些新增长中心之中，从而减轻了大都市区的压力；另一方面，逐渐形成了组团式的卫星城市结构，从而提高了新增长中心的空间容量。

2. 现代大都市区的产业布局调整

城市自其产生之日起，就处在一个不断更新、改造的过程中，但城市产业布局出现大规模变化则始于20世纪50年代欧美的一些发达国家。产业革命导致世界范围的城市化，大工业的建立和农村人口涌向城市促使城市规模扩大，由于城市的盲目发展，城市问题不断加重，如居住环境恶化、市中心区衰败、城市特色消失和社会治安混乱等；同时随着社会经济的发展，城市结构和功能日趋复杂，城市结构的分化现象也日益明显。面对这种局面，局部改造已不能满足需要，大规模更新和重新布局，成为各城市解决这些城市问题的主要措施。

自20世纪20年代以来，西方发达国家的大城市产业布局发生了三次大的从中心向郊区迁移的浪潮。

(1) 房地产开发的郊迁。由于城市人口自然增长和机械增长给城市中心带来巨大的人口压力，这种压力增加了对住宅的需求，从而推动了郊迁的第一次浪潮。房地产开发商通过改善进出城市的交通设施，加速在地价相对较低的郊区的投资开发进程，使不断富裕起来的拥有交通工具的中产阶级首先逃离环境不断恶化的市中心。1980年，在美国全部的城市化地区人口中，居住在中心城市和外围密集区的人口比例为48∶52，像纽约、费城、圣路易斯、旧金山和华盛顿等大城市地区，就业人口中有一半以上居住在环城郊区。

(2) 工业向郊区布局和迁移。在城市空间扩展的过程中，工业布局空间结构呈现明显的离心化趋势。由于工业的竞租能力低和中心地区传统工业的设备陈旧，房地产费用高昂，利润率下降，以及人们对环境质量要求的不断提高，城市中心原有的工业部门纷纷倒闭或在郊外选择新址新建。而大工厂在郊区的新建和迁建，又会引起连锁反应，使与它们有联系的小厂也跟着外迁。这就形成城市郊迁的第二次浪潮。在西方，城市工业郊迁比人口郊迁要晚，出现在20世纪60年代以后。

(3) 商业的郊迁。大规模人口外迁后，城市整个第三产业结构也发生了变化。在郊区沿马路布置小型的商业带已经不能适应需要，代之而起的是在具有较高消费能力的社会群体能够方便到达的地方建立超级市场或商业中心，同时配备其他服务中心。超级市场通过直接进货，对市中心及其附近的批发业和仓库的需求也相应减少。中心城市的第三产业结构也发生相应的变化。CBD逐渐形成，促进了两种产业的形成：一是本身就容易受到聚集经济很大影响的产业，如金融业、法律事务所以及大企业和大公司的办公处等；二是在一个区位上服务于整个大都市区人口的产业，如歌剧院、报社、博物馆以及为城外游客提供服务的产业。同时购物空间也向两极结构化发展。在西方国家，由于城市内部职住分离，加上私人汽车的普及和交通系统的日益便利化，居民的购物空间广阔而又复杂，但总体来说购物空间由三级结构逐渐向二级结构转化，即由日用商品购物空间和专门商品购物空间向由两者组成的双重结构转化，中档商品商圈和高低档商品商圈相互融合并逐步消亡。郊区由于人口的大量聚集，逐步形成次一级的综合性商业服务中心。

随着郊区各种服务功能的不断完善，特别是办公设施迁向郊区以后，郊区的生活空间逐渐形成，郊区的自立程度也越来越高，郊区一改过去城市边缘扩展的松散形态，变成了具有各种功能的郊区中心，也就是所谓的郊区核(suban downtown)，大城市也由单一的中心向具有多数不同规划中心的分散多极结构转化。实践证明，郊区化发展主要是特大城市产业在比较利益的驱动下，在产业间联系成本等原因的作用下，城市空间结构和城市产业布局实现有序化过程的一个重要方面。在大城市发展的过程中，产业的郊迁和城市产业布局的重新调整是城市向更高层次发展的必然趋势。因此，各国在大城市扩展过程中也特别注重郊区规划和布局，特别是卫星城镇的建设及部分产业的转移等，不仅缓解了主城区的各种发展压力，解决了出现的城市问题，同时也促进了郊区的经济发展，带动了整个区域的繁荣，使得城市向更合理的方向发展。

三、大都市区产业空间布局模式

1. 产业集群化布局模式

产业集群化布局是指在大都市区范围内，形成由若干具有竞争与合作关系，在地理上集中，有交互关联性的企业、专业化供应商、服务供应商、金融机构、相关产业的厂商及其他相关机构等组成的群体。目前，产业集群化布局已成为大都市区产业布局的重要模式和发展趋势。产业集群作为大都市区参与全球竞争的重要工具，具备与发达国家跨国大企业集团相比拼的实力和可能性，因而被看作大都市区经济发展的重要推动力。

一般来说，产业集群化布局分为两种情况：第一种情况，布局在国家各部门所认定的各类开发区、产业基地和科技园中，其中包括国家级高新技术产业开发区、国家级经济技术开发区、国家高新技术产业基地、国家新型工业化示范基地、火炬计划特色产业基地和国家农业科技园，这是目前我国大都市区产业集群化布局的主要形式；第二种情况，布局在各区域的专业镇和专业村，形成"块状经济"空间形态。

大都市区产业集群化布局的成功，主要得益于全球化条件下的产业分解和集聚、地方政府的积极有为以及民营经济的奋起发展这三个重要因素。其中，经济全球化导致产业链、价值链的分解和集聚是我国大都市区产业集群化布局成功的重要因素之一。全球化的本质是产业、资本、技术、信息等要素的流动和转移，这种资源要素的频繁流动极大地促进了国际化分工与协作发展，带动了产业从一个区域转移到另一个区域的集聚发展，从而形成大都市区产业集群化的布局趋势。

2. 城乡统筹产业布局模式

城乡统筹产业布局是指在城乡一体化的空间中，通过产业关联、产业链整合以及产业内部联系和地域外部环境相互作用与协调形成相对稳定的区域产业体系。在这个相对稳定的区域内，郊区、产业带和具有一定规模的城镇与中心城市的主城区或新城区，形成经济和通勤上的密切关系，带动大都市区内经济和社会文化活动的融合和互补，从而构成以产业为纽带的城乡空间一体化关系。这种城乡统筹的产业布局，边界不是非常明晰，往往具有动态性、聚集性、自组织性和地域分布梯度性等多方面的特点。

事实上，以郊区的放大与发展来优化产业布局，以外部空间的拓展来优化内部空间的功能，把产业一体化作为城乡一体化的基础和依托，突出产业转型的核心支撑作用，推进城乡产业发展一体化，几乎是所有世界大都市区的共同选择。

3. 多中心组团式布局模式

在目前的城市布局模式中，单中心集聚与多中心分散是较常见的城市布局模式，其演变的过程通常是"单中心集聚—多组团放射"逐层递进，而推动这一演变的核心因素正是交通。在单中心集聚的城市布局模式下，交通体系的构建基本上是围绕核心区展开的，城市交通系统为典型的"环—放"式结构，这一结构将大量交通流引向城市核心区，造成大城市核心区的交通高度拥挤。因此，随着城市规模的不断扩大，单中心集聚发展的必然结果就是城市的无序蔓延与扩张，俗称"摊大饼"，这对城市的交通、环境、居住的适宜性等均会带来较大影响。

为避免城市单中心集聚发展带来的人口密度过高、用地紧张、交通拥挤和环境恶化等一系列城市病，许多国家和地区政府及城市规划专家提出了多中心组团式的城市布局发展模式。采用多中心组团式布局的城市将大城市中心区过度集中的产业、人口和吸引大量人流的公共建筑分散布置在中心区外围的各个组团中，组团间以绿化带分隔，此布局模式使城市各部分都能自由扩展，其新的发展部分不会对原有城市产生破坏与干扰。因此，多中心布局被认为是大都市扩张的主要发展趋势。提高多中心组团式城市布局的交通效率的关键在于提高各组团间的交通运转效率，通过发达的交通系统将分散的组团布局整合起来，使其形成整体，是在多组团布局模式下发展交通的关键所在。

第二十四章

城市开发、更新改造与空间发展

一直以来，城市土地资源开发和管理受到了城市管理者的高度重视。本章以土地集约利用为主线，分析城市开发中的空间利用和再造问题，首先介绍城市开发动因和类型、开发模式及其空间经济特征；其次讨论城市更新与旧城改造，包括城市更新改造的内涵、方式和需要处理的关系等；再次阐述特色小镇的规划与建设，包括特色小镇的特性、类型、规划流程和建设重点以及组织模式创新等；最后讨论城市公共空间的规划与建设。

第一节　城市开发及其空间特征

一、城市开发动因与类型

城市开发是以城市土地利用为核心的一种经济性活动，主要以城市物业(土地和房屋)、城市基础设施为建设对象，通过资金和劳动的投入，形成与城市功能相适应的城市物质空间品质，并通过提供服务或经过交换、分配和消费等环节，实现一定的经济效益和社会利益目标。

城市的发展过程是一个不断建设、更新、改造，亦即新陈代谢的过程。城市开发作为城市自我生长、自我整合的机制，始终存在于城市发展之中。城市作为经济和社会活动的集约化空间形式，具有聚集效益和规模效益的优势。城市开发的动因或发生机制在于城市结构和城市功能的互动调节作用。在城市功能不断创新、城市结构与城市功能处于不适应状态的情况下，既有的城市结构将凭借自身的弹性和内部调整能力，借助于局部开发，达到与新功能的相互适应。城市的发展总是处于"平衡—不平衡—新的平衡"的矛盾运动之中。这是城市开发的基本动因。

城市开发按照不同的标准可以分为不同的类型。

1. 新开发与再开发

新开发是将土地从其他用途(如农业用途)转化为城市用途的开发过程；再开发是城市空间的物质性置换过程，往往伴随着功能变更的过程，如单一功能变更为综合功能，或者居住功能变更为商业功能，同时往往以高密度发展代替低密度发展。

新开发和再开发的时空分布与城市发展的阶段和区位有关。一般来说，新开发与再开发的时空分布规律是从城市的生长期到成熟期，新开发活动递减，再开发活动递增；从城市的中心区到边缘区，新开发活动递增，而再开发活动递减。

2. 公共开发与商业性开发

城市空间可分为公共空间和非公共空间两类。公共空间包括公共绿地、道路和其他公共设施的用地，通常是公共部门的开发领域；非公共空间则指各类产业活动和居住活动的用地，一般属非公共部门的开发范畴。

公共开发在城市开发中起着主导作用，公共空间构成了城市空间的发展框架，既为各种非公共开发活动提供了可能性也规定了约束性。所以，公共开发又称为第一性开发活动，非公共开发则称为第二性开发活动。另外，两者的决策依据和出发点存在根本差别。公共部门的开发决策以公共利益为取向，把城市经济和社会发展的整体和长远目标作为决策依据；非公共开发决策以商业或部门利益为目标，项目效益的高低和风险的大小是其考虑的主要方面。

3. 基地开发与建筑物业开发

基地开发包括对城市道路、市政基础设施、场地的平整和清理，通常称之为"七通一平"。建筑物业开发是指建筑物项目的改造和更新。基地开发是建筑物业项目开发的先决条件。一般说来，在城市新区的成片开发中，首先应进行基地开发，然后进行地块出让和建筑物业项目开发[①]。

二、城市开发模式

1. TOD模式

TOD(transit-oriented development)模式，就是政府利用垄断规划带来的信息优势，在规划发展区域首先按非城市建设用地的价格征用土地，然后通过基础设施的建设、引导、开发，实现土地的增值。城市基础设施投入的全部或主要部分来自出售基础设施完善的"熟地"，利用生熟地价差平衡建设成本。TOD模式运用成功的关键在于，政府行动要领先于市场需求。

2. SOD模式

SOD(service-oriented development)模式，就是通过社会服务设施建设引导的开发模式，即城市政府利用行政垄断权的优势，通过规划对城市功能进行空间调整，使新开发地区的市政设施和社会设施同步形成，从而加大生熟地价差，进而获得城市功能调整的资金保障。

3. AOD模式

AOD(anticipation-oriented development)模式，就是规划理性预期引导的开发模式，即政府通过预先发布某些地区的规划消息，来激发、引导市场力量进行先期的相关投入，以尽快形成与规划目标一致的外围环境和所需氛围，以便政府在最为合适的时机，以较低的投入实现原先的规划建设意图。

三、城市开发的空间经济特征

城市土地既是一种基地实体的有形资源，又因其特殊的空间经济特点，如区位属性、开发用途、开发强度及垂直空间布局的适宜性等，表现为一种抽象的无形资源。

1. 土地区位

土地区位属性是指城市功能活动的空间外部联系性，包括可达性、互补性和排斥性三个要素。可达性是指空间联系的便捷程度，主要与城市的道路系统和交通网络有关。区位的互补性

---

① 上海经济增长方式转变综合研究课题组. 创新：上海经济增长方式转变的必由之路[M]. 上海：上海人民出版社，1998：261-266.

对城市土地利用的作用表现为两种情况：一是已开发的土地用途会决定周围尚未开发的土地的互补性用途；二是周围已经开发的土地用途会决定待开发的土地的互补性用途。一般来说，功能上具有互补性的土地应聚集在一起。排斥性指土地用途带来的负效应。例如，邻近铁路的土地会贬值，毗邻有污染的工厂会导致房价或者房租下降。

2. 开发用途

一般情况下，区位条件较好，特别是可达性较高的地区，开发活动的收益也较佳，因而能够支付较高的地价；反之则否。即使在可达性相同的区位内，不同开发活动的收益也是有差异的。第三产业对区位的可达性要求较高，其收益对可达性变化的敏感度也较高。其中，零售业往往是对可达性变化最为敏感的业态。不同行业对地价的敏感度如图24-1所示。

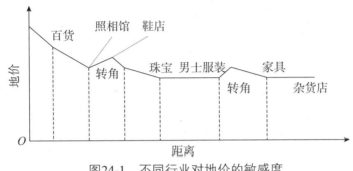

图24-1　不同行业对地价的敏感度

城市功能的变化势必会影响到土地的使用方式，因此，土地用途的适时置换和土地再开发是必要的。

3. 开发强度

开发强度是指对土地投入多少资金，或者是在单位土地上建造多大面积的建筑。通常城市中心地区的开发强度最高，有两方面的原因。如图24-2所示，其一，市中心地区是城市中区位条件最好的地区，单位面积的收入(边际产出量)也更高(从BB到B^*B^*)，在单位面积的造价(边际投入量)变化不大的情况下(从CC到C^*C^*)，投入和产出曲线的交叉点向坐标轴水平方向的右侧移动(从M到M^*)，将导致开发强度和总收益的增加。其二，城市土地是稀缺的，区位条件好的中心区土地更为稀缺，在激烈的市场竞争中，开发商只有以最佳的开发用途和最高的开发强度来获得最大的开发收益，才有能力支付最高的地价。

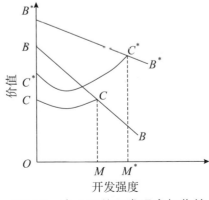

图24-2　中心区的开发强度与收益

4.垂直空间布局

就可达性而言，在水平的区位中，中心区的可达性最高，向外部逐渐下降；在垂直的空间区位中，地面层的可达性最高，向上部逐渐下降。与水平区位的可达性一样，垂直空间的可达性对土地利用和土地价格也会产生类似的作用。一般来说，接近地面的区位可达性最高，适合于开展零售活动，租金也最高。而在此区位之上的区位，往往依次用于办公、居住，租金也随之降低。垂直空间开发是现代大都市土地资源集约化利用的一种特殊方式[①]。

第二节 城市更新与旧城改造

一、城市更新改造的内涵与方式

1.城市更新与旧城改造的区别

"城市更新"与"旧城改造"是城市发展规划中的一体两面。城市更新(urban renewal)是对城市中某一衰落的区域进行拆迁、改造、投资和建设，以全新的城市功能替换功能性衰败的物质空间，使之重新发展和繁荣。城市更新包括两方面内容：一方面是对客观存在实体(建筑物等硬件)的改造；另一方面是对各种生态环境、空间环境、文化环境、视觉环境、游憩环境等的改造与延续。旧城改造(old city renewal)是指局部或整体地、有步骤地改造和更新老城市的全部物质生活环境，以便根本改善其劳动、生活服务和休息等条件。概念中的"旧城"，指城市建成区中某些房屋年久失修、市政设施落后、居住质量较差的地区。但旧城的"旧"不限于年久失修、建筑外观破旧，它还指其整体功能不能满足城市发展和居民生活的需要，因此旧城改造包括城区的危房改建、道路修建和城市开发等内容。旧城改造的根本意义在于城市功能更新。

总之，城市更新旨在完善城市功能，优化空间结构，推进土地资源的集约利用，主要以城中村、旧商业区、旧工业区为重点；而旧城改造旨在消除危旧住房和道路，改善片区居住环境，完善基础设施配套和公共服务设施配套。"城市更新"与"旧城改造"虽有不同，但都是对城市发展具有积极助力的规划建设，是人们生活方式、条件、环境持续改造和使之变得美好的过程。

2.城市更新改造的基本方式

城市更新改造的目的是对城市中某一衰落的区域进行拆迁、改造、投资和建设，以全新的城市功能替换功能性衰败的物质空间，使之重新发展和繁荣。从广义的城市更新定义来说，旧城改造也属于城市更新的范畴。城市更新和旧城改造两者可以视为一体化过程。城市更新改造的方式可归结为重建或再开发、综合整建以及功能维护三种。

(1) 重建或再开发(redevelopment)。再开发，是将城市土地上的建筑予以拆除，并对土地进行与城市发展相适应的新的合理使用。再开发的对象是建筑物、公共服务设施、市政设施等有关城市生活环境要素的质量全面恶化的地区。重建是一种最为完全的更新方式，但这种方式在

---

① 上海经济增长方式转变综合研究课题组. 创新：上海经济增长方式转变的必由之路[M]. 上海：上海人民出版社，1998：267-272.

城市空间环境和景观方面、在社会结构和社会环境的变动方面均可能产生有利和不利的影响，同时在投资方面风险更大，因此只有在确定没有其他可行方式时才可以采用重建。

(2) 综合整建(rehabilitation)。综合整建是将市区建筑物的全部或一部分予以修整完善化，改造或更新设备，增强其城市服务功能。这类更新改造方式主要适用于建筑物及设施在结构上尚可继续使用，但因维护不当或未予更新而导致不良化的城区。采用整建所需时间比重建短，可以减轻安置居民的压力，投入的资金也较少。这种方式适用于需要更新但仍可恢复并无须重建的地区或建筑物，整建不只是为了防止其继续衰败，更是为了改善地区的生活环境。

(3) 功能维护(conservation)。功能维护是对现有城市历史遗存、传统建筑的修理与保护，它适用于历史建筑或环境状况保持良好的历史地区。应予以维护区域的认定，一般根据各城市的实情而定。对于有生态恶化趋势的城区，应该及时维护。功能维护除对物质形态环境进行改善之外，还应就限制建筑密度、人口密度、建筑物用途及其合理分配和布局等提出具体的规定。这是最为缓和而灵活、耗费最低的办法，是预防性的措施，适用于社会经济活动运行正常的市区。

二、城市更新改造与城市空间重构

1. 从旧城改造到城市更新

在城市发展过程中，必定会出现旧城区。只要城市在发展，旧城改造就不会间断。然而，在现实中，旧城改造出现了一些问题，突出问题是将旧城改造简单地理解为大拆大建。在这样的改造模式下，很多具有历史文化底蕴的城区遭到人为破坏。因此，现在人们逐渐用城市更新代替旧城改造的提法。从旧城改造到城市更新，不仅是概念的改变，更是城市建设理念和发展模式的全新升级。具体来说，城市更新作为旧城改造的替代模式，摒弃了旧城改造单一的"拆迁—新建"模式，向"拆迁+保留—新建+保护+升级"转变，尊重历史、以人为本、改善配套、因地制宜，降低了拆迁带来的社会矛盾，保护了城市历史文脉，改善了居民生活配套设施，优化了建筑形体及空间布局，转变和升级了城市发展模式[①]。

从旧城改造到城市更新，从发展理念、模式和规划上要明确如下原则和做法。

(1) 保存老城区的整体风格和历史文脉风貌。突出保护性修复，保留高价值建筑，包括独立单体建筑和建筑群；突出老城区的文脉定位，修旧如旧，保护有价值的历史遗存，比如文物、高价值建筑、街巷、建筑群等，以凸显老城区的文化特色。

(2) 旧城改造要严格落实社会、经济、环境等之间的相互协调。具体而言，旧城改造突出表现为对区域社会的有利影响，比如社区环境优化等；同时，要打造具有文化氛围的居住环境、休闲空间，使城区更具吸引力。例如，文创商业街区为什么受欢迎，关键就是文脉的延续，以文脉为基础，达成了社会、经济以及环境之间的协调发展。

(3) 旧城改造修旧如旧并不只是修复，还要新建。具体来说，因为高价值的传统文化元素实际上在老城区并不一定能够完整地保留下来，一些破坏严重的建筑，没有修缮价值，可以拆除，然后新建，但要注意新建必须围绕老城区的定位，新建的建筑景观等要和老城区的整体风格一致，尽可能保存老城区的历史风貌特征。

---

① 　吴结辉. 城市规划下的旧城改造思考[J]. 智能城市，2019(13).

(4) 重视老城区的交通改造。街巷实际上是城市中的一景，在改造过程中要整体提升街巷的景观水平，包括但不限于街巷环境、街巷节点、停车场、人行道、建筑立面等。

2. 老旧小区的微改造与空间再生

城市更新和小区改造是宏观和微观、包含和被包含的关系。前者关注整个城市的空间规划和功能肌理，后者关注与居民息息相关的生活场地。我国城市更新从早期的"大修大补"逐渐向"存量更新"的方式转变，"微改造"也成为老旧小区改造的主要方式。

城市老旧小区微改造的主要目的是优化人居环境。建造方式对人居环境的追求，总是以空间再生为中心，与自然景观格局形成衬托，让生活在小区当中的人们，一方面享受人居环境带来的舒适性，另一方面在新的空间之中共享自然景色。

作为城市组成的基本单位，城市许多老旧小区拥有良好的地理、文化、环境资源，却因为缺少合理的规划设计导致资源没有利用起来。老旧小区应围绕空间设计，合理运用现有资源，在"以人为本"的理念指导下，进行微改造。首先是物质层面的微改造，在原有的空间格局和基础条件上，将居民的需求融入更新改造过程，从"微"出发进行空间优化，实现小区绿化、公共设施提质；其次是精神层面的微改造，通过优化小区空间功能，增加社区交互性，提高居民参与感，塑造一个符合居民需求的社区空间，激发社区活力[①]。

具体来说，老旧小区微改造中的空间再生基本包括景观格局、公共设施、绿化环境、交互空间四个方面。

(1) 景观格局。一些城市的老旧小区，公共空间布局散乱、相互孤立，缺少整体布局和结构。围墙将小区内部空间切割成零碎的板块，导致空间内部缺乏联系和沟通。小区内部没有连贯性的开放空间系统，难以满足居民日常需要；有一定大小和数量的单点空间，但景观分区的绿地功能模糊，形式和类型单一，难以满足居民多样化的户外休闲需求。

以空间再生为核心的老旧小区景观的微改造，遵循的总体原则是重新规划设计小区的景观格局，形成开放式空间系统，通过景观分区，使小区外部休闲空间的规模与尺度令居民感到舒适。为此，要引导小区公共空间的人性化布局和空间的整体改善，不应只是简单的建筑拼凑与空间堆积，而应系统全面地考量小区的全局规划，关注细节、基础设施以及人的感受。同时，以空间改造为契机，最大限度地整合周遭景观，扩展开放式空间，增加绿化面积，从而改善小区的自然生态环境。将规划与设计相联系，在小区功能完善的同时，塑造新的小区景观与活动空间。

(2) 公共设施。一些城市的老旧小区路网缺少设计规划，交通可达性差；场地破旧，利用率低，无人维护和管理，公共空间被用于停放车辆、晾晒衣服和堆放杂物。诸如此类的问题，长期困扰小区居民，影响他们的生活品质。在老旧小区的微改造中，对于公共设施的完善，首先，系统规划小区内外路网，设计主次分明的小区道路，根据城市道路系统，系统地梳理小区道路网络，提高居民交通出行便捷度；其次，在小区活动场地和功能分区的基础上，通过步行通道和步行空间的设计，以点带面地串联小区，使小区成为彼此联系的空间；再次，为了有效减少车辆乱停乱放问题，在小区内部，要根据车流量分析，合理划定停车位，规范管理外来停车；最后以步行可达为标准在小区内部完善并丰富服务设施类型，建设必要的服务设施体系，

---

① 廖心仪，等. 城市更新背景下的老旧小区微改造探究[J]. 现代园艺，2020(24).

满足小区居民生活、休闲、健身等方面的需求，尤其是老年人的需求。

(3) 绿化环境。对小区内的零散绿地进行微改造，可考虑与路网设计结合，将其改造成微型迷你公园，将绿地"见缝插针"地散布在小区中，为居民日常休息和活动提供场地，提高空间的利用效率；也可以规划出若干地块，作为参与式园艺场地，集中管理，满足部分居民需求的同时使小区环境更整齐美观。小区内部步行空间要有绿化带的有效保护，绿化种植是这个区域内进行空间规划的主要手段。人行道上的绿化，可依据情况以单行、双行或错位双行种植，形成不同路段的特色视觉景观。同时，设计小区内部基础设施的维护和绿地景观养护制度，提升居民使用感受，也是小区环境微改造的重要方面。

(4) 交互空间。随着时间的变迁，城市老旧小区会逐渐出现"老化现象"，具体表现为社区公共空间功能缺少、建设表现形式和主题策划落后、公共设施老化、文化主题和特色不明显等。这些问题不仅影响小区风貌，也会影响小区交互氛围。

老旧小区交互空间的微改造，重在社区文化方面的建设应针对不同人群的需求和特点设计活动空间。可利用各类形式丰富的场地，为儿童游戏、青少年运动、老年人健身与休闲提供新鲜有趣的体验；也可围绕原有的景观资源设置文化休闲场地，增强小区文化特色，增加小区居民幸福感。

三、城市更新改造中要处理好的几个关系

1. 城市更新改造与历史街区和建筑保护之间的关系

城市更新改造与历史文脉延续是一对较难处理的矛盾。旧城改造实施过程中，如果对其历史风貌保护不够重视，将导致一些有保留价值的历史建筑、历史街区遭到破坏，从而损害城市历史底蕴。因此，必须处理好城市更新改造与历史街区和建筑保护之间的关系。一方面，对于旧城区中的危旧房和过于陈旧的市政基础设施、街区和道路结构等，可按照规划，有序地进行更新或改造；另一方面，在更新改造过程中，对旧城区中遗存的有文化价值的历史建筑和构筑物，必须执行最严格的保护制度，按照"应保尽保"的原则，做好相应的保留保护工作，以充分体现当地悠久的历史文脉延续，从而既改善居民住房条件、完善城市街区功能，又保护历史风貌、传承历史文脉，达到共赢效果。

2. 城市更新改造中微观、中观和宏观之间的关系

城市更新改造的微观层面，是指旧城改造中不同项目的规划建设，它是城市公共空间系统中的"节点"改善或新建，包括两个方面：一是改善型节点；二是新建型节点。历史文化保护、景观生态格局、土地功能、道路交通、市政基础设施和建筑质量等都是影响节点项目更新改造的因素。因此，更新改造项目要根据改造规划的目标和定位加以选择，对于旧城整体的改造规划，则要通过梳理节点加以分类，体现各个节点项目的重要程度。

中观层面上的更新改造，是在微观层面的基础上，理顺旧城或街区节点项目之间的局部风貌特色关系，为节点项目之间的群体"组合"创造积极条件。节点"组合"式更新改造要遵循如下原则：体现传统轴线和城廓形象的历史脉络；体现山、水、城融合格局的景观风貌；体现城市景观线与街区建筑景观的视线可达；体现路网骨架和街巷格局的通行路径。把握这些原则，旧城或街区的风貌特色在改造实践中就不致受到大的破坏。

旧城与新区之间除了位置的紧密连接，功能定位、道路交通、服务设施等多方面都存在密切关系。城市更新改造的宏观层面，就是从城市整体的视角对新、旧城公共空间加以规划建设，它是项目节点、项目之间的进一步结合而形成的公共空间网络。为了实现新、旧城公共空间网络的优化，城市更新改造过程中，要从整体规划设计的角度考虑城市的空间布局、土地使用、交通组织、居住环境、生态系统等功能体系，通过对旧城节点项目的"梳理—组合—联网"，构建起城市公共空间网络体系和切合实际的城市更新改造路径[①]。

3. 城市更新改造中政府、开发商和市民之间的关系

城市更新改造机制正在由"市场主导"转变为"政府主导、市场参与、居民决策"。传统的市场主导机制是由市场占据利益最高点，政府招商引资，开发商积极运作，这两者的合作倾向于自身的利益诉求，政府坚持政绩导向，开发商坚持利益导向，缺乏居民的参与和民意表达渠道和制度。

城市更新改造治理机制必须确保政府、开发商和市民三者之间利益关系的平衡。政府承担起城市更新改造的主要职能，并积极引导开发商的参与。开发商通过与政府合作，参与城市更新改造，拓宽业务经营范围并增加收益。与此同时，要把居民力量纳入决策与实施的主体之中，与公、私权力形成制衡与监督。实践表明，只有形成"政府—企业—居民"多元治理机制，才能实现城市更新改造的总体目标。

4. 城市更新改造的经济、社会和生态效益之间的关系

在城市更新改造过程中注重经济效益，忽视社会效益及生态环境效益，违背了城市更新改造的宗旨，也与城市更新改造的根本目标相背离。单纯地追求经济利益而盲目改造，损害的是一座城市的历史底蕴和综合竞争力。

城市更新改造必须统筹城市的整体利益。在经济因素方面，更新改造要对城市的经济发展起到促进作用；在社会因素方面，更新改造要对历史文化传统的延续发扬、社区人文结构的维持完善等起到促进作用；在生态因素方面，更新改造要对人民群众生存环境质量的提高等起促进作用。总之，城市更新改造要实现"保证公共利益和个人利益的协调平衡，改善人民群众的生活条件，提升城市的人文内涵和整体价值，实现土地资源的最佳配置，实现城市总体规划，增强城市综合竞争力"的多重目标。只有这样，城市更新改造才能取得真正意义上的成功，才能使城市获得经济、社会、环境等可持续发展的机会。

第三节　特色小镇的规划与建设

一、特色小镇的特性与类型

1. 特色小镇的"特"与"色"

特色小镇"非镇非区"，不是行政区划单元的一个镇，也不是产业园区的一个区，而是按创新、协调、绿色、开放、共享的新发展理念，结合自身特质，找准产业定位，科学进行规

---

① 黄健文. 旧城改造中公共空间的整合与营造[D]. 广州：华南理工大学，2011：223-226.

划，挖掘产业特色、人文底蕴和生态禀赋，有明确产业定位、文化内涵、旅游特色和一定社区功能，形成"产、城、人、文"四位一体有机结合的重要功能平台。

特色小镇的基本特性体现在产业、功能、规模和形态方面，如表24-1所示。

表24-1　特色小镇的特性

基本特性	具体说明
产业特性	涵盖范围广，核心锁定最具发展基础、发展优势和发展特色的产业
功能特性	通常为"产业、文化、旅游、社区"一体化的繁复功能载体，部分小镇旅游功能相对弱化
规模特性	视产业规模而定，一般的规划标准：规划面积控制在3平方千米左右，建设面积控制在1平方千米左右
形态特性	既可以是行政建制镇，也可以是有明确边界的非镇非区非园空间，或是一个聚落空间、集聚区

特色小镇的愿景目标可以简单地归纳为：在产业定位上，"一镇一业"，突出"特而强"；在功能集成上，"紧贴产业"，力求"聚而合"；在形态打造上，"突出精致"，展现"小而美"；在运作机制上，"破旧去僵"做到"活而新"。最终目标是建立一个产业富有特色、文化具有韵味、生态具有魅力、空间具有品质的新型发展空间平台。

2.特色小镇的类型

现实来看，有两种类型的特色小镇将是富有生命力的：一种是历史传承型小镇；另一种是创新未来型小镇。历史传承型小镇是建立在传统产业基础上，并且能够引领该产业创新发展的产业集聚，是给传统产业注入新活力的小镇。从外部看，这种类型的小镇具有浓重的产业历史和文化积淀，可带领相关产业走出一片新天地。现实中，这类小镇可细分为资源型、旅游型、休闲型、历史文化型等多种具体形态。与此相对应，创新未来型小镇则可以是"无中生有"的，或是"偶然所得"的，或是依托大企业生存。新兴产业型、金融创新型、时尚创意型小镇是创新未来型小镇的代表，它们有希望成为推动新经济的引擎。

历史传承型小镇着眼于未来，创新未来型小镇则把创新文化作为传统。在特色小镇建设的理念上，两者是相通的。首先，两种类型的特色小镇都必须注入新内容，丰富血脉，提高小镇的凝聚力。特色小镇不同于传统市镇和产业园，它同时是小镇居民生活和创业的场所，所以必须着力营造小镇的创业氛围和自在的生活休闲空间，以释放创业者的灵感。其次，作为新经济的"领头羊"，无论是哪种类型的特色小镇都必须具有要素集聚和扩散功能。没有集聚就不成为特色，有了集聚和特色，才能起到辐射和示范作用，才能提高小镇在特定产业领域的话语权和影响力。

二、特色小镇规划建设的流程和重点内容

特色小镇的特性和类型的复杂性，决定了其规划建设具有高起点、高标准和综合性的内在要求。这对规划的深度与广度提出了新的挑战。从层次上看，既要有概念策划、总体规划、控制性详细规划，又要有小镇设计和建筑、景观设计；既要有空间功能布局，又要有可落地实施的项目，甚至包括运作模式和招商引资意向，需要综合的全套解决方案。从内容上看，除了常规的空间规划内容，还包括产业规划、社区规划、旅游规划等，同时需突出生态、文化等功能。特色小镇规划必须坚持多规融合，突出规划的前瞻性和协调性。

因此，特色小镇规划建设是多层次规划交融、多专业规划综合、各种元素高度关联的综合性规划和建设过程，其规划建设的技术路线与重点内容如表24-2所示。

表24-2　特色小镇规划建设技术路线和重点内容

产业功能研究	空间需求模式	文旅空间构建	小镇特色塑造	政策创新设计	项目实施措施
特色产业定位	产业内容分析	地域文化情景再构	融入自然的整体格局	规划管控体制创新	小镇核心区划定
产业发展目标	需求特点分析	物质文化资源保护和利用	人性化的空间尺度	保障政策创新	"小镇客厅"塑造
产业发展方向	行业业态与项目需求分析	非物质文化资源的整理转化	建筑景观风貌的引导	考核机制设计	土地利用规划衔接
产业投资计划	以行业需求为依据的空间组织模式	现代产业文化、企业文化的挖掘和利用	地域特征标识符号设计	评估指标体系设计	近期建设重点
	地块精细划分	创新文化要素吸引和集聚	景观环境设计		项目库与行动计划
			低碳环保系统设计		

特色小镇规划建设要紧紧围绕建设重点，将创新与融合、多元与聚合、精致与美丽的规划要求作为主线贯穿于小镇规划建设的各个环节。

1. 产业功能研究和空间需求模式分析是特色小镇规划的前提与核心

每个特色小镇都应有明确的产业定位，并将产业定位转化为可以落地的功能与项目。产业定位的选择是小镇建设的起点和前提条件。通过编制产业专项规划等方式明确小镇的产业定位与产业方向，并将产业研究内容作为小镇空间规划的依据。在规划布局层面上，产业功能研究的重点在于将产业内容和行业需求转化为空间模式的语言，即处理好将产业功能转化为业态和项目需求、将业态和项目需求转化为用地安排之间的关系，并以行业对空间的要求作为小镇布局的依据，安排落实好分期建设及年度建设项目。

在特色小镇规划设计中，产业链提升及产业间融合将派生出新经济、新业态，并由此引发空间资源配置需求。具体到空间布局上，需关注产业用地配比的变化、创新型空间的场所特征和布局模式、产业服务功能平台的培育，以及以"产、城、人、文"融合为导向的空间布局优化。对于以互联网、信息经济等创新型产业为主要定位的特色小镇，在产业功能研究中还需关注创新生态系统的构建及相应的功能、规模需求和空间组织特点。

2. 文旅空间构建和小镇特色塑造是特色小镇规划的"灵魂"

自然、文化、景观有机结合的整体空间形态和景观风貌特色塑造是特色小镇规划的重点内容。在文化内涵挖掘和文旅空间构建方面，应重点处理好乡村和地域文化的情景再构、物质文化资源的保护利用、非物质文化资源的整理转化，以及现代产业文化、企业文化的挖掘和应用等问题，并将其转化为现代创新文化的素材。在小镇空间形态和景观风貌特色塑造方面，应重点把握融入自然的整体格局、人性化的空间尺度、建筑景观风貌引导、地域特征标识符号设计、景观环境设计和低碳环保系统设计等方面内容。

3. 政策创新设计和项目实施措施是特色小镇规划建设的保障

政策创新包括规划管控体系创新和保障政策创新两大方面，前者涉及规划的审批流程体系创新、规划服务效能提升、跨部门规划合作及创新的产业用地政策等方面，后者涉及面向市场主体的企业引进政策、人才引进政策和公共服务政策等。项目实施措施是特色小镇建设的重要抓手。在必要的情况下，还需编制特色小镇近期行动规划专题，明确特色小镇建设近期实施的项目[①]。

三、特色小镇规划建设的组织模式创新

1. 特色小镇产业—文化—空间的组织方式

产业、空间、文化构成了特色小镇建设的三个维度，特色产业、特定空间和文化风貌是特色小镇建设的基本元素，它们的组织含义是十分丰富的。

(1) 特色产业。特色小镇的核心是特色产业。因此，特色小镇规划建设的逻辑起点在于主导产业的选择和产业优势的培育。打造完整的产业生态圈是特色小镇产业发展的主旋律。产业生态圈包括产业生态位与产业生态链两个方面，前者决定了特色小镇的产业性质差异，即产业生态位决定了特色小镇产业的"特别之处"和"魅力所在"；后者决定了特色产业的生存、发展环境，即特色产业与相关产业的关联效应。正是这种产业关联决定了产业的成长机制、组织形式、核心竞争力和可持续发展能力。

(2) 特定空间。空间是一种特殊要素，也是一种稀缺资源，它既是特色小镇运作的基本载体，又是人们生存和发展的实践场所。特色小镇的空间概念隐含着三个层面的意思，即物质空间、经济空间和社群空间。物质空间是产业和人居得以生存的先决条件，特色小镇产业活动离不开物质空间载体，空间景观关注的是特色小镇的物质空间结构形态。经济空间包括产业活动的实体空间和虚拟空间。如果缺乏由稳固的经济支柱构成的经济空间，物质空间无论大小都会失去存在的价值和发展的源泉。经济空间不仅包括与一定市场范围相联系的经济关系，而且包括一定地理范围内的产业结构关系。经济空间是一种弹性结构。一般来说，特色小镇的产业优势越突出，市场活动半径越长，经济空间就越易于形成一个开放的、弹性的结构体系。一个充满活力的特色优势产业一定会形成一个有可延展余地的产业链网络。社群空间塑造着特色小镇的生活，特定的社群空间是特色小镇的居人分享共同命运的地方，只有那些志趣相投的人们才愿意在社群中进行资源互换和协作共享。

(3) 文化风貌。文化是特色小镇的灵魂，文化风貌是特色小镇文化组织特性的反映。透过文化风貌来观察特色小镇的建设，文化就不能简单地看成特色小镇所附带的不重要的特征，恰恰相反，它是特色小镇的本质特征之一。从文化风貌上看，每一个特色小镇都是独一无二的，这种独特性表现在它们的产业文化、历史文脉和建筑文化上。产业文化象征着特色小镇的某种优势产业具有的独特精神与文化气质。历史文脉的传承构成了特色小镇的文化软实力。独特的建筑风貌是特色小镇不可或缺的要素之一。与那些平淡无奇的城镇风景相比，特色小镇塑造的建筑文化特色能彰显出风格独具的吸引力。

[①]　赵佩佩，丁元. 浙江省特色小镇创建及其规划设计特点剖析[J]. 规划师，2016(12)：59-61.

2. 特色小镇的功能融合及其组织模式创新

特色小镇建设的结构体系由产业、空间、文化三维元素构成，产业、空间、文化也构成了特色小镇建设的三大基础性资源。这些维度不是相互独立的，它们在许多方面相互作用。

特色产业、特定空间和文化风貌结合起来的方式多种多样，从而形成不同的产业—空间—文化组织模式。其中，从独立要素到组织模式有一个中间转换机制，那就是三维要素的功能性融合，如图24-3所示。

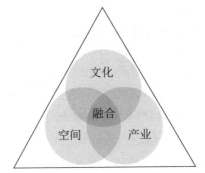

图24-3 特色小镇建设的三维功能融合

特色小镇建设的功能融合不是在原有框架下对原来分离的产业、空间和文化要素简单整合，而是在其相互渗透中形成一个可将不同资源要素容纳其中的新结构。尽管原有的一些产业、空间和文化的形式仍然存在，但在新的功能融合架构下被赋予了完全不同的新内容。在功能融合的条件下，三维基础性资源要素之间交叉与渗透，生成了新的衍生性资源以及运行平台，进而引发了特色小镇组织模式的根本性变革。

特色小镇建设三维结构中的产业、空间和文化等基础性资源以及由它们衍生出来的资源融合的结果，是不断产生新的增量优势资源，与新的经济活动方式的要求相匹配，进一步创造出新的组织模式，如图24-4所示。

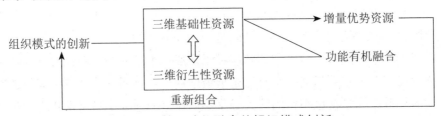

图24-4 基于功能融合的组织模式创新

在现实中，功能融合的拓展化完全有可能表现为不同的形式，形成多样化、多层面的融合类型，从而带来组织模式创新。比如，"风情小镇"的建设，就是以凸显城镇人文品质为核心的三维资源要素的功能整合。这种功能融合的组织模式存在广阔的创新空间，它既可以以旧城风情为主，通过营造热情洋溢的民俗风情与商业开发相结合，形成街坊邻里的空间风貌；也可以以滨水风情为主，展示亲水环境、水边生活的居住及休闲氛围；还可以以自然山水意境为主，通过规划使山、水、林、镇交融，创造山水园林小镇特色。

可见，功能融合的组织模式创新本质上是一种组合式创新，它将不同层面的三维基础性和衍生性要素资源的"新组合"引入特色小镇建设之中，以形成一种不息运转的发展机制。换言之，只要能把所有的资源调动起来，并按一定的方式重新配置，使得这些资源价值更高，那么地方的经济增长就会发生。

四、特色小镇发展水平的综合评估

对特色小镇发展水平的评估是一项具有重要现实意义的工作。从特色小镇的属性出发，将其发展水平的综合评估体系分为产业、功能、形态和制度四个方面，然后将城市发展理念和特色小镇属性进行交叉构建，得到综合评估框架[①]，如图24-5所示。

	创新	协调	绿色	开放	共享
产业"特而强"	产业创新驱动	产业连续发展	绿色低碳产业	发展开放经济	生产效率提高
功能"聚而合"	创新产业功能	主体功能协调	生态安全格局	强化结构调整	公共服务均等
形态"精而美"	营造特色景观	城镇风貌协调	建设美丽城镇	优化投资环境	城乡差距减小
制度"活而新"	体制机制创新	促进要素流动	环境治理制度	外商管理体制	收益共享机制

图24-5 特色小镇发展水平综合评估框架

根据图24-5，特色小镇发展水平评估指标体系的设计应准确体现特色小镇的属性特征和发展理念，形成一个有机的评估系统。在选取评估指标时，要遵循系统性、适用性、特色性、可操作性的原则，对特色小镇的产业、功能、形态和制度的相应规模、结构、状态与效率等动态趋势等进行科学评价和综合评估，全面反映特色小镇各个子维度和总体发展水平。

第四节 城市公共空间的规划与建设

一、城市公共空间概述

城市公共空间是指那些供城市居民日常生活和社会生活公共使用的室外空间，它包括街道、广场、居住区户外场地、公园、体育场地等。城市公共空间的广义概念可以扩大到公共设施用地的空间，例如城市中心区、商业区、城市绿地等。城市公共空间可以进行交通、商业交易、表演、展览、体育竞赛、运动健身、休闲、观光游览、节日集会及人际交往等各类活动。

城市公共空间作为一种明显的公共物品，公共所有的属性是其本质特性，其核心内涵就是公共价值和公共利益。因此，城市公共空间是一种以公共价值为本质特征的城市空间，它是由政府主导、经过一定程度的人工开发、提供一定活动设施并免费向全体市民开放的场所。

城市公共空间体现城市风貌与特色，是城市的魅力所在。它不但为城市居民的日常生活和社会活动提供开放的空间环境，而且在城市的演变发展过程中扮演着重要的角色，记录着城市历史的变迁并积淀着城市的文脉。

---

① 吴一洲，陈前虎，郑晓虹. 特色小镇发展水平指标体系与评估方法[J]. 规划师，2016(7).

城市公共空间具有系统属性、生态属性、场所属性和人本属性①。

1. 系统属性

城市公共空间应是一个有结构、有层次的网络型系统。各种类型的城市公共空间在形态特征、服务性质上有着不同的需求。除了同一类型的各个空间之间有层级、空间上的相互联系之外，各类型的城市公共空间之间也会产生一种互补性，以满足不同的社会需求。例如著名的华盛顿中轴线的空间序列，满足了单一与复合共存的需求。

2. 生态属性

城市公共空间是城市中自然要素最为集中的空间。以城市植被和城市动物为主的自然生态要素，除了具有美化环境的景观效益，还具有保护环境、净化空气、调解城市小环境气候的生态效益。因此，保护生物多样性，能够调节城市居民的生活情趣，缓解城市生活压力。

3. 场所属性

任何一个公共空间，不论其属于何种类型，它都应该是结合周边环境条件、综合人文及地域特色而创造形成的场所。换言之，它应该有自己独特的意义、特征，使用者能够很容易地识别它，让(某一类)使用者产生认同感和归属感，使其成为市民需要的场所。例如我们常说的主题广场、儿童公园等。我们在城市公共空间的建设中，要有意识地塑造、强化其场所属性，而不是简单地复制、千篇一律。

4. 人本属性

我们的城市建设，曾一度掀起"广场风""草坪风""欧陆风"，建设上的跟风攀比，造成了城市建设的盲目性，致使很多城市的"广场""绿地"脱离了使用者的需求，不是市民的"希望工程"，而是城市领导的"政绩工程""形象工程"。城市公共空间的建设，应该贯彻以人为本、万物和谐的思想，从使用者的需求出发，使使用者(如残疾人、老年人)愿意而且能很方便地使用，从而获得舒适、愉快、自由等心理感受。

二、不同类型城市公共空间的规划与建设

从城市公共空间的系统构成来看，它包括广场公共空间、绿色公共空间、街道公共空间、地下公共空间等。不同类型的城市公共空间，其规划和建设的重点也有区别。

1. 广场公共空间

广场公共空间主要是指位于城市中心区内以硬化地面为主的户外空间，它一般是由建筑物、街道、绿地和水体等围合或限定形成的具有一定规模的城市公共活动空间。广场的功能复合多样，仅以其主要性质进行归类就包括以下几种：集会广场，包括市政广场和宗教广场；纪念广场；商业广场；交通广场，包括道路交通广场和集散广场；娱乐休闲广场；建筑广场(附属广场)；复合型广场。

城市广场是城市外部公共空间体系的一种重要组成形态，是城市空间环境中最具公共性、最富艺术魅力、最能反映城市文化特征的开放空间，常被称为城市的"起居室"或"客厅"。

---

① 魏建波，牛军. 城市公共空间概念辨析[J]. 黑龙江科技信息，2009(31).

对广场空间进行规划和设计时，应注意以下几个方面。

(1) 要体现广场独特的历史文化氛围。广场历史文化内涵的形成是一个连续的过程，挖掘与延续城市历史文化内涵对塑造城市广场空间的历史文化内涵具有十分重要的意义。

(2) 每个广场要通过对空间尺度的处理而形成独具特色的空间形态，如巴黎协和广场开敞的视觉空间，卢浮宫入口广场上玻璃金字塔带来的强烈视觉冲击等。就广场本身而言，可以将其理解为对街道空间的放大，它既具有边界、区域、节点和标志的作用，又是最能表现城市灵魂的地方。理想的城市广场应该是一个完整的步行区域，其本身既要有宜人的尺度，四周又要有与它配套的建筑，以提供休息、娱乐等服务。

(3) 在广场空间组织中，要考虑静态观赏和动态观赏的空间组织要求。对于广场交通，要能够合理组织人与车的交通，满足安全性的基本要求，其中以交通集散广场更为复杂。组织交通的目的主要在于使车流通畅、行人安全，且方便管理。

2. 绿色公共空间

绿色公共空间广义上包括农业和森林、未开发景观、公园、水体、湿地等。城市绿地或绿化面积与城市绿色空间有本质上的不同。前者是指绿色植物覆盖的土地，不含有规模和空间连续的意义；而后者不仅意味着绿色覆盖，同时还要求具有一定的规模和空间连续性。

城市绿色空间建设的基本指导思想包括以下几点。

(1) 具有一定的规模且空间连续。

(2) 最大程度地利用现有自然和生态条件来建设和保护公园等绿色空间。

(3) 按照自然的特点决定绿色空间的形状。

(4) 最大限度地将绿色空间建在居民区内或靠近居民区，并尽可能将绿色空间连接起来，形成绿色通道。

(5) 用绿色空间取代绿化带。

3. 街道公共空间

街道公共空间包括道路、街巷、河滨等。一般而论，街道公共空间具有"动"和"续"的特质，人们在穿越的过程中，实现了交通、购物、交往、安全和认知等活动，而滨水区域更是一座城市最有活力的地方。

在现实中，街道空间的规划和建设往往被忽视。在许多大城市中，街道被道路化，街道不再是供步行者使用的基本都市空间，而成了停车场，或者被这些现代的快速交通通道隔开，分割成一个个孤岛，使邻里与地区间被隔离。因此，街道空间的建设意义重大。

对于街道空间的规划和建设，应注意以下几点。

(1) 通达顺畅，步行为先。在相关规划中，应编制步行或慢行交通规划，将各类空间中的步行道、楼宇间的空中连廊、地下通道等连接成步行系统；建设步行商业街、步行文化街、步行休闲街，并在步行街区中设置完善的服务设施。

(2) 尊重历史文化，提升街道空间品位，严格控制城市历史街区的建筑立面风格、高度、尺度和色彩。

(3) 注重城市街道的景观效果与活力。当然，更要关注居民的真实感受，使街道公共空间景观真正成为大众喜爱的休闲场所。

4. 地下公共空间

城市功能极其复杂且用地十分有限，完全依靠地上空间来满足人们对各种公共空间的需求是不可能的，因此，应重视对城市地下空间的开发。城市地下空间利用范围相当广泛，它包括地下室、地下停车场、地下广场、地下街、地下铁路、地下防空设施等。对于城市地下空间的开发，应注意以下几点。

(1) 按照统筹规划、综合考虑和可持续发展的战略思想，根据各城市地面交通情况，规划好地铁主干线，并与地铁支线、公路隧道和过江隧道等组成一个封闭循环的地下交通网络。

(2) 以地下交通干线为枢纽，综合考虑场地的工程地质与水文地质条件、气候条件、环境质量条件、资源的可及性和邻近性以及居住区的经济与社会条件多方面因素，统一规划地下建筑群的配置及单体设计。

(3) 为了加强城市土地的集中统一管理和保证长期有效的合理利用，地下空间的布局既要紧凑，又要便于扩建延伸。可将城市分割成多个居住区服务单元，并把它们相互连接成一个整体进行规划，将每一个居住区组织在一个更简洁、有序的较小空间里，从而实现地上建筑与地下建筑的有机结合与协调统一。

三、城市公共空间的特色塑造

对于城市公共空间的特色塑造，不仅要关注大尺度的城市空间及日常生活的街道空间的环境特征，而且还要关注不同尺度公共空间的历史文化内涵、社会需求及人性化内涵[①]。

1. 城市多层次公共空间的规划控制与引导

一些城市对公共空间的规划控制往往只重视重要的街道和广场，而忽视了对人们日常生活的街道及社区中心的控制，在规划管理手段上重控制轻引导。街道空间的立面效果、尺度及风格往往缺乏统一的控制。对历史上形成的街道空间尺度、风格的改造过度强调满足现代化的要求，新拓宽的道路与传统街道的建筑风格及尺度不相协调，街道、广场空间的宽度和面积并没有考虑与周边建筑的统一、协调。由于缺乏有效的规划控制手段，城市高层建筑的建设对原有城市公共空间轮廓造成了较大的破坏。因此，在城市规划过程中，应制定与城市公共空间多样化发展相适应的城市设计导则，以控制和引导城市公共空间健康有序发展。

2. 城市公共空间历史文化内涵的塑造

城市公共空间历史文化内涵的体现不仅需要不同时期历史文化的积累，包括对历史街道建筑的保护与更新，对周边建筑与空间文化内涵的丰富，以及城市雕塑、喷泉、绘画艺术与城市公共空间的结合等，更重要的是要实现城市公共空间的使用功能及满足社会文化需求，不能一味地追求空间的形式。一些城市普遍存在的大拆大建、破坏历史文物、盲目追求城市现代化的做法导致大量的历史文化空间特征的丧失，这是城市公共空间建设中面临的重要问题。因此，城市公共空间设计应该注重历史积淀、文化内涵，甚至要使之成为一个城市的文化记忆，在设计观念上要追求艺术品质。城市公共空间应该兼顾实用功能与审美功能。因为由舒适的居住环

---

① 李伦亮. 城市空间的特色塑造与规划引导. 合肥市政府门户网站[EB/OL]. http://www.hefei.gov.cn/，2007-08-13.

境、优美的自然景观与具有文化底蕴的人文景观的完美结合所创造出的公共空间景观，不仅能够使人身心得到放松，而且能够陶冶性情、净化心灵、提升城市形象。因此，对于商业文化中心、博物馆、交通枢纽、街道、广场、居住区户外场地、公园以及体育场地等城市公共空间的建设，要充分体现出城市的文化内涵和品位，反映城市的精神气质。

3. 城市公共空间的系统化建设

许多城市缺少的不是文物古迹和历史文化遗产，而是文物古迹、历史街区及风景园林之间的有机衔接，即缺少系统化处理，景点过于分散。系统整体大于要素之和，城市公共空间的系统化建设有助于将原本独立分散的城市公共空间有机地连接起来，这样不仅可以提高城市公共空间的利用率，还可以增强城市空间结构的整体性。随着城市居民生活水平及需求层次的提高，人们对空间的需求不仅局限在小区的院落或某一个城市公园内，而是希望在由公共空间组成的完整系统中分享不同层次空间所带来的快乐与满足。此外，要充分利用现代城市绿地系统建设来促进城市公共空间体系的系统化建设，将绿地系统规划建设与地域文化内涵有机结合起来，充分体现城市公共空间的社会文化意义。城市公共空间的系统化建设和发展，强调的不仅仅是物质空间形态的系统性，而且包括建立系统的运行机制，因为健康、完善的运行机制是创造良好物质空间形态的有力保障。

4. 城市公共空间的人性化设计

城市公共空间应该体现"以人为本"的设计理念。也就是说，公共空间设计的核心是人，所有的设计其实都是针对人类的各种需要展开的，这些需要不仅是物质生活需要，还包含人们的精神生活需要，可通过构成城市空间的诸要素、空间表现特征、空间美学意义等几个层面来体现人们的内在生活、精神需求。在进行公共空间设计时，还要体现对人类生存环境的关怀。这就要求我们在城市整体结构方面做好战略性公共空间规划，使资源、能源得到合理有效的利用，尽可能少地消耗一切不可再生的资源和能源，并减少对环境的不利影响，达到自然、社会、经济效益三者的统一。此外，公共空间人性化设计应最大限度地消除由于居民身体不便带来的障碍，即进行无障碍设计，而且要尽量满足最有可能使用该场所的群体的需要。

随着郊区化步伐的加快，城市蔓延问题引起人们的关注，城市空间成长控制与管理问题也越来越引起人们的重视。本章首先讨论一种控制城市无序蔓延的规划手段——城市增长边界及理性增长；其次分析新城建设与城乡统筹发展，新城建设也是防止城市蔓延的有效途径；最后讨论城乡接合部改造与管理问题。

第一节　城市增长边界及其控制

一、城市蔓延

1. 城市蔓延的内涵

城市蔓延(urban sprawl)是指在城市核心区以外的一种低密度、跨跳式的空间发展模式。这种模式将居住与就业、购物、娱乐、教育等分离，因而需要借助小汽车来实现空间移动。当然，不同的学科对城市蔓延内涵的界定也不完全一样。环境主义者关注城市蔓延对人类健康与生态环境造成的影响；经济学者认为城市蔓延意味着过度郊区化；社会学者通常关注城市蔓延对社会和谐的损害。

度量城市蔓延的一个指标是经济活动的密度。密度越低，说明都市区内需要容纳固定人口的区域越大，规模扩张或者蔓延的速度也就越快。城市蔓延一般存在三种方式，即低密度的连续发展、沿主干道的带状发展以及不连续的跨跳式发展。不管是哪种方式，在城市蔓延过程中都涉及农业用地、开敞空间向建设用地的转化问题，并衍生一系列经济、社会以及环境的问题。其中，经济问题主要是指低密度扩展造成了人均服务设施成本的增加、土地资源浪费以及城市中心区发展的衰退等；社会问题主要指蔓延造成了种族、贫富在空间上的隔离，加剧了社会暴力和种族主义倾向等；环境问题主要指蔓延造成农业用地、湿地的减少，以及蔓延式发展增加了机动车的使用，致使环境污染加重[1]。

2. 城市蔓延的原因

城市蔓延的原因很复杂，许多学者对城市蔓延的发生机理作出一些经验性的判断和解决。例如，有的学者认为垄断竞争者的独立决策、土地持有者的投机行为、自然地形状况、公共政策、小汽车的普及、地方政府的土地利用规划以及人们的生活方式等，都可能导致城市蔓延的发生。结合中国大都市蔓延的现实，从经济学的角度可以将城市蔓延的主要原因归纳为如下几个方面。

---

① 李强，杨开忠. 城市蔓延[M]. 北京：机械工业出版社，2007：20.

(1) 居民收入水平的提高。人们对住宅的消费会随着收入的增加而逐渐增长，因而随着经济发展和居民生活水平的提高，城市居民追求环境品质的需求就变得越来越强烈，而对人均占地面积更大的需求刺激了人们向地价较低、环境优美的郊区迁移。

(2) 城市化进程加快带来的人口转移。我国进入城市化加速发展阶段后，大量的农业人口进入职业和地域的转移过程。然而，大都市核心区的地价和生活成本高昂，农村转移劳动力基本上不具备在这里生活的能力。在这样的情况下，大都市区外围的新城、新市镇往往成为那些怀有乡土情结的转移人口迁居的主要选择。

(3) 交通成本降低与家用轿车的普及。随着城市交通条件的改善，交通成本下降，从而使得更远距离的通勤成为可能。同样，家用轿车的普及也延长了人们活动的半径。这样的例子比较常见，例如，伴随着小汽车进入寻常百姓家，特别是北京中心城区与通州区的交通联系得到改善后，人们到通州购买住房就成为一种现实的选择，因此促进了通州的快速发展。

(4) 郊区土地利用规制失灵。改革开放以来，随着国家财政分权体制的逐步形成，地方政府对城市空间的决定权逐步增大，土地供给及其需求也逐步走向市场化。在市场的冲击下，计划决定城市空间的土地利用规制模式彻底瓦解。国家为了规避在土地供求市场化过程中出现的城市土地利用问题，逐步在传统的城市规划之外，外生了一套基于地方土地财政的郊区土地利用规划制度安排。在此背景下，地方政府往往以城市区划调整之名，将郊区土地改变为城市建设用地。

(5) 农地征用制度的缺陷。实践表明，当农地征用补偿价格低于实际农业地租时，城区和郊区的边界都会扩大。这可以部分解释转型时期我国一些大都市空间的快速扩张和盲目蔓延。

二、理性增长

1. 城市理性增长的内涵

针对城市蔓延所带来的后果，城市理性增长理念在一些发达国家发展并盛行开来。理性增长涉及对城市非建设用地的理解以及相关规划和管理等方面的一系列问题，是以可持续发展为导向的城市发展观的深化。它强调的不是将土地保护与发展孤立或对立起来，而是充分考虑土地开发、城市增长以及市政基础设施规划的需求。因此，它不同于传统的开放空间规划途径，被认为具有先见性(proactive)、整体性(holistic)等特征，同时承认自然与人的不同需求，提供一个保护与开发并重的框架。

城市理性增长有三个主要要素：第一，保护城市周边的乡村土地；第二，鼓励嵌入式开发和城市更新；第三，发展公共交通，减少对小汽车的依赖。理性增长的目的，首先是城市发展要使每个人受益；其次，要实现经济、社会、环境公平；最后，要使新、旧城区均获得投资机会并得到良好发展。因此，理性增长强调对城市外围有所限制，它涉及城市发展的社会与经济、空间与环境，以及城市规划的设计与管理、法制与实施等各个方面的行动计划，需要政府宏观调控和全民参与。

2. 城市理性增长的原则

从发达国家城市发展的情况看，城市的理性增长可以用十条基本原则来定义它所希望达到的效果。

(1) 加强并鼓励在现有社区中发展。在开发新地区之前，应先考虑可否在现有城市中发展。这样做既节约了基础设施和公共服务的成本，又保护了空地。

(2) 鼓励"可以步行的"、紧密连接的社区。"可以步行的"社区由人行道、小径和自行车线路连接，通向邻近的目的地，如学校和商店。路边的树木、长凳等可以增加安全性和舒适性。此外，结合了步行和骑车的日常生活也有利于身体健康。

(3) 充分利用现有的社区资源。在接近现有城区的地方开发新区，重新利用废弃的建筑，从而避免增加公用设施和服务所需的昂贵费用，如新的学校和远距离的交通线路。

(4) 保护空地、农田、自然景观和重要的环境保护区。与蔓延式开发相反，对土地利用进行规划，决定哪些部分将被保护、耕种或开发。

(5) 提供多种交通选择。在城市规划中综合考虑步行、骑行、私家车和公交系统，这将有利于防止交通堵塞并保护环境和公众健康。

(6) 混合使用土地。通过将住宅区规划在公司、商场、学校附近，减少人们对车辆的使用。这样既节约了时间和金钱，又能使生活更加方便还能减少车辆的使用和污染，利于环境和公共健康。

(7) 提供多种档次的房屋。为不同收入阶层和年龄的人及不同规模的家庭提供相适应的住房，使人们有更多的居住地点选择。

(8) 提倡有特色、有吸引力的社区建设。强调当地传统和地方色彩，修复历史性建筑物，利用城市的独有特点来吸引居民、商人和游客。

(9) 有关开发的决策不能多变，要公平，并具成本效益。从经济性的角度来说，蔓延式开发对政府和个人都是不明智的策略。

(10) 鼓励公众和利益相关方参与开发决策，吸引居民和企业前来生活和寻求发展。

尽管城市理性增长的概念是西方发达国家提出来的，由于中西方城市的政治、经济、文化、社会背景的差异性，这些理论具有很强的本土性，但是从促进城市可持续发展的意义上讲，城市增长控制一致主张的核心思想无疑对我国大都市区开发具有重要的借鉴价值和警示意义，它为我国大城市的和谐发展提供了有益的启示。一个"理性"的城市空间模式一定是能使城市的资源(土地，资本，劳动力)得到最大利用的模式；一定是能使城市的交易成本达到最小的模式；一定是能使城市的集聚效应达到最大化的模式；一定是能使经济、环境、社会等多方面获得平衡发展的模式。具体来讲，一个"理性"的城市空间模式应有一个相对集中和高密度的就业中心，特别是大城市、特大城市和国际性城市；应有一个与其相协调的城市交通系统，使城市居民(就业者)能够经济有效地接近所有的就业机会；此外，政府在基础设施建设方面能以最小的投入满足居民需求。

三、城市增长边界控制

城市蔓延带来了大都市地区范围的确定问题，因此城市增长边界(urban growth boundary，UGB)作为一种控制城市无序蔓延的规划手段越来越引起人们的注意。

城市增长边界就是城市土地和农村土地的分线。城市蔓延导致的一个重要问题就是城乡边界趋于模糊。因此，清晰区分城乡边界、保护自然景观和农业区域是控制蔓延的核心内容。

城市增长边界的确定基于以下几个因素。

(1) 城市人口增长需要。

(2) 满足住房、就业机会和生活质量需要。

(3) 通过经济手段提供公共设施和服务。

(4) 最高效地利用现有城区以内和边缘区的土地。

(5) 关注开发活动对环境、能源、经济和社会的影响。

(6) 根据土地分类标准保留农业用地。

(7) 城市对土地的使用与附近的农业活动相和谐。

城市增长边界的作用不仅是设置一道屏障和界线以防止城市的无序蔓延，它还能划出重要的自然保护区域和市民休闲游憩之所，为城市未来的潜在发展提供合理的疏导。

城市增长边界控制与管理的工具复杂多样，一些传统的城市规划手段，如土地利用区划(zoning)、土地细分规则(subdivision)和开发许可(development pennit)都属于城市空间增长管理的实施工具。从具体的实施步骤来看，可以将城市空间增长管理工具划分为边界设定和配套政策设定两个层面，后者包含税收调节、产权控制等内容。在以控制城市蔓延、保护开放空间和塑造城市空间增长形态为目标的边界控制手段中，容纳式城市发展政策(urban containment policy)目前已得到广泛采用。容纳式城市发展政策主要有三种表现形式，即绿带(greenbelt)、城市增长边界和城市服务边界(urban service boundary，USB)。其中，绿带和城市增长边界主要通过"推力"将城市增长限制在开放空间、重要农业用地以及生态敏感用地之外；而城市服务边界则通过基础设施建设，采用"拉力"将城市增长"吸引"到边界之内，并避免其出现在没有基础设施投入的地区。实践中，大城市开发普遍采用环绕城市的绿带、嵌入城市内部的"绿楔"等手段。在我国，可以尝试在不同的区域将绿带、城市增长边界和城市服务边界结合使用。如将城市周边需要永久性或长期保护的开放空间和农用地划为绿带区域，禁止开发；在需要在一定时期内保存的开放空间和农用地边缘设定城市增长边界，防止其在特定的时期内受到城市化的侵蚀；而在环境承载力高、周边基础设施配套良好、需要进行大规模开发的地区则划定城市服务边界，使新的城市发展能够集中在该地区，从而合理有效地利用土地资源。

此外，包含税收、产权管理等内容的综合性配套政策对于城市空间增长管理的实施具有极为重要的作用。通过对城市空间增长边界内外税率的调节，可以增加边界外开发的成本，将城市扩展引导至设定的边界内。对于城市空间增长边界外的房地产交易和保有征收高于边界内的税费，可以抑制边界外的开发，同时保障边界内城市开发土地的正常供应，防止出现房地产投机的行为，促进城市用地得到高效合理的利用。

总之，城市空间增长控制与管理工具多样且复杂，且具有较强的环境依赖性，因此，在我国，对管理手段的选择应充分考虑到管理目标以及管理地区的经济和文化特点，并注意不同类型的边界和配套政策的搭配选择[①]。

---

① 吴次芳，等. 城市空间增长管理：工具与策略[J]. 规划师，2010(5).

第二节　新城建设

新城建设是防止城市蔓延、实现城乡统筹管理的重要途径。近些年来，"新城"在我国成为一个很热的事物，北京、上海、广州等一些特大城市的总体规划布局中无一例外引入了"新城"的概念。通过加速新城建设，能够避免城市"摊大饼"式的空间蔓延发展，进而推动一个地区的城乡一体化进程。

一、新城的内涵、类型与特征

新城不同于传统意义上的小城镇、工业卫星城和房地产开发中冠以的"新城"。我们所说的"新城"是指位于大城市郊区，有永久性绿地与中心城市相隔离，出于特定的政策目标进行规划，建立在特定产业空间基础之上，交通便利、设施配套、环境优美，具有居住功能和产业功能的相对独立的城区。简言之，它是在原有的市区之外兴建起的新城市区。理解这个概念必须抓住三个要点：一是它的产业基础。这种产业是广义的，包括生产、服务、教育等。没有一定产业作为前提，只有居住功能，就不能成为新城。二是它的相对独立性。它通过绿色屏障与中心城市相隔离，是一个"既能生活又能工作的、平衡的和独立自足的新城"，充满机会和选择自由。三是它的城市功能。也就是说，新城应为居民提供商业、学校、娱乐、公共交通等完善的公共设施和公共服务。

从新城的形成机制来说，新城主要有两种类型①：一是围绕产业集群建立的建设项目配套型新城。例如，工业新城、海港新城、大学新城、科技新城等。它们往往围绕着大型项目和产业集群，配套建设居住、购物、娱乐、办公等设施，形成一定的城市功能。这类新城可以是通过科学选址、全新建设的一座新城镇，也可以是在已有城镇的基础上进行调整和改造、延伸产业链条、优化产业结构、增强经济活力、扩大城市规模，进而形成的有独特功能的新城。二是原来的小城镇突破了传统发展模式，产业结构得以转变，功能定位得以提升，各种设施实现高标准配套，使城镇的内涵有了本质性变化而形成的突变发展型新城。从空间上看，它们往往与中心城市有一定的空间距离，很难与大城市连成一片。这些新城或具有良好的自然环境，或具有重点战略地位，它们得益于城市发展的历史机遇而发展起来。

可见，传统的工业卫星城、行政性的建制镇或大型社区都不能称为新城，因为它们的功能不完善且发展动力不足，并不足以促进大城市地区空间结构的优化和升级，更关键的是，它不能成为城市人口疏解和农村劳动力转移的迁居地。传统城镇、工业卫星城与新城之间的关系如表25-1所示。

表25-1　新城与工业卫星城、传统城镇的特征对比

项目	不同点		
	新城	工业卫星城	传统城镇
目的	疏解城市中心人口，吸引农村转移劳动力	疏解中心城市的工业和人口压力	城市与乡村的枢纽，农村城镇化的承载地

---

① 张捷.新城规划与建设概论[M].天津：天津大学出版社，2009：195.

（续表）

项目	不同点		
	新城	工业卫星城	传统城镇
区位	独立于中心城区，与中心城区有永久性的绿地分隔	处于大城市远郊区	分布零散
功能	人口和就业岗位相对平衡，具有居住、就业和购物等城市功能	居住人口与就业岗位脱节	文化、教育、娱乐、公共服务欠发达
产业	有主导产业，经济发展趋于综合	中心城市的能源不足，原材料基础薄弱，以重化工业为主，远郊区开发不足	产业结构较单一
规模	相当于中小城市规模，有相对独立的社会实体	人口规模偏小，缺少脱离中心市独立发展的能力	规模小，社会结构相对简单
环境	比城市中心区有更优越的生态环境和生活品质	环境比不上中心城市，尤其是文化、教育等环境	社会文化环境较差
交通	通过快速干道或轨道交通与中心城市联系	缺乏高速、大运量的现代交通线与中心城市联系	与中心城市交通联系不便捷
设施	具备较完善的市政公共设施和公共服务设施	公共服务设施相对较差	基础设施不配套

从以上的概念界定和特点分析中，可以看出这三者之间存在很多不同，但从本质上看，可以将这种不同简要地归纳为在"独立性"方面存在的差异。新城作为一个完整的结构与中心城市共同生长于一定的区域范围内，它发展、改善并升级了大城市的区域空间结构，且并不因此改变中心城市的空间结构。同时，新城自形成初始就作为一个相对独立的实体而存在，也就是说，它可以有自己的经济战略和社会发展规划。

二、发达国家和地区新城建设经验及其启示

新城的概念和实践起源于英国。第二次世界大战后，发端于英国的新城规划和建设风行于诸多西方国家。时至今日，欧美发达国家的外延城市化进程早已完成，大规模的新城开发建设活动已日渐减少，基本上不再建设新城了。但是，他们在新城建设过程中所积累的经验，对我们具有重要的指导意义，是全人类宝贵的精神财富。

为了总结发达国家和地区在新城建设方面的一般规律，我们将其新城建设的情况和经验归纳于表25-2之中。尽管简约，但便于我们进行横向比较。

表25-2　发达国家和地区的新城建设实践

项目	国家和地区				
	英国	法国	美国	日本	中国香港
背景	应对第二次世界大战后人口膨胀和住房紧缺的城市问题，满足区域产业结构调整的需要	疏散巴黎市区过度集中的人口，改变东西部发展严重不平衡状态	控制城市盲目向郊区扩展，追求理想的人居环境，解决"大城市病"	解决大城市不断膨胀导致的日益严重的城市问题	缓解城市居住、社区设施及城市基础设施的压力，改善市民生活环境

(续表)

项目	国家和地区				
	英国	法国	美国	日本	中国香港
政策目标	建设一个既能生活又能工作、平衡和独立自足的新城	创造一个真正"自给自足"的新城,追求就业与住房的平衡,减轻交通负担,抑制大都市的蔓延	充分利用现有小城镇和农村居民点建新城,注重自然环境质量,将新城作为实验室,许多创举可在此实验	寻找一种更为开放、更适合城市成长和发展的地区结构	新市镇要形成良好的社区,住宅要拥有完善的服务设施,提供充分的就业机会
主要做法	第一代新城:规模小、建筑密度低、功能分区;第二代新城:着眼点是改善公共交通;第三代新城:实现公共交通与私人交通的平衡	规划巴黎方圆35公里内的新城,鼓励周边城市适度发展,提出"保护旧市区、重建副中心、发展新城镇、爱护自然村"的构想	建立多样化的新城,如有卧城、有少量工业、以大学和研究机构为中心的新城,还有以有色人种聚居为主的新城。结合新城建设,进行各种新技术实验,如引入新交通体系	以城市轴为骨干的城市结构改革,即将城市中心功能展开在城市轴上,建设副中心、新城区和新镇。不过,日本的新镇多为卧城,配套功能差	第一、二代新市镇建设注重创造良好、完善的居住环境,强调保持原有的自然乡村环境,选址时结合古老的城镇风格。第三代新市镇在建设中减少了工业用地,更注重与外界的交通联系
发展趋势	突出新城的社会意义,将"可持续发展"的观念融入新城的内涵,进而提出"新社区"的规划理念,即建设集生活、工作、娱乐于一体的综合区域	建立"多中心巴黎地区",提高大城市的竞争力,加强小城镇之间的联系和相互依赖,保护自然环境,保存农村特色	倡导以公共交通为导向的邻里社区开发,建设紧凑型社区,制止大都市低密度蔓延	新城开发将建设私营铁路与路线的延伸相结合,便捷的轨道交通促进房地产和服务业跟进,与新城拓展形成互动	通过高速公路和轨道交通与城市中心连接,环境富有特色

从上述描述中可以看出,不同发达国家和地区新城建设的目标和做法有所差别,而且随着社会和经济的不断发展,各个国家和地区需要应对不同的具体形势,但是,最初的新城建设宗旨大多是缓解大城市的人口急剧增长,为经济活动提供更充裕的发展空间,并提供充分的就业机会。当然,发达国家和地区的新城建设也不是一路高奏凯歌,也经历了一个不断试错、不断完善的过程,有许多经验教训值得我们汲取。总结发达国家和地区新城建设的实践,我们得到如下几点启示。

(1) 新城要成为一个地区的新经济增长点和创新地。人们可以观察到这样的现象:新城充满活力,成为一个地区经济增长的重要推动力量。新城倾向于在更大的地理范围内发展,它引导大都市区向多中心城市演进,逐步形成了一个与大都市核心区互补与竞争的现代多中心城市结构模式。过去那种单纯实施"农村城镇化"的做法,无法实现城市化空间的目标。而从大都市区空间层面规划城市化空间,通过新城、新市镇建设来推进大都市区的人口分散和吸收农村人口转移,是中外先进地区的成功做法。

(2) 新城与中心城区必须建立起便捷又快速的交通联系。以新城建设为支点,推动城乡统筹的关键问题之一,是现代化交通体系的建立。为了避免将周边的新城人口都集中导向到中心城市,各新城之间、新城与其他城镇之间应该建立起完备的交通联系,使之与新城、中心城市之间的交通线共同架构起完善的区域交通网络,从而全面有效地优化大都市区域的人口规模和产业结构。

(3) 新城开发达到一定规模才能发挥其应有的效用。从国外新城建设的经验来看，能够实现自我平衡的新城都趋向大规模化。一般认为，具有中等城市规模(人口为25万～30万人)的新城是具有聚集和辐射效应的最佳新城。达到此规模的新城，能够集中大城市和小城市的优点并避免两者的不足，有大城市生活的便利，但没有大城市的拥挤和不便。

(4) 新城要确保为人们提供一个高品质的生活空间。高品质的新城环境包括高质量的生活设施环境、城市生态环境和景观形象。新城应成为宜居的城市和生态的城市。

三、新城的建设规划

1. 战略目标：按照"中心城—新城—镇"进行市域城镇结构规划

与现行的规划理念不同，"中心城—新城—镇"的市域城镇结构更强调新城在城镇体系中的地位和充分发挥新城在城乡一体化方面的推动作用。从城市的发展方向来看，通过新城建设，可对以往无序蔓延的城市空间扩张进行重整。城乡统筹发展不是要消灭农村，恰恰相反，通过新城、新市镇建设和主体功能区的科学规划，能够更好地保护农村耕地和保留农村风貌。为了保护和发展远郊农业和森林用地，可将这些地区划分为若干个自然生态平衡区，在生态平衡区内发展若干以集镇、中心村和自然村为基础的社区，以保护自然环境和保存农村特色。这样，逐步形成一个"中心城—副中心—新城—中心镇—集镇—中心村"的市域城镇结构，从而形成与现代大都市相匹配、城乡一体、协调发展的现代城镇结构体系。

2. 发展策略：科学规划、重点突破、有序推进

新城应该成为大城市规划建设的重要节点，它承担着疏解中心城市人口和吸引转移人口、聚集新产业、带动小城镇和乡村一体化发展的功能。针对新城建设，主要有以下几种发展策略。

发展策略之一：规划建设一批规模不等的新城。新城建设可以分步骤进行，先重点建设几座新城，再逐步扩大范围。对于新城的选址，一是选择较有发展潜力和发展优势的城镇重点开发或经过整合再开发，整合后的新城要通过规划新的城市定位、培育新的城市功能而获得新的发展内涵。二是依托区域内大型产业区和产业集群的建设，以新兴产业和大型产业集群为基础，高起点地开发建设。

发展策略之二：在功能布局上要匠心独具。对于新城的类型要有所选择，功能定位要准。例如，经整合后，有些新城可定位为临港新城，有些新城可以定位为工业新城，还有些新城可以定位为科技新城。总之，要发展各种各样特色鲜明、功能完备的新城。新城的类型不同，功能开发的策略也应该有所区别，例如，有的先行营造新城环境，有的则重点突破功能项目，也就是说，对于不同类型的新城，选择快速推进的重要环节是有差异的。此外，还应通过规划，对新城建设用地加以控制，对非建设用地加以保护。在中心城区与新城之间确定了绿色保护空间范围之后，根据新城建设用地的现状，将新城和新市镇的土地分为城市化地区和非建设区。在非建设区内严禁任何城市开发建设活动，以防止新城建设转化成大规模的圈地灾难，走向畸形城市化之路。

发展策略之三：综合配套保障生活就业。新城应实现综合配套，保证新城居民的便利生活

和就地工作。其中，有两类新城的发展策略应该有所不同。一是在传统城镇基础上建立起来的新城。这类新城尽管原来已有一定的基础设施，但从总体上来看，标准太低。因此，需要高起点规划，特别是要注重产业配套环境的建设。二是对于那些新规划、新建设的新城，要强调均衡发展、自给自足，不仅为居民提供足够的居住设施、商业设施和康乐设施，而且还要为居民创造就业机会。此外，不同新城的综合配套建设的起点和重点要有所差别。要根据实际情况，将各新城的综合配套需求按重要性进行排序。例如，有的新城，交通是其第一需求；有的新城，建立大型购物中心更重要；有的新城，可能缺乏文化设施。在此基础上，有针对性地进行配套建设。

发展策略之四：建设高品质的生态之城。新城的突出优势之一是可以通过规划设计营造优美的人居环境和塑造鲜明的城市形象。因此，无论是什么类型的新城，都应该以建设"生态之城"作为基本目标。人们之所以选择到新城居住，是因为新城居民在工作、生活和文化娱乐方面享有与老城同等的水平。同时，由于新城充分利用了郊区的自然景观资源，营造了优美的环境，较之老城更具魅力。目前最重要的是全面提高新城建设的物质标准，以增强新城的独立性和吸引力，提供明显优于中心城区的生活环境和居住条件，包括住宅标准、环境质量、住房价格等。新城要与中心城区保持一定距离，且选用地价较低的区域，少选择在中心城市建成区边缘地带的土地。新城中的社区规划应该较之中心城区密度低，注重与自然环境的融合。要改变目前的"小城镇落后"的现状，逐步培育高品质、生态化的形象和特色。同时，无论新城的开发基础和历史背景如何，原有的自然特征、历史脉络、传统文化都应该成为创造和延续其新城品质特色的依据。

发展策略之五：注重发展高速轨道交通。在进行新城配套建设及最大限度地保证新城自我独立性的同时，不能忽略新城与中心城之间的大容量交通设施建设，不仅与中心城区要有快速交通干线联系，各新城之间也应有便捷的交通联系，以避免把过多的交通量引入中心城区而导致循环反复的一系列城市问题。

3. 开发模式：公建先行、市场运作、政策引导

根据中国的实际，新城开发最好由政府主导，公共开发先行，尤其是在新城的功能定位、选址、发展规模等方面由政府主导，能准确把握新城的发展方向。政府主导还能确保新城的公共开发先行，包括基础设施和公共服务设施等非营利性公共事业的有效开发和统筹安排。

然而，政府主导不等于以行政手段推动新城建设，对于新规划开发的新城，根据国外的经验，可由新城开发公司来具体运作。我国上海在开发临港产业区(新城)过程中，也采取了政府主导的公司化运作方式，取得了很好的效果。实践证明，由新城开发公司开发新城和由新城管委会管理新城的模式值得借鉴。换言之，新城开发模式可采用"新城管委会+新城开发公司"的体制。其中，不同开发公司(可以是国有或公共控股公司)可分别负责各自划分范围内的开发建设。这样，既可以迎合市场经济规律，体现市场经营城市的优势，也可以广泛吸纳社会各方面的资金，尤其是外资和民间资本投入到新城建设中来。

我们之所以推崇这种开发模式，主要是因为在新城开发过程中必须形成多元投资主体，实现建设与运营的产业化，尤其是要鼓励外资和民间资金采取多种投资方式(如BOT、PPP等)投

资于新城的高速公路、公交、停车场、污水处理、垃圾处理等公用事业领域。同时，商业设施、文化娱乐等公共设施应该与住房同步规划开发，在此过程中，应给予民间资本和外资以政策性支持。

4. 支持条件：产业、就业、住房与文化环境

新城建设的支撑条件有许多方面，首先是产业发展。能否促使外部各种资本和要素进入新城，是关系到能否吸引中心城区人口、农村转移劳动力和外来人口到新城安家和就业的大问题。所以，打造产业区及产业集群就构成了新城开发的一个重要条件。一般来说，吸引产业相对于提供足够的住房来说更为重要，对企业的吸引是提供工作岗位、提高就业率的关键。若新城没有吸引人的就业岗位，许多人包括农村转移人口是不愿意搬迁来的。其次，新城要吸引人口和产业，仅仅凭中心城市与新城之间的土地区位级差和政府的政策引导是不够的，关键是新城自身要具备较完善的社会文化环境。观察我国的许多小城镇，多年来其规模基本上没有什么变化，虽有了一些乡镇企业或外来资本的注入，住房价格也低，自然条件也不差，但是却很难吸引转移人口迁移至此。其中，一个很重要的原因是文化环境落后。这种文化环境是广义的，包括制度、教育、娱乐、商业氛围、文化设施等。当基本的生存条件具备之后，文化环境则成为新城得以长期稳定发展的重要支撑条件。

第三节　城乡接合部改造与管理

一、城乡接合部的特点

城乡接合部是指兼具城市和乡村的土地利用性质的城市与乡村地区的过渡地带，又称城市边缘地区。早期城市与乡村的景观差异明显，随着城市化进程的加快，城市不断向外围扩展，使得毗邻乡村地区的土地利用从农业转变为工业、商业、居住区以及其他职能，并相应兴建了城市服务设施，从而形成包括郊区在内的城乡交错带。城乡交错带位于市区和城市影响带之间，可分为内边缘区和外边缘区。内边缘区又称城市边缘，特征为已开始城市建设；外边缘区又称乡村边缘，特征为土地利用仍以农业占支配地位，但已可见许多为城市服务的设施，如机场、污水处理厂和特殊用地等。城乡接合部具有明显的城乡过渡性特点，体现在以下几个方面。

(1) 受城乡之间特定的空间扩展因素与空间过程的影响，其地域表现出一定的过渡性。城乡交错带内城市与乡村各要素、景观及功能的空间变化梯度大，是城市与乡村两类性质不同的区域之间的"急变带"，人地关系的空间差异远较城市城乡城域内部大；同时城乡接合部地区存在频繁的能量与物质对流，来自城市与乡村的人口、物质、技术、信息等在这里相互作用与竞争互生。

(2) 城乡接合部是城市与乡村两种社区相互接触、混合及交融的地区，其人口与社会结构特征的过渡性也十分明显。在这里不仅有城市居民与农村居民的相互混杂，而且还存在本地常住人口与外地流动人口的异质反差，各种不同职业类型、不同生活方式、不同信仰、不同价值观念、不同需求以及不同心理文化素质的人群相互形成强烈的对比并实现共存。

(3) 由于同时受到城市与乡村经济的双向辐射，城乡接合部经济发展具有明显的多样化特点，经济的发展对城市的依附性不断加强，城市性产业及城市需求导向产业在增加。

正是上述过渡性特征使城乡接合部社区的环境卫生管理具有特殊性，给这一地带的规划、开发、建设、管理特别是社会管理带来了难度。

二、城乡接合部的城中村问题

城乡接合部的城中村是城市空间成长中的一个独特现象。随着经济的快速发展和城市化建设的不断推进，一些经济发达地区的城市中心区域持续向外扩张，城市面积迅速扩大，原先分布在城市周边的村庄由此被划入城区，在区域上成为城市的一部分，然其土地权属、行政管理体制等仍保留着农村模式，由此形成一种特殊的城中村现象。

城乡接合部城中村改造过程中面临着土地产权不清晰、社会管理较复杂、流动人口安置难等问题，与城市经济社会发展和现代化建设的要求不相适应。随着时间的推移，改造成本会越来越高，势必成为制约城市建设和发展的突出问题[①]。

1. 土地产权不清晰

《中华人民共和国土地管理法》第八条规定："城市市区的土地属于国家所有。农村和城市郊区的土地，除由法律规定属于国家所有的以外，属于农民集体所有；宅基地和自留地、自留山，也属于集体所有。"城中村因位于城区边缘而被划入城区，成为城市的一部分，所以它既有城市的一些习性，又摆脱不了农村固有的特质，是两者的混合体。通常所说的要改造的城中村就是指已列入城市框架范围、土地所有权部分或全部属于集体所有的村落。因此，农村集体在土地所有权转化和交易中常用市场价格讨价还价，甚至漫天要价，凭此来保留其土地所有权，村落也在城市中得以延续。现实中多会出现以下情况：大量的违章违规建筑存在，而没有任何规划与建设部门的批准；存在大量乱占、乱圈地现象；非法租赁土地；以土地入股开办各种实业；用集体土地抵押贷款；用集体土地进行非法的房地产开发、经营等。

2. 社会管理较复杂

城乡接合部地处城市边缘，具有城乡二元结构的鲜明特点，"农居"(农民、居民)混杂，城乡交错，"一地两管""一地多主"的现象非常普遍。产业非农化、居民职业构成也非农化的城乡接合部，其农村部分依然被定位为农村社区，这导致了其在管理上的混乱。一方面它必须接受以管理城市为主的"社区"的领导，但又没有实施城市社区管理体制；另一方面它虽然是农村社区的组成部分，但大部分的劳动力转向了非农产业，许多农村政策失去了贯彻对象，城市的各种优惠政策也难以进入城乡接合部地区。另外，街道与乡镇、村委会与居委会间的管理交叉也造成了相互间的权责不清、扯皮推诿、统筹治理难等问题。

3. 外来人口安置难

目前，很大一部分外来人口选择在城中村居住，他们在为城市发展付出劳动的同时，也在影响着城市的发展。在政府拆迁、改造城中村的过程中，原先居住在城中村的外来人口就失去了他们暂时的栖息地。于是他们要么寻求另一个城中村暂时栖息，要么不得不

---

① 崔明明. 北京市城乡接合部城中村改造问题探究[J]. 农业经济，2012(5)

离开这个城市到其他地方谋生，但无论哪种选择，对于城市的发展来说都是弊大于利。外来人口选择搬去周边或邻近尚未改造的村庄，会加剧那里的人口膨胀，新的城中村又会产生，政府将不得不再次面临城中村改造的问题。这样就形成了一个现实的悖论——我们在改造城中村的同时，又在创造条件形成新的城中村，将来对新的城中村又不得不进行新的改造。另外，当低收入的流动人口因城中村改造而不得不向城市更边缘地区搬迁时，他们的交通费用、交通时间、生活成本也会大大增加，这些成本最终会转嫁给社会管理机制。

三、城乡接合部的更新和改造

城中村是城乡接合部的矛盾集中点，因此，城乡接合部的更新和改造应以城中村为重点。

在城乡规划上，要着力推进城乡规划一体化。将城乡接合部改造纳入整个城市规划体系中，共同形成科学合理的区域空间布局，促进人口相对集聚、资源集约利用等各方面的协调发展。深化分区规划，充分整合周边地块，实施整体规划、连片改造，确保项目的完整性，提高规划措施的可行性和可操作性。

在土地产权问题上，要逐步改变土地的二元所有制结构，解决好土地二元结构所带来的社会问题是做好城中村改造的核心。此外，还要加强土地的规划利用管理，严格界定征地权的范围，依法赋予集体土地产权应有的权利和地位。当集体土地转变为国有土地时要继续保持其原有使用权归属及原有用途，同时规范城乡接合部的土地市场，保障农民的权益。

在社区建设问题上，要从环境生态性、生活舒适性、居民方便性的角度抓好定点规划，既要遵照城市功能区要求，又要尊重"农转非"居民的生活习惯，把就地改造和易地新造相结合，优化组合，合理布局，打破行政村界线，分片区、成组团规划宜居社区，达到住宅的居住性、舒适性、安全性、耐久性和经济性最大化，实现人居环境与建筑的共存与融合。

在集体资产问题上，要处理好防止集体资产流失与保护发展生产力的关系。集体资产处置的原则为产权清晰到个人，权责明确到企业；市场调节，政企分开。对于城中村的集体经济实体要采取股份制，并按照投资比例和人口数量分股，把每个村民都变成持股人，股民与股份制企业直接挂钩，直接监督企业的运行。当然，在进行资产处置时是分配给农民现金还是股权，应当由农民自己决定。

在社会管理问题上，应创新"居住地治理模式"，打破户籍属地界线，将"人户分离、农居混居"的人口全部纳入社区日常管理和服务范畴，变人口的控制性管理为合作式治理，从根本上避免因户籍属地、性质不同所造成的政府管理、服务不到位，民主权利、合法权益难保证，以及只要权利、不尽义务等情况的发生。同时，实施城中村改造后，农民变成了市民，农村变成了社区，村委会改成了居委会，应在社会管理上实行城市管理体制，尤其要注意的是社会服务也要同时跟上，医疗、社会保险、环境卫生、教育等方面都应纳入城市的统一管理中。

第八篇
城市管理现代化

城市管理的智慧化是城市管理现代化的基本方向。本章首先讲解智慧城市管理的一般性原理，包括智慧城市管理的内涵、特征；其次讲解智慧城市管理的整体架构；最后讲解基于大数据的智慧城市管理。

第一节　智慧城市管理概述

一、智慧城市管理的含义

智慧城市是城市信息化的高级形态。智慧城市基于物联网、云计算等新一代信息技术，以及维基、社交网络、综合集成法等工具和方法的应用，营造有利于创新涌现的生态，实现全面透彻的感知、宽带泛在的互联、智能融合的应用以及以用户创新、开放创新、大众创新、协同创新为特征的可持续创新。

智慧城市的"智慧"，主要体现在三个方面：第一，通过信息化顶层设计，梳理、归类相关内容，进行集约化、系统化建设，及时获取城市运行状态信息。第二，对各类相关信息进行聚类、关联、深入挖掘、多维度融合，服务于城市运行的相关参与者。第三，加工利用所获取信息，影响城市运行相关参与者的意识和活动，促进城市运行要素与参与者的和谐高效运行，形成闭环控制，达到城市运行最佳状态。因此，从本质上看，智慧城市是一种发展城市的新思维，也是城市管理的新模式、新形态。

二、数字城管与智慧城管

数字化城市管理(数字城管)与智慧化城市管理(智慧城管)既有共性，也有差异。数字化城市管理是智慧城市管理的前提和基础，智慧城市管理是数字化城市管理的发展和落脚点。

从共性方面看，在理念与动力机制上，智慧城管延续了数字城管的底层逻辑，即"技术赋能+制度革新"的"互嵌"规律，一方面智慧城管用新的科技手段为城市有序高效运行赋能，另一方面同步调整体制安排、流程重塑。

从差异方面看，智慧城管拓宽了数字化、在线化、智能化的应用场景，加深了智能决策的深度。在技术上，新的科技产业变革持续转化为城市治理的赋能工具，传感器、边缘计算技术正在将越来越多传统的城市基础设施转变为具有智能的终端，5G、物联网技术正在使城市从搭建骨架走向神经网络体系发育阶段，人工智能为底层技术的图像声音识别、决策模型等正在为城市生命体征监测、城市问题发现与处理提供前所未有的能力支撑。在理念上，智慧城管更强调人的主体地位，更关注用户视角的服务设计和提供，更强调开放创新空间的塑造及市民参与、用户体验,即以人为本实现可持续创新。同时,也更强调通过政府、市场、社会各方力量的参与和协同实现城市公共价值塑造和独特价值创造。在管理上,数字城管的管理对象主要是围绕"物"(城市公共设施及环境)及与"物"相关的"事"的管理,智慧城管则更加重视人的主体地位及社会服务管理,将管理对象拓展到"人、地、物、事、组织"的全方位管理。

三、智慧城管的核心特征

智慧城市管理的核心特征在于"智慧",而智慧的实现,有赖于广泛覆盖的信息网络的感知能力,具备深度互联的信息体系,构建协同的信息共享机制,实现信息的智能处理,拓展信息的开放应用。

1. 透彻感知

通过传感技术,实现对城市管理各方面监测和全面感知。智慧城市利用各类感知设备和智能化系统,智能识别、立体感知城市环境、状态、位置等信息的全方位变化,对感知数据进行融合、分析和处理,并能与业务流程智能化集成,继而主动作出响应,促进城市各个关键系统和谐高效地运行。

2. 深度互联

智慧城市管理的信息感知是以多种信息网络为基础的,如固定电话网、互联网、移动通信网、传感网、工业以太网等。"深度互联"则要求多种网络形成有效连接,实现信息的互通访问和接入设备的互相调度操作,从而实现信息资源的一体化和立体化。宽带泛在网络作为智慧城市的"神经网络",极大地增强了智慧城市作为自适应系统的信息获取、实时反馈、随时随地智能服务的能力。

3. 协同共享

在协同共享的智慧城市中,任何一个应用环节都可以在授权后启动相关联的应用,并对其应用环节进行操作,从而使各类资源可以根据系统的需要,各司其能地发挥其最大的价值。各个子系统中蕴含的资源能按照共同的目标协调统一调配,从而使智慧城市的整体价值显著高于各个子系统简单相加的价值。

4. 智能处理

智慧城市拥有体量巨大、结构复杂的信息体系,这是其决策和控制的基础,而要真正实现"智慧",城市还需要具备对所拥有的海量信息进行智能处理的能力,这就要求系统根据不断触发的各种需求对数据进行分析,产生所需知识,自主地进行判断和预测,从而实现智能决策,并向相应的执行设备发出控制指令,这一过程中还需要具备自我学习的能力。

5. 融合应用

智能处理并不是信息使用过程的终结,智慧城市还应具有信息的开放式融合应用能力,能将处理后的各类信息通过网络发送给信息的需求者,或对控制终端进行直接操作,从而完成信息的完整增值利用。基于云计算平台的大成智慧工程将构成智慧城市的"大脑",技术的融合与发展还将进一步推动"云"与"端"的结合,推动从个人通信、个人计算到个人制造的发展,推动实现智能融合。

第二节　智慧城市管理的整体架构

一、基础平台

三网融合构筑了智慧城市的基础平台。所谓三网融合,是指电信网、广播电视网、互联网在向宽带通信网、数字电视网、下一代互联网演进的过程中,通过技术改造,其技术功能趋于一致,业务范围趋于相同,网络互联互通、资源共享,能为用户提供语音、数据和广播电视等多种服务。

智慧城市首先应该建设三网融合的通信信息平台。在这个平台上共享资源,有三个信息汇聚点——智能建筑、智能家居和物联网。当这三个信息汇聚点通过三网融合平台进行信息互通、传递、共享的时候,城市才能展现出智慧的能力。

物联网本身可以组成一个网络,但它的应用层可以在不同的地点,可以体现在智能建筑、智能家居、智能小区之中。它的应用层是分散的,其感知层相对来说涵盖在物联网范围之内。因此,我们说的物联网感知有应用层感知,也有物联网本身的感知,这两个部分通过网络组成物联网的整体。可以说,物联网实现了物体和物体之间的信息沟通、物体和人之间的信息沟通,但是它并不能实现人和人之间的信息沟通。在具体的物联网应用之下是一个大平台,这个大平台就是我们所提出的三网融合,融合的是通信网络、有线电视网和计算机互联网。三网融合的主要作用是解决人们传统和新一代的通信业务需求,主要体现在电话、数据、IP电话、IP电视、高清电视等方面。三网融合的目的是给每个智能单元、每个信息汇聚点提供更高速、更好的信息服务。

在三网融合这个信息通信网络平台上,智慧城市有三个信息源:一是为政府和城市安全服务的应急指挥调度系统。对于一座智慧城市来说,如果没有针对突发事件及时作出响应,城市就会变得不安全、不可靠。二是通信网络提供的传统业务和增值业务。三是数据中心,这个数据中心不是由一个部门、一个单位建立的,它的主要作用包括对信息的管理、对信息应用的管理、信息之间互通的应用以及云计算。当智慧城市的信息量变得非常大的时候,云计算就会发挥它的作用,帮助我们策划数据中心建设的规模。

因此,信息源及三网融合信息网络组成了智慧城市的架构。这个架构是一个整体的架构,但是,这个架构的建设者、运营者、管理者可能都不一样。这个网络不应该由政府去建设,政府的职能是组织相关的力量,针对智慧城市规划方案制定相关政策。智慧城市应该由不同领域、不同行业实施同步建设,并应逐步提升、逐步完善[1]。

---

[1]　张宜. 智慧城市:三网融合是基础平台[N]. 人民邮电报,2012-04-09.

二、两大基因

有两种驱动力推动智慧城市的逐步形成，一是以物联网、云计算、移动互联网为代表的新一代信息技术，二是知识社会环境下逐步孕育的开放的城市创新生态。前者是技术创新层面的技术因素，后者是社会创新层面的社会经济因素。由此可以看出，创新在智慧城市发展中的驱动作用。新一代信息技术与创新2.0是智慧城市的两大基因，缺一不可。

智慧城市不仅需要物联网、云计算等新一代信息技术的支撑，更要培育面向知识社会的下一代创新(创新2.0)。创新2.0的应用可以让人们了解目前由信息通信技术(ICT)的发展给社会带来的深刻变革而引发的科技创新模式的改变——从专业科技人员在实验室研发出科技创新成果后用户被动使用，到技术创新成果的最终用户直接或通过共同的创新平台参与技术创新成果的研发和推广应用全过程。信息通信技术的融合和发展消融了信息和知识分享的壁垒，消融了创新的边界，推动了创新2.0形态的形成，并进一步推动各类社会组织及活动边界的"消融"。创新形态由生产范式向服务范式转变，也带动了产业形态、政府管理形态、城市形态由生产范式向服务范式的转变。如果说创新1.0是工业时代沿袭的面向生产、以生产者为中心、以技术为出发点的相对封闭的创新形态，创新2.0则是与信息时代和知识社会相适应的面向服务、以用户为中心、以人为本的开放的创新形态。可以说，智慧城市中的"智"是技术、"慧"是人，因此，智慧城市注重"人机结合、人网结合、以人为主"，能够做到"集大成、成智慧"，注重在智慧城市建设过程中的市民参与，从而能够实现城市管理的"依靠人、服务人"。

三、应用领域

智慧城市包含智慧技术、智慧产业、智慧(应用)项目、智慧服务、智慧治理、智慧人文、智慧生活等内容。对智慧城市建设而言，智慧技术的创新和应用是手段和驱动力，智慧产业和智慧(应用)项目是载体，智慧服务、智慧治理、智慧人文和智慧生活是目标。具体说来，智慧(应用)项目体现在智慧交通、智能电网、智慧物流、智慧医疗、智慧食品系统、智慧药品系统、智慧环保、智慧水资源管理、智慧气象、智慧企业、智慧银行、智慧政府、智慧家庭、智慧社区、智慧学校、智慧建筑、智能楼宇、智慧油田、智慧农业等诸多方面。

归纳起来，智慧城市的应用大致可以分为三大领域，如图26-1所示。

图26-1 智慧城市的三大应用领域

1. 智慧政务

智慧政府是适应网络化、信息化发展趋势，利用先进的计算机技术、网络通信技术，基于网络平台，通过改进政府的组织结构、业务流程和工作方式，建立智能化、信息化、网络化的政府办公、管理和服务的行政管理模式。智慧政务主要包括电子政务和办公自动化等应用项目。智慧政务通过借助于城市综合管理运营平台来实现，这个运营平台由指挥中心、计算机网络机房、智能监控系统、图书馆和数字化公共服务网络系统等几个部分构成。其中，指挥中心系统囊括政府智慧大脑中枢系统，分别为公安应急系统、公共服务系统、社会管理系统、城市管理系统、经济分析系统、舆情分析系统等。它为满足政府应急指挥和决策办公的需要，对辖区内的监控系统进行升级换代，增加智能视觉分析设备，提升反应速度，做到事前预警、事中处理及时迅速，并统一数据、统一网络，建设数据中心、共享平台，从根本上有效地将政府各个部门的数据信息互联互通，并对整个区域的车流、人流、物流实现全面感知。该平台在城市经济建设中具有为领导的科学指挥、决策提供技术支撑的作用。

2. 智慧产业

智慧产业是指直接运用人的智慧进行研发、创造、生产、管理等活动，形成有形或无形智慧产品以满足社会需要的产业的集合。智慧产业不同于高端服务业，在智慧产业中，智慧本身就是产品、商品。

智慧产业作为城市战略性新兴产业的重要组成部分，它以重大技术突破和重大发展需求为基础，是知识技术密集、物质资源消耗少、成长潜力大、综合效益好的产业。伴随智慧城市建设的逐步推进，智慧产业必将对城市加快产业转型升级、构建现代产业体系以及统揽经济社会全局和实现长远发展等产生重大引领带动作用。

智慧产业包含从研发设计、制造、传输到服务等各个环节，其内容包括智慧应用技术研发、智慧装备制造、光通信、移动通信、集成电路、新型显示、应用电子以及云计算产业等。智慧产业的整体概念框架如图26-2所示。

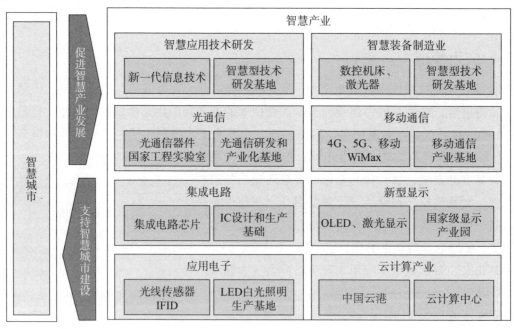

图26-2　智慧产业概念框架

3. 智慧民生

移动互联网、物联网、云计算等新一代信息技术必将极大地促进市民生活和经济活动的智能化。只有"以人为本"，才能突显智慧基础设施建设、智慧产业体系发展的现实意义，才能真正实现创新城市社会管理、提升居民生活品质、促进城市经济发展的最终目标。

智慧民主涉及范围广泛，包括建设智慧公共服务和城市管理系统。通过加强就业、医疗、文化、安居等专业性应用系统的建设，通过提升城市建设和管理的规范化、精准化和智能化水平，有效促进城市公共资源在全市范围内的共享，积极推动城市人流、物流、信息流、资金流的协调高效运行，在提升城市运行效率和公共服务水平的同时，推动城市发展转型升级；提供智慧安居服务，充分考虑公共区、商务区、居住区的不同需求，融合应用物联网、互联网、移动通信等各种信息技术，发展社区政务、智慧家居系统、智慧楼宇管理、智慧社区服务、社区远程监控、安全管理、智慧商务办公等智慧应用系统，使居民生活实现"智能化发展"；建设智慧健康保障体系，建立卫生服务网络和城市社区卫生服务体系，构建以城市区域化卫生信息管理为核心的信息平台，促进各医疗卫生单位信息系统之间的沟通和交互；建设"数字交通"工程，通过监控、监测、交通流量分布优化等技术，完善公安、城管、公路等监控体系和信息网络系统，建立以交通诱导、应急指挥、智能出行、出租车和公交车管理等系统为重点的、统一的智能化城市交通综合管理和服务系统，实现交通信息的充分共享、公路交通状况的实时监控及动态管理，全面提升监控力度和智能化管理水平，确保交通运输安全、畅通。诸如此类，都属于智慧民生的范畴。

四、管理原则

智慧城市管理要紧密围绕城市发展规划的总体发展战略及其核心诉求。在智慧城市基本要素和领域的基础上，突出城市特色，与中长期发展有机融合，形成信息化与城市发展的有机融合，实现智慧城市与区域政治、经济、文化、公共服务、公众生活等方面的良性互动。

智慧城市管理要将市民需求置于首位，要让市民充分参与智慧城市管理过程，智慧城市的解决方案要为居民所接受。我们需要制定一套新的智慧城市公民原则来指导，这套原则不仅要以信息、知识和脑力资源为支撑，同时市民也能够容易感知、学习和参与，使大多数市民都能享受到智慧城市的服务和应用。

智慧城市管理不是简单地复制智慧城市技术。智能技术不是解决城市问题的唯一方案，简单复制其他城市的智慧城市模型一定会失败，因为智慧城市建设必须因地制宜，智慧城市管理本身也需要智慧。

智慧城市管理能满足不同参与者的需求。对城市管理者而言，智慧城市是可以深刻、全面、实时感知的。智慧城市技术能将经济运行、公共服务、市政管理等多领域、多维度、多视角的综合动态信息第一时间提供给城市管理者，并辅以决策支持，使城市管理更加科学、及时、有序，实现日常运行驾轻就熟，重大决策科学合理，突发事件应对自如。对投资者和经营者而言，智慧城市是一个充满经济活力的城市，商机丰富、交易活跃、信用完善、服务到位。对广大公众而言，智慧城市是一个透明的城市，政民互动、衣食住行以及各种资讯、服务、交易均可以便捷获取。对旅行者而言，智慧城市是一个触手可及的城市，无论走到哪里，吃住行游购娱各类信息可随时获取。

五、评价指标

怎样判定智慧城市的管理水平呢？智慧城市的评价指标体系可以帮助我们确定衡量智慧城市的标准，也可以通过测量其发展程度，为智慧城市建设和管理指明具体的路径和方向。

学者们构建了许多不同的智慧城市评价指标体系和评价方法。归纳起来，基本上可以概括为六个维度。

1. 智慧城市基础设施

评价保障智慧城市各项功能通畅、安全、协同运作的相关基础设施，围绕宽带网络建设水平展开。具体指标有家庭光纤可接入率、主要公共场所无线网络覆盖率、户均网络接入水平等。

2. 智慧城市公共管理和服务

评价智慧化的政府行政、道路交通、医疗卫生、教育、环境监测、安全防控、能源管理、社会保障等方面的管理和服务，这是城市居民生活智慧程度和幸福感的直接影响因素。具体指标有行政审批事项网上办理水平、政府非涉密公文网上流转、智能公交站牌建设水平率、市民交通诱导信息使用率、市民电子健康档案建档率、病历电子化率、环境质量自动化监测比例、家庭智能表具安装、新能源汽车比例、建筑物数字化节能比例、重大突发事件应急系统建设率、危化品运输监控率、城市教育支出水平、网络教学比例、社区综合信息服务能力等。

3. 智慧城市信息服务经济发展

评价由于智慧城市建设和发展而催生衍化或支撑智慧城市建设运行的信息服务业的发展情况。具体指标有信息服务业增加值占地区生产总值比重、信息服务业从业人员占社会从业人员总数的比例、企业网站建站率、企业电子商务行为率、企业信息化系统使用率等。

4. 智慧城市人文科学素养

评价市民对智慧城市发展理念的认知、对基本科学技术(包括信息化技术)的掌握以及市民网络化程度等。具体指标有人均可支配收入、大专及以上学历人口占总人口比重、市民上网率、家庭网购比例等。

5. 智慧城市市民主观感知

以市民主观感知性的指标为主，评价生活的便捷和生活的安全感两个方面。具体指标有交通信息获取便捷度、城市医疗信息获取便捷度、政府服务信息获取便捷度、食品药品安全电子监控满意度、环境安全信息监控满意度、交通安全信息系统满意度等。

6. 智慧城市软环境建设

评价智慧城市发展的规划设计、环境营造等方面。智慧城市发展规划、智慧城市组织领导机制、智慧城市培训水平等。

第三节　基于大数据技术的智慧城市管理

一、从数字化管理向智慧化管理转变

进入21世纪以来，通过技术与制度创新相融合，中国城市治理经历了两次范式变革：一是信息化赋能产生了网格化、数字化城市管理模式；二是当前的智能化技术赋能正在孕育全周期、智慧化的城市治理新模式。随着5G、人工智能、物联网、大数据、云计算等技术的发展，全社会的数字化程度进一步加深，为城市治理提供了新工具。

如果说数字化城市管理阶段是借鉴国外经验，依托信息化技术，与我国城市管理体制进行初步的融合创新，那么目前正在探索完善的面向智能社会的城市治理新模式则具有更突出的"中国原创"属性。

当前普遍共识是网格化、数字化城市管理是应对快速增加的城市问题所产生的一次模式变革，是技术与管理两条主轴的融合。一方面，引入现代信息化手段，通过数据库、通信网络、城管通终端、管理软件等，支撑城市管理中的问题发现、派发处置、评估监督，形成全程留痕的城市管理事件处置闭环；另一方面，通过划分网格、出台规定、机构调整、执法力量下沉、完善处置程序等管理手段，为信息化流程提供规则依据与行政资源支撑。

近年来，一系列新型城市治理模式开始涌现，其背后是两大因素：一是随着人工智能、大数据、云计算、物联网等新一代信息技术的发展，信息通信技术(information and communications technology，ICT)为重构城市管理模式提供了技术手段上的支撑；二是信息技术为城市管理赋能的同时，与体制变革、管理流程重塑、制度创新形成了合力。例如，北京市朝阳区以及多地在实践中采取监督指挥中心合一的模式。许多管理变革是具有共性的，都坚持基于技术手段的支撑，破除部门化的体制痼疾，创新了"信息汇集、统一指挥、分派实施、结果反馈、公开评价、监督制衡"的闭环流程，降低了城市管理中的信息成本和体制成本。

总之，基于数字化城市管理的发展基础，叠加近年来趋于成熟的5G、人工智能、物联网、大数据、云计算、区块链等技术，全社会的数字化程度进一步加深，城市管理正迎来新一轮变革，变革趋势就是由数字化城市管理向智慧化城市管理转变。

二、依托大数据的智慧城市管理系统建设

智慧城市管理系统建设包括智能化的信息采集、传输和监控体系(移动模式)；机敏、灵活和自适应的智慧化运行服务体系(扁平化的运行流程)；城市管理对象不良社会行为的监控、灾难预测和智能化辅助决策体系；辅助规划、建设、灾难预测、预警、突发事件处置体系(大数据分析系统)。依托大数据的智慧城市管理系统如图26-3所示。

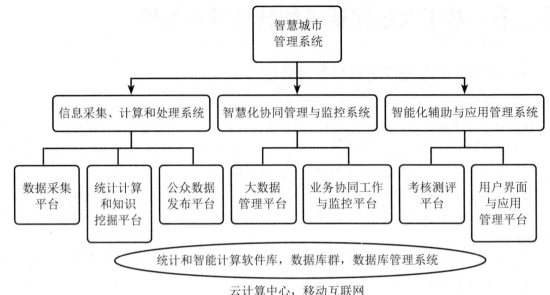

图26-3　依托大数据的智慧城市管理系统

　　智慧城市管理系统依托移动互联网和云计算中心作为城市管理的基础设施层。以"数据库群"为核心，用"数据库管理系统"进行管理，并提供"统计和智能计算"核心软件库，作为智慧城市管理的基础数据和系统软件层。在大数据技术的支撑下，智慧城市管理系统可分为三大子系统，其中，信息采集、计算和处理系统是基础性应用子系统；智慧化协同管理与监控系统属于运行服务子系统；智能化辅助与应用管理系统是为用户提供专业服务的子系统。三大子系统下设七个管理平台。

　　1. 数据采集平台

　　该平台采用物联网和移动互联网技术，将城市管理范围内的各种检测、监测设备连接在一起，实现对城市管理领域的人、物、事件及环境运行状态的全面感知。同时实现管理人员的业务行为和各种指令的实时记录，并实时地将数据传输至数据中心，按照数据标准对数据进行加工和存储管理，为城管人员协同管理提供可靠的信息服务。

　　2. 统计计算和知识挖掘平台

　　基于城市管理大数据的精准决策、事故防范和安全评估，需要大量的计算分析、模拟仿真以及基于大数据的知识挖掘和智能决策，该平台将为此提供高能量的计算能力。该平台由高能量的统计计算分析、知识挖掘和辅助决策的算法及功能性子系统组成。

　　3. 公众数据发布平台

　　该平台按照数据管理规范，实时搜集、整理、集成数据，形成公众数据库，供用户查询；分类制定数据提取标准、规范，建立入库模式及服务的规章、制度。公共信息包括政策法规库、规章制度库、统计报表数据库、基础数据库群等。在业务应用中可以为用户提供应用模块，主要面向政府管理人员，以移动终端为基础，辅以LED屏幕、计算机终端等，将城市经济情况、建设情况、发展情况、时事热点展示出来。

4.大数据管理平台

该平台集成覆盖城市管理领域的地理信息数据库、市政与公用设施数据库、人口数据库、企—事业单位数据库、党—政—军—行政管理机构数据库、科研—文化机构数据库、学校数据库、政策—法规库、统计计算和智能决策数据库、目录索引库等，并拥有一个基于云计算和互联网，可进行远程、异地数据操作的数据库管理系统。

5.业务协同工作与监控平台

协同管理的实现要点在于多方面城市管理分析，综合考虑城市管理中的各种因素，例如交通、环保、管理等，从中找出各个领域之间的联系，使其相互衔接，形成驱动性智能管理系统。在协同工作的体系中，加强高能量的数据采集平台的建设，采用智能化的采集手段，把各种各样的物理手段和人工手段以及人工工作行为记录全部集中在一起，形成大数据平台和领域广泛的数据库群。这里面既包括原来的城市管理部件库、地理信息库等，也包括各种各样的历史资料库及其整理后的数据库群。该平台以发达的管理运用体系，现代化的统计计算、智能挖掘的方法和软件以及系统安全体系进行协同管理，形成一个完整的运行体系，对于城市的运行管理进行协调，将视频监控、传感器终端与业务系统结合起来，对事件进行全程跟踪和监控。

6.考核测评平台

该平台对智慧城市管理过程中的各类问题的发生和各部门处置情况进行统计考核，为智慧城市管理效率和效果测评提供工具，并能划分样本区域，对样本区域内发生的案件进行统计分析、测评与考核。

7.用户界面与应用管理平台

良好的用户体验是很重要的一部分，该平台提供：专业用户界面管理——城管专用智能终端；用户管理——用户注册、审核，包括硬件、应用软件和数据库访问权限管理；用户环境生成——应用系统和动态数据库等。

智慧城市管理系统建设需要完善的组织管理和运行体系的建设。智慧城市管理要沿用数据化城市管理形成的监管分离的独立体系，同时要加强市场化运营的管理建设，特别是要处理好市场化运营和政府主管的关系。规范、标准、法律体系的制定以及政府的管理属于宏观性、监管性指导，而不是具体业务操作，具体业务操作需要借助于市场化运作体系进行。

第二十七章 网格化管理

数字化城市管理是智慧城市管理的具体应用。本章首先分析传统城市管理模式的弊端，基于此讨论一种城市管理新范式——网格化管理；其次重点介绍网格化城市管理的基本构架，包括网格化管理的要件、结构和流程等；最后以北京市朝阳区城市网格化管理模式为个案，展示城市网格化管理功效。

第一节 网格化管理：城市管理新范式

一、传统城市管理模式的弊端

如今现行城市的主要矛盾是市民日益增长的公共需求与公共产品、公共服务短缺之间的矛盾。如何为市民提供更便捷的公共管理和公共服务是城市政府所面临的突出难题。由于传统城市管理模式存在以下弊端，创新城市管理模式迫在眉睫[①]。

(1) 城市政府各层级及内部各部门缺位、错位和越位，"多头管理"和"无人管理"现象突出。随着城市现代化建设进程的加快，城市管理和服务滞后几乎成为许多城市的共性问题。改革开放以来，我国城市基础设施建设突飞猛进，城市面貌发生了巨大变化，但城市管理方面存在的问题仍然很突出，主要有管理体制不顺，运行机制不活，管理理念和服务方式滞后，职能部门职责不清、职责重叠、条块分割，缺乏有效的监督和评价机制等，不仅造成了巨大的内耗，而且不能及时有效地满足市民日益增长的公共管理和服务需求。

(2) 城市政府和社区组织之间职责和功能混乱。一方面，虽然我国"政府、市场和社会"三元社会结构已初步形成，但是"强政府、弱市场、小社会"的格局还没有完全改变，政府仍然承担了一些不该管而且管不好和管不了的事务；另一方面，随着市场经济体制改革和单位制的解体，"单位人"变为"社区人"，社会问题逐渐社区化，本该为自治组织的社区居委会变成了政府部门的"一条腿"。从20世纪90年代末开始的社区管理体制改革，虽然重构和弥补了社会管理真空，但越来越使社区组织带有行政化色彩，政府所提出的各种工作到社区，在很大程度上变成了各种任务、责任到社区，而权力、资源不到社区，政府和社区的职责功能划分不清，制度和技术监督不力，社区成了各种社会问题的仓储域，导致居委会负担尤显沉重，居民对政府和社区的公共管理和公共服务满意度偏低。

(3) 城市管理中信息滞后、管理被动、效率低下，突击式、运动式管理成为常态。一方面，城市政府在以前的城市管理中，没有专门的城市综合管理部门，各职能管理部门经常出现

---

① 张大维. 城市网格化管理模式的创新研究[J]. 理论与改革，2006(5).

管理混乱、相互扯皮的现象，即使一些城市成立了专门的城市综合管理指挥平台，指挥平台也只能看到单条的事实记录，不能对数据记录进行周详的分析，对城市的管理也很被动，通常等案件发生之后，才询问责任，经常出现管理滞后的问题。另一方面，相关部门在对许多案件的处理上，往往凭经验和直觉去管理，这种粗放管理的结果是发现问题多少没人管、处理问题是否及时没人管、问题处理到什么程度没人管、如何预防问题发生不可知、问题发生趋势不可知。城市公共管理和公共服务中存在的问题较为突出，城市建设成果难以发挥最大效益。

二、网格化管理：城市管理模式的变革与创新

城市网格化管理是一种数字化城市管理模式，它通过地理编码技术、网络地图技术、现代通信技术，将不同街道、社区划分成若干网格，使其部件、事件数字化，同时将部件、事件管理与网格单元进行对接，形成多维的信息体系，一旦发现问题，能及时传递到指挥平台，通知相应职能部门解决问题，实现城市管理空间和时间的无缝管理。简单地讲，所谓网格，就是将城区行政性地划分为一个个"网格"，使这些网格成为政府管理基层社会的单元。城市网格化管理是运用数字化、信息化手段，以街道、社区、网格为区域范围，以事件为管理内容，以处置单位为责任人，通过城市网格化管理信息平台，实现市区联动、资源共享的一种城市管理新模式。

城市网格化管理是我国数字城市技术应用领域的重大突破，是我国城市管理的新创举。第一，它将过去被动应对问题的管理模式转变为主动发现问题和解决问题的管理模式；第二，它实现了管理手段数字化，这主要体现在管理对象、过程和评价的数字化上，保证管理的敏捷、精确和高效；第三，它是科学封闭的管理机制，不仅具有一整套规范统一的管理标准和流程，而且发现、立案、派遣、结案四个步骤形成一个闭环，从而提升管理的能力和水平。正是因为这些功能，可以将过去传统、被动、定性和分散的管理，转变为今天现代、主动、定量和系统的管理。

总之，城市网格化管理立足于技术创新和制度创新的有机融合，实现了技术创新和制度创新的有机连接。城市网格化管理的理论运作方式和具体实践破除了传统城市管理中的难题，其体现出的创新之处和特点是，在控制论、系统论、信息论和协同学的基础上，综合利用移动通信、地理编码和网络地图等高科技手段，实行管理单元网格化、管理对象数字化、管理资源整合化、管理水平高效化、管理时空预警化、业务流程规范化、评价标准公开化。

三、网格化管理的现实价值和实用功效

1. 城市网格化管理模式能有效地整合管理资源，提高管理水平

城市网格化管理涉及城管、公安、环卫、水务、绿化、工商、社保、社区建设等诸多方面，城市网格化管理可以围绕上述职能部门的各种管理问题构筑全方位、立体化的电子地图管理空间，能够较好地解决过去政府部门在管理资源上存在的"纵向充分利用、横向协同不足"的问题。城市网格化管理既整合了职能部门、政务中心、社区服务中心等管理和服务资源，又整合了政务网、社区服务网、校园网等网络软件资源。通过整合，一方面，城市管理可以将可能遇到的所有事件纳入网格化管理范畴，具有极强的静态包容性和动态扩展性；另一方面，所有相关的城管职能部门均能从网上获得归属自己管理的信息，从而达到一网多用和资源共

享的效果。

2.城市网格化管理模式实现了业务流程规范化，管理机制更便民

城市网格化管理使信息采集、监督、反馈、督办系统的运行更加流畅，不仅能节约管理成本，更便于及时地满足市民的需求。实行城市网格化管理的城市政府一般建立了相对独立的监督和指挥系统，组建了城市管理监督中心和城市管理指挥中心，强化发现、监督评价环节，缩短管理流程，定量分析各部门履行职责的情况，从而形成监管互动、分工协作、管理有序的城市管理新模式。

3.城市网格化管理模式使评价标准公开化，管理监督更透明

在过去的城市管理模式里，政府职能部门既"掌舵"，又"划桨"，既当"运动员"，又当"裁判员"，行政权和监督权合二为一，监督对象不明确，定量评价不到位，工作质量的优劣评价基本靠部门的自我感觉和上级领导印象。实施城市网格化管理后，由于有了数据库的支撑，可基于系统实时生成的大量基础数据建立科学完善的监督评价体系，使管理监督更透明。

4.城市网格化管理模式让管理时空预警化，管理方式更主动

传统城市管理中的反馈控制缓慢被动，已不能适应现代城市管理的快速多变需要，现代城市问题的"突发性"和"多变性"常使得城市管理部门顾此失彼。城市网格化管理模式中所具有的前馈控制性管理打破了"亡羊补牢"式的反馈控制性管理，它运用不断获得的最新的可靠信息加以预测，并将设定的社会管理目标与预测结果进行对照，在出现问题的临界点之前就发现问题，事先制定纠偏措施，将问题消除在萌芽状态，既降低了成本，又减弱了破坏性。

第二节　网格化城市管理的基本构架

一、网格化城市管理的要件

1.单元网格

网格化城市管理模式运用网格地图技术和测绘技术，将城市区域划分为若干边界清晰的地域单元，形成了一个个拼接的单元网格，实现了小区域分块管理。具体来说，对管理区域进行网格划分要按照"任务相当、方便管理、界定清晰"的要求，考虑居民群众的认同度、自然小区的规模、社区工作人员状况等因素，根据自管小区、物管小区、散住小区等分类，依据户籍人口、流动人口和管辖面积，将管理区域划分为万米单元网格(兼顾自然小区及原行政区划)，统一编码并形成全市统一的电子地图(1：500，1：1000，1：2000)。原则上每个网格以300～500户、1000～1500人为宜。每一个网格指定一位社区工作人员担任网格责任人，做到"人员、职责、任务"三落实。

2.部件和事件编码

城市管理部件是指城市中具有明确产权人或管理维护单位的市政公用、道路交通、市容环卫、园林绿化、房屋土地等相关设施。它们是城市管理中最小的细胞单元，主要包括道路、桥梁、公园、绿地、休闲、健身、娱乐等公共设施，水、电、气、热等市政公用设施，以及广告牌、电话亭等经营性设施。城市管理事件是指城市中发生的有碍正常秩序的突发性或偶发性事件。数字化城市管理模式要求按照一定的分类方法，对城市部件和事件进行分类，并对每个部件和事件类别分别进行编码。具体来说，城市管理对象统一以部件和事件表示，统一分类编码，明确名称、分类、上报情况及设施属性说明，形成全市统一的部件和事件数据库，各区备份区属数据。全市部件可分为公共设施、道路交通、环卫环保、园林绿化及其他设施等几大类、若干种，需动态监管的事件可分为市容环卫、设施管理、突发事件、街面秩序及综合管理几大类、若干种。以万米单元网格、部件和事件为基础，进一步绑定网格、部件和事件，方便业务处理中的精确定位。这种分类管理和信息编码，为构建信息平台和信息传输奠定了基础。

3. 信息采集设备

网格化城市管理模式创新了信息采集手段，它利用移动通信技术，以可拍照的手机为原型，研发设计了可移动的信息采集设备——"城管通"(装有电子地图)。监督员可利用"城管通"方便地采集现场信息(图像、文字及声音文件)，并通过无线网发送至监督中心或接收监督中心的指令。

4. 数字信息网络

网格化城市管理系统依托计算机网络和移动通信技术，设计了专门的数字信息网络系统。监督员与市监管平台通过租用移动专用通信线路构成数据链，市监管平台通过租用电信部门专用线路连接至各区监管指挥中心，市监管平台通过专网转发现场采集到的信息至区一级。市监管平台与市属专业管理部门、区监管平台与区属专业管理部门之间利用租用线路、政务外网及部门局域网实现链接。全市统一的部件和事件数据库存储于市级监管中心，各区备份区属数据库至区监管中心，业务处理信息实现市区同步更新。数字信息网络极大地加快了信息传递和反馈速度，从而提高了城市管理监督和指挥效率。同时，通过数字信息网络，可以将分散的信息资源有效地整合起来，实现信息资源共享，方便各部门协同开展工作。

5. 监督和指挥平台

一方面，网格化城市管理要求设置监督和指挥中心(即监管平台)，而且要实现市、区两级分工。市监管平台重在分析、监控和评价，负责将监督员采集的信息转发至区平台，指挥协调市专业部门及监管评估区平台。市平台通过分类统计表(问题分类)、动态统计表及详细信息查询表，监控城管问题发现、立案、派遣及结案几个关键指标，据此评价各区平台的运行效果。区监管平台重在问题发现、监督、协调、处置与核实，是城市网格化管理的运作实体。另一方面，监管职能要分离。市、区两级分离城管监督和管理职能，成立监督中心和指挥中心。市级监督中心专门负责信息转发与分析评估，市级指挥中心指挥协调市属专业部门解决涉及市属机构的问题。

二、网格化管理平台的基本架构与管理流程

1. 网格化管理平台的基本架构

城市网格化管理平台是指运用先进的信息技术和网络手段，构建全地区统一的社会管理信

息平台，推动社会管理创新。平台对各类社会问题和不稳定因素进行及时收集反馈和排查分析，对承担社会管理职能的部门的信息资源和管理资源进行有效整合和扎口管理，对事关全局的重大紧急事件进行及早防控处置和监督管理，从而实现上下级和不同部门之间数据共享、信息共用、资源整合、动态跟踪、全面覆盖的社会管理新格局。

城市网格化管理平台分为四个层次，即发现层、市级监管层、区级监督指挥层和处置层[①]，如图27-1所示。

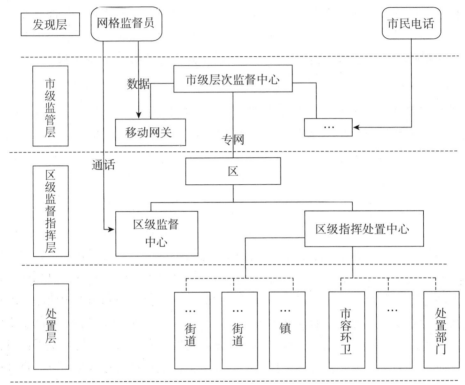

图27-1　城市网格化管理平台的基本架构

2. 网格化管理流程

城市网格化管理从发现问题开始，通过系统的协调工作，对城市管理问题的发现、审核立案、任务派遣、处理、反馈、核实、结案进行全程跟踪，其基本流程如图27-2所示。

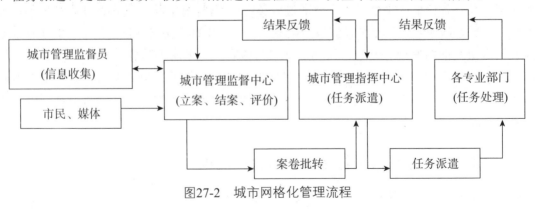

图27-2　城市网格化管理流程

① 范况生. 现代城市网格化管理新模式探讨[N]. 商丘师范学院学报，2009(12).

(1) 收集信息。城市管理监督员在规定的若干单元网格内巡视，发现问题后通过无线数据采集器上报位置、图像、表单、录音等信息；监督中心接到公众的电话举报，通知监督员核实，如情况属实则由监督员上报。

(2) 案卷建立。监督中心接收管理监督员上报的问题，立案审核后，批转到指挥中心。

(3) 任务派遣。指挥中心接收监督中心转批的案卷，分别将其派遣至相关部门进行处理，并负责对处理情况进行督办。

(4) 任务处理。各相关专业部门按照指挥中心的指令处理问题，将处理结果反馈到指挥中心。

(5) 处理反馈。指挥中心将相关专业部门反馈的问题处理结果信息转批到监督中心。

(6) 核查结案。监督中心通知相关区域的城市管理监督员到现场对问题的处理情况进行核实，监督员通过无线数据采集器上报处理核查信息，如无疑问，监督中心进行结案处理。至此，一个完整的管理流程便告结束。

上述六个环节，可划分为三个管理阶段，即发现问题、任务派遣、处理问题。

三、城市网格化管理的系统结构及功能

1. 城市网格化管理的系统结构

城市网格化管理系统由应用管理系统、网格化管理数据库及相关的网络与网络设备等组成。应用管理系统是城市网格化管理系统的核心，网格化管理数据库及相关的网络与网络设备是实现城市网格化管理的技术保障。城市网格化管理的系统结构[①]如图27-3所示。

2. 城市网格化管理的主要功能

(1) 城市部件在线更新了系统。该系统的主要功能有部件浏览、部件定位和地图编辑，根据用户选择的部件类型，自动调用相应的部件专题图并显示；通过鹰眼定位、图号定位、坐标定位、部件号定位等多种定位方式迅速查找相应的地理位置；可以在线对地图数据进行输入、修改等。

(2) 无线数据采集子系统。该系统主要用于实现监督员在管理单元网格内进行巡查的过程中向监控平台上报问题信息。该系统依托移动设备，可采用中国移动的GPRS数据传输技术或者中国联通的CDMA数据传输技术，通过事件和部件分类体系编码、地理体系编码，完成管理问题文本、图像、声音和位置信息的实时传递。

(3) 监督受理子系统。该系统专门为监督平台设计，主要功能是为监督中心工作人员提供问题受理、登记、立案、定位和转发等功能。通过信息传递服务引擎将无线数据采集了系统报送的问题信息传递到接线员的工作平台，接线员通过系统接收、处理和反馈各类问题信息，完成信息收集、处理和立案操作，为协同工作子系统提供管理问题的采集和立案服务，保证问题信息能及时准确地受理并传递到指挥中心。

---

① 范况生. 现代城市网格化管理新模式探讨[N]. 商丘师范学院学报，2009(12).

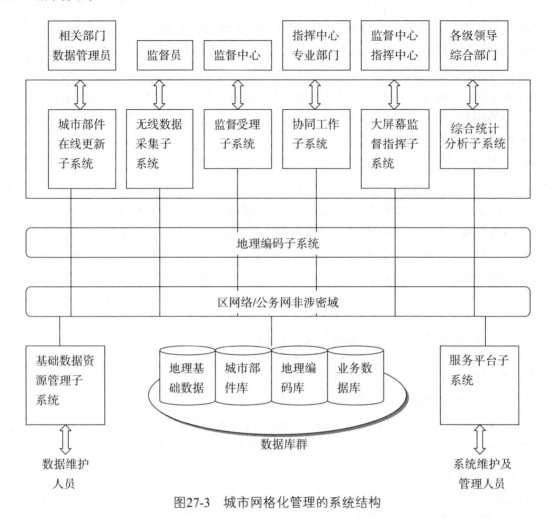

图27-3 城市网格化管理的系统结构

(4) 协同工作子系统。协同工作子系统供监督中心、指挥中心和各个专业部门以及各级领导使用，以实现城市网格化管理办公自动化，图、文、表、业务管理一体化。系统提供基于工作流的面向GIS的协同管理、工作处理、督察督办等方面的应用，为各类用户提供各种信息资源共享查询工具。

(5) 大屏幕监督指挥子系统。该系统为监督中心和指挥中心服务，通过大屏幕能够直观显示相关地图信息、案卷信息和其他详细信息，还可以直观查询每个网格、监督员、部件等个体的情况，实现对城市管理全局情况的总体把握。

(6) 综合统计分析子系统。该系统为绩效量化考核和综合评价服务，系统按照工作过程、责任主体、工作绩效、规范标准等系统内置的评价模型，对数据库群中的区域、部门和岗位等信息进行综合分析、计算评估，生成以图像表现为主的评价结果，通过对比发现城市管理中的薄弱环节，为领导决策提供依据。

(7) 地理编码子系统。该系统是城市网格化管理中最重要的支撑系统之一，系统采用地理编码技术和数据库技术，为无线数据采集子系统、协同工作子系统、大屏幕监督指挥子系统等提供地理编码服务，实现地址描述、地址查询、地址匹配等功能。

(8) 基础数据资源管理子系统。基础数据包括部件和事件数据、网络数据、地理信息数据。该子系统可实现对空间数据资源的管理、维护和扩展功能，并对空间数据的显示、查询、编辑和统计功能进行配置，通过市级基础数据接口和市级基础信息数据库交换数据。

(9) 服务平台子系统。由于服务平台包括协同办公、综合治理、民生保障、决策支持等诸多平台，平台子系统也涉及多个方面，诸如需求业务管理系统、中介服务综合管理系统、民情档案管理系统、矛盾调处业务管理系统等。这些子系统的功能各不相同，但其主要任务是保障服务平台的运行效率，它通过一种处置和监督互相分离的方式，处理城市日常管理中的各类问题，实现网格内"人、地、事、物、组织"等全要素的常态化管理与服务。

第三节 网格化管理实践：朝阳模式

一、北京市朝阳区城市网格化管理系统框架设计

朝阳区是北京市辖区中一个高速发展的城市功能扩展区，总面积470.8平方公里，建成区达175平方公里。它是首都重要的外事活动区，外国驻华使馆几乎全部设在朝阳区，占全市半数以上的星级饭店也建在朝阳区。作为首都新兴的金融商贸区，朝阳区交通发达，各类公路立交桥数量居全市之首。同时，由于行政区人口多，建成区与建设区并存，管理的复杂程度相对较高。因此，朝阳区的城市网格化管理信息系统必须与这些区域特点相结合，要立足城市管理，面向城市未来发展，并要有所创新。

面对面积大、人群复杂且不断发展的城区环境，如何利用信息化手段解决城市管理中的诸多问题，是摆在朝阳区信息化工作面前的一道严峻命题。从切身需求出发，朝阳区希望通过该平台整合多项数字城市技术，建立完整的城市事件处理流程，并通过先进的无线设备实时采集和传输信息，最终建立精确、敏捷、高效、可视化、全方位覆盖的城市管理体系，实现动态的城市管理系统。这就要求系统的总体架构是开放的、可扩展的，从支撑平台到具体应用都能够满足朝阳区在网格化城市管理业务和数据方面的变化。因此，朝阳区决定使用创新的SOA(service-oriented architecture)应用框架构建城市网格化管理平台，如图27-4所示。

整个系统包括软件系统、硬件系统、信息安全及服务系统、管理咨询服务四个部分，分为接入层、应用层、服务层、数据层和硬件层五个层次。

通过SOA工作流平台实现了城市网格化管理的"端到端"工作流程。城市网格化管理的工作流程主要包括七个环节，即信息采集、案卷建立、任务派遣、任务处理、处理反馈、核查结案和综合考评。具体程序：每个社区由一名监督员负责，根据城市管理工作手册，对分管区域实行不间断巡视，当发现问题后立即用"无线通"系统发送图文声信息向监督中心报告情况；同时监督中心也可以通过朝阳热线系统获得来自社会公众和媒体的信息；监督中心得到这些信息后，进行甄别、立案，并将相关案卷批转到指挥中心；指挥中心根据问题归属，立即派遣相关的专业部门与公共服务企业到现场进行处理，如果市属部件发生问题，交由市级部门进行处理；专业人员处理完毕后，专业部门要向指挥中心报告处理结果；指挥中心将结果反馈给监督中心；监督中心即派监督员进行现场核查，并收取核查结果，在对两方面信息核实一致后进行结案，至此一个完整的工作流程结束。在处理过程中，监督员可以通过"无线通"系统随时获

知事件处理进展，公众也可以通过朝阳热线了解事件处理情况，整个处理过程将为评价系统提供重要的基础数据。其中，通过使用业务集成服务器的核心工作流运行和管理平台，可实现对43种事件的处理；通过使用DB2(关系数据库管理系统)内容管理平台，可实现对70个部件信息的存储和管理。该方案的技术优势在于通过Web Services接口实现了与呼叫中心、"无线通"系统的连接；建立了一个开放的、基于BPEL标准的强大的工作流支撑平台，支持跨委办局、跨系统的业务流程；支持多部门人员的协同，包括人员的权限控制、任务分发等；完成了九类角色职能，包括城市管理监督员、社会公众、城市管理监督中心、城市管理委员会、各专业部门等的协同，全面提升朝阳区城市管理工作的效率、质量和水平；基于成熟、开放的企业计算平台——J2EE平台，为朝阳区政府构建了一个稳定的、可扩展的、高效的业务平台。

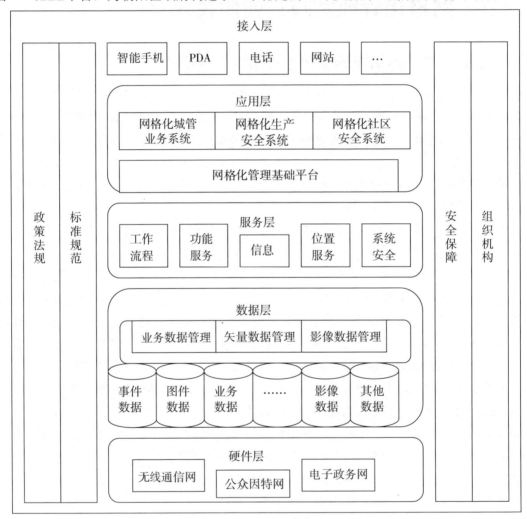

图27-4　系统总体框架

二、北京市朝阳区城市网格化管理运行机制构建

1.区级城市网格化管理平台的职责

对于区级平台接收到的反映问题的信息，应由街道(地区)办事处处置的，直接转到街道(地

区)办事处；应由区属专业部门处置的，及时转到责任单位；应由市级部门解决的，及时上报到市级平台；突发公共事件，应及时上报区应急指挥中心；需要协调解决或责任单位不按时处理的，区级平台要及时予以协调或督促处置。

2. 建立"两轴两中心"体制

监督轴由城市管理监督中心和呼叫中心座席员、城市管理监督员队伍构成，监督中心主要负责信息收集及监督评价处理结果；指挥轴由城市管理指挥中心和各专业部门、公共服务企业、街道(地区)办事处、各类协管员队伍构成，指挥中心负责向各单位派遣任务，调度协调各单位间的协作关系。两个中心彼此独立，分工明确，互相监督，共同承担该地区的城市综合管理工作。

3. 引入GBC管理服务模式

由区政府统一协调，实现水、电、热、气等公共服务企业与区级城市网格化管理平台的对接，在同一平台上直接接收由指挥中心发出的处置指令，减少流程和环节，提高处理效率，在政府(G)、企业(B)、市民(C)之间形成责权利挂钩的公共服务体系(pubic services system，GBC)。属地的街道(地区)办事处负责监督公共服务企业和专业部门的办理情况。

4. 悬而未决问题实行挂账式管理

区级平台对于不同的城市部件和事件问题设定不同的完成时限，相关责任部门接到信息后应在规定时限内处置完毕，并将处理结果立即反馈到区级平台；确有困难的，必须向指挥中心说明情况，采用挂账方式建立问题库，经主管区领导批准后，由监督中心更改完成时限。

5. 建立闭环式监督评价机制

监督中心通过城市管理监督员队伍对城市管理问题的处理情况进行实时监督，细化到社区、队所，并定期对立案数、办结率、及时办结率、重复发案率等进行分类统计排名，在区政府网站上向社会公布，接受公众监督和满意度评价，同时进行网上打分。区监察局负责对城市管理监督中心、指挥中心的工作情况进行监督，并将专业部门和街道(地区)办事处对城市管理问题的处置情况纳入监督评价体系，逐步增加评价结果在年度"目标管理、双百考核"中的比重。对于无故长期拖延不解决或市民强烈不满意处理结果的问题，要追究部门领导的行政责任。

三、北京市朝阳区城市网格化管理的实践效果

1. 实现一个平台多个应用

朝阳区城市网格化系统的软件系统是按照"一个平台多个应用"的思路来进行建设的。一个平台是指网格化城市管理基础平台，该平台是一个基础的、可扩充的综合平台，包括网格化城市管理业务需要的通用子系统，为网格化城市管理的业务系统提供数据支持和基础功能支撑。网格化城市管理不仅指网格化城市管理业务本身，还应该立足城市管理，面向城市发展，从信息化建设推进城市建设的角度，在网格化城市管理基础平台的基础之上，根据城市管理和城市发展的需要，将城市管理业务纳入整个系统。朝阳区在网格化城市管理基础平台上建设网

格化城市管理系统、网格化生产安全系统、网格化社会安全系统，可以有效地实现数据的横向整合，迈出了网格化城市管理业务综合化、多样化的第一步。

2. 实现资源横向共享

朝阳区在网格化城市管理基础平台建设中整合了共享信息平台和各委办局的GIS系统，以及政府相关基础数据资源。系统通过城市部件数据普查，可以摸清了城市管理部件数据的底数；通过无线数据采集子系统、城市部件在线更新子系统等，可以有效维护城市管理基础数据；通过结合和综合利用其他委办局业务数据，可发挥更大的效能。

3. 搭建基础综合平台

朝阳区城市网格化管理系统按照"一个平台多个应用"和"资源横向共享"的思路来建设，搭建起朝阳区网格化城市管理的基础综合平台。现代城市是一个复杂的巨系统，城市管理只是现代城市管理一个很小的方面。在项目投资中搭建网格化城市管理基础平台，将为城市精细化、动态化管理提供一个易于管理、可持续发展的体系。随着城市管理的发展，可以在平台上搭建一个个应用系统，这些应用系统将为系统数据库源源不断地提供数据，为基础平台提供功能抽象的素材，使项目成为一个"活"系统，从而最大限度地保护政府的项目投资，为提高政府的执政能力、体现科学发展观服务。

在全球化和新经济时代到来的背景下，城市管理面临着全面挑战，城市管理的变革与创新是城市管理现代化的关键。本章首选分析新兴经济中城市管理面临的重重挑战；其次对新时代城市管理模式、方法和技术的变革趋势进行深入讨论；最后对城市管理的新机会和制度创新方向进行阐释。

第一节　变迁、挑战与城市管理

一、城变：城市正在改变一切

城市是人类文明的结晶。1800年，全球仅有2%的人口在城市居住；2000年，世界上约有50%的人口在城市居住；目前，全球城市人口约占总人口的56%。如果按收入水平来统计，高收入国家的城镇人口比例高达80%。城市兼收并蓄、包罗万象、不断更新，已经成为现代社会中人们生活和工作的主要场域。城市正在改变一切，它改变着生态、经济、政治和社会关系的方方面面。

1. 全球化背景下的新变化

如今，国际性大都市越来越成为一个国家增长的引擎、财富的创造中心以及参与国际竞争的载体。同时，也有成千上万座鲜为人知的小城市，它们塑造形象并改变连接世界的方式，超越了自身的规模或高度。持续不断的城市建设，已经创造出一个互联的全球城市体系，个别城市的演化将影响全球城市体系，从而在根本上改变"地方"事务与"全球"事务的关系。正如杰布·布鲁格曼所言："全球化建立在世界不断增长的城市的基础结构之上，并因这些城市的特定设计、价值观和程序的不同而有所不同，这些城市在新兴的全球城市体系中以无数种未知的方式进行互动……城市间日益增加的商务活动，决定了这些城市的层级，并形成了新的全球经济秩序。城市及其网络体系才是全球城市体系的命令和控制中心。"[①]

为了应对全球化的挑战，应使城市融入大都市圈以及区域体系。事实上，全球化就是这样一个进程，通过空间设计、基础设施建设、文化和市场发展，使不断扩大的城市群发展出新的城市优势。

2. 工业化与城市化离不开移民浪潮所带来的劳动力

随着交通与信息技术的日渐发达，移民的跨区域、跨文化流动，将城市变革推向高潮。与留守家乡的人们相比，城市移民的见识更广、雄心更大、对风险与变故的容忍度更高。如果某

---

① 杰布·布鲁格曼. 城变——城市如何改变世界[M]. 北京：中国人民大学出版社，2011：8，10.

位家庭成员在城市中扎根，并拥有了稳定的生计来源，他就为其余亲人或家乡的其他居民找到了一个出口。这种首创性和勇气，正是从古至今一切城市移民的共同特征。于是，城市在政治、经济与文化方面呈现空前的多样性与复杂性，原有的城市建设与管理方式变得不再合乎时宜。

中外经验都证明，移民是城市的主要创造者。移民为了追逐城市优势，往往会引发变革的决定性力量。他们推动了城镇建设，促使市场更为多元化。移民周期——移民涌入——城市市场拓展——更多的移民——更广阔的市场，是一个自我加强的过程，它带来了劳动力供给与消费需求的规模和密度，更催生了工业革命所需要的一些基本条件。也就是说，移民引发了工业革命、信息革命与城乡一体化，没有大规模移民所带来的城市优势的增长，这些变化将无从谈起。当进入城市的正常渠道被封死时，移民创造了非正式城市秩序，他们基于自身的利益与野心，发展出独特的贸易、金融与政策体系。

3. 当今的全球性城市文明的确立和城市化，需要清晰且强有力的战略规划能力

城市规划和建设不仅要实现一些宏观目标——城市价值增长、环境可持续、社会民主与宜居程度提升等，还必须创造出可预期的商业机会。城市化能促使城市的经济、政治、社会生活和生态的发展，还带来了民众诉求与价值观的统一，而共同的价值观是城市建设的基础。因此，城市化不仅是一种社会实践，还是一种城市生活文化。一座现代城市要想获得成功与发展活力，对体制的发展及转型的要求会越来越高，从而使之变得更公正、有效、稳定和有创造力。

二、城市化给城市管理带来的问题与挑战

1. 城市化进程中存在的问题

当前，中国正处于城市化快速发展时期，它造就了世界城市发展史上规模最大的城市扩展运动。快速城市化给城市带来了前所未有的发展机遇，它在推动经济快速发展、城市人口和空间规模快速扩张、财政收入高速增长的同时，也带来了"城市病"，给城市管理带来了严峻挑战。牛文元在《中国新型城市化报告2011》中将城市化进程中存在的主要问题归纳为五个方面。

(1) 城市财富积累速率与民生幸福要求的不同步。此前中国城市比较关注经济增长，看轻社会建设和民生改善，出现"一条腿长一条腿短"的现象。改革开放以来，中国经济发展一直保持高位增长，但居民收入和消费的增长比值基本上低于GDP增速。在城市财富迅速积累的前提下，居民富裕程度未有同步提升。

(2) 城市规模快速扩张与要素集约水平的不匹配。虽然中国已进入城市快速发展时期，但城市建设却非常低效粗放。当前，资源环境瓶颈效应日益强烈，中国城市迫切需要迈向内涵式、集约化发展轨道。

(3) 城市规模的适度控制与流动人口的过分集聚的不协调。现阶段，中国面临着由于大、中、小城市发展不均而导致的大城市人口急剧膨胀、中小城市人口增长乏力现象，促进大、中、小城市协调发展，实现基本生存性福利的均等化，是政府的必然选择。

(4) 城市物质文明建设与生态文明建设的不协调。

(5) 城市化高速发展与现代城市管理水平的不适应，具体体现为初级产业用工荒与高端人才求职难并存、公共交通工具数量的增长滞后于城市建设的扩张、土地的城市化快于人口的城市化、基本公共服务大小城市分布不均衡等。

2. 城市化给城市管理带来的挑战

(1) 公共物品或服务供给严重不足。随着我国城市化进程的快速推进，城市人口不断增加，大量外来人口涌向城市，公共物品需求主体日益复杂，城市公共物品需求飞速增加。公共物品供给严重不足，主要表现为城市基础设施、环境、教育、社会保障等公共物品供给不足。例如，目前我国32个百万人口以上的特大城市中，有27个城市的人均道路面积低于全国平均水平。全国669个城市中，有400个城市供水不足，110个城市严重缺水；在32个百万人口以上的特大城市中，有30个城市长期受缺水困扰；在46个重点城市中，45.6%的城市水质较差；14个沿海开放城市中，有9个城市严重缺水。

(2) 公共物品和公共服务供给结构失衡。由于政府是公共物品和服务的主要提供者，政府提供的公共物品和服务是由政治决策过程决定的，往往不能很好地满足社会弱势群体的需要，而且也存在低效率问题。由此造成了城乡之间、部门之间和地区之间的供给失衡，主要表现为：城乡之间，农民可以享受的公共物品和服务水平大大低于城市；部门之间，同一城市不同部门发展水平存在明显差距，公共物品和服务供给不足与过剩并存，部分公共物品和服务运行效率低下；地区之间，发达地区与欠发达地区之间在公共物品和服务的供给上也存在不平衡的情况。因公共物品和服务供给不足与结构失衡引发的居高不下的房价、令人焦虑的交通拥堵、日趋严重的环境问题等几乎成为所有大中城市共同面临的难题。

(3) 城市化所带来的一系列社会问题也是城市管理中比较棘手的问题。例如，"流动人口犯罪"成为一个突出的治安问题。再如，城市中的食品、饮用水、突发事故等公共安全问题日益严峻。据专家统计，中国每年因公共安全问题造成的经济损失约6500亿元人民币，占GDP总量的6%。除此，还有失业、社会保障体系不健全、社区精神的沦丧、社会人际交往中缺乏信任等社会问题。

三、新兴经济中城市管理面临的挑战

如今我们处于一个众多"新兴经济"不断崛起的时代，如"服务经济""信息经济""知识经济""纳米经济""生物经济""循环经济""生态经济"等。新科技革命、新产业革命以及新兴经济的崛起，最终形成了不同于传统工业化的新工业化的生产方式和经济形态。所以，众多新兴经济的内在统一性就是新工业化经济，我们必须透过众多新兴经济的不同表象看到它们所包含的新兴经济的本质，这样才能真正把握新兴经济条件下城市管理的发展趋势。

与传统经济模式下的城市管理相比较，新兴经济时代给城市管理者带来了诸多方面的挑战。现将相关观点罗列于表28-1中，这些观点暗示着随着时间的推移，城市管理内容所发生的演变。

表28-1　城市管理者目前和即将面临的挑战[①]

当前的挑战	未来的挑战
1. 地方分权	1. 构建大都市政府
2. 促进集群经济发展的动力	2. 提供足够的服务
3. 激活财政	3. 引入私人机构
4. 使ICT[②]服务于城市管理	4. 运用新公共管理原理来提高效率
5. 新体制结构的形成	5. 多利益相关者的多元化参与方式

1. 城市管理者当前的挑战

1) 地方分权

研究表明，在分权框架下，地方政府应能承担更多的职责。地方分权的影响是多种多样且难以量化的，如果不对其取得成功的条件予以重视，例如，如果不重视健康财政基础和各级政府之间建立的互不干涉的良好合作关系，地方分权的政策就有可能面临失败。

地方分权的影响可以通过以下几个指标来衡量。

(1) 住房的数量和质量。

(2) 城市管理者增强地方经济和提高运营效率的可能性。

(3) 增加管理透明度。

(4) 城市文化遗产管理的改善。

(5) 产生更多的地方税收。

(6) 城市管理总体能力的提高。

(7) 地方和大都市政府之间的合作更加紧密。

2) 促进集群经济发展的动力

用什么指标可以解释城市的动态发展及其自身的竞争力？研究结果证实，集群经济有助于城市的动态发展。问题的关键是政府要确定能在多大程度上带动集群的形成和发展，又能在何种情况下进行大规模的自发演变。

3) 激活财政

怎样使民间资本更多地参与城市基础设施建设？应该采用哪些合法的形式？其实，现实中存在很多可获得的资金来源，可以通过各种不同的合法形式进行尝试，也可以让有意愿的私营机构为城市的发展助一臂之力，但前提是存在在经济上和财政上都可行的项目，有时候还需要中介组织的介入，因为不是每一级市政府都有可能进入资本市场。

4) 使ICT服务于城市管理

在城市管理过程中，信息技术的应用将会变得越来越重要。信息技术改变了城市的经济发展形式以及城市管理职能，也影响了人们与政府机构交流的方式以及官员和居民的培训和组织方式。信息技术的应用有助于提升城市管理水平，使居民和其他城市发展的参与者有机会接触到相关信息，并能提升决策的透明度与全员参与的程度。

---

① 　曼纳·彼得·范戴克. 新兴经济中的城市管理[M]. 北京：中国人民大学出版社，2006：175.

② 　ICT(information communication technology)是信息技术与通信技术相融合而形成的一个新概念和新技术领域。

5) 新体制结构的形成

城市体制结构在过去的几十年中变化得很快。新的地方分权政策得到实施后，增强了地方政府的作用。现今，部分地方政府采用一种类似企业管理的方式，以鼓励城市发展中的多元参与。在新兴经济条件下，城市需要探索不同的城市管理模式。

2. 城市管理者未来的挑战

1) 构建大都市政府

大都市区的行政组织与管理已经成为世界各国，尤其是发达国家广泛关注和学术争论的重要问题，它关系到都市化地区政府之间的各种利益关系协调、公共服务的充分供给、都市发展的空间模式构建、都市政府效率的提高等许多重要方面。构建大都市政府或都市联盟政府是大都市区未来发展面临的一个重要课题。

2) 提供足够的服务

城市管理的主要职能是提供公共服务，常见的问题是如何为穷人提供城市服务、谁为这种服务支付最起码的费用。需要注意的是，城市发展中的资金支持系统要涵盖城市的贫民，而不是排斥他们。为了改善低收入阶层的生存环境，需要将所有城市贫困者都纳入城市发展进程之中。目前，城市发展模式还不足以为整个城市居民提供全方位服务。城市面临的挑战是通过优化体制结构，为尽可能多的居民——尤其是陷入贫困的特殊人群提供良好的公共服务。

3) 引入私人机构

对城市管理者来说，寻求吸引私营机构的机会和选择引入私营机构的合法途径是非常必要的。与私营机构建立起双方充分信任的伙伴关系，与合作伙伴共同分担风险，是城市治理结构改革的关键环节。

4) 运用新公共管理原理来提高效率

新公共管理最重要的思想，就是公共部门机构通过模仿私营机构的运作模式来获取效率和利益。公共部门增强灵活性和以消费者为导向的宗旨与私营机构的宗旨是一样的。城市管理者需要面对的是，通过移植私人机构在低成本条件下运作的手段，强化以市场为导向的方式，迫使公共部门提升效率。

5) 多利益相关者的多元化参与方式

在城市建设与管理过程中，如何在让各方参与者的利益得到保障的同时，充分发挥他们的积极性、主动性和创造性，使城市发展成为各方面共同努力的结果，是管理之精髓。考虑到城市不断增长的需求，各有关部门和各有关利益主体可通过契约，实现多元化参与。

第二节　新时代的城市管理变革

一、城市管理模式的变革趋势

随着城市化时代的到来以及现代社会的发展，城市的规模、结构、功能都在发生着巨大的变化，城市管理的方法和手段也在不断变革。我国正处于社会转型时期，这要求我们对城市管理的理论与实践进行变革，而变革的指向是建立基于可持续发展的城市管理新模式。

从深层次上分析，我国现有的城市管理模式之所以不能从整体角度和源头上解决城市问题，在很大程度上是因为受到管理体制的影响，在城市管理的思维上存在两个明显的局限性：一是把管理城市发展中的"发展"理解为经济增长和物质性扩张，这导致城市社会、环境保护被置于次要地位，或者不能把经济、社会、环境整合起来进行发展与管理；二是把城市管理中的"管理"理解为政府单一主体的行为，并以建立在传统科层制基础上的行政性体制为主导。因此，根据20世纪90年代以来以"新公共管理"和"政府再造"为标志的人类发展思想的变革，为了实现城市的愿景，充分发挥城市的功能，使其真正成为人们幸福生活的乐园，城市管理模式必须与时俱进，以适应现代社会发展的需要。

1. 管理理念将从过去的经济主导型向社会服务型转变

经济主导型城市管理方式的一个重要特征是经济管理的行政性，通过行政区域和行政组织利用行政的方法实现，但这种模式并不意味着城市舍弃了社会管理，只是没有正确认识到城市经济和社会发展的内在协调性，以及基础设施建设的生产性、社会性和超前性。这种城市管理方式必然会使城市往往不考虑城市经济社会和生态环境诸方面发展的协调和结构优化，而片面地追求城市工农业产值的增长、经济发展速度的提高和经济规模的不断扩张，从而不可能实现对城市建设和发展的科学管理。社会服务型管理是秉持以人为本的管理理念，确立人在管理过程中的主导地位，从人的需求出发，围绕着调动人的积极性、主动性、创造性，以实现组织目标和促进人的全面发展的一切管理活动，在深刻认识人在社会经济活动中的作用的基础上，突出人在管理过程中的主导地位。

2. 管理架构将从过去的垂直独立型管理向扁平协同型管理转变

传统的城市管理采用垂直独立型架构，即各个城市职能部门上下自成一体、相互独立。没有交叉，自然会造成信息不能互联共享、缺乏有效的监督和评价机制、多头管理及无人管理等弊端，使城市管理陷入被动低效的局面，显然这种城市管理架构已不适应现代城市发展的需要。现代城市扁平协同型的管理架构是根据协同管理的思路，打破部门的限制，按照不同的城市管理领域，实行集中管理和处置，在管理架构上趋向扁平化，在管理模式上达到信息互联、资源共享，在管理效果上体现低成本、高效率，最终实现智慧城市管理的网络化、协同化、智能化。

3. 管理对象将从过去的主要对人的管理向对人、物和信息流的管理转变

以前城市管理主要是对人的管理，以管理人为出发点，通过管理人去达到对城市其他方面的管理。现在看来，这种思路缺乏宏观性和引导性，容易导致多头管理、思路不清，也容易造成越管事情越多、越管越复杂的局面。现代城市管理的对象不仅包括人和物，更加注重对信息流的管理，通过对各种信息流的有效分析、利用和管理，作出科学的决策和判断，进而实现对城市中的人和物的正确引导和管理。这是一种思路的转变，不是不再管理人，也不是抛弃以人为本的管理理念，而是管理初始节点发生变化，管理对象发生转变。

4. 管理方式将从过去的行政管理向行政管理与社会自我调节相结合转变

传统的城市管理方式大多是纯粹的行政管理，单纯依赖职能部门依据行政规章进行城市管理，是一种程式化、模式化的管理方式，城市管理主要是人的意志在起支配作用，人的因素是主要的。传统的城市管理方式不仅会增强城市管理的依赖性，而且会出现人为过多干预而造成城市发展不利的局面。现代城市管理方式将行政管理与社会自我调节相结合，旨在充分发挥社会的自我调节功能，遵循现代城市发展的自然规律，减少人为干预。

5. 管理制度将从过去单一的供给体系向多样化的供给体系转变

传统的城市管理制度都是由政府制定的，政府是唯一的制度制定者和提供者，这就形成了单一的管理制度供给体系，从而导致不能有效利用各方的优势。现代城市管理要打破政府作为单一制度供给主体的局面，鼓励和引导城市化进程中的所有利益相关者参与制度供给体系的建设与管理，以形成多样化的供给体系，充分重视民间制度供给主体在城市化制度支撑体系建设中的积极作用，利用制度供给主体的广泛性弱化制度实施过程中的阻力，转变政府和民间主体的制度供给理念，优化制度供给路径，进而推动整个制度供给体系的不断完善，为现代城市管理提供有利的制度环境。

二、城市管理方法和技术的变革趋势

城市管理模式的变革，对传统的城市管理方法和技术的变革提出了更高要求。在现代城市管理中，系统化倾向、运控重心变化、管理流程改变、主体多元化、城市管理手段和方法的变革越来越多地影响着城市管理者的思维理念和行为方式。[①]重新审视传统城市管理方法的缺陷，吸收和适应新方法、新理念和新手段，对提升找国城市管理的成效至关重要。

1. 现代城市管理的系统性倾向

随着城市规模的不断扩张，城市越来越成为一个高度繁复的系统，现代城市管理的复杂性正是城市巨系统高度复杂化的必然结果。有人估算，现代城市管理涉及的各类因素多达上千种。对于城市这个复杂巨系统的管理，同样呈现出多维度、多结构、多层次、多系统，从宏观到微观纵横交织、错综复杂的动态非线性巨系统特性。从系统的性质和功能分析，城市是一个由自然因素和人工因素相结合的复杂系统。作为一个巨大的开放系统，城市需要不断地与外界进行人口、物质、信息等方面的交换。从系统的结构层次分析，城市是由经济系统、政治系统、社会系统、文化系统和生态系统组成的，每个系统内部包含许多子系统，如经济系统、社会系统、生态系统等，每个子系统还可以继续细分为更专业、具体的系统结构。在城市管理中，系统论认识的增强使城市管理者开始重新审视传统城市管理方法的缺陷。过去的单一治理模式对城市系统性、复杂性认识的不足与管理不当在一定程度上加重了城市交通堵塞、环境恶化、水资源短缺与污染、社会治安问题等一系列"城市病"，出于对城市管理这个复杂的巨系统中的人与自然、社会等多重因素的考虑，如何调动利益相关者在城市管理中发挥积极作用，越来越成为影响城市管理水平和效果的决定性因素。

2. 城市管理运行与调控重心的变化

原有的城市运行和控制重心是以城市基础设施和城市资源为主要对象，以发挥城市经济及社会、环境整体效益为特征的"物本"管理。城市管理的任务是抑制和解决城市发展过程中存在于经济、社会、环境等方面的目标与现状之间的强烈反差。随着城市发展的理念日益强调以

---

① 蔡玉胜. 城市管理方法的变革与发展趋势[J]. 未来与发展，2010(4).

人为本，城市解决市民自身发展与扩大再生产问题、维护人与人之间以及人与自然之间的协调关系、提供社会服务体系的功能日益突显。城市管理越来越重视以人为核心的控制和管理。在管理对象方面明确了城市运行和控制重心的变化后，需要从方法上逐步改善城市的运行和控制，并逐步转移城市管理重心。城市管理中的规划、调控、决策等一系列管理行为需要在高度复杂的条件下完成。这种复杂性取决于城市系统的构成规律和运行规律。城市系统不仅有着复杂的构成要素，更有着极其复杂的运行机制，其发展过程、动力、变化速率等均不是线性函数，而是一个非平衡态下的复杂的动态变化过程。一般说来，城市管理系统失灵往往与城市化及城市发展进程失控有关。所以，城市运行和控制重心的另一个重要变化就是从经验控制到科学控制的变化。科学控制包括科学评估、科学诊断和科学治理三个阶段。首先，要对城市现有的运行状态进行科学评估，建立一套城市系统功能及运行状态变化的预警系统。其次，对城市管理进行科学诊断，查找和发现管理漏洞及城市发展中出现的问题，并及时发出预警，使城市决策层发现城市化和城市发展进程中的矛盾和症结。最后，通过预警、分析和整治等几个环节，锁定城市运行和控制的核心对象、核心内容和核心目标，使城市系统功能优化及城市有序发展变为现实。

3. 城市管理流程的全过程控制

城市管理流程囊括城市发展的全过程，具体包括设计阶段的规划管理、实施阶段的建设管理、运行阶段的功能管理。当前城市管理流程的完善表现为城市管理流程的平衡发展以及城市管理流程的改善。从世界各国的城市化实践看，在城市管理流程的三个环节中，规划管理和建设管理是城市从建立到发展的物质基础，相对于规划管理和建设管理，当前人们对城市运行阶段的功能管理了解得不够，需求却不断增加，因此，城市管理流程的平衡发展必然要求把城市管理流程的重点放在加强城市运行阶段的功能管理的研究和实践上，这也是未来城市管理的重要取向。城市管理流程的完善则主要依托于现有新技术的采用。这些新技术对城市管理流程完善的贡献表现在以下几方面：一是采用空间网格技术和地理编码技术实现了城市管理对象的准确定位，促进城市管理由被动向主动、由粗放向精细转变，逐步改善城市管理粗放、无序的状况；二是依托数字城市技术创建全新的信息实时传递方式，以信息化促进城市管理整体水平的全面提升，彻底解决城市管理手段陈旧、管理滞后的问题；三是利用新型信息技术系统实现信息采集的快捷、准确。例如，某城市使用城市信息管理系统解决了城市管理信息采集手段的落后问题，利用城市管理信息平台整合了城市管理信息资源，利用市民呼叫系统随时反映和解决城市管理中出现的问题，利用电子政务系统全面整合政府职能、创新城市管理体制，从而解决城市管理中专业管理部门多头管理、职能交叉等问题。

4. 城市管理手段的综合运用

在城市发展从以物质建设为主转向以功能开发为主的阶段，非技术、非工程的手段在城市运行管理中日益发挥着主导作用，制度创新相对于技术创新更具有基础性意义。城市管理手段改变最明显的标志是现代城市管理逐渐改变了行政管制的传统策略，越来越重视非行政管理手段的运用和经济、法律、文化等综合管理手段的组合运用。行政管理手段的优点是可以有效地发挥管理职能适用性强、针对性强的特点，便于处理特殊问题。它的局限性是权力集中不利于子系统主观积极性的发挥和子系统之间的横向联系。城市管理非行政手段的作用机制主要是通过在微观层次的行为影响那些与城市环境或经济相关的部门及当事人的决策过程，进而达到改善城市管理的目的。现代化的城市管理不再依靠以往那种实施单一的行政手段的做法，而将行政、法律、经济、教育诸多手段进行综合运用。对于新兴转轨国家而言，在经济体制转轨和政府职能转型中，城市管理手段的改变更加突出城市管理的方式立足于以行政手段为主向以非行政手段为主的转换，从单一手段向多种手段共同作用的转换，这是新兴国家成功完成大规模城市化的重要保证。由于社会经济的整体性对某一经济变量的调节往往会产生系列反应，其间既有城市决策者和管理者希望看到的新变化，也会出现他们不愿意看到的副作用，在运用非行政手段调节和管理城市时，一般都采取综合使用多种手段的策略，以限制快速城市化过程中出现的负面影响。

5. 城市管理技术的现代化

进入20世纪以后，城市管理方法在新技术和新管理的双重影响下发生了重大变革。集成化管理、网络化管理和柔性化管理在城市管理中的应用不断推陈出新。采用从定性到定量的城市管理综合集成法进行城市管理是一场开创性的方法革命。通过综合集成法的应用，可在现代信息通信技术、模拟仿真、人工智能等现代科学技术的支持下，将城市管理者、各领域专家和公众的思维、经验以及各种情报资料和多元信息集成起来，并运用数据挖掘、文本挖掘、模型挖掘、专家意见挖掘等多种科学和信息化手段，从定性认识上升到定量认识，再从定量的判断中得出对城市管理工作定性的指导。网络化管理作为一种新兴管理方法，它的主要功能在于极大地提升了城市管理信息的交流效果，提高沟通效率和降低交易成本。网络化城市管理快速实现了城市管理部门和市民间的信息交换，实现了管理者和服务对象的在线交互工作，促进了公共服务部门从公共管理到公共服务的职能转变。另外，它改变了传统管理信息的单向流动，将传统的自上而下的管理改变为上下之间的双向互动。柔性化管理方法的推出集中于世纪交替之时，城市管理向柔性化发展就是强调由传统管理进入文化管理阶段。柔性化管理的特征还表现在从以人、财、物等"硬件"为重点的管理转向以知识和学习等"软件"为重点的管理。柔性管理法所蕴含的知识管理、学习管理、创新管理是现代城市管理模式的发展方向。

第三节　城市管理的新机遇与制度创新

一、城市管理的新机遇

城市管理在面临模式变革与各种新挑战的同时，也面临新的发展机遇。换言之，挑战与机遇并存，挑战同样也是机遇。能否抓住城市管理变革的发展时机改革城市管理体制，让城市管理水平更上一层楼，是对城市决策者能力、胆识和魄力的考验。

1. 政府角色正在发生变化

政府在城市管理中的角色是不断变化的。以前，政府是城市服务和基础设施配置的主体；现在，政府往往承担城市发展推进者的责任，在多数情况下是授权人和合伙人，为城市发展培育"公共—私人"部门的伙伴关系。在未来的城市管理中，政府尤其应该关注在城市反贫困方面积累经验、城市伙伴关系的形成以及加强市政能力建设等方面。

2. 地方分权的制度框架开始形成

从世界范围来看，通过地方分权的方式来处理城市问题已成为一种趋势，而且相关的新城市制度和法律框架逐步开始形成。以中国为例，在计划经济时代，中央政府对地方各类经济活动具有至高无上的权威。自1978年改革开放以后，地方分权成为改革方案中一个关键的组成部分。政治权力和财政权力从中央向地方层面下放，使地方政府获得了三种主要的权利和责任：管理收入和支出的财政权；管理和经营地方经济的权力，即基础设施建设权和投资权；对国有企业的责任。随着分税制体制的确定，地方分权的制度也逐步形成且日臻完善。

3. 新技术的出现

新技术的出现和发展改变了城市和城市管理职能的实施，对居民和政府的交流方式、官方和民间的组织方式也产生了深刻影响。毋庸置疑，计算机和信息技术的发展正在全面推动城市管理模式的变革，同时也为提高居民在城市事务中的参与程度提供了条件。当然，新技术首当其冲的作用是对地方经济增长的推动。

4. 新的公共机构进入城市管理的竞技场

地方分权使得地方政府在城市管理中扮演了新的角色。在这一体制框架下，社区组织、非政府组织(NGO)、私人部门的发展和公共部门与私人部门的伙伴关系(PPP)变得更加重要。

5. 对文化多样性的重要性的认识

对城市管理者来说，地方文化和共同价值观是城市管理获得成功的关键要素。城市管理者在增强对文化多样性的重要性的认识及选择处理方式的过程中，需要关注两个因素：对多样文化的适应性和对重建社区的认知。它们都是重要的文化因素。城市管理者应该将文化多样性纳入城市管理的议题范围之内，并针对不同群体采用不同的方法。而重建社区的认知则往往是指在城市管理中，能够成功地将不同文化背景作为城市发展的一种资本。有着多样性文化的城市，其居民可以通过自己的团体和渠道，为城市的发展作出贡献。

6. 城市管理能力建设

现代城市管理者面临非常多的挑战，他们的管理能力需要随之提升。尽管现在新城市管理理念正以一种更系统的方式被完善、检验和实施，但系统地向城市管理者传授该理念的机会并不多。城市管理能力的欠缺将导致城市错失发展机会。

7. 地区联盟及其战略前景

城市管理通常作用于特定的区域，因此，地区联盟(或称城市灵动联盟)自然被纳入城市管理的范畴。城市之间是相互竞争的，作为城市管理者，应该了解竞争对手的情况和竞争背后所隐含的机理，以及城市关系展示的战略前景。

二、城市管理的制度创新

制度是城市管理最重要、最关键的因素，制度创新是城市管理创新的重要组成部分，也是影响管理成败的关键。目前，许多城市管理出现的问题从根本上说都源于城市制度的缺陷。因此，建设高效、公正、灵活和富有创新性的城市制度，是城市把握发展机遇、迎接挑战的基本保障。

一般来说，城市管理制度创新主要包括行政体制、经济体制、城建体制和城市区域体制四个方面的转型和创新。

1. 城市行政体制转型与创新

行政体制的活力在于授权，要改变"有问题找市长"的惯性思维，通过体制设计激发各级组织的活力。按照现代城市管理的要求，以政府为主导，动员营利性组织、非营利性组织和社会公众参与多元化城市治理机制。在"规划、建设、管理、维护、改造、兼容"的原则下，完善城市管理网络。同时，实现城市行政体制转型与创新还需要恰当运用包括法律在内的各种社会规范。社会的多元化要求规则多元化，而多元化的规则一般都源于广泛的社会参与。

2. 城市经济体制转型与创新

目前，中国正处于经济转型升级的重要阶段。经济转型升级，在城市管理领域集中表现为城市功能转型、城市空间布局的集约化发展和城市产业改造与升级三个方面。城市主导功能的转型是从贸易功能、政治控制功能，向工业制造功能、区域物流功能，再向区域信息中心、科技中心功能等的转变。城市布局的集约化发展，就是防止城市无序蔓延，实现城市人口、产业和公共设施空间布局的紧凑型发展。随着全球经济环境的改变和城市内外部经济条件的变化，城市产业结构也必须及时进行调整转型。这种经济体制的转型总是伴随着体制创新和制度变革。其中，给人们以发展或创业的平等机会、给各种微观经济主体以公平的待遇应该是城市经济体制创新的基本原则。

3. 城市建设体制转型与创新

城市建设体制的转型能力取决于能否将城市的核心价值转化为可行的城市开发逻辑和建设逻辑。在城市建设中，要提出明确的价值主张(如公共空间优先、历史建筑保护等)，共同的价值观是城市开发建设的基础。无论是旧城改造，还是郊区建设，或是开发新项目，在规划、设计、施工各个阶段中，都要把政府、开发商和居民发动起来，让三方对城市文化价值产生共鸣和认同，以价值驱动城建转型。

4. 城市区域体制转型与创新

交通拥堵、房价高涨、环境污染以及无法预料的公共事件——这一切促使人们寻找新的城市建设解决方案。人们看到，许多城市问题往往都是跨行政区或跨部门的问题，需要各城市、各部门配合才能解决。于是，一种区域联盟的管理网络(正式或非正式)出现了，以应对这种跨行政区或跨部门的管理难题。

参 考 文 献

[1] 杨戌标. 中国城市管理研究：以杭州为例[M]. 北京：经济管理出版社，2005.

[2] 叶南客，李芸. 战略与目标——城市管理系统与操作新论[M]. 南京：东南大学出版社，2001.

[3] 饶会林. 中国城市管理新论[M]. 北京：经济科学出版社，2003.

[4] 诸大建. 管理城市发展：探讨可持续发展的城市管理模式[M]. 上海：同济大学出版社，2004.

[5] 戴维·R.摩根，等. 城市管理学：美国视角[M]. 北京：中国人民大学出版社，2011.

[6] 丁成日. 城市增长与对策——国际视角与中国发展[M]. 北京：高等教育出版社，2009.

[7] 罗纳德·麦吉尔. 制度发展[M]. 北京：北京大学出版社，2009.

[8] 姜雪梅. 中国住房社会保障：历史梳理与未来趋势[M]. 广州：广东经济出版社，2019.

[9] 布杰·布鲁格曼. 城变——城市如何改变世界[M]. 北京：中国人民大学出版社，2011.

[10] 于涛方. 城市竞争与竞争力[M]. 南京：东南大学出版社，2004.

[11] 孟庆红. 区域优势的经济学分析[M]. 成都：西南财经大学出版社，1996.

[12] 张鸿雁. 城市定位论[M]. 南京：东南大学出版社，2008.

[13] 刘易斯·芒福德. 城市文化[M]. 北京：中国建筑工业出版社，2010.

[14] 冯云廷. 城市公共服务体制[M]. 北京：中国财政经济出版社，2005.

[15] 世界银行. 2004年世界发展报告：让服务惠及穷人[M]. 北京：中国财政经济出版社，2004.

[16] 陈福军. 城市治理概论[M]. 兰州：兰州大学出版社，2005.

[17] 唐华. 美国城市管理[M]. 北京：中国人民大学出版社，2006.

[18] 周振华. 信息化与产业融合[M]. 上海：上海三联书店，上海人民出版社，2003.

[19] 唐建新. 基础设施与经济发展[M]. 武汉：武汉大学出版社，2003.

[20] 埃德温·S.米尔斯. 区域和城市经济学手册(2卷)[M]. 北京：经济科学出版社，2003.

[21] 陈强. 现代城市管理学概论[M]. 上海：上海交通大学出版社，2008.

[22] 盖文启. 创新网络[M]. 北京：北京大学出版社，2002.

[23] 王佃利. 邻避困境：城市治理的挑战与转型[M]. 北京：北京大学出版社，2017.

[24] 理查德·瑞吉斯特. 生态城市——建设与自然平衡的人居环境[M]. 北京：社会科学文献出版社，2002.

[25] 邓大伟. 城市保障性住房提供的三方合作模式研究[M]. 上海：同济大学出版社，2015.

[26] 孙国强. 循环经济的新范式——循环经济生态城市的理论与实践[M]. 北京：清华大学

出版社，2005.

[27] 安东尼·汤森. 智慧城市[M]. 北京：中信出版社，2015.

[28] 吴清旺. 房地产开发中的利益冲突与衡平[M]. 北京：法律出版社，2005.

[29] 万勇，等. 基于城市更新的上海城市规划、建设、治理模式[M]. 上海：上海社会科学院出版社，2018.

[30] 蒋三庚. 北京CBD产业与发展研究[M]. 北京：首都经济贸易大学出版社，2004.

[31] 陈海秋. 转型期中国城市环境治理模式研究[M]. 北京：华龄出版社，2013.

[32] 王兴平. 中国城市新产业空间[M]. 北京：科学出版社，2004.

[33] 李程骅. 优化之道——城市新产业空间战略[M]. 北京：人民出版社，2008.

[34] 王玉荣，葛新红. 产业互联网[M]. 北京：清华大学出版社，2021.

[35] 李嘉晨. 城市共享平台的多元协同治理研究[M]. 上海：华东理工大学出版社，2020.

[36] 张捷. 新城规划与建设概论[M]. 天津：天津大学出版社，2009.

[37] 陈劲松. 新城模式：国际大都市发展实证案例[M]. 北京：机械工业出版社，2006.

[38] 田艳平. 旧城改造与城市社会空间重构[M]. 北京：北京大学出版社，2009.

[39] 张忠国. 城市成长管理的空间策略[M]. 南京：东南大学出版社，2006.

[40] 陈平. 网格化城市管理新模式[M]. 北京：北京大学出版社，2006.

[41] 杨宏山. 数字化城市管理模式[M]. 北京：中国人民大学出版社，2009.

[42] 修文群. 数字化城市管理[M]. 北京：中国人民大学出版社，2010.

[43] 席恒. 公与私：公共事业运行机制研究[M]. 北京：商务印书馆，2003.

[44] 曹现强. 合作治理：市政公用事业发展模式研究[M]. 济南：山东人民出版社，2017.

[45] 谢义. 大数据经济[M]. 北京：后浪出版社，2015.

[46] 吕汉阳. PPP模式[M]. 北京：中国法制出版社，2016.

[47] 杨敬增. 循环产业链[M]. 北京：化学工业出版社，2019.

[48] 尤金·巴达赫. 跨部门合作[M]. 北京：北京大学出版社，2011.

[49] 王兴平，等. 开发区与城市的互动整合[M]. 南京：东南大学出版社，2013.

[50] 窦强. 城市转型与住区形态[M]. 北京：中国建筑工业出版社，2015.

[51] 李林. 智慧城市建设思路与规划[M]. 南京：东南大学出版社，2016.

[52] 曼纳·彼得·范戴克. 新兴经济中的城市管理[M]. 北京：中国人民大学出版社，2006.

[53] 陈阿江，等. 城市生活垃圾处置的困境与出路[M]. 北京：中国社会科学出版社，2016.

[54] 韩明清，等. 从城市管理到城市治理的转型研究：以杭州市为例 [M]. 北京：中国建筑工业出版社，2017.

[55] 王庆，等. 数字孪生城市建设理论与实践[M]. 南京：东南大学出版社，2020.

[56] 邓世专. 城市公共设施管理[M]. 北京：机械工业出版社，2022.

[57] 罗文恩. 西方城市管理思想与流变[M]. 北京：社会科学文献出版社，2018.

[58] 曾卿华，等. 智慧城市管理设计与实践[M]. 重庆：重庆大学出版社，2020.

[59] 陆军，等. 城市管理学：公共视角[M]. 北京：中国人民大学出版社，2023.

[60] 容志，等. 城市应急管理：流程、机制和方法[M]. 上海：复旦大学出版社，2019.

[61] 托尼·萨尔德哈，等. 数字化转型路线图[M]. 北京：机械工业出版社，2021.

[62] 孙轩. 城市管理技术与方法[M]. 天津：科学技术出版社，2022.

[63] 孙毅中，等. 城市规划管理信息系统[M]. 北京：科学出版社，2018.

[64] 唐亚林，等. 社区治理的逻辑：城市社区营造的实践创新与理论模式[M]. 上海：复旦大学出版社，2020.

[65] 高博文，等. 市场经济与城市管理[M]. 长春：吉林出版集团股份有限公司，2021.

[66] 鑫创科技. IOD·创新引领科技城市产业发展研究[M]. 北京：中国经济出版社，2022.

[67] 申红艳. 重塑制造业城市产业竞争新优势[M]. 北京：经济科学出版社，2022.

[68] 孙颖. 绿色发展理念下生态城市空间建构与分异治理研究[M]. 西安：西安交通大学出版社，2022.

[69] 邓集文. 中国城市环境邻避风险的包容性治理研究[M]. 北京：中国社会科学出版社，2022.

[70] 陆军，等. 城市治理：重塑我们向往的发展[M]. 北京：北京大学出版社，2020.

[71] 熊易寒，等. 城市治理的范式创新：上海城市运行"一网统管"[M]. 北京：中信出版社，2023.

[72] 祝贺. 城市更新与城市设计治理：英国实践与中国探索[M]. 北京：清华大学出版社，2022.

[73] 诺南·帕迪森，等. 城市研究手册[M]. 上海：上海人民出版社，2022.

[74] 陆铭. 向心城市：迈向未来的活力、宜居与和谐[M]. 上海：上海人民出版社，2022.